KB254142

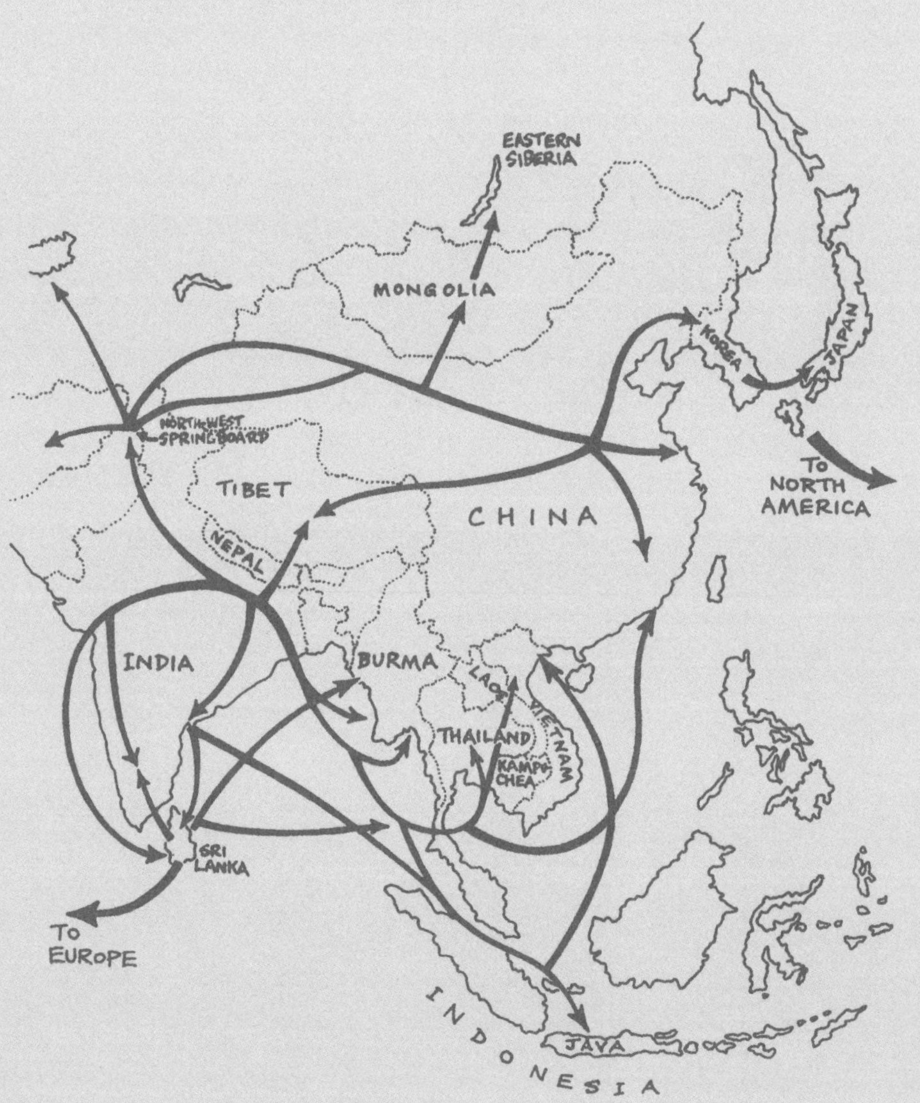

EASTERN SIBERIA
MONGOLIA
CHINA
KOREA
JAPAN
TO NORTH AMERICA
NORTH-WEST SPRINGBOARD
TIBET
NEPAL
INDIA
BURMA
LAOS
VIETNAM
THAILAND
KAMPU CHEA
SRI LANKA
TO EUROPE
INDONESIA
JAVA

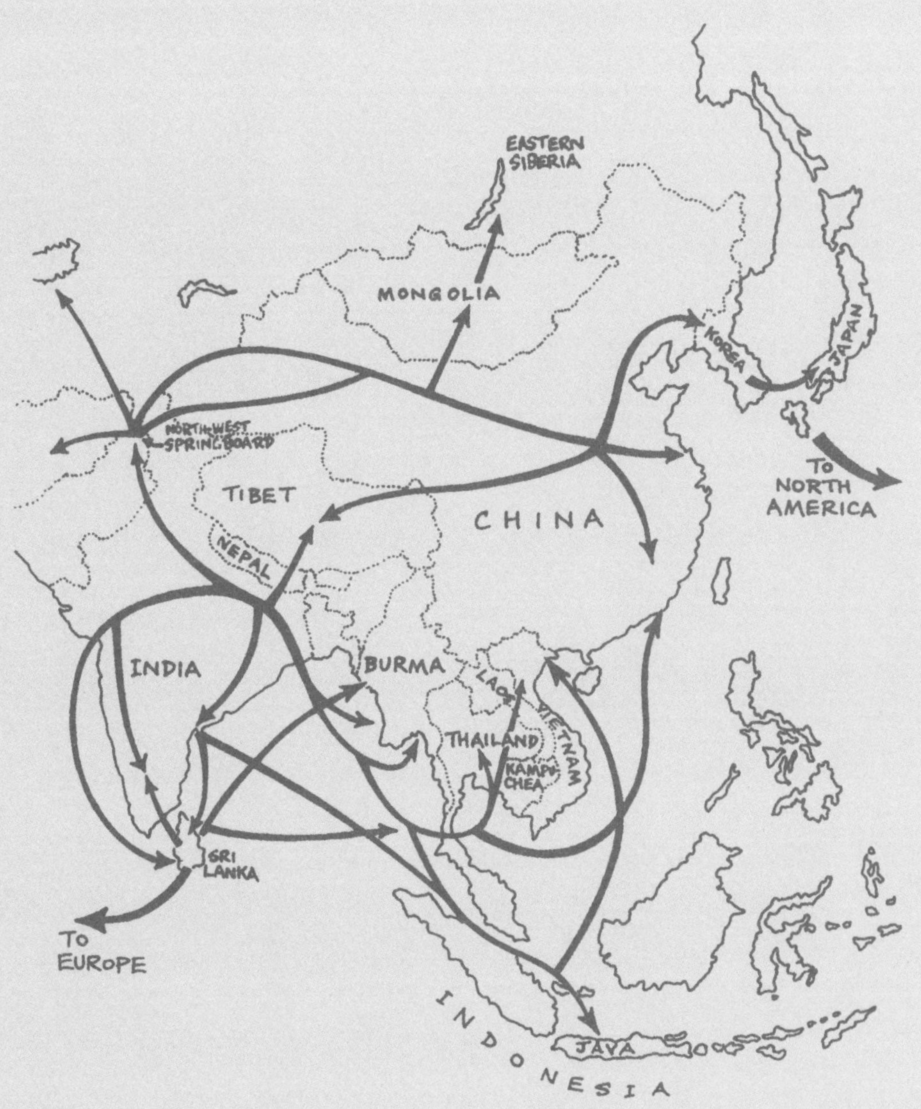

EASTERN SIBERIA
MONGOLIA
KOREA
JAPAN
TO NORTH AMERICA
NORTH-WEST SPRINGBOARD
TIBET
NEPAL
CHINA
INDIA
BURMA
LAOS
VIETNAM
THAILAND
KAMPU CHEA
SRI LANKA
TO EUROPE
INDONESIA
JAVA

My Essay About Zen Masters Ideas in Ancient China

번뇌를 지닌채 부처가 된다

석진오 지음

＊ 잘못 제작된 책은 교환해 드립니다.

번뇌를 지닌채 부처가 된다

초판 · 2009년 5월 27일 | 발행 · 2009년 6월 3일 | 지은이 · 석진오 | 펴낸이 · 김동금 | 펴낸곳 · 우리출판사
주 소 · 서울특별시 서대문구 충정로3가 1-38호 | 전화 · (02) 313-5047 · 5056 | 팩스 · (02) 393-9696
E-mail · woribook@chol.com | ⓒ 석진오 2009, Printed in Korea | 등록 · 제9-139호
ISBN 978-89-7561-286-2 03220
정가 15,000원

가격은 당신이 지불한 것이고, 가치는 당신이 얻은 것이다
price is what you pay. Value is what you get.

My Essay About Zen Masters Ideas in Ancient China

번뇌를 지닌채 부처가 된다

우리출판사

CONTENTS

제2부 중국 선불교의 초기 선사들

보리달마

대조혜가

제3부 육조 혜능의 초기 제자들

영가현각

하택신회

우두혜충

제 1 부

중국 선불교 이전의 선사상

&

"원석을 제련하여 금을 얻는 것처럼,

승려들과 학자들은 나의 가르침을 받아들일 때,

나를 존경한다고 해서 믿지 말고,

나의 말을 잘 조사하고 분석한 후에 받아 들여야 한다."

석가모니(623~544.B.C.E)

&

"사람에게 의지하지 말고, 그의 가르침에 의지하라.

그리고 그의 가르침에 있어서도, 그의 말씀에 의존하지 말고,

그의 말씀이 가리키는 의미를 생각해 보도록 하라.

그리고 그가 가리키는 의미에 대해서도, 인습적인 관념으로 이해하지 말고,

그가 가리키는 명확한 의미에 따라 이해하도록 하라.

그리고 또, 명확한 의미를 이해함에 있어서도,

세속의 이해타산에 의해 다른 입장을 갖게 되는 것에 따르지 말고,

고양된 통찰력으로 사실 그대로를 인지하도록 하라."

석가모니

&

"칼라마스여, 단순히 누구로부터 들었다는 것만으로 어떤 사실을 받아들이지 말라.

그리고 그 어떠한 것도 단지 전통이라고 해서 받아들이지 말라.

그 어떠한 것도 소문에 의해서 받아들이지 말라.

그 어떠한 것도 단지 경전과 일치한다고 해서 받아들이지 말라.

단순한 상상에 의해서 받아들이지 말라.

어떠한 것도 단순한 추론에 의해서 받아들이지 말라.

그 어떠한 것도 단지 겉모습만 보고 받아들이지 말라.

그 어떠한 것도 단지 너의 선입관과 일치한다고 해서 받아들이지 말라.

그 어떠한 것도 단지 받아들일만한 하다고 해서 받아들이지 말라.

단지 어떤 구도자를 존경하기 때문에

그의 말을 받아들여야 옳다고 생각해서 받아들이지 말라."

석가모니

대승불교와 선불교의
주인공들은 재가불자들이다

석가모니는 어떻게 해서 출가한 것일까? 그는 어떻게 생각한 후에 출가한 것일까?

출가에 대해서 그는 다음과 같이 말했다.

"이 세속에서의 생활은 옹색하고 번거로우며 먼지가 쌓이는 것이다. 그러나 출가는 넓은 들판같이 번거로움이 없다고 생각해서 출가한 것이다."

그는 여러 감각기관들을 잘 제어하고 잘 지키며 바르게 자각하고 정신이 항상 깨어 있었다.

그리고 그는 매일 집집마다 음식을 구걸하여 그것을 먹고 살았다.

〈숫타니파타 마하밧가(405-424)〉

태양의 후예라고 불리어지는 석가족의 성자. 마가다국의 왕 빔비사라도 왕사성에서 그를 발견하고 경이로운 눈으로 바라보았던 젊은 석가모니의 고귀한 모습. 탁발 후 굴속에서 호랑이나 사자처럼 앉아 있었던 석가모니. "나는 욕망을 채우기 위해서 출가한 것이 아니라 다만 평온한 삶을 누리기 위해 출가했다."고 말한 석가모니(B.C.E.623-544).[1]

본문은 불교경전들 가운데서 가장 오래된 문헌인 《숫타니파타 마하밧가(405-424)》로부터 발췌한 것이다.

본문의 주제는 출가와 재가에 관한 문제다

본문의 주제는 출가와 재가에 관한 문제를 담고 있다.

B.C.E.300년경에 성립된 《숫타니파타》의 이러한 출가 사상은 아함부 경전들에서부터 《선가귀감(1579)》에 이르기까지 무수하게 널려 있다.

그러나 이 원고는 중국 선불교에 관한 담론서이므로 우선 중국 선불교의 근본 논서에서 주장하는 출가와 재가에 대한 견해를 소개해보기로 한다.

혈맥론의 출가와 재가에 관한 사상

《이입사행론》에는 출가문제에 대한 직문과 직답이 없고, 《혈맥론》에

---

1) 석가모니의 연대는 B.C.E.623-B.C.E.544년경으로 표기하지만 석가모니의 입멸연대는 B.C.E.566-B.C.E.486년, B.C.E.380년 등 여러 설이 있다.

는 다음과 같은 구절이 보인다. 《혈맥론》의 주장은 이렇다.

"만약 스스로 마음이 부처인 줄 안다면 머리카락과 수염을 깎는데 관계하지 않으며, 속인도 부처가 될 수 있다. 그러나 만약 성품(사람됨의 성질과 바탕)을 보지 못하면 비록 두발과 수염을 깎았다 할지라도 역시 이교도일 뿐이다."

그러자 누가 물었다. "속인은 배우자가 있어서 성적인 욕구를 제거하지 못하는데 어떻게 부처가 될 수 있다고 하는가?"

대사가 말했다. "나는 견성(見性: see nature, 또는 the insight into the original nature)을 말했을 뿐 성적인 욕망은 말하지 않았다. 견성을 하면 성적인 욕망이 본래 공(空)한 것이어서 일부러 끊을 필요가 없다. 설사 남아있는 습관이 있다 하더라도 그 자신을 해치지 못한다. 왜냐하면 성품(사람됨의 성질과 바탕)은 본래 청정한 것이기 때문이다."

이 말의 요점은 심즉시불(心卽是佛: 마음이 곧 부처)이다. 그렇다면 구도자가 출가를 했느냐, 안했느냐 하는 것은 이차적인 문제인 셈이다.

석가모니의 설법: 문제는 탐욕의 굴레로부터 벗어나는 것이다

석가모니도 《법구경(141절)》에서 "나체로 살거나, 머리카락을 제멋대로 자라게 놔 두거나, 몸을 더러운 곳에 두거나, 금식하거나, 땅 위에서 자거나, 몸을 재로 덮거나, 쪼그리고 앉아 지낸다 해도, 의심과 욕망을 버리지 않으면 자기의 순수함을 얻을 수 없다." 라고 말한 바 있다.

석가모니는 또 《법구경(393절)》에서 "상류계급의 가정에서 태어났다고 상류계급의 사람이 되는 것이 아니다. 진리의 삶을 기뻐하는 사람이 바로 상류계급이다.”라고 말했듯이,[2] 중요한 것은 외부로부터 주어져 있는 출신 가문의 계급이 아니라 인간이 묶어 놓은 밧줄과 쇠고랑의 줄을 모두 끊고, 굴레로부터 벗어나 불안 공포가 없이 사는 진리의 깨달음인 것이다. 그러나 분명한 점은, 석가모니나 보리달마는 모두 출가도인이었다라는 사실이다.

유마경의 영향을 받은 이입사행론과 혈맥론의 관점

달마의 《이입사행론》《혈맥론》은 중국 선사상의 모체다. 그러므로 어떤 의문이 있으면, 우선 무엇보다도 달마(460-536)의 저작들부터 조사해 보는 것이 올바른 탐색방법이라고 여겨진다.

《이입사행론》의 가르침은 승속을 별개의 다른 것으로 보지 않는다. 따라서 출가냐, 재가냐 하는 문제는 관심의 대상도 되지 않는다. 여기서 중요한 것은 오직 깨달음일 뿐이다. 그렇다면 깨달음이란 무엇인가? 《혈맥론》에서는 근본의 마음이나 자기본성을 깨달으라고 주장한다.

2) 인도의 종교철학을 많이 공부한 A.쇼펜하우어(1788-1860)는 상류계급의 귀족에 대해 다음과 같이 설명한 바 있다. “귀족에는 세 가지 부류가 있다. 첫째는 대대로 상속받은 사회적 신분과 지위가 높은 귀족이다. 둘째는 재부(財富)가 많은 귀족이다. 셋째는 정신적 귀족이다. 이 중에서 가장 우월한 귀족은 정신적 귀족이다. 그런데 일반대중이 이 정신적 귀족을 인정하기까지는 어느 정도 시간이 걸린다.”고 했다. 예를 들면, 우리나라에서 현재 한국 지식인들이 외국에 가장 자랑하는 대표적인 인물로 뽑는 원효(617-686)스님은 대사(大師)로서 일반대중의 인정을 받기까지 500년 걸렸다. 어쨌든. 싯다르타는 석가모니가 되기 전에 왕자의 신분과 지위에 있는 귀족이고, 또 재부도 엄청나게 많은 귀족이고, 진리에도 관심이 많은 정신적 귀족이었다. 이렇게 싯달타는 완벽한 귀족의 조건을 모두 갖추고 있는 사람으로서 손색이 없다. 그런데 그가 모든 것을 버리고 집을 나와 떠돌이 수행자 생활을 한 것이다. 이런 행동은 보통사람으로서는 도저히 할 수 없는 행동이다. 이 하나만 봐도 석가모니는 정말 대단한 사람이다. A.쇼펜하우어의 관찰대로 “매우 뛰어난 사람들이 세상을 등지고 고독을 선택하는 것은 정신적 귀족으로서의 존귀한 위치를 지켜나가려는 것이다.”

그렇다면 자기 본성을 본다는 것(見性; see nature)의 방법은 무엇인가? 이에 대해서 《혈맥론》은 다음과 같이 가르친다.

1) 자기 마음이 곧 부처임을 자각한다.

2) 문자 경전의 암송에 의지하지 않는다.

3) 염불과 독경과 계율에 얽매이지 않는다.

4) 법신(法身; 진리의 몸, 또는 깨달은 자의 몸, 또는 현재 자신의 몸 상태에서 부처가 될 수 있다, 또는 현재 자신의 몸 그대로 부처의 깨달음을 이룰 수 있다는 것, 또는 커다란 깨달음을 얻은 이후의 몸과 마음 상태를 의미하는 것)을 인정한다.

5) 불상과 보살신상에게 예불을 하지 않는다.

이 중에서 특히 경전읽기와 강설 강론의 행위는 바로 악마처럼 보고 철저히 맹공격을 퍼붓고 있다.[3]

《혈맥론》의 이러한 살벌한 분위기에 비해 《이입사행론》은 차라리 온

---

3) 나는 《혈맥론》이 독서행위를 악마시하며 부정하는 견해를 부정한다. 나는 다음과 같이 생각한다. 즉 《금강경(26장)》에서 부처는 "대개 형상이 있는 것은 모두 허망한 것이다." 라고 설했고, "만약 형상으로써 나를 보거나, 음성으로 나를 구한다면 이런 사람은 이미 잘못된 길에 떨어져 있으므로 깨달은 자가 되는 것이 불가능해진다." 라고 설한 바 있다. 그러나 이러한 주장을 하는 금강경 부처는 동시에 "경전이 있는 곳에 깨닫는 자가 있다."라고 하면서 《금강경》을 항상 갖고 다니면서 암송하며, 그 글을 베끼고 타인을 위해 강설하는 행동을 끊임없이 격려하고 있다. 나는 이러한 금강반야경의 영향을 받지 않았다 하더라도 '고전읽기' 는 단호하게 주장했을 것이다. 인간은 모름지기 지혜를 가르치는 고전과, 사실을 가르치는 여러 과학 책들을 심도 있게 읽어야 비로소 인간이 되는 것이다. 이러한 점에서 본다면 〈고전 읽기〉를 무슨 악마적인 행위로 퍼붓고 있는 보리달마와 그 권속들의 사고방식과 나는 정면으로 배치되는 자이다. 나는 그들에게 묻는다. 독서와 강론을 무슨 악마처럼 보는 자들이 《혈맥론》이라는 책과 강론서는 왜 집필하고 출판했는가? 생각하건대, 중국 선사들의 불립문자와 언어도단은 액면 그대로 볼 것이 아니라, 이 주장 속에 숨겨져 있는 의도 즉 인도불교 경전은 절대 읽지 말고, 중국 조사어록만 읽으라는 중국 불교인들의 주체성(중화제일주의)으로 이해해야 할 것이다.

건한 편이다.

보살의 참된 생활모습은 어떤 것인가

《이입사행론》에서 출가와 재가에 관련된 가르침은 여기저기서 쉽게 찾아볼 수 있다.

누가 달마 대사에게 물었다. "보살의 참된 생활 모습은 어떤 것인가?"

달마 대사가 말했다. "보살의 참된 모습은 성현의 생활모습도 아니고, 평범한 속인의 생활 모습도 아니다. 보살은 모든 장소가 그대로 모두 도(道)의 장소임을 알고, 불사(佛事; 불교를 위한 일)를 행하는 사람이다."

그러나 이러한 달마 대사의 대답은 《유마경(문질품,보살품)》의 사상을 인용한 것이다.

깨달음의 장소는 어디에 있는가

누가 또 달마 대사에게 물었다. "깨달음의 장소란 무엇인가?"

달마 대사가 말했다. "행주좌와어묵동정(行住坐臥語默動靜) 일거수일투족(一擧手一投足)이 모두 깨달음의 장소다."

달마 대사의 이 대답 역시 《유마경(보살품)》에 나오는 사상의 인용이다.

그래서 "악마의 세계를 떠나지 않고도 부처의 세계에 들어간다."라고 했고, 또 "번뇌를 끊지 않은 상태에서 열반에 들어간다(번뇌를 끊지 않고, 열반을 얻는다)."라고 한 것일 게다. 물론 이것도 《유마경(부사이품, 제자품)》에 나오는 사상의 인용이다.

더 나아가 《이입사행론》은 "도가 아닌 곳에 들어가 부처의 도를 닦아라!" 라고 주장하지만, 이 또한 유마경에 나오는 유명한 구절의 인용이다.

그리고 《이입사행론》은 마침내 《혈맥론》의 말처럼 "배우자와 자식이 있어서 성적인 욕망과 자식에 대한 애착을 제거하지 못해도 부처가 될 수 있다." 라고까지 주장하게 된다.[4]

달마 대사의 《안심법문》에 "깨닫지 못했을 때에는 사람이 법을 따르지만, 깨닫고 나면 법이 사람을 따라온다."는 글말이 있는데, 중국선사들의 배짱이 대단하다고 여겨진다.

이제 우리나라 불교계에서도 선교(禪敎)의 근본경전으로 추앙받고 있는 《육조단경(반야품)》에서, 출가와 재가의 문제에 대한 견해를 한 번 확인해 보기로 한다.

---

4) 그러나 청허휴정(1520-1604)의 《선가귀감(1579)》에는 "성생활을 하면서 참선하는 것은, 모래를 쪄서 밥을 지으려는 것과 같고, 살생하면서 참선하는 것은 자신의 귀를 막고 소리를 지르는 것과 같으며, 도둑질하면서 참선하는 것은 새는 그릇에 물이 가득 차기를 바라는 것과 같고, 거짓말하면서 참선하는 것은 똥으로 향을 만들려고 하는 것과 같다."라는 엄준한 가르침이 있다. 그런데 이 말은 《능엄경》에 나오는 말을 서산 대사가 모방 인용한 것이다. 즉 "음욕을 끊지 않고 선정(禪定)을 닦는 자는 마치 모래와 돌을 쪄서 밥을 지으려고 하는 것과 같아서 백천만겁이 지나더라도 단지 모래를 찌는 자 일 뿐이다." 현진 스님이 쓴 《성관계가 참선에 미치는 영향》이라는 논문도 참조해보시기 바란다. 이와 관련하여 생각건대, 요즘 내게 상담하는 자들 중에는 유식한 전문지식인들(사주철학원 원장, 요가센터 원장, 의사, 스님, 대학교수, 화가, 사업가 등)도 많은데 대부분 복잡한 여자관계로 고통을 받는 사람들이다. 이래서 《사십이장경》에 "횃불을 쥐고 바람을 맞으며 가는 자는 반드시 자기 손을 태우는 우환이 있게 된다."라고 했을 것이다.

광동 소주의 조계혜능(638-713)은 말하기를 "부처가 깨달은 법은 세속에 있다. 그러므로 세속을 떠나서 깨달음을 구한다면 마치 토끼의 뿔을 구하는 것과 같은 것이다."라고 했고, 또 "절이 아니라 집에서도 수행을 할 수 있다."라고 말했다.

이렇게 《육조단경》에서는 재가불자를 우대하는 성향이 보인다. 즉, 부처의 진리를 구하기 위해 집이나 세속을 떠날 필요조차 없다는 것이다. 그런데 독자들이 알아야 할 점은, 노혜능(盧慧能; 638-713) 역시 분명히 출가도인이었다라는 사실이다.

노혜능은 처음에는 당시 국가의 허가를 받지 않고 몰래 오조 홍인 문하에 출가하여 도를 닦다가 추적하는 관헌들의 눈을 피해 15년동안 쫓겨 다니는 불안한 생활을 한 분이다.

그러다가 나중에는 인종법사로부터 정식 수계를 받게 된다. 그 이후 노혜능은 큰 절에서 출가 승려들의 큰 스승으로서 일생을 보내게 된다. 그러니까, 중국 광동성 소주의 조계혜능은 세속에서 자신의 사상(在家佛敎)대로 부처의 진리를 구현하며 충실하게 산 분도 아니라는 것이다.

대승불교의 출가의 정신: 위로 깨달음을 구하고 아래로는 중생을 구제한다

인도불교의 문헌인 《십주비바사론(10권)》은 "출가하여 선을 닦지 않는다면 그것은 속인만도 못하고, 세속에서 선을 닦는다면 출가한 승려보다 더 뛰어난 것이다."라고 말하고 있다.

그렇다면 출가 담론의 요점은 무엇인가?

재가와 출가의 문제를 통합하는 사상은 《비화경》에 보인다. 즉 "삭발하는 것만으로 출가라고 하지 않는다. 크게 노력하는 마음으로 생의 온갖 번뇌를 제거하려고 결심하는 것을 출가라고 한다." 라고 하였다.

이 문제에 관한 결론적인 설법은 《유마의기》에 있다;

"소승적인 스님들은 도(道)에 들어가면 범부의 세상사를 버리지만 보살은 항상 드러낸다. 어째서 그런가 하면, 소승적인 스님들은 법공(法空; 즉, 진리나 이념에 대한 고정불변의 관념을 부정하고 자유, 해탈, 무애자재(無碍自在)함)을 터득하지 못해서 번뇌를 만나면 그것이 두려워 곧바로 끊고 성(聖; 거룩함)으로 들어가버리기 때문이다. 그러므로 거룩함은 얻지만, 보살도(The Way of The Bodhisattva)는 드러내지 못한다.

이에 비해 보살은 공(空; 실체성이 없는 것)의 이치를 터득했으므로 번뇌를 만나더라도 그것을 환상으로 알고 두려워하지 않는다. 그러므로 보살은 항상 사람들을 상대하며 교화해 간다. 이런 까닭에 번뇌를 버리지 않는 것이다."

이것으로 미루어 본다면, 출가의 정신은 위로 깨달음을 구하고, 아래로는 중생을 구제한다는 사상이라고 요점을 정리할 수 있겠다.

이상이 출가와 재가의 문제에 대하여 중국 선불교와 대승불교가 가르치는 핵심적인 담론이다.

나의 승속일여관

이제 나의 승속일여관(僧俗一如觀)을 적어보기로 한다.

출가와 재가 문제에 대한 나의 결론을 미리 말한다면, 내 사상은 스님과 속인이 본래 하나라는 것(僧俗一如), 또는 승속을 넘어서 있는 것(超僧超俗), 또는 스님도 없고 속인도 없는 것(無僧無俗), 또는 반승반속(半僧半俗), 또는 비승비속(非僧非俗)이다. 비승비속(스님도 아니고, 속인도 아닌 사람)이란 표현은 모두 부정적이고 소극적인 표현이다.

하지만 긍정적이고 적극적인 말로 표현하면, 비승비속이란 리(理: 본성론적인 대승불교에서 가르치는 眞如空性의 理)와 사(事: 인연으로 맺는 만사(萬事))를 쌍으로 드러내고, 승속(僧+俗)을 겸하여 드러내어 번뇌와 열반을 하나로 나타내 보이는 경지라고 할 수 있다. 즉, 진속불이(眞俗不二)요, 범성일여(凡聖一如 ; 범부가 성자가 되고, 성자가 범부가 되는 것)이다. 《장자(내편의 제물론)》에 나오는 글말로 표현한다면, 저것 아닌 것이 없고, 이것 아닌 것이 없다. 이것 또한 저것이요, 저것 또한 이것이다.

중국 삼론종(용수의 중론과 제바의 백론과 용수의 십이문론으로 공사상을 공부하는 종단)을 완성한 길장(549-623)이 가장 추앙했던 고구려의 승랑 대사는 일찍이 중국에서 비진비속(非眞非俗)의 진리성(중도적인 진리성)을 주장한 바 있다.

그래서 그런지 한국 선불교에서도 유명한 고봉원묘, 밀운원오, 부용도해, 허운 등은 모두 장발과 속복을 입은 선사들이었다.

석가모니의 허물 : 재가와 출가의 모든 문제는 석가모니가 승가를 만들어낸 것에서부터 시작된 것이다

원래 출가니 재가니 하는 관념은 석가모니가 승가(출가승려 집단 사회)를 만든 것과 관련이 있다.

물론 석가모니는 승가라는 조직적인 집단 사회를 일차적으로 조직한 적은 있어도, 재가불자 단체라는 별도의 조직체를 구성한 적은 없다. 다시 말하면, 재가 신도에 대한 공식적인 계율과 징벌을 가하는 공동규칙 및 공동생활 단체는 본래 없었다는 것이다. 즉, 재가자는 오직 석가모니의 인격과 가르침에 매혹되어 그 말씀을 열심히 듣고 따르는 사람들일 뿐이었다.

그래서 요점을 말한다면, 출가승려는 승가에서 계율과 명상과 지혜를 닦는 전문수행자들이고, 재가 신도는 이러한 승려들에게 보시를 하는 공덕(후원하는 공덕)을 복으로 믿는 사람들이었다는 것이다.

실제로 석가모니는 세속의 재가 신자들에게는 돈을 낭비하지 말고, 부지런히 저축하라고 적극적으로 권장하기도 했다. 예를 들면 《선생경》에서 석가모니는 "소득의 4분의 1은 경작인이나 상인에게 빌려줘 이자를 창출하도록 하라."는 말까지 하고 있다.

이 뿐만 아니라 석가모니 부처는 "무엇이 괴로운 것인가? 그것은 가난하고 궁핍한 것이다. 가장 무겁고 극심한 괴로움은 무엇인가? 그것은 가난하고 궁핍한 것이다. 이러한 괴로움은 죽는 괴로움과 똑같은 것이니, 차라리 죽음의 고통을 당할지언정 가난하고 궁핍하게 사는 것은 스스로 용납하지 말아야 한다."라는 말까지 한 바 있다.

하지만 출가 승려들에게는 사고파는 일들을 모두 금지시키면서 무노동(걸식)과 무소유의 생활을 철저히 행하라고 가르쳤다.

재가와 출가의 모든 문제는 바로 이러한 석가모니의 승가 설립과 대인관계 분별과 차별화에서 시작된 것이다.

그러나 나는 재가와 출가를 차별하고 싶지 않다.

나는 출가 승려들도 이제는 일정한 사회 직업을 갖고, 많은 소유물과 생산물을 창출해 내기를 바라는 자이다.

더구나 그가 중생 구제를 이념으로 삼고 있는 대승불교의 보살비구라면 더욱 더 그렇게 해야 할 것이다.

만약 이렇게 실천하지 않는다면, 출가 승려들의 중생 구제론은 한갓 관념(즉, 어떤 일에 대한 견해나 생각)의 구호 아니면 위선에 지나지 않게 될 것이다.

출가란 무엇인가

스스로 묻는다. 출가란 무엇인가?

스스로 답한다. 속인이 스님이 되는 일이다.

현재 한국 불교 출가 승려의 수는 3만여 명 정도이다. 그런데 이런 스님들만이 출가라는 용어를 독점적으로 사용할 수 있는 것이라면, 그는 출가 문제를 매우 특별한 일로 여기거나, 매우 드문 인간 행동 현상이라고 오해하는 셈이 된다.

내가 생각하는 출가란 매우 일상적인 용어로 흔한 일이다. 이렇게 말할 수도 있는 것이 '출가' 라는 뜻은 '자기가 있는 곳에서 중국이든 미국이든 몸과 마음이 멀리 떠나는 행동(유학, 이민 등)' 을 의미하는 것이기도 하기 때문이다.

그리고 또 '출가' 라는 용어는 얼마든지 비약적인 해석을 할 수도 있는 것이다.

예를 들어 설법하듯이 말한다면, 수 십 억 년 전에는 정말 짧은 거리의 물리적 이동조차도 위대한 첫 발(생명진화)의 출가라고 할 수도 있기 때문이다.

또, 살아서 죽는 것도 출가요, 암흑 같은 무지에서 밝고 뚜렷한 통찰력을 얻게 되는 것도 출가라고 할 수 있기 때문이다.

이렇게 '출가' 라는 용어는 단순히 '속인이 스님이 된다' 는 의미만 있는 것은 아니다.

만약 속인이 산중 절로 찾아가서 스님이 된다는 그 하나의 행동만으로 모든 개인과 국가와 세계와 우주의 문제가 일시에 저절로 해결된다면 누가 스님이 되지 않겠는가?

물론 인간이란 자신이 교제하는 사람과, 자신이 처해 있는 환경조건과, 자신의 욕망이 많고 적음에 의해 여러 가지로 채색되는 법이다. 인간이란 그런 것이다. 그러므로 산중 불교는 이런 인간의 마음을 순화시킨다는 점에서 긍정적인 면도 있다.

승가에도 권력과 패거리의 정치가 있다

하지만 35여년 동안 나의 승려생활 경험에 의하면, 이 깊은 산중의 승려집단사회에서조차도 매우 복잡하고, 치열한 권력의 세계가 있다는 것이다. 다시 말하면, 이 깊은 산중에 있는 불교계에도 권력과 세력의 패거리 정치가 있다는 것이다. 그러므로 출가(出家)와 세입(世入)의 문제는 직업 변동의 문제처럼 일상의 보통 생활 가운데에서 일어나는 사건

(Event)일 뿐이라고 이해하는 게 좋다.

소식에 의하면, 한국사회의 거물급 인사인 박현태(1933-) 전 대학총장이 출가하여 스님이 되었다고 하는데, 그는 "조용히 불경 공부에 몰두하기 위해 삭발했다. 큰 결심도 아니고, 아무것도 아니다." 라고 말했다고 한다.

싯달타의 출가문제에 관한 나의 비점

나는 이제 '본문(《숫타니파타 마하밧가(405-424)》)읽기' 로 인해 출가와 재가의 문제에 관한 담론을 한 번 해보기로 한다.

싯달타의 출가 문제에 대한 내 관점은, 그의 출가는 그 자신이 처한 상황에서 문제해결을 위한 방법적인 선택일 뿐이라는 것이다.

내가 만약 싯달타라면 나는 결코 출가하지 않았을 것이다. 왜냐하면 싯달타는 절대권력자의 아들(후계자)이었기 때문이다.

중국과 한국에는 고대부터 체질의학적 인간유형 분류법이 전해지고 있다. 또 사주팔자 해석학의 인간유형 분류법도 전해지고 있다.

또 서양의 고대 의학자들과 현대 정신분석학자들이 분류하는 성격유형법도 있다.[5]

또 최근에 정리된 에니어그램의 성격유형 분류법도 있다. 혈액형 인간유형 분류법도 있다.

이러한 온갖 성격유형 분류법에 의하면, 인간들이란 다양한 성향을 갖고 있는 동물이다.

이런 가설에 의해 추측해 본다면, 싯달타(석가모니)의 사상적 체질은 양인(陽人)이며, 그의 가르침은 음인(陰人)을 상대하고 있는 것 같다. 왜냐하면 그의 가르침은 모두 '있는 것을 비워내는 것'에 관련되어 있기 때문이다.

권력자는 그 권력으로 최선을 다해 보아야 한다

그런데 나는 이야기를 다음과 같이 해보기로 한다.

즉, 싯달타의 출가는 현실 권력이 주고 있는 부담 즉, 사회적 책임감과 유능해야 된다는 부담으로부터 벗어나기 위한 면도 있다는 것이다.

내가 만약 권력자라면, 나는 그 권력으로 최선을 다해 보았을 것이다. 출가는 인도인들의 인생철학처럼 늙어서도 언제든지 행할 수 있기 때문이다.

솔직히 말한다면, 아무런 일(직업)을 안하고도 잘 사는 성자들의 생활

---

5) 고대 서양의 의학자들이나 신비주의 철학자들은 대부분 인간특성을 담즙질과 다혈질과 우울질과 점액질로 분류하고 있다. 간략히 정리하면 다음과 같다. 첫째 담즙질(膽汁質)은 긍정적인 면으로는 충만한 활동성과 굳은 결심과 도전정신과 용기를 상징하고, 부정적인 면으로는 성급하고, 질투가 많고, 증오와 분노와 강력한 복수심을 상징하는 불의 속성과 비슷한 것이다. 둘째 다혈질(多血質)은 긍정적인 면으로는 매사 근면하고, 능숙하고, 친절하고, 노력을 잘하는 낙천주의자를 상징하고, 부정적인 면으로는 매사 경솔하고, 자기 자랑이 많고, 허영심과 가십과 심한 낭비벽을 상징하는 공기의 속성과 비슷한 것이다. 셋째 우울질(憂鬱質)은 긍정적인 면으로는 매사 겸손하고, 겸허하고, 절제를 잘하고, 무엇이든지 열심히 하고, 동정심이 있고, 차분하고, 평온하고, 포용적이고, 온화함을 상징하고, 부정적인 면으로는 매사 무관심하고, 냉담하고, 무정하고, 무심하고, 소심하고, 강한 반항심과 변덕을 상징하는 물의 속성과 비슷한 것이다. 넷째 점액질(粘液質)은 긍정적인 면으로는 항상 타인을 사람을 존중하고, 인내심이 강하고, 성실하고, 면밀하고, 신중하고, 침착하고, 사려깊고, 꼼꼼하고, 강한 책임감을 상징하고, 부정적인 면으로는 쉽게 감정이 잘 상하고, 게으르고, 무책임하고, 융통성이 없고, 우울하며, 모순적인 것을 상징하는 흙의 속성과 비슷한 것이다.

은 젊은 시절에 선택할 행동은 아니라고 생각한다.

자, 이제 이야기를 좀 더 자유롭게 해보기로 한다.

싯달타는 비록 약소국가의 왕자였지만 어쨌거나 자기종족 안에서는 절대 권력자인 신분이었다. 그런데 그는 이 신분을 버렸다. 왜 버렸을까? 그는 과연 올바르게 선택한 것일까?

물론 그가 어떠한 선택을 하더라도 그것은 싯달타 개인의 문제이다.

그러나 오늘날 싯달타의 출가 문제는 어느 개인의 문제가 아니다. 왜냐하면 그는 불교의 교주이며, 그의 생애는 이미 모든 불교인들의 모범이 되어있기 때문이다.

"만약 싯달타가 출가를 하지 않았다면, 또는 출가를 했다 하더라도 이름없는 성자로 아무도 모르게 명멸해버렸다면"

상상하건대, 만약 싯달타가 출가를 하지 않았다면, 또는 출가를 했다 하더라도 이름없는 성자로 아무도 모르게 명멸해버렸다면, 승가(승려들의 단체)도 생겨나지 않았을 것이다. 따라서 이럴 경우 출가 문제는 기껏해야 인도인의 인생철학에서 벗어나지 않았을 것이다.

나는 상상해본다. 불교가 중국에 들어오기 전에 중국사회에서 중국인들의 출가적인 행동은 어떤 것이었을까? 아마도 도교인들의 생애 속에서 사례들을 찾아볼 수 있을 것이다.

그리고 또, 중국불교가 한반도에 들어오기 전에 우리나라에서는 어떤 출가 행동이 이루어지고 있었을까?[6] 아마도 신선 도인들의 은둔생활 속에서 그 사례들을 찾아 볼 수 있을 것이다.

그런데 석가모니의 출가 승려 모임은 미국의 히피들 같이 그냥 떠돌이들의 낭만적인 무리들과는 다른, 정사(精舍: Residence for monks)같은 일정한 장소에서 매우 조직적이고도 체계적이며, 반드시 지켜야만 하는 규율이 있는 의식적인 수행단합 단체였다.

이런 점에서 보면, 석가는 이미 정치(권력, 지배, 통제)적인 지도자의 피가 흐르는 유전자를 갖고 있는 분이었다고 할 수 있다.

비정치적이면서도 매우 정치적인 사람과 정치적이면서도 매우 비정치적인 사람에 대하여

감히 필자와 석가모니의 성품(사람됨의 성질과 바탕)을 비교해본다면, 석가모니는 비정치적이면서도 매우 정치적인 유전자를 이어받은 분인 것 같다. 이에 비해 나는 매사에 정치권력을 매우 중요하게 여기면서도 동시에 매우 비정치(평범한 소시민)적인 유전자를 갖고 있는 자이다.

이것은 석가모니와 나의 출신성분이 근본적으로 서로 다른 배경아래에서 이루어진 것이므로 당연한 것이라고 지적할 수 있다.

"적을 용서하라. 용서만큼 그를 괴롭히는 것은 없다"

현존 인물인 달라이 라마 텐진 갸초(1935,7,6-)는 정치권력과 종교권력을 함께 갖고 있는 분이다. 그러나 그의 정치력은 약한 것이기에 그의 대

---

6) 고대 한국인들의 사상적인 기본 성격을 알려면 김상일 교수가 쓴 《뇌의 충돌과 문명의 충돌》 지식산업사(2008).161-163쪽까지를 꼭 참조하시기 바람.

적(對敵)인 중국에 대해 노회한 처세의 면도 보이지만, 나는 이 분을 존경한다. 왜냐하면 그는 현실계에서 불교를 최대한 운용하고 있기 때문이다. 달라이 라마 텐진갸초는 최근에 국제적인 경영 컨설턴트인 라우센스 판마위젠부르그와 함께 공저자로 《The Leader's Way(Business, Buddhism and Happiness in a Global World(2008)》라는 책을 냈다. 대단한 분이다.

내 관찰에 의하면, 세속에서 정치가는 정치권력에 한 번 중독이 되면 죽을 때까지 정치계의 주변을 맴돌며 살게 된다.

또 반대로 비정치(평범한 소시민)적인 사람은 죽을 때까지 비정치적이다. 왜냐하면 이렇게 사는 것이 그의 본성(존재의 성향)이기 때문이다.

석가모니의 성공과 실패점

그런데 내성적이고 예민한 청년 싯달타와 노숙한 석가모니는 현실정치의 문제를 종교적인 성자가 됨으로서 해결하였고, 또 비조직적이고 비체계적이고 개인주의적 종교문제를, 출가승려 모임을 만들어냄으로써 매우 조직적이고, 체계적인 규율 단체를 창립했다. 관심있는 독자는 율장(律藏)를 참조해보시기 바란다.

석가모니가 만든 이 출가제자들의 모임은 왕족들과 재벌귀족들의 후원 아래 발전하게 되고, 나중에는 데바닷타와 석가모니가 종권(宗權)문제로 심각하게 갈등을 겪을 정도로 크게 발전하게 된다.

불도의 특권화와 깨달음의 승가소유권 확립

그러니까, 당시 불교의 출가란 속인이 자기 집을 떠나서 출가 승려들의 모임에 들어가 그 곳에서 소속한 승려로서 일생을 보낸다는 의미이다. 다만 이 뿐이다.

그런데 문제점은 이 승가의 존재를 확고히 하면서 확장해 나가기 위해 도 닦는 문제와 깨달음의 문제조차 승가에 소속해서 생활해야만이 가능하다고 주장함으로서 불도(The Buddha Way, 또는 Buddha Doctrine)의 특권화, 깨달음의 승가 소유권이 성립하게 되었다는데 있다.

깨달음도 조직단체의 증명과 허가를 받아야 하는가

물론 비권력적이고 순수한 낭만적인 개인으로서의 성자와 부처와 조사보다는, 권위적인 단체의 증명과 허가를 받아서 나오는 성자와 부처와 보살과 조사와 선사가 더욱 일반인들이나 신도에게 신뢰를 받을 만한 것이다. 그러나 이러한 인가증이나 졸업장들은 생활방편상 유리함과 대접받을 수 있는 편리함일 뿐이지, 도 닦는 문제와 깨달음의 문제와는 전혀 상관이 없는 것이라고 생각한다.

나는 오래전부터 불교의 교리적 언어문자들을 일반인들에게 해방시켜 왔다. 앞으로 이러한 종단불교 탈출과 적극적인 해방(解放)의 글쓰기는 더욱 가속화 할 것이다. 그리고 일반사회에서, 인연이 있는 사람은 불자가 아니더라도 얼마든지 부처(깨어나는 자)가 될 수 있다는 것을 계속 증명하고 싶다. 생각건대, 수많은 발명가들 덕분에 오늘날 우리는 편리한 생활을 누리고 있다. 그런데 우리가 현재 누리는 부처님의 덕분은 무엇인가? 부처는 우리들에게 돈벌이와 명성을 함께 얻을 수 있는 직업을 하나 만들어주었다. 그것은 바로 종단불교다.

현재 한국에 있는 불교 종단의 수는 160개가 넘는다. 조계종의 종류만해도 대한불교 조계종을 위시하여 대한선불 조계종, 대한불교 조계썬종, 대한불교 조계총종, 대한불교 삼보 조계종, 대한불교 연합조계종, 한국불교 전통조계종, 동양불교조계종, 대승불교 조계종, 법안 조계종, 생활불교 조계종, 현대불교 조계종, 화엄 조계종 등, 무슨 조계종이 이리도 많은가? 하지만 아무리 많아도 이러한 종단불교란 깨달음의 대상일 뿐 깨달음 그 자체는 아니다.

그래서 나는 누구나 국가기관에 등록하고 허가만 받으면 가능한 종단불교를 부정하고 초월하는 것이다. 즉, 종단불교는 진정한 성자의 불교가 아니다.

나의 깨달음과 통찰은 종단불교 자체를 부정하고 초월하는 것이다, 왜냐하면 모든 불교는 일반인들에게 해방되어야 하는 것이기 때문이다.

로버트 프로스트가 《가지 않는 길》에서 쓴 시구가 법어처럼 생각난다.

"숲속에 길이 두 갈래로 갈라져 있었다. 나는 사람의 발길이 적은 곳으로 선택해서 갔다. 모든 차이는 그곳에서 시작되었다."

출가는 습관과 기질변화를 위한 문제요, 통찰력과 지성의 방향에 관련된 문제다

그래서 출가문제에 관한 내 결론은 다음과 같다.

출가는 장소 이동의 문제, 직업 변동의 문제, 어떤 패거리 소속의 문제와 같은 수준에서 그쳐서는 안된다는 것이다.

출가의 목적은 도 닦는 문제, 깨달음의 문제와 관련지어져야 한다. 실

제로 도를 닦는 문제 (즉, 습관과 기질변화를 위한 노력의 문제)와 깨달음의 문제 (즉, 통찰력과 지성의 방향에 관한 실천력의 문제)는 그가 속인이든 스님이든 상관없이 평생 자신의 일상생활 속에서 죽을 때까지 해결해 나가야 하는 숙제인 것이다.

이렇게 도(道)와 깨달음은 깊은 산중에만 있는 것은 아니다. 그것은 도처에 지천으로 깔려 있는 것이다.

중도에도 집착하지 말라

《중아함경(28)》에 의하면, 석가모니와 용수(150~250)는 양극단에 대한 집착을 버리고 중도(center)를 지키라고 가르친 바 있다.

그러나 나는 승속의 양극단만 아니라, 이 중도교(the teaching of the middle way)[7]에도 집착하지 않는다. 왜냐하면 중도(中道)도 항상 불변하

7) 석가모니 부처의 중도교(中道敎: the teaching of the middle way)는 다음과 같다. "인간과 신을 함께 섞어 중도(中道)로 만들면 묘한 작용이 나온다. 있는 것과 없는 것을 함께 섞어 중도로 만들면 평등한 모습이 보인다. 선과 악을 섞어 중도로 만들면 평안한 세계가 나타난다. 증오와 애정을 함께 섞어 중도로 만들면 우정과 연민의 정이 나타난다. 너와 나를 함께 섞어 중도로 만들면 새로운 것이 창조된다."

8) 유교의 《중용》책에서, 중(中)이란 한 쪽으로 치우치거나 기울지 않은 것이며 넘치거나 부족함이 없는 것을 의미한다. 《주역》의 괘괘에서도 이 "중(中)을 행하면 허물이 없다"고 했다. 하지만《맹자(진심,상)》에 보면 "중용을 지키되 임기(臨機)의 변화가 없으면 한쪽으로 치우친 고루함과 같다."는 글이 있다. 오스카 와일드(1854~1900)도 "중용은 창의적이지 못한 자의 마지막 위안이다."라고 쓴 바 있다. 그리고 또 W.서머세트 몸(1874~1995)은 다음과 같이 말하고 있다. "나는 지나침을 두려워하지 않았다. 때로는 지나친 것이 삶의 활력이 된다. 그것은 우리를 습관적인 중용의 상태에서 벗어나게 해준다." 그리고 또, 미국 남북전쟁을 승리로 이끈 16대 미국대통령 링컨(1809~1865)도 "옳고 그름 사이에서 중간지대를 설정한다는 것은, 살아 있지도 죽어 있지도 않은 사람을 찾는 일 만큼 허망한 일이다."라는 말로 자신의 정치적 판단을 분명히 한 바 있다.

는 그 자체가 아니기 때문이다. 그러므로 "법은 있는 것도 아니고 없는 것도 아니며, 또 있음과 없음 양쪽을 모두 초월해 있는 중도(中道)에도 집착하지 않는 것이다." 라고 했을 것이다.[8]

구마라집의 번역본(402년) 《금강경》에서도 "그 무엇에도 집착하는 바가 없이 그 마음을 내라." 고 가르치고 있다.

지혜가 완성되는 곳은 일상의 생활이다

그런데 산티데바(650-700)는 "그 어떠한 부처일지라도 가정에 머물면서 최고의 깨달음에 도달한 자는 과거에도 없었고, 현재에도 없으며, 또 미래에도 없을 것이다."라고 단정했다.

그러나 유교와 선불교와 도교사상의 융합 배경에서 만들어진 《채근담》에는 "가정 안에 참된 부처가 있고, 일상생활 속에 참된 진리가 있다." 라고 설파했다.

그러니까 M.아우렐리우스(121-180)의 말로 표현한다면 "철학을 실천하기에 지금 당신이 처해 있는 상황보다 더 좋은 환경은 없다."라는 것이다.

무집착과 무소유를 향한 소망조차도 일종의 집착이다

이제 이야기를 설법하듯이 한 번 적어보기로 한다. 간단하게 말하면, 출가의 심리적 효능은 무집착이요, 무소유이다.

가만히 반성해보면, 자기의 자아에 대한 집착(존재에 매달린다는 것)은 소유욕에 근거하고 있다. 그리고 이 소유욕은 안전을 추구하는 욕망에서 생겨난다. 그러나 소유욕은 소유의 대상을 철저하게 실체화(항상 불변하는 것으로 고정)해야 가능하다. 그런데 이 세상에는 고정불변의 절대적인 실체를 갖고 있는 것은 없다. 왜냐하면 모든 존재와 사건(event)은 무수한 원인과 조건들의 상호작용과 반작용에서 생겨난 것이기 때문이다.

물론 그 어떤 무수한 원인과 그 어떤 상태의 조건(여건)들일지라도 덧없는 것(변하는 것)이다.

간디(1869~1948)는 무집착을 개발할 수 있는 것으로 보고, 기쁨과 슬픔, 친구와 적, 나의 것과 남의 것을 모두 똑같이 여김(평등관)으로써 될 수 있다고 가르치고 있다.

물론 이런 사상은 《바가바드기타(Bhagavad gita)》의 기본철학이다. 간디는 《기타》를 평생 동안 암송하면서 지낸 분이다.

그러나 불교수행자는 무집착과 무소유를 향한 소망조차 일종의 집착일 수 있다는 점을 알아차려야 할 것이다.

공성의 지혜에 입각한 생활이야말로 진정한 무소유다

무집착과 무소유의 가르침의 목적은 우리 모두 거지가 되자는 데에 있는 것이 아니다.

무소유의 가르침은 다만 모든 것은 궁극적으로 무아요, 공이라는 사실을 깨우치는 데 있다고 나는 이해하고 싶다.

그래서 대승불교 반야경전의 용어로 결론을 말하면, 반야바라밀(지혜를 완성하는 것, 또는 공성의 지혜)에 입각한 생활이야말로 진정한 무소유라고 생각한다.[9]

즉, 겉으로 아무리 많은 재산을 갖고 있어도 잘 사용하기만 하면 진정한 무소유의 인간이 될 수 있다는 것이다.

부처는 산중에서 태어나는 것이 아니라, 세속에서 나와야 중생에게 이롭다

그리고 정직하게 말한다면, 인정 많고 자비롭고 너그러운 사람이 되기 위해서 굳이 출가 승려의 길을 갈 필요는 없다. 왜냐하면 이러한 수행의 환경은 도처에 깔려 있기 때문이다.

그리고 부처(깨달은 자)는 산중 속에서 태어나는 것이 아니라, 이 더럽고 습한 세속에서 나와야 모든 중생에게도 이로운 것이다.

프란시스코 수니가(1947-)는 《불교의 사회사상》에서 "불교는 스님들이나, 이 세상에 인연을 끊고 홀로 은둔생활을 하는 사람들이나 믿는 종교라는 견해는 한쪽으로만 치우쳐 있는 관념이다." 라고 지적하고 있다.

이러한 지적은 B.C.E.3세기경부터 2세기경에 나타난 대승불교 운동의 주인공들이 비승비속(당시의 전통불교 종단으로부터 인정받지 못한 사람들)의 불제자들과 소수파의 진보적인 출가 승려들이었다는 사실을 생각해보면 수니가의 지적은 적합한 것이다.

대승불교는 부파불교 시대의 대중부에서 점차로 발달한 교리이며 결코 상좌부에서 발전한 것은 아니다.

9) 하지만 《금강경(제13장)》에 "수보리여, 반야바라밀은 반야바라밀이 아니다."라는 문구가 있으니, 아무리 오래된 불교신자일지라도 스스로 깊은 통찰력으로 성찰해보지 않는다면 모를 것이다. 반야바라밀이란 전체적으로 완벽한 도(The Path of Perfection)를 의미한다. 그리고 반야바라밀은 지혜를 완성하는 것이 아니라 지혜가 완성되는 것이다.

대중부는 진보적이며 자유주의적이었기 때문에 결국 대승불교를 이루었으나 상좌부는 보수적이고 형식적이었기 때문에 마침내 출가수행승 중심의 불교로 끝나고 말았다는 견해는 이제 불교사의 상식이다.

모름지기 오늘날에 있어서 입산출가란, 생활환경이 아주 궁핍하거나, 어리석거나, 매우 이기적인 자만이 하는 짓이다. 종교생활과 정신생활을 혼동하지 말라. 스님이 된다는 것은 직업을 택한다는 의미와 같은 것이다. 다만 그 뿐이다.

내 경험적인 관찰로 말한다면, 출가의 도를 닦는 것은 아집(我執; 자신이 집착하는 개인적 욕망)이 비정상적으로 강한 사람들이나 하는 짓이다.

M.아우렐리우스(121-180)는 《명상록(169)》에서 다음과 같이 쓴 바 있다.

"많은 사람들이 시골이나 바닷가, 또는 깊은 산중에 은둔해 살기를 바란다. 당신 역시 이런 욕망을 갖고 있을 것이다. 그러나 이런 것은 지극히 평범한 사람들에게만 필요한 것일 뿐, 철학을 실천하는 사람에게는 부질없는 짓이다. 왜냐하면 그는 자신이 원하기만 하면 언제든지 그 자신 속으로 은둔할 수 있기 때문이다. 이 세상에 자기 자신의 영혼 속보다 더 조용하고 평온한 은신처는 없다. 특히 정신적인 여유를 갖고 있는 사람은 조금만 노력하면 즉시 마음의 평온을 유지할 수 있다. 마음의 평온이란 잘 정리된 정신과 같다. 마음속으로의 은둔을 자주 활용하여 스스로를 쇄신시켜라" 라고.

M.아우렐리우스는 또 인간과 세계의 운명에 대하여 "이 세계는 전체적으로 하나의 조화를 이루고 있다. 수많은 개체들이 모여 하나의 현존하는 완성체를 이루듯이, 수많은 원인들이 결합되어 하나의 우주적인 원인이 된다. 그것이 바로 운명이다." 라고 했고, 또 "당신에게 무슨 일이 벌어지고 있는가? 당신에게 일어나는 모든 일은 우주에서 생성하여 세상이 시작된 순간부터 이미 당신에게 할당되어진 운명이며, 당신 앞에 펼쳐진 상황은 살아 움직이는 다른 모든 것처럼, 운명의 직조물에 짜넣은 한 오라기의 실에 불과한 것이다." 라고 쓴 바 있다.

석가모니의 감각기관 제어론을 제어한다

이제 다시 본문으로 돌아와, 두 번째 구절에 대한 담론을 적어보기로 한다.

"부처는 여러 감각 기관들을 잘 제어하고 잘 지키며, 바르게 자각하고 정신이 항상 깨어 있었다." 라고 하였다.

생각해서 하는 말인데, 감각 기관들을 잘 제어하고, 정신이 항상 깨어 있어야 하는 것은, 출가생활에서보다 세속의 생활에서 더욱 더 필요한 것이다.

그러나 나는 감각기관(시각, 청각, 후각, 미각, 촉각, 지각)에 대해 석가모니(B.C.E. 623-544)와 견해를 달리 하는 사람이다.

46억 년 전에 만들어진 이 지구에서, 생명의 역사 36억 년 전부터 온갖 진화의 결과 만들어지게 된 이 생명체의 감각기관에 대해 나는 다음과 같이 생각한다.

즉, 감각기관(눈, 귀, 코, 혀, 몸, 의식)은 제어의 대상만이 아니다. 모든 생명체들의 감각은 그 존재와 작용 자체가 신비하고 아름다운 것이다.

눈이 없다면 어떻게 아름다운 것을 볼 수 있겠는가?

귀가 없다면 어떻게 좋은 음악을 들을 수 있겠는가?

코가 없다면 어떻게 좋은 향기를 맡을 수 있겠는가?

혀가 없다면 어떻게 좋은 맛을 느낄 수 있겠는가?

몸이 없다면 어떻게 사랑하는 사람과 따뜻한 접촉을 할 수 있겠는가?

의식이 없다면 어떻게 자연계의 법칙을 알 수 있겠는가?

물론 감각은 개체의 생존을 위한 도구이지만 그럼에도 불구하고 내가 알고 있는 감각기관은 너무나 경이롭고 우주의 기적 같은 것이다.

그러므로 감각기관인 눈, 귀, 코, 혀, 몸, 의식과 감각기관의 대상인 형태, 소리, 냄새, 맛, 접촉, 사물 중 어느 하나에만 제대로 집중하여 사랑하는 마음으로 공부한다면, 그것만으로도 충분히 존재의 신비와 생명의 외경에 관한 엄청난 깨달음을 얻을 수 있다고 나는 생각하는 바이다.

그 증거로 독자들에게 라이얼 왓슨(1939.4.12-)의 《야콥슨 기관》과 하리쉬 조하리가 쓴 《호흡, 마음 그리고 의식》에서 〈스와라 요가의 과학〉 부분의 설명을 참조해보시라고 소개해 둔다.

육체를 천하게 보고, 정신의 희생물로 삼으려고 하는 것은 큰 잘못이다

프랑스의 철학적인 수필가 미셸 드 몽테뉴(1533-1592)는 《에세이 (1580)》에서 다음과 같이 썼다.

"육체를 천하게 보고, 정신의 희생물로 삼으려고 하는 것은 큰 잘못이

다. 모든 금욕주의는 고리타분한 것이다. 육체의 욕망을 무시하라는 것은 도대체가 부자연스러운 일이기 때문이다. 사람은 자연스럽게 살아가면 되는 것이다.”

나는 이 말에 진심으로 공감하는 바이다.

지나치게 경박하고 흥분된 생활이 몸을 지치게 하는 것처럼, 금욕 또한 신체를 탈진시키는 법이다.

그러므로 나의 결론은 다음과 같다. 즉, 우리 인간의 여섯 가지 감각기관인 눈, 귀, 코, 혀, 몸, 의식은 여섯 가지 감각기관의 대상인 형태, 소리, 냄새, 맛, 접촉, 사물과 서로 치열하게 싸우며 비생산적이고, 소모적인 에너지를 낭비하지 말고, 서로 아름답게 조화를 이루며 존재해야 한다는 것이다.

온갖 생명의 존재자체가 서로 구걸내지 약탈하고 있다는 것을 알아야 한다

본문(숫타니파타 마하밧가(405~424))에서 또 말하기를 “그는 매일 집집마다 음식을 구걸하여 그것을 먹고 살았다.” 라고 하였다.

그러나 구걸하기 위해 일부러 출가할 필요는 없다. 어떤 의미에서 우리는 이미 이 재가생활에서 서로 구걸하고 있다.

예를 들면, 우리들의 온갖 생활필수품들은 서로 얼굴도 모르는 타인에게서 만들어져 나오기 때문이다. 그러므로 출가든 재가든 우리는 모두 서로에게 항상 감사하고 고맙게 생각하는 것이 좋다.

“출가냐, 재가냐”하는 토론보다는 국가와 개인의 관계 문제에 대한 성찰과통찰이 더 진정한 종교요 철학일 수 있다

그리고 이제 끝으로 나는 다음과 같이 생각해본다.

아직도 불교의 담론은 “출가냐? 재가냐?” 하는 가치분별적인 수준에 머물러 있어야 하는가? 출가 승려이든 재가보살 거사든 한 국가의 지역과 법률 통치권의 영향권에 속해 있다는 점에서는 모두 똑같은 상황에 처해 있는 것이다. 그리고 국가는 또 다른 국가와의 관계 속에서 민족의 운명을 전개하고 있는 것이다.

그렇다면 “출가냐, 재가냐?” 하는 담론에서 더 나아가 이제는 “국가란 무엇인가? 개인이란 무엇인가?” 하는 국가와 개인의 관계 또는 국가와 국가의 관계, 또는 세계와 지구의 관계라는 문제에 관한 성찰이나 담론에 더 적극성을 가져야 할 것이다.

물론 우리나라는 전통적으로 호국불교라는 철학이 있다. 그런데 이에 관련하여, 이탈리아 파시즘 철학자 지오바니 젠틸레(1875-1944)는 다음과 같이 주장하고 있다.

“자유는 최고의 목적이고, 모든 인간 생활의 규칙이다. 그러나 자유는 개인과 사회교육이 특정 개인 안에서 법의 형식을 취하고, 그럼으로써 국가의 형식을 취하는 공통 의지를 구현함으로써 그것을 현실로 만드는 것에 한정한다. 이런 견지에서 볼 때, 국가와 개인은 동일한 것이며, 정부의 수완이란 이 두 가지를 화해시키고, 일체가 되게 하는 것인 만큼, 최대의 자유는 공공질서와 조화를 이루는데, 이것은 단지 외적인 의미에서뿐만 아니라 무엇보다도 법과 그것에 필수적인 기관에 귀속되는 주

권 가운데 있다. 왜냐하면 최대의 자유는 항상 최대의 국력과 일치하기 때문이다." 라고.

현대 한국불교인들은 이러한 주장에 대해 어떻게 생각하는가?[10]

---

10) 예를들면, 윤봉길(1908-1932) 선생은 국가와 개인의 관계 문제에 관련하여, "우리 청년시대에는 부모의 사랑과 형제의 사랑과 처자의 사랑보다도 더 한층 단단하고 굳센 사랑이 있다는 것을 깨달았다. 그것은 나라와 민족에 바치는 뜨거운 사랑이다.(1930.10.18)"라고 역설한 바 있다. 생각건대, 우리나라는 예부터 애국심과 효심이 특별히 강한 사람들이 모여 사는 곳이다. 요즘 현대의 보통 한국인(남한과 북한인)들도 마찬가지다. 특히 해외 교포들의 애국심(한국 정치문제에 대한 관심)은 경이로울 정도다. 하지만 애국심과 효심과 상관없이 객관적으로 모든 존재와 현상에 대해 의심하고 질문하며 인식하며 차이를 드러내며 경쟁하며 변이하고 진화하는 인간의 자기반성과 성찰과 사상과 성숙과 변화에 관한 문제는 국가 정치문제가 아니라 철학적인 문제이기에 주체적, 비판적, 창조적 개인주의자가 아니면 성취가 매우 어려울 것이다.

현명한 사람의 어리석음과
어리석은 사람의 현명함

현명한 사람은 정신의 안정에 전념하며, 숲 속의 생활을 즐긴다.

언제나 나무 아래에서 명상하며, 스스로 크게 만족한다. 마음을 안정시켜야 한다. 방황해서는 안 된다. 후회할 일은 그만두어야 한다. 게을러서는 안 된다.

이러한 마음가짐으로 수행자는 언제나 한적하고 조용한 곳에 머물러야 한다.

〈숫타니파타〉

현명한 사람과 어리석은 사람은 똑같은 사람이다. 왜냐하면 현명함과 어리석음은 동전의 양면과 같은 것이기 때문이다.

그런데 만약 현명한 자가 "나는 현명한 자다" 라고 주장한다면 그는 결코 현명한 자라고 할 수 없다. 왜냐하면 고정불변의 현명함이란 없는 것이기 때문이다.

성찰하건대, 현명함이란 어리석음과 깊은 관계가 있는 말이다. 즉, 어리석음이 깊은 만큼 현명함도 깊다는 것이다. 그러므로 어리석음이 없다면 현명함도 있을 수 없는 것이다. 그래서 현명한 자는 결코 현명한 자가 아니다. 다만 그 호칭이 '현명한 자' 인 것이다.

실제로 세상사에서 보면, 현명한 사람의 현명함 자체가 어리석은 것일 수도 있고, 또 어리석은 사람의 어리석음 자체도 결과적으로 매우 현명한 것일 수도 있다는 것을 많이 보게 된다.

얻는 것이 있으면 반드시 잃는 것이 있다

또, 정신의 안정과 불안정의 문제도 사실은 똑같은 것이다. 왜냐하면 안정과 불안정은 한 얼굴에 있는 이목구비와 같은 것이기 때문이다.

그래서 만약 그가 어느 한 감각기관에만 전념한다면 그 감각기관만 발달하고 다른 감각기관은 둔해지는 것처럼, 만약 정신의 안정에만 전념한다면 그는 정신의 안정에 전념하면 할수록 불안정에서 벗어나지 못할 것이다. 왜냐하면 얻는 것이 있으면 반드시 잃는 것이 있는 것이 자연의 법칙이기 때문이다.

정신(精+氣+神)작용이란 매우 역설적인 것이다. 그래서 정신은 정신이 아니다. 다만 그 명칭이 정신일 뿐인 것이다.

왜냐하면 정신은 몸을 떠나서 외부에 별도로 영원히 고정불변으로 존재하는 어떤 독립적인 물질이 아니기 때문이다. 정신은 마치 몸의 운명처럼 인연법(수많은 원인과 조건에 의해 작용되는 것)에 의해 작용하는 것일 뿐이다.

숲 속이든 도시든 모든 공간은 지구 안에 있는 공간들이다

그리고 숲 속 생활과 도시생활이란 사실 똑같은 것이다. 왜냐하면 숲 속이든 도시든 모든 공간은 지구 안에 있는 공간들이기 때문이다.

그리고 진정으로 즐기는 자는 모든 곳에서 즐기는 자이다.

숲 속에서만 기쁨을 즐길 줄 알고 도시에서는 기쁨을 즐길 줄 모른다면 그는 숲 속의 생활에만 너무 집착해 있는 것이다.

만약 숲 속의 나무아래에서만 명상하며 만족하고 마음이 안정된다면, 그는 깨달음과 수행의 힘이 아직 부족한 사람이라고 여겨진다.

M.아우렐리우스(121-180)는 전쟁터에서 쓴 자신의 《명상록》에서 "이 세상에 자기 자신의 영혼 속보다 더 조용하고 평온한 은신처는 없다."라고 쓴 바 있다.

이것이 사실이라면 누가 "수행자는 언제나 한적하고 조용한 곳에서만 머물러야 한다."고 주장하는가? 생각건대, 숲속이든 도시든 지구의 모든 곳이 경이롭다. 왜냐하면 지구는 온갖 살아있는 것으로 덮혀 있는 행성이고, 인류는 이 지구 행성에서 가장 경이로운 존재이기 때문이다.

나는 지금 불경을 앞에 두고 성찰과 통찰의 담론을 즐기고 있다. 그런데 지금 이 자리가 고요한 숲속이든 시끄러운 도시의 서점이든 무슨 상관이 있는가? 나는 장소와 때를 가리지 않고 깨달은 자의 지혜를 완성하려고 노력하는 자이다.

명상은 숲속의 나무아래에서만 하는 것이 아니다

《숫타니파타》는 계속 주장한다. "세속에 있는 자는 세속을 멀리 떠나 숲 속에서 명상하는 성자나 수행자에 미치지 못한다." 라고.

그러나 나는 다음과 같이 생각한다. 숲 속의 생활에서만 정신이 안정되는 것은 아니다. 명상은 나무 아래에서만 하는 것은 아니다. 방황한다든지 또는 게으르다고 무조건 나쁜 것은 아니다.

왜냐하면 어떤 처지에 있는 사람일지라도 한 계기(moment)로 인하여 무르익기만 하면, 그 누구도 이 인생자체를 수행(Practice)으로 삼아 도를 닦을 수 있기 때문이다.

물론 나는 이 깊은 산중의 한적함을 매우 좋아한다. 그러나 이 곳에 갇혀서 평생을 산송장처럼 지내고 싶지는 않다.

몽테뉴(1533-1592)는 《에세이》에서 "야심과 탐욕과 불안과 공포 및 성욕은 장소를 옮긴다고 해서 우리에게서 떨어져 나가는 것이 아니다."라고 적고 있다.

나는 이 말에 진심으로 공감하는 바이다.

중요한 것은 마음이다. 그러나 진정한 구도자는 자기 마음에도 속지 말아야 할 것이다. 왜냐하면 우리들의 마음이란 마술사가 만들어내는 허깨비의 꿈과 같은 것이기 때문이다.

진흙에 있어도
진흙에 오염되지 않는 연꽃처럼

숫타니파타의 연꽃철학:

성자는 모든 것에 막히는 일이 없다. 그는 사랑하는 일과 미워하는 일을 하지 않는다. 슬픔도 두려움도 그를 물들일 수가 없다. 마치 연잎 위의 물이 더러워지지 않는 것과 같다.

〈숫타니파타〉

새로운 생각의 길:

최초기의 불교경전인 《담마파다》에도 "연꽃은 더러운 웅덩이에서 자란다. 하지만 연꽃은 달콤한 향기로 우리들의 마음을 기쁘게 해준다.

이와같이 깨달은 자는 무지무명(無智無明: Darkness, 또는 Maya, illusion 또는 망상이 가득)한 세상에서 자라나 지혜(착각이나 망상을 없애주는 일종의 특별한 통찰력의 작용)의 빛으로써 사람들을 감탄시킨다." 라는 글이 있다.

서기 150년경에서 200년경에 사이에 만들어진 대승불교의 경전 《유마경(제8 불도품)》에도 다음과 같은 글이 있다.

"고원육지부생연화(高原陸地不生蓮華), 비습어니내생차화(卑濕淤泥乃生此華)" 즉 "고원육지에는 연꽃이 나지 않고 더럽고 습한 진흙에서 이 꽃은 자란다."는 뜻이다. "고귀한 사람이 스스로 자신을 진흙처럼 아래로 낮추니, 그 도가 더 위대하게 빛난다." 라는 주역의 익괘가 생각난다.

깨달음의 가능성(통찰력을 얻을 수 있는 가능성)은 이렇게 혼속화광(混俗和光)의 번뇌 속에 있는 것이다.

《보적경(200-300년경)》에도 "연꽃은 진흙 속에 살면서도 진흙에 더럽혀지지 않듯이, 보살은 세속에 살면서도 세속의 일에 때묻지 않는다."라는 문구가 있다.

《묘법연화경(100-230년경)》의 제목도 "연꽃은 흙탕물 속에서 피어나지만 흙탕물에 오염되지 않는 것처럼 보살은 세속에 나와도 세속에 물들지 않는다."는 사상을 담고 있다.

이렇게 연꽃의 상징적인 철학은 대승불교와 선불교만 아니라 모든 불교의 기본적인 표현이다. 그리고 불교를 모르는 요가 선생 아엥가(1918-)조차 《신성의 불꽃(Sparks of Divinity)》에서 "연꽃은 진흙투성이의 물속에서 자라지만 그 꽃은 진흙의 흔적을 보이지 않는다. 우리는 세상을 그렇게 살아야 한다."고 쓴 바 있다. 참으로 멋진 연꽃의 철학이다.

그러나 성자도 인간이다. 살다보면 왜 막히는 일이 없겠는가? 성자는 걸어 다니는 시체가 아니다. 무념무상(Thoughtlessness)의 바윗돌이 아니다.

인간은 자신이 죽음으로 인해 해체되기까지는 그 누구일지라도 본능적으로 건강한 생명상태로 유지하기를 바라는 법이다.

인생이란 그가 어떤 유형의 인간일지라도 때로는 집착도 하고, 이별도 하고, 기뻐하기도 하고, 슬퍼하기도 하면서 사는 것이다.

인간은 이러한 인생 속에서 비로소 자신만의 깨달음과 성숙함(즉, 변화된 의식상태와 생활습관)을 문학과 철학으로, 종교와 정치로 뿜어내게 되는 것이다.

82세에 《파우스트》의 집필을 완료한 괴테(1749-1832)는 "실제의 생활만큼 큰 교훈이 담긴 책도 없다."고 말했다.

생각해서 하는 말인데, 내 인생은 연꽃을 피어나게 하는 더럽고 습한 진흙이다. 아니, 나뿐만 아니라 우리 모두 더러운 늪에서 자라는 연꽃 같은 존재들이다. 즉, 뿌리는 더러운 진흙 속에 있지만, 꽃은 하루 종일 수면 위에서 활짝 피우는 연꽃이라는 것이다.

부처의 복덕도 변하는 것이고,
실체가 없는 것이다

석가모니의 사주팔자 운명에 대하여:

《열반경》에서, 어떤 사람이 "부처님은 큰 복과 덕을 누리셨다"고 찬양했다.

그러자 어떤 사람이 이 말을 듣고, 불만을 터트리며 말했다. "세상에 태어난 지 겨우 7일 만에 어머니가 죽었는데 어떻게 그가 큰 복과 덕을 누렸다고 말할 수 있겠는가?"

그러자 찬양하던 자가 말했다.

"그의 운명이 그럼에도 불구하고, 그는 성급하거나 포악하지 않고, 폭력을 당해도 증오하지 않으며, 모욕을 당해도 보복하지 않았으니 바로 이것이 큰 복과 덕의 모습이 아닌가?"

새로운 생각의 길:

부처님도 정업을 피할 수는 없다

모든 것이 우리가 모르는 배후에서 작용하는 인연법(수많은 원인과 조건들이 서로 화합하고 해체하는 작용)의 결과이다. 그리고 불유삼불능이다. 어떻게 하겠는가?

불유삼불능(佛有三不能)이란 '부처님도 세 가지 못하는 게 있다' 는 뜻이다. 이 중에서 하나는 "부처님도 정업(定業; 유전자에 입력되어 있는 대로 어쩔 수 없이 하게 되는 운명적인 행동. 예를 들면 식사와 수면, 또는 대인관계 등)을 피할 수는 없다."는 것이다.

정업의 의미

정업이란 민족생물학적으로 만들어진 집단적 유전자이다.

그리고 정업의 업은 수많은 과거로부터 온 유전자들과 현재의 행위에 의해서 끊임없이 만들어지는 새로운 유전자들을 뜻한다.

업의 원래 뜻은 "하다, 완수하다, 생산하다, 만들다, 준비하다"라는 의미로 "작업, 행동, 행위, 일"로 번역되고 있다. 그런데 나는 정업(定業; 습관으로 굳어진 성질과 행동)을 유전자(遺傳子 또는 부모로부터 받은 46개의 염색체)로 이해한다.

응용생물과학자인 무라카미 가즈오(1936–)는 《인생의 암호》에서 "거의 모든 행위에 유전자가 관여하고 있어서 우리에게는 유전자 암호에 씌어진 것 이외에의 다른 일은 일어나지 않는다." 고 주장하고 있다.

그러나 마음의 상태가 유전자에 영향을 끼친다는 사실을 생각하면 희망이 없는 것도 아니다.

석가모니의 사주팔자(운명)

본문의 이야기대로 석가의 어머니 마야부인은 석가를 낳고 7일후에 죽었다. 그래서 석가는 마야부인의 여동생에 의해 길러졌다.

그러나 석가는 왕족으로 태어나 왕족의 생활을 누렸으니, 인도에서 최하의 천민계급 출신보다는 비교도 하지 못할 정도로 운명이 좋은 것이다.

휴 프레이더 목사는 《나 자신을 위한 영적 노트(1998)》에서 "예수의 일생은 매우 좋지 않았다. 그는 경제적으로 성공하지 못했다. 동료들에게 존경받지 못했다. 충성스러운 친구를 두지 못했다. 오래 살지 못했다. 비참하게 죽었다. 인생의 반려자도 만나지 못했다. 그리고 그의 어머니조차 그를 이해하지 못했다."라고 쓴 바 있다. 이런 사실을 구체적으로 확인하고 싶은 독자는 게리 윌스가 쓴 《예수는 그렇게 말하지 않았다(2007)》라는 책을 참조해보시기 바란다.

예수는 태어날 때부터 고난이 많았고, 아동기때는 부모의 말을 잘 듣지 않은 유별나게 반항적인(독립적인) 아이였다. 한 번은 12세의 어린예수가 아무런 말이 없이 실종되는 바람에 부모가 3일 동안 애타게 찾아다니다가 겨우 발견한 적도 있다. 그런데도 어린예수는 오히려 부모에게 말대꾸하는 당돌한 아이였다. 예수는 부모뿐만 아니라 형제들과도 사이가 아주 나빴다.(요한복음 제7장5절) 이 뿐만 아니라 예수의 고향마을인 나사렛 주민들조차도 말썽을 일으키는 예수를 정말 미워해서 마을 밖으로 내쫓았을 뿐 아니라 예수를 산벼랑까지 끌고 가서 거기서 밀쳐 떨어뜨리려고 하였다.(누가복음 제 4장 29절) 그래서 예수의 가족들은 예수를 가두어두려고 하기까지 하였다.(마가복음 제3장 21절)

나중에 청년이 된 예수는 자기 어머니에게 "여자여, 그것이 나와 당신에게 무슨 상관이 있습니까?(요한복음 제2장4절)"라고 말할 정도로 자기 어머니에 대해서도 매우 독립적(저항적)이었다.

그리고 예수의 대인(對人)적 설법도 매우 과격했다. "너희들은 내가 이 세상에 평화를 주려고 온 줄로 생각하지 말라. 나는 이 세상에 평화가 아니라 칼을 주려고 왔다. 나는 아들이 자기 아버지를, 딸이 자기 어머니를, 며느리가 자기 시어머니를 거슬러서 갈라서게 하러 왔다. 나보다 부모를 더 사랑하는 자는 내게 적합하지 않고, 나보다 자녀를 더 사랑하는 자도 내게 적합하지 않다. 그리고 또 십자가를 지고 나를 따르지 않는 자도 내게 적합하지 않다. 자기 목숨을 구하는 자는 목숨을 잃을 것이요, 나를 위해 자기 목숨을 바치는 자는 목숨을 얻을 것이다.

(마태13장 34-39절)"

예수는 또 "누구든지 내게로 오는 자가 자기 부모와 처자식과 형제와 자매를 미워하지 않는다면, 내 제자가 될 수 없다.(누가복음 제 14장 26절)"고 하면서 오직 "내가 곧 길이요, 진리요, 생명이니 나로 통하지 않고는 아무도 하나님 나라로 갈 수 없다."고 설파했다.

이렇게 극단적이고, 급진적으로 이루어지는 파괴적이고 재창조적인 예수의 대인관계와 사회관계와 그의 종교사상은, 나중에 유대교 성직자들에 의해 국가기관에 고발되어(고발내용은 예수가 자칭 유태인의 왕이라고 선전하고 다닌다는 것이었다. 이로 인해 예수는) 가장 처참한 십자가 처형을 받아 죽음으로써 막을 내렸다.

이러한 예수(B.C.E.4-C.E.29)의 운명과 비교한다면, 석가모니의 운명은 매우 좋은 편이라고 할 수 있다는 것이다.

더구나 수 천 년이 지난 오늘날에도 석가모니 부처는 정신세계의 왕 같은 명성을 누리고 있으니 반드시 나쁘다고만 할 수는 없다.

예를 들면, 천하의 교만한 지식주의자일지라도 자신의 똑똑함과 천재성을 석가모니 부처의 가르침에 대한 창조적 해설로 삼고, 모든 지성의 힘을 발휘하고 있을 정도이니 석가모니는 그 얼마나 대단한 존재인가?

또 불교계의 인물로 예를들면, 유마거사같이 잘난 체 하거나, 용수같이 똑똑한 논사도 부처님 앞에서는 쪽을 못쓰고, 그저 아첨하고 아부하는 찬양만 해대니, 석가모니는 얼마나 대단한 존재인가!

여기서 지식주의자(intellectualist)란 자신이 획득한 지식과 자기 자신을 동일하게 여기는 자아가 강하고 자부심이 지나치게 강한 지식인들을 가리킨다.

석가모니를 찬양(아첨, 아부)하는 사람들

사리불은 말하기를 "석가모니는 완벽한 분이다. 그 누구와도 비교할 만한 자가 없을 정도로 오로지 석가모니만이 고귀한 자로서 영예로운 분이다. 석가모니는 인간관계에 있어서도 그 어떤 잘못을 저지른 적이 없다." 라고 칭송한 바 있다. (하지만 나는 이렇게 생각하지 않는다.)

《사분율계찬(서언)》에도 보면, "나라의 벼슬 중에 임금이 제일이고, 물

줄기가 아무리 많아도 바다가 으뜸이다. 온갖 별들이 다투어도 달에는 적이 없고, 성인이 많지만 부처님이 으뜸이다." 라는 글이 있다.

또, 60품에 달하는 부처의 전기를 모아서 만든 《불본행집경(제8권)》에서도 "세상에서 뛰어난 자가 없는 것은 아니지만, 부처님같은 분은 전세계에 더 이상 없다." 라고 대범천왕은 말했다.

그리고 또, 중국 도교의 경전들 속에도 다음과 같은 문장들을 발견할 수 있다.

즉 《서승경》에 "세상의 모든 가르침 가운데에서 부처의 가르침이 가장 뛰어나다." 라고 했고, 《문시전》에는 "우리의 스승은 부처이며 그의 비교할 수 없는 가르침을 우리는 따르고 있다." 라고 했고, 《동현진일경》에는 "수많은 성인들과 신선들은 모두 부처님의 도를 깨달았다." 라고 적고 있다. 과연 불도교(Buddho-Taoist)다운 글들이다.

석가모니의 열 가지 별명

석가모니에게는 다음과 같은 열 가지 별명이 있다.

1) 보시를 받을만한 충분한 자격이 있는 사람.

2) 올바른 지혜를 체득한 사람.

3) 지혜와 실천을 겸비한 사람.

4) 생사의 굴레를 잘 초월해버린 사람.

5) 세상살이에 관해 샅샅이 잘 알고 있는 사람.

6) 스승이 전혀 필요 없을 정도로 대단히 독립적인 사람.

7) 모든 사람을 잘 인도하여 깨달음에 이르게 하는 사람.

8) 생사과정에 있는 온갖 잡신들과 인간들의 스승.

9) 완벽하게 전체적으로 깨달은 사람.

10) 세상에서 가장 존귀한 사람.

현재 내 두뇌 속에 입력되어 있는 석가모니 부처에 관한 이미지는 성격적으로 온유하면서도 날카롭고, 단순한 신앙보다는 깨달음을 중시하는 사상가적인 경향이 농후한 현자의 이미지이다.[11]

실제로 석가모니 부처(자기 스스로 깨달은 자, 또는 스승 없이 자력으로 깨달은 자)가 처음으로 설법을 시작했을 때에는 극소수의 사람만이 그를 따랐다.

그러나 그의 설법은 나중에 수많은 공명자와 동지를 발견하게 되어 오늘날의 불교를 이루었다.

1989년 브리태니카 연감에 의하면 전 세계 불교 신자 수는 3억 5천 6백 87만 5천 명 이상이라고 한다.

---

11) 미국의 심리학자 아브라함 머슬로우는 자아실현을 성취한 위인들의 특성을 15가지로 정리해서 발표한 바 있다. 1) 위인들은 모두 현실주의적인 성향이 있었다. 2) 위인들은 모두 자기 자신과 타인 및 자연세계를 사실 그대로 받아들였다. 3) 위인들은 모두 사고와 정서, 행동에 있어서 자발적이었다. 4) 위인들은 과업이나 의무에 대해서 자기중심적인 것보다는 문제 중심적이었다. 5) 위인들은 모두 사생활의 보장을 중시하며, 특히 어떤 일에 대해 강한 집중력이 필요할 때에도 사생활을 지키려고 하였다. 6) 위인들은 모두 자율적이며 독립적이고, 거부당함과 비인기앞에서도 자기자신을 지켰다. 7) 위인들은 모두 온갖 존재와 현상에 대해 항상 경외감과 신선함을 지니고 있었다. 8) 위인들은 모두 성격적으로 종교적이지 않은데도 불구하고 신비적이거나 폭 넓은 경험을 지니고 있었다. 9) 위인들은 모두 자기 가족뿐만 아니라 전세계의 복지에도 관심을 많이 가지고 있었다. 10) 위인들은 모두 자신이 특별히 사랑하는 사람과의 관계를 피상적이 아니라 심오하고 깊은 정서적 관계로 유지하고 있었다. 11) 위인들은 모두 인종적 지위, 종교에 따라 타인과 친분관계를 맺거나 판단하기보다는, 상대방의 판단을 통해 상대를 평가하기 때문에 민주적인 성격구조를 가지고 있었다. 12) 위인들은 모두 고도의 윤리적인 감각을 가지고 있었다. 13) 위인들은 모두 적절한 유모어 감각을 가지고 있다. 14) 위인들은 모두 자기만의 창의적인 보물창고를 가지고 있었다. 15) 위인들은 모두 기존문화에 대한 완전한 순응을 거부했다.

2007년 현재는 (세계인구 66억 3천 7백만여 명에서) 4억 8천 9백만여 명 이상이다.

우리나라 국내에도 1천 만 명 이상의 불교신자가 있다.

그리고 인도의 수도 뉴델리에서 자동차로 10시간 가는 거리에 상키시아 지역이 있는데, 이 지역은 지금도 석가족 후손들이 약 1만 명 정도가 집성촌을 이루어 살고 있다.

불교는 인도에서 1203년 이슬람교도의 인도침입에 의해서 멸망해 버렸다.

현대의 인도불교는 암베드카르(1891-1956)에 의해 1950년대 이후 크게 부흥해 오고 있다.

그러나 불교는 아직도 인도에서는 4백만 명의 신자들을 가진 극소수 종교에 속한다. 2009년 3월 현재 인도의 총 인구수는 11억 1천 1백만 명 이상이다.

석가의 복덕은 복덕이 아니다. 왜냐하면 석가의 복덕도 무상한 인연과 무아에 근거해 있는 것이기 때문이다

본문에서는 또 석가모니의 복덕에 관해 언급하고 있다.

그러나 내가 한 때 집요하게 공부했던[12] 《금강반야경》의 즉비시명(卽非是名; 원인과 조건을 초월하여 독립독존하는 고정불변의 실체성은 부정하되, 언어 문자적 시설(施設)로서의 명칭은 긍정하는 것)의 논리로 말한다면, 그 어떤 복덕일지라도 그것은 복덕이 아니다. 왜냐하면 다만 그 명칭이 복덕일 뿐이기 때문이다. 어째서 그러한가 하면 복덕이란 덧없이 변하는 인연에

의해 생겨나고 없어지는 것이기 때문이다.

그래서 나는 평소 "어떻게 할 수 없는 것은, 운명으로 여기고 평안하게 지내는 것이 가장 좋다."라는 《장자(제4장 인간세)》의 현명함을 좋아한다.

12) 여기서 내가 표현하는 《금강경》에 대한 나의 집요한 공부란, 야키족 인디안 돈 후앙의 말처럼 자기가 선택한 것에 대해 대가(大家)가 되어야 한다는 자세로 책임감 있게 공부한다는 뜻이다. 그리고 마샤 시네타는 《속인과 신비주의자들》에서 "누구나 자신에게 맞는 것을 발견하고, 그 것을 단단히 붙잡으면 완전해진다."라고 쓴 바 있다. 그러나 지금 내게 있어서 '단단히 붙잡는 다' 라는 의미는 고정된 집착이 아니라 성숙한 변화의 과정을 의미한다. "지혜가 깊어지면 모 든 것에 통달하게 되고, 하나를 파고들면 신묘한 경지에 이르게 된다."는 말은 사실이다.

부처가 설법을 시작하지도 않았는데,
문수가 법회 끝났다는 신호로 죽비를 친 뜻은

석가모니가 어느 날, 설법을 하기 위해 높게 만든 자리에 앉으니 대중들이 모여들었다.

그런데 이 때 설법이 아직 시작되지도 않았는데, 문수가 끝났다는 신호로 죽비를 크게 탁 치고 나서 대중들에게 다음과 같이 말하는 것이었다.

「법왕이 설하는 법을 자세히 보십시오. 법왕의 법이란 바로 이와 같은 것입니다.」

그러자 석가모니는 아무 말씀이 없이 그 자리에서 내려왔다.

〈선문염송(제1권). 종용록〉

내가 《금강경》부처의 경지로 말한다면, 석가모니의 법은 설명할 수 없고 파악할 수 없는 것이다.

그러므로 본문의 경지는 무법지법(無法之法; 고정된 법이 없는 법), 무설지설(無說之說; 설함이 없는 설), 무득지득(無得之得; 얻음이 없는 얻음)이다.

생각해서 하는 말인데, 참으로 혀가 없는 사람이 말하고, 귀가 없는 자가 듣고, 두뇌가 없는 자가 깨달음을 얻으니, 손이 없는 자가 죽비를 잡아들고, 말없는 법회의 종료를 선언하였다. 그러므로 이 본문에는 깊은 뜻이 있다.

본문에서, 석가모니와 문수사리는 언어 이전의 존재, 존재 이전의 무(無)를 드러내고 있다. 그리고 이 무(Abhava)는 연기무아(緣起無我; 즉, 모든 것은 수많은 원인과 조건들에 의해 생기고 없어지는 것으로 아트만이 없다는 것)를 의미한다.

석가모니와 문수사리

또, 본문의 의미는 석가모니가 도솔궁을 떠나기도 전에 이미 왕궁에 태어났고, 또 어머니의 자궁 속에서 나오기 전에 이미 모든 사람을 제도했다는 사상과 같은 것이다.

도솔궁(Tusita-deva)이란 미래의 부처가 인간으로 태어나기 위해 때(56억 7천만년 후)를 기다리고 있는 세계(즉, 완벽한 공과 적멸의 세계)를 뜻한다.

전설에 의하면, 석가모니 부처는 전생에 문수사리의 제자였다고 한다. 즉, 석가모니는 자기가 부처(깨달은 자)가 될 수 있었던 것은 무수한 부처들의 아버지이며, 어머니인 문수사리 덕택이라고 말한 바 있다.

그래서 그런지 본문에서도, 일곱 부처의 어머니라는 존칭을 받고 있는 문수사리다운 행동을 보이고 있다.

그러나 석가모니와 문수사리의 개인적인 관계에서는 이러한 행동을 할 수도 있겠지만, 대중의 입장에서는 문수가 시건방지게 나섬으로서 석가모니와 제자들간의 따르샨(감동적인 친견)을 방해한 점도 그냥 지나칠 수는 없다.

내가 만약 그 자리에 있었다면, 귀찮은 짓을 무례하게 한 문수를 향해 큰 짜증을 내며 고함을 질렀을 것이다.

문수 보살의 살불(殺佛)한 경지

문수 보살에 관한 코멘트: 큰 절에 가보면 문수 보살상은 부처님의 오른쪽에 앉아서 오른손에는 지혜의 칼을, 왼손에는 푸른 연꽃을 들고 있다.

생각해서 하는 말인데, 임제 선사가 살불살조(殺佛殺祖)를 부르짖고, 조산 선사가 "부모고 뭐고 다 죽이겠다!" 고함치며, 운문 선사가 어린 부처에 향해 독설을 퍼붓는 사상은 《대보적경》에서 "문수 보살이 날카로운 칼을 가지고 부처를 죽이려고 돌진한다."는 이야기에서 영향을 받은 것이다.

문수 보살이 오른 손에 들고 있는 칼은 지혜(Buddhajnana)의 상징이다. 파드마삼바바의 칼도 마찬가지다.

이 지혜의 칼은 가는 곳마다 맞닥뜨리는 형이상학적 사변들을 모조리 쳐부수는 놀라운 힘과 능력의 상징이다. 이것은 마치 농부의 쟁기 같고, 의사의 메스 같고, 무사의 칼과 같은 것이다.

그래서 문수 보살의 지혜의 칼은 교묘하게 기어 들어오는 애착을 끊어 버릴 수 있고, 악마와 그의 군대를 산산조각 낼 수 있다.

《유마경(보살품)》에도 "지혜의 칼로 번뇌의 적을 제거한다." 라는 글이 있다.

이러한 종류의 칼에 대해 관심 있는 분은 《장자(잡편)》에 나오는 설검과 〈양생주〉에 나오는 포정해우의 이야기도 참조해 보시기 바란다.

그리고 또, 이러한 문수 보살은 엘리엇의 시적 표현[13]과 같이 날카로운 자비의 화신임을 상징한다.

그러나 살(殺)은 살(kill)이 아니다. 불가에서는 번뇌를 끊어버리는 것을 살(cut down)이라고 한다.

그러나 그 무엇인가 번뇌를 끊었다고 한다면 그것은 살(殺)일 뿐이다.

그리고 살불살조라는 말도 성립될 수 있다. 살불살조(殺佛殺祖)란 부처를 만나면 부처를 죽이고, 조사를 만나면 조사를 죽인다는 뜻이다.

예수도 "나는 세상에 평화를 줄려고 온 것이 아니다. 칼을 줄려고 왔

---

13) 엘리엇(1888-1965)의 시는 이렇다. "그 부상당한 외과의사가 병든 부위에 메스를 가한다. 그 피 흘리는 두 손 밑에서 우리는 느낀다. 열(熱) 그래프의 수수께끼를 푸는 치료자의 의술의 날카로운 자비를." 그리고 멕시코의 시인 옥따비오 빠스(1914-?)의 시구절에도 "광휘로움과 칼, 살아있는 사랑스러운 칼, 칼이라기보다는 부드러운 손, 과일." 이라는 글이 보인다. 그리고 또 스페인의 시인 안또니오 마차도(1875-1939)도 다음과 같은 시구를 적고 있다. "도끼질을 받거든 보복하라. 붓다가 말하셨다. 또 그리스도도! 백단향 같은 너의 향기로." 그리고 또 우리나라에서도 공연된 적이 있는 〈피의 결혼〉을 지은 스페인의 시인 가르시아 로르까(1898-1936)의 다음과 같은 시를 인용함으로써 나는 시의 상징성을 더욱 심화시켜보기로 한다. "가슴에 칼을 맞고, 길가에 죽어 쓰러졌다. 아무도 아는 사람은 없었다. 가로등만 파르르 떨고 있었다. 아아, 길가 파르르 떨고 있던 가로등 하나! 새벽이었다. 아무도 그의 눈속을 들여다 볼 수는 없었다. 차가운 대기를 향해 벌어진 눈. 가슴에 칼을 맞고 길가에 쓰러져 죽어 있었다. 아무도 아는 사람은 없었다."

다." 라고 말한 바 있다. 가도의 검객이라는 시도 생각난다. 그러나 번뇌든 부처든 끊어버릴 것도 없다는 것을 깨닫고 안다면, 번뇌와 부처를 끊을 필요도 없다.

의상(625-702)의 제자인 도신 스님도 말하기를 "부처가 도를 닦는다는 의미는 옛 것을 지키는 것도 아니요, 새로운 것을 얻는 것도 아니다. 또 끊어야 할 번뇌가 있어서 끊는 것은 결코 아니다. 번뇌가 본래 끊을 것이 없음을 아는 것을 가리켜 끊는다고 하는 것이다." 라고 하였다.

관심 있는 독자는 《열반경(여래성품)》에 나오는 〈나의 왕궁 창고에는 이러한 칼이 없다〉라는 우화도 참조해 보시기 바란다.

나는 예리한 문수의 칼보다는 소요하며 즐기는 도를 좋아한다

나는 예리한 문수의 칼보다는 소요유(逍遙遊)하는 도(道)를 좋아한다.

그래서 나의 도는 번뇌와 부처를 끊지 않고 그대로 마음의 평화로운 상태를 유지해 가는 것, 이것이 내가 실천하고 있는 반승반속의 도(The Way)이다.[14]

반승반속(半僧半俗)이란 부정적이고 소극적으로 표현한다면, 스님도 아니고 속인도 아닌 사람이라는 비승비속(Not Monk, Not Man)[15]이라는

---

14) 문수 보살의 예리한 칼날을 바라보며 나는 다음과 같이 생각한다. 날카로움을 감추고 어리석은 듯이 보이지만 오히려 이런 처세가 현명한 것일 수도 있고, 예리함을 숨기고 약한 척하지만 오히려 이런 처세가 강력한 것일 수도 있다. 정판교(1693-1765)의 '난득호도(難得糊塗)' 라는 문구가 생각난다. 난득호도(難得糊塗)라는 말은 "총명하기도 어렵고, 어리석기도 어렵다. 하지만 총명한 사람이 어리석음으로 나아가는 것은 더 어렵다. 그저 만사에 대한 집착을 버리고 한 걸음 물러서면 마음이 편안해지니 나중에 복이 오기를 바라지 않는다.(聰明難 糊塗難 由聰明而轉入糊塗更難 放一着退一步當下心安 非圖後來福報也.)"는 뜻이다. 여곤도 "총명하면서도 어리석은 것이 큰 지혜다."라고 쓴 바 있다.

뜻이다.

하지만 긍정적이고 적극적인 표현으로는, 승속을 하나로 보고 정신세계와 물질세계를 쌍으로[16] 드러내는 경지를 의미한다. 진속불이(眞俗不二)요, 승속일여(僧俗一如)요, 범성일여(凡聖一如: 범부가 성자이고, 성자가 범부)다.

건방지게 보이겠지만, 이 정도는 되어야 "양극단을 멀리 벗어난 보살도(the way of the bodhisattva)를 닦아야 가장 높은 깨달음을 성취하게 된다."는 원효대사의 경지를 이해할 수 있게 될 것이다. 이 문구는 원효(617-686)의 《금강삼매경론》에 나오는 명언이다.

---

15) 부정적이고 소극적인 의미에서의 비승비속(어느 것에도 속하지 않는 사람)에 대한 일반적 사례는 A.아인슈타인(1879-1955)의 말에서도 발견된다. "나는 특정국가, 계층, 심지어 친구들끼리의 작은 모임이나 가족들에게 완전히 소속되어 있는 느낌을 받은 적이 없다. 어린 시절 나는 꽤 조숙한 아이였는데 그 때 이미 나는 대부분의 사람들이 일생을 통해 얻고자 하는 희망과 염원의 공허함을 너무도 잘 알고 있었다. 웰빙이나 행복은 내가 바라는 것이 결코 아니었다. 나는 그런 정신적 목적은 돼지 꿈 정도에 불과하다고 생각한다."

16) 중국의 전통철학적 사상으로 말한다면, 천지만물의 원리는 반드시 짝이 있고, 홀로 있는 것이 없다. 예를 들면 음과 양은 항상 함께 있다. 그리고 음양이 함께 있을 뿐만 아니라, 음속에 양이 있고, 양속에 음이 있다. 그래서 노자도 《도덕경(42장)》에서 "모든 것은 음을 지고, 양을 안고 있다"고 썼을 것이다. 바로 이것이 내가 말하는 '쌍'의 의미이다.

석가모니의 우뢰와 같은
침묵의 언어

어떤 다른 종교의 구도자가 석가모니를 찾아와 물었다.

「있는 것도 아니고 없는 것도 아닌 것에 대하여 말씀해 주십시오.」

그러자 석가모니는 묵묵히 아무런 말도 없이 그를 지켜보기만 했다. 석가모니의 이 침묵이 절정에 달했을 때, 그 구도자는 석가모니의 고요한 모습을 보고 비로소 그의 가르침의 뜻을 크게 깨닫고 다음과 같이 말했다.

「세존께서 크게 자비를 베푸신 덕분으로 저의 무명(근본적인 무지, 암흑 같은 무지, 또는 괴로움에 시달리는 인생의 본질에 대한 무지 또는 망상)의 구름은 사라지고 깨우침을 얻게 되었습니다.」

구도자가 떠난 뒤 아난 존자가 석가모니에게 물었다.

「저 구도자가 도대체 무엇을 보고 깨우쳤다고 저런 말을 하는 겁니까?」

석가모니가 말했다.

「뛰어난 말(horse)은 채찍 그림자만 봐도 달린다.」

<무문관(제32칙)>

새로운 생각의 길:

석가모니는 실어증이나 기억상실증 환자가 아니다. 그러므로 석가모니의 침묵에는 의미가 있다.

그런데 석가모니의 침묵을 의미 있게 받아들이며 가르침(자신의 질문에 대한 답변)으로 삼은 질문자도 보통사람은 아닌 것 같다.

다시 말하면, 최소한 그는 석가모니의 설법을 가장 많이 들었다는 아난 존자보다 의식 수준이 더 높고 민감한 것 같다. 아난다는 40여 년 동안 석가모니의 가장 친한 측근제자로 있으면서도 깨달음을 얻지 못한 분이었다.

본문은, 말 없는 침묵 가운데에서 말을 전하고, 소리 없는 가운데에서 소리를 전한다는 이치를 보여 주고 있다.[17] 《열자》의 말처럼, 침묵도 일종의 말이며 무지도 일종의 지식인가?

동이족 출신의 성현인 맹자는 "가르치는 데에도 여러 가지 방법이 있다. 내가 상대를 탐탁하게 여기지 않아서 가르쳐 주지 않는다면 그것 역

---

17) 초기불전에 보면, 세존은 대인관계나 처신에서도 실제로 "침묵으로 승낙하셨다." 라는 문구가 많이 나온다. 이것은 반드시 말을 해야만 아는 나 같은 사람들의 성향과는 다른 모습인 것 같다.

시 상대를 깨우쳐 주는 가르침의 한 방법인 것이다.(제12 고자하)"라고 말한 바 있다.

그러나 석가모니는 자신의 침묵의 뜻을 알고 찬탄하는 상대방이 보통 사람은 아니구나, 라고 생각했을 것이다. 그래서 네 종류 말의 비유가 나왔을 것이다.

있는 것도 아니고 없는 것도 아닌 이것은 무엇인가

본문에서, 구도자는 "있는 것도 아니고 없는 것도 아닌 이것은 무엇인가?" 라고 하였다. '이것'에 대해 장자는 《경상초》에서 "생사를 왕래하지만 그 형체를 볼 수 없다." 라고 했고, 또 《달생》에서는 "땅 속을 다녀도 막히지 않고, 불을 밟아도 뜨겁지 않으며, 그 어떤 생물체 위를 다녀도 두려워하지 않는다." 라고 했다. '이것'은 과연 무엇인가?

우파니샤드와 바가바드기타에서는 이것을 브라만과 아트만이라고 하고, 대승불교에서는 이것을 불성과 여래장과 진여자성이라고 하고, 도교에서는 이것을 현도와 내단이라고 하고, 유대교와 예수교에서는 이것을 유일신이라고 한다.

그러나 석가모니는 이것을 제행무상이요, 제법무아라고 부른다.

침묵의 가르침은 아무에게나 효과가 있는 것이 아니다

상대방이 질문에 답하지 않고 그냥 묵묵히 있으면, 성질이 나처럼 급한 자는 "재미있는 이야기 참으로 잘 들었습니다. 감사합니다." 말하고 그냥 일어나 가버릴 수도 있다.

이렇게 침묵의 가르침은 아무에게나 효과가 있는 것이 아니다.

평생동안 불가에 몸을 담고 있어도 모를 수 있는데, 다른 종교의 길을 걸어왔고 또 그렇게 살아갈 그가 과연 무엇을 알 수 있겠는가?

예를 들어 그가 만약 예수교인이었다면, 그저 예수교의 진리성에 더욱 확실한 깨달음을 가질 것이다. 만약 아니었다면, 그는 채찍 그림자만 봐도 달리는 말처럼 그렇게 재빨리 떠나가지는 않았을 것이다.

생각해서 하는 말인데, 깨달은 뒤에도 스승의 지혜의 은총을 받지 못한다면 그의 깨달음은 독약이 될지도 모른다.

남방불교계에서 가장 존경받는 인물이라고 하는 아쟌 챠(1918-1992)스님은 말하기를 "옛 수행 전통대로 한다면, 수행승은 적어도 5년은 스승과 함께 지내야 한다. 그러면서 어떤 때는 묵언을 해야 하기도 한다. 너무 많이 말하지 말라. 책을 읽지 말라. 그 대신 너 자신의 마음을 읽어라. 불교는 마음의 종교, 오직 그뿐이다." 라고 하였다.

그리고 장자(370-310.B.C.E 또는 369-286.B.C.E)는 《외물》에서 "말이 생겨난 이유는 그 의미 때문이다. 사람이 그 의미를 이해하고 나면 말은 잊어도 된다. 어디에 가야 침묵으로 모든 것을 말하는 사람을 만나 그 사람과 함께 대화를 나눌 수 있을 것인가?" 라고 썼다. 그는 또 "마음에 거슬리는 것이 없이 그와 서로 보며 웃고 싶다."라고 쓰기도 했다. 이 역시 말이 필요 없는 도인들의 교감을 의미한다.

그리고 또, 베트남의 고승 묘인(1042-1113)비구니는 "방황할 때 부처를 찾고, 어지러울 때에 좌선을 한다. 그러므로 좌선을 하지 않고 부처도 찾지 않을 때에는 그저 입을 다물고 말은 하지 않는다." 라는 게송을 남겼다.

이렇게 침묵을 좋아하는 종교계의 성자들은 시오랑(1911-1995)의 말처럼, 객관적 진실과 교묘한 논쟁과 정연한 논리를 싫어한다.

그들은 타인에게 증명하려고 하지도 않고, 아무도 설득하려고 하지도 않는다. 그들에게 있어서 타인이란 변증법론자의 고안일 뿐이기 때문이다.

석가모니의 우뢰와 같은 침묵의 언어

본문에서 구도자는 언어로 물었고, 부처님은 침묵으로 답했다.

모름지기 허영심은 인간을 다변가로 만들고, 자부심은 침묵가가 되게 하는 법이다. 그러나 미얀마의 속담처럼 침묵하는 자라고 모두 현명한 자는 아니다.

생각해서 하는 말인데, 《장자(제물론 제2)》에 보면 "큰 지혜는 관대하고, 작은 지혜는 다투기를 즐긴다." 라는 글이 있다.

석가모니는 과연 나와 차원이 다른 분이다. 왜냐하면 나는 '왜 라는 질문(Why question)' 을 중시하는 타입이기에 무엇이든지 자세하게 일일이 언어로 시비를 따져서 왜? 왜? 질문하며 지성적으로 설명하기를 좋아하는 사람이기 때문이다.

그런데 석가모니의 침묵이 절정에 달했을 때, 그 석가모니의 고요한 모습에 접한 그는 그만 영적인 오르가슴에 휩싸인다. 감동해버린 그 구도자의 심정이 지금 나에게도 전해진다.

멕시코의 시인 옥따비오 빠스(1914-)는 "부처의 침묵은 부정도 긍정도 아니다. 부처의 침묵은 말을 안하는 것이 아니라 유일하게 말할 수 있는 것은 침묵이라는 것이다. 부처의 침묵은 지식이 아니라 오히려 지식 뒤에 오는 지혜이다." 라고 말했다.

(팔만대장경을 통해 가장 이상적 인물로 그려져 있는) 석가모니는 불가사의한 분이다. 그 존재 자체에서 발산하는 부드러우면서도 강력한 법력으로, 우뢰와 같은 침묵의 언어로, 아무 말도 하지 않으면서 모든 것을 가르치는 석가모니가 너무 존경스럽다.

우리가 만약 석가모니의 이러한 깊이와 여유와 힘을 본받아 그대로 실천하며 살 수 있다면, 인생은 이것만으로도 이미 충분히 성공한 셈이 될 것이다.

석가모니의 침묵과 여러 현자들의 침묵철학

《중아함경》에서도 석가모니는 "이 세계는 영원한 것인가, 덧없는 것인가? 이 세계는 유한한가, 무한한가? 깨달은 자는 죽은 후에 존재하는가, 존재하지 않는가? 영혼은 육체와 같은가, 같지 않는가?" 라는 말룽가풋다의 질문에 대해서도 침묵으로 답변을 한다.[18]

비트겐슈타인(1889-1951)도 《논리학적 철학적 논문》의 서문에서 "어떻게든 말할 수 있는 것은 명료하게 말해야 한다. 그러나 말할 수 없는 것들(unsayable things)에 대해서는 침묵해야 한다." 라고 쓴 바 있다.[19]

조주 선사의 '무(無: the nothingness of buddha-nature)' 자 화두공안도 생각난다.

U.G.크리슈나무르티(1918.7.9-2007.3.22)도 자기 사상의 전달자인 어록 편집자(Mahesh Bhatt)와의 대화에서 "어제 나는 녹음기로 내가 전에 방

갈로에서 한 이야기를 들어보았다. 나는 무의미한 헛소리를 늘어놓고 있었다. 도저히 들을 수가 없었다. 녹음은 죽은 것이다. 아무런 의미도 없는 것이다. 잊어 버려라. 태우거나 갖다 버려라. 나의 이야기는 단지 당신의 질문이라는 자극에 대한 반응이었을 뿐이다.” 라고 말한 적이 있다.

U.G.크리슈나무르티 논사가 이 정도라면, 석가와 유마의 침묵과 조사선 불교의 언어도단과 불립문자는 이해할만한 것이 아니겠는가? 본문은 고려(918-1392)시대 진각혜심(1178-1234)의 어록에서도 인용되고 있다.

네 종류의 말과 네 종류의 사람들

여담으로, 채찍 그림자만 봐도 달리는 뛰어난 말(horse)에 대해서 언급해보기로 한다.

네 종류 말(馬)의 비유가 나오는 이 구절은 《장아함경》에 적혀 있고, 《벽암록》에도 인용되고 있는 것이다. 여기서는 《잡아함(편영경)》에 적혀 있는 것을 읽어보기로 한다.

“가장 뛰어난 말은 채찍질을 드는 그림자만 보아도 달리는 말이다. 두 번째 말은 채찍이 털에 닿기만 해도 달리는 말이다. 세 번째 말은 채찍이 몸에 때려져야 달리는 말이다. 네 번째 말은 채찍으로 피가 나게 맞아야

---

18) 중아함경 제 60권 전유경, 남전대장경 10, 222쪽. 잡아함168,962,963. 장아함20(범동경). 팔리어 상응부 249-181 등. 장부 1(범망경). 한글대장경 중아함경3(전유경), 410쪽-413쪽을 참고해보시기 바람.

19) 《논리철학 논고(Tractatus Logico-Philosophicus)》, 비트겐슈타인 지음, 박영식과 최세만 옮김, 정음사(1988), 4쪽으로부터. “말할 수 없는 것에 대해서는 침묵을 지켜야 한다.(where of one can not speak, there of one must be silent.)”

비로소 움직이는 말이다.”

이 비유의 목적은 사람에게도 네 종류의 사람이 있다는 것인데, 나는 위에서 언급된 말들 중에서 채찍 그림자만 봐도 달리는 가장 뛰어난 말은 별로 좋아하지 않는다.

왜냐하면 이러한 말(horse)은 너무나 민첩하고 의기양양하기 때문이다. 자칫 잘못하면 이 민첩성과 의기양양 때문에 도리어 큰 사고가 생길 수도 있기 때문이다.

석가모니가
이렇게 말한 뜻은

주고 받는 것과 방하착:

어떤 다른 종교의 구도자가 석가모니를 친견하기 위해 왔다. 그는 석가모니에게 드릴 선물로 꽃을 한아름 들고 왔다. 이것을 본 석가모니가 말했다.

「그것을 내려 놓아라.」

그래서 그 구도자는 꽃송이들을 석가모니 앞에 조심스럽게 내려놓았다.

그러자 석가모니는 또 말했다.

「그것을 내려 놓아라.」

그러자 그 구도자는 의아한 얼굴로 석가모니에게 말했다.

「제가 들었던 꽃을 다 내려놓고 이렇게 빈 손으로 서 있는데, 무엇을 내려놓으라고 하십니까?」

석가모니가 말했다.

「내가 자네에게 내려놓으라고 한 것은 그 꽃송이가 아니라 시각, 청각,

후각, 미각, 촉각, 지각에 대한 집착을 내려놓으라고 한 것이네.」

조주(778-897)선사의 일화에도 나오는 똑같은 내용이 나오는데, 이 부처의 일화가 그 원형이다.

내가 직접 글 쓰고, 편집하고 설계해서 발행했던 《오래된 미래(Ancient Future)》잡지에서 2년 동안 〈장자(莊子) 한글로 쉽게 읽기〉를 연재한 적이 있었는데, 똑같은 사상 원리에서 만들어진 이야기를 여기에 옮겨보면 이렇다.

남영추는 7일 동안 남쪽으로 가서 노자(570-490.B.C.E)를 만났다.

노자가 남영추에게 물었다.

"자네는 경상초 문하에서 왔는가?"

남영추가 대답했다.

"예, 그렇습니다."

노자가 남영추에게 다시 물었다.

"그런데 자네는 웬 사람들을 그렇게 많이 데리고 왔는가?"

남영추가 깜짝 놀라며, 자기의 뒤를 돌아다보았다.

그 때 노자가 말했다.

"자네는 내가 말한 뜻을 모르겠는가?"

생각건대, 꽃 한 송이 들고 다른 종교의 성자를 친견하는 것이 교만 방자한 짓인가? 부처의 통찰력은 순박한 사람을 이렇게 코너로 몰아놓고 꼼짝 못하게 하는 것이어야 하는가?

어떤 사람의 언행이 비록 깊이가 없는 것일지라도(평범한 것일지라도) 생긴 그대로 받아들인다는 것은 정말 어려운 일인가?

무아의 도리를 역설적으로 깨우치게 하는 부처는 더 이상 깨달아야 할 것이 없는가?

불교는 여섯 가지 감각대상(형태, 소리, 냄새, 맛, 접촉, 법칙)과 감각기관(눈, 귀, 코, 혀, 몸, 의식)에 대해 무슨 철천지 원수처럼 말하거나 매우 비천한 장애물로 평가절하 한다. 그러나 나는 이 또한 '내려놓아야만 하는 편견' 이라고 성찰한다.

만약 시각이 없다면 수많은 좋은 책들을 어떻게 보고 읽을 수 있겠는가?

만약 청각이 없다면 수많은 선지식의 강연을 어떻게 듣고 배울 수 있겠는가?

만약 후각과 미각이 없다면 수많은 음식들을 어떻게 먹고 마실 수 있겠는가?

만약 촉각과 지각이 없다면 어떻게 수많은 감정과 마음과 지성을 경험할 수 있겠는가?

석가도 모르는데
어떻게 가섭이 전할 수 있겠는가

석가모니와 가섭:

석가모니는 영축산에서 대중을 상대로 설법을 하고 있었다.

그런데 석가모니는 청중을 향하여 연꽃 한 송이를 들어 보였다. 대중들은 아무도 그 의미를 알지 못하였다.

그러나 가섭 존자는 혼자 조용히 그 뜻을 깨닫고 미소를 지었다.

석가모니는 가섭이 이미 깨달았음을 알았다. 그리하여 석가모니는 이 지혜로운 제자를 칭찬하였다. 그리고 다음과 같이 선포하였다.

「나의 정법안장(正法眼藏)을 마하가섭에게 맡기노라!」

〈오등회원(1권), 무문관(제6칙)〉

새로운 생각의 길:

중국 송나라 때 만들어진 염화미소의 전설

본문은 중국에서 인위적으로 제작된 경전인 《대범천왕문불결의경》에 나오는 이야기이다.

염화미소의 전설은 언제 생겨났는지 모른다. 기록에 보면, 중국 송나라(960-1279) 시대에서 최초로 시작하였다고 한다. 《인천안목(5권의 종문잡록)》중에 관련기록이 있으니 참조하시기 바란다.

내 안목으로 말한다면, 부처님은 그 꽃을 내려 놓으셔야 했다. 마하가섭은 파안미소(破顔微笑)를 짓지 않아야 했다.

다시 말하면, 석가모니는 꽃을 들어서 가섭을 웃기게 하지 말았어야 했다.

이 문제와 관련하여 청허휴정(1520-1604)은 《선가귀감》에서 "석가도 모르는데 가섭이 어떻게 전할 수 있겠는가?" 라고 일갈한 바 있다.

석가모니와 가섭 존자의 관계

그러나 석가모니와 가섭 존자의 인연사(因緣事)는 한 물건(the One, Oneness)을 만들어 버리고야 말았다.

제멋대로 말한다면, 남의 딸이 마음에 들지 않고, 남의 아들이 아무리 마음에 들지 않더라도 그들이 도망을 가서 이미 아기를 여러 명을 낳은 후라면 부모는 어쩔 수 없이 그들의 부부관계를 인정하게 된다.

나 또한 이런 심정으로 석가모니와 마하가섭의 관계를 인정하지 않을 수가 없다. 내가 어떻게 그들의 관계를 부정할 수 있겠는가?

나는 상상으로 성찰해본다. 석가모니가 꽃을 들어 보였을 때, 석가모니의 마음속에는 어떤 의도가 있었을까?

가섭 존자가 미소를 지을 때, 가섭 존자의 마음속에는 어떤 기쁨과 자부심이 있었을까?

석가모니는 왜 꽃을 들었을까? 마하가섭은 왜 미소를 지었을까? 이것은 중국 선불교의 유명한 화두공안[20]이기도 하다.

그러나 이 꽃과 미소 속에는 아뇩다라삼먁삼보리(가장 완벽한 우주적인 깨달음: Supreme Perfect Universal Enlightenment)라고 말할 만한 무언가 신비한 메시지가 있는 것이 아니다.

그러므로 불교포교사들은 비약적인 상상으로 어떤 관념의 희롱에 빠지지 않기를 바란다. 왜냐하면 역사적 사실은 다음과 같은 것이기 때문이다.

---

20) 화두공안(話頭公案)이란, 중국 선불교에서 깨달음을 얻는 계기, 또는 배우는 자의 깨달음과 깨닫지 못함을 판정하는 기준을 뜻한다. 공안은 영어권의 심리학적인 용어로는 하나의 점을 지향하는 것(one pointedness)이라고 설명할 수도 있다. 그런데 중국 선불교의 역사에 관한 내 관점을 간략하게 말한다면, 중국선사들의 어록이나 공안을 중시하는 중국 선불교는 인도에서 유래한 삼장(경전, 율장, 논장)을 버리고 새로운 중국인들만의 종교 즉 선종(불립문자, 교외별전)의 출현을 의미한다. 그러므로 여래선과 조사선도 이런 관점에서 보아야 이해와 판단이 정확할 수 있다. 팔만대장경보다는 조사어록을 화두공안이라는 이름하에 선(禪) 그 자체의 진리로 받들고 있는 선종은 전통 인도불교의 역사에서 본다면 완전히 이단적이고 혁신적인 중국불교이다. 중국에서 의도적으로 만들어낸 《육조단경》에서도 부처가 자성을 만든 것이 아니라, 자성(自性)이 부처를 만든 것이라고 주장하고 있다. 이것 또한 전형적인 중국 선사들의 사고방법이라고 여겨진다. 그런데 나의 화두공안은 "왜 그냥 아무것도 없는 상태가 아니라 도대체 무엇인가가 존재하는가?" "우주의 온갖 물리 법칙은 대체 어디에서 온 것일까?" "왜 우주는 이렇게 불가사의하게 보일까?"라는 물음이다.

석가모니 사망이후 마가다국의 대신 고파카 목갈라나와 아난 존자의 대화

언젠가 석가모니가 죽은 지 얼마 되지 않은 날에, 마가다국의 대신인 고파카 목갈라나가 아난 존자에게 "석가모니께서 죽을 때에 후계자를 임명한 사람이 있는가?" 라고 물었다.

아난 존자는 "세존으로부터 그런 임명을 받은 분은 없다." 라고 대답했다.

그러자 목갈라나가 다시 물었다.

"그렇다면 승가에 의하여 합의되었거나 또는 장로님들에 의해서 지명된 분은 있는가?" 아난 존자는 "그런 것은 없다." 라고 대답했다.

그러자 목가라나가 다시 물었다.

"그렇다면 중심이 없다는 것인데, 당신들은 어떻게 하나로 화합할 수 있겠는가?"

아난 존자가 말했다.

"목갈라나여, 우리가 의지할 곳이 없는 것은 아니다. 우리들이 의지할 곳은 불교의 진리(buddha dharma)이다."[21]

---

21) 《중아함경》 고파카 목갈라경(Gopakamoggallansutta: Majjhima Nikaya) 3.참조.

22) 정법안장(正法眼藏)의 의미와 관련하여 조선시대 후기의 대문장가 박지원(1737–1805)의 어록에 보니 "마음의 눈을 뜨고 직관의 화살을 쏘아라. 그것은 날아가 진리의 과녁에 꽂히리니, 같은 속에서 다른 것을 보고, 다른 것 속에서 같은 것을 볼 것이다."라는 멋진 표현이 적혀 있다. 그리고 일본의 조동종 승려인 도원 선사의 《정법안장》책도 유명하다. 하지만 정법안장이라는 단어를 독점한다고 해서 모두 정법안장이 되는 것은 아니다.

느닷없는 이야기이지만, 만약 석가모니가 마하가섭에게 정법안정(正法眼藏: Treasury of the True Dharma Eye)[22]을 전하지 않았다면, 후대 중국에서 광동의 소주 조계혜능(638-713)을 육조에 확정시키기 위해 전 평생을 투쟁에 바친 칠조 신회(670-760)선사의 야망도, 대혜종고(1089-1163)의 정법안장도 나타나지 않았을 것이다.

임제(?-867)선사도 죽을 때에 노회(老獪)한 방법으로 유언을 남기며 정법안장의 법문을 삼성혜연 선사에게 전한 적이 있다.

正法眼藏: 法은 正에 고정되어 있지 않고, 藏에 있는 眼은 쓸모가 없다

나는 여기서 금강경에서 배운 논법(시설즉비시명의 논리)대로, 받아치는 지혜의 논리로 사실을 한 번 드러내 보기로 한다.(금강경에도 오안론(五眼論) 즉 육안과 천안과 혜안과 법안과 부처의 눈에 관한 이야기가 있다.) 생각해서 하는 말인데, 이런 것이 이른바 텍스트 읽기의 즐거움인 것이다.

석가모니는 다음과 같이 말했다. "나의 정법안장(正法眼藏)을 마하가섭에게 맡기노라"

그러나 나는 다음과 같이 말한다.

"법(法: Truth)은 정(正: Right=신의 섭리나 율법)에 고정되어 있지 않다. 그리고 장(藏: Trunk)에 있는 안(眼: eye)은 쓸모가 없다."

다시 말하면, 진리는 부처나 신의 율법에 고정되어 있지 않다. 그리고 트렁크 안에 있는 눈은 쓸모가 없다는 것이다.

지나가는 말로, 우연히 오늘 텔레비전에서 어느 미국 아가씨의 배낭여

행을 시청하다가 안 것인데, 베트남의 어느 곳에서는 '사람의 눈' 만을 유일신으로 숭배하는 종교가 있었다. 이것은 정법안장(The eye treasure of right dharma)의 의미가 통속적으로 전해질 사례일 것이다.

훌륭한 사람과 함께 있는 것은
수행의 전부를 이룬 것이나 다름 없다

부처를 의도적으로 피하는 노파에 대하여

석가모니와 나이가 같은 어떤 노파가 한 마을에 살고 있었다. 그런데 그 늙은 여인은 석가모니를 싫어했다.

그래서 그녀는 석가모니가 오는 것을 볼 때마다 이리저리 도망가거나 숨곤 했다.

그러던 어느 날, 노파는 석가모니를 피하는 것이 불가능함을 알고 손으로 자기 얼굴을 가렸다.

그런데 웬일인가? 그녀의 열 손가락 사이사이로 석가모니가 나타났다.

〈관불삼매경, 선문염송(제1권)〉

삶은 해결해야 할 문제가 아니라 겪어야 할 현실이다.

이 노파는 수달타 장자의 늙은 어머니다. 그런데 노파는 왜 부처를 의도적으로 피했을까? 원래 나이가 들면 선입견이 굳어져서 새로운 우정을 맺기가 힘들어지는 법이다.

그러나 유혹자의 입장에서는, 인간을 유혹하지 않은 상태에서 인간을 구제한다는 것은 매우 어려운 일일 것이다.

하지만 노파의 입장에서는, 석가모니를 겁내는 일만이 자신이 할 수 있는 최상의 방어법이었을 것이다. 하지만 유혹을 겁내는 자에게는 모든 것이 유혹이 된다는 말이 있다.

훌륭한 도반과 함께 있는 것은 수행의 전부를 이룬 것이나 다름없다

《중아함경》에서는 "훌륭한 친구를 만나거든 자기의 고집을 버릴 줄도 알아야 한다." 라고 했는데, 부처를 싫어하여 항상 피하기만 하는 노파에게 나는 이런 말을 해주고 싶다.

만약 당신이 아무것도 시도하지 않는다면, 당신은 전혀 아무것도 배우지 못하게 될 것이다. 모험을 전혀 하지 않는다면, 당신은 현재의 위치에서 결코 벗어나지 못할 것이다. 인생은 하나의 실험이다. 실험이 많아질수록 당신은 더 성숙한 사람 (즉, 변화된 의식상태와 생활습관을 가진 사람)이 될 것이다.

《잡아함경(선지식경)》에서, 석가모니는 아난다에게 다음과 같이 말하고 있다. "아난다여, 너에게 좋은 친구가 있고, 그 친구와 함께 있게 되면 수행의 절반이 아니라 수행의 전부를 이룬 것이나 다름없다." 라고. 여기서 좋은 친구란 석가모니 부처다. 이상이 불교의 본의(本意)다.

명상을 통해 부처가 되는 일보다 더 어려운 것이 대인관계 문제다

한 번 더 본문의 문제에 대해 성찰해보기로 한다.

직언한다면, 결코 만나보고 싶지 않거나, 싫어하는 사람을 자주 보아야 하는 것만큼 괴로운 일도 없을 것이다. 가령 상대방이 부처라고 하더라도 내가 싫다고 하는 데에는 어떻게 할 수 없을 것이다.

본문의 문제인 대인관계(즉, 왜곡된 기억, 이미지, 자기위주의 편견과 고집, 저항과 반발, 뭔가가 맞지 않고 부담스러운 대인관계)는 정말 어려운 숙제다.

문제의 주인공은 수달타 장자의 어머니인데, 자기 집에 석가모니 부처가 오는 것을 싫어했다. 왜 싫어했는가는 모른다. 그러나 추측은 가능하다. 오! 이 문제는 정말 어려운 문제다! 왜냐하면 부처는 부처요, 노파는 노파이기 때문이다.

물론, 부처에 대한 신앙심이 정말 돈독한 노파였다면, 부처는 쉽게 이 노파와 우호적인 관계를 맺을 수 있다.

그런데, 그런데 만약 이 노파가 내 어머니 같이 지나치게 똑똑하고, 돈 많고, 독립적이고, 성격이 강한 분이라면, 오! 이 문제는 정말 어려운 문제다!

고타마 싯달타 왕자로 하여금 냉정하게 파멸적으로 출가하여 떠돌이 수행자 생활을 하게 만든 타자성이란 얼마나 대단한 주제인가!

내가 가장 싫어하는 혈연의 상대방에 대해 "내가 너의 한 부분이듯이,

 · 번뇌를 지닌채 부처가 된다

너도 나의 한 부분이다."라는 사실을 자각할 때마다 경악과 절망과 모순과 한계를 절감하는 나는 현재 타자성이 얼마나 지옥인가를 뼈에 저리게 체험하고 있다.

본문에서 노파와 부처는 인력과 배척의 에너지가 팽팽하게 균형을 이루면서 전체적으로 평온함을 유지하는 모습을 보여주고 있다.

나는 이 모습을 주역의 언어로 표현해보기로 한다.

본문에 나오는 노파와 부처의 관계를 주역의 괘상으로 표현하면 화택규인 것 같다.

즉, 불은 위로 올라가는 성질이 있고, 연못의 물은 아래로 흐르는 성질이 있으니, 서로 상반되고 어긋난다는 것이다. 이렇게 서로 어긋나면 눈으로 보려고 하지 않기에 상호작용(교섭)이 일어나지 않는다.

왜 노파는 부처를 의도적으로 피하는 것일까? 오! 이 문제는 정말 어려운 문제다! 왜냐하면 부처는 부처요, 노파는 노파이기 때문이다.

하지만 노파는 부처의 제자인 수달타 장자의 어머니이니, 부처와 행동은 어긋나지만 부처와 마음은 통하는 것이다. 왜냐하면 사람의 성격은 제각각이지만 부처와 노파가 처해 있는 사태(事態)는 같은 종류의 것이기 때문이다.

그러나 부처와 노파의 관계가 미제괘로 변하면 끝끝내 관계의 성사가 어려우니, 부처는 노파를 뒤쫓아가지 않는다. 그래도 나중에 때가 되면 노파는 부처에게 돌아올 것이다. 왜냐하면 혐오함이 지나치면 화(禍)를 만나는 법이기 때문이다.

노파의 열 손가락 사이로 부처가 보였다는 것은, 마치 규괘가 이괘로 변한 것처럼 노파의 의심과 오해가 풀려 길상이 될 것이라는 의미로도 상상할 수 있다. 이렇게 설명할 수 없는 놀라운 무엇인가를 새롭게 체험한 노파는 자기 경험을 기적이라고 부를지도 모른다.

그리고 이제 노파는 드디어 자기 눈앞에 있는 부처와 다투지 않고 단순히 부처를 인지하는 것, 또 더 이상 부처를 피하지 않고 있는 그대로 바라보는 것, 또 부처의 길과 노파자신의 길이 서로 같으면서도 다른 길이라는 것을 인정하는 것을 배운 진인(眞人)이 될 것이다.

관심있는 독자는 다산 정약용(1762,6,16,巳時~1836,2,22,辰時)의 대작《주역심전(1808)》을 참고해보시기 바란다.

아는 자는 부처를 보자마자 도망간다는 의미에 대하여

그런데 여기서 필자가 '노파' 대신 '아는 자(Knower)'로 제멋대로 바꾸어 놓고 상상해서 말한다면, 아는 자는 부처를 보자마자 피하거나 즉시 도망갈 수도 있다. 왜냐하면 보통사람이 부처 병에 걸려들면 약도 없기 때문이다.

직설한다면, 아는 자에게는 부처든 신이든 모든 권위적 존재와 관념은 정말 커다란 굴레일 뿐이다.

참으로 자유로운 정신세계는 모든 속인들과 성현들의 굴레 밖에 있다.

직언한다면, 자기자신의 주체성(창조성)에 비할 수 있는 보물이 자기자신 말고 또 어디에 있겠는가? 부처와 조사들의 사상과 말씀을 받아들이기 시작하면서 자신의 이성과 의견이 차츰(또는 즉각) 사라진다는 것은 얼마나 비독립적이고, 비주체적이고, 비생산적이고, 비창조적인 일인가!

그래서 보리달마(460-536)는 《이입사행론》에서 "부처의 깊은 지혜조차 귀중하게 여기지 않는 자야말로 안정되어 있는 사람이다. 독자적인 기질이 있는 사람은 부처와 열반에도 예속하지 않게 된다." 라고 말했고,

석두희천(700-790)은 "여러 성인들도 사모하지 않고, 나의 영혼도 소중하게 여기지 않는다."라고 말했고,

임제의현(?-867)은 "밖으로 성인을 취하지 않고, 안으로 근본에도 머물지 않는다."고 말했고,

청허휴정(1520-1604) 서산대사는 《선가귀감》에서 "이 문 안에 들어오려면 통상적인 분별지혜를 내지 마라. 대장부는 부처나 조사 보기를 마치 원수처럼 대하여야 한다."라고 설파한 것이다.

화엄경 사상의
두 얼굴

하나 속에 모든 것이 있고, 모든 것 속에 하나가 있다.

하나가 곧 모든 것이요, 모든 것이 곧 하나이다.

〈화엄경〉

새로운 생각의 길:

화엄경을 요약한 의상(625-702)의 《법성게(The Song of Dharma Nature, 화엄일승법계도)》에 다음과 같은 글이 있다.

"하나 가운데 모든 것이 있고, 많은 가운데 하나가 있다.

하나는 곧 모든 것이며, 많은 것은 곧 하나다.

하나의 티끌 속에 온 누리가 포함되어 있고,

모든 티끌 속에 온 누리가 포함되어 있다."

대한불교 조계종 법맥의 원류인 태고보우(1301-1382) 국사가 지은 《태고암의 노래》에도 일중일체다중일(一中一切多中一)이라는 글이 보인다.

그리고 중국선종의 3대 조사 승찬의 이름으로 지어진 《신심명(제36게송)》에도 "하나가 곧 일체요, 일체가 곧 하나이니, 이러한 경지를 성취했다면, 무엇을 다 못 마쳤다고 걱정하겠는가." 라는 글이 있다.

이와 같이 깨달은 사람이란 자신이 항상 전체성(The Whole) 그 자체가 되어버린 자일 것이다. 그러나 이것으로 충분한 것은 아니다.

노자(Old Teacher)가 쓴 《도덕경(제14장)》에도 "보이지 않는 것과 들리지 않는 것과 잡혀지지 않는 것들은 이치로 따질 수 없는 것이니, 서로 섞고 합하여 하나로서만 말할 수 있다." 라는 사상이 있다.

우리나라의 민족고전 《천부경》에도 "하나는 시작이 없다. 모든 만물은 하나로부터 비롯한다. 이 하나가 나누어져 삼극(三極; 天地人, 태양과 지구와 인간)이 되어도 근본은 다함이 없다(一始無, 始一, 析三極, 無盡本.)" 라는 사상이 있다.[23]

화엄경 말씀의 진리적인 면

이제 이 화엄경(250-350년경) 사상의 진리적인 면에 대하여 담론해 보기로 한다.

여기서 하나란 무엇이며, 모든 것이란 무엇인가? 이것은 개체와 전체를 의미한다.

그러니까 일중일체 다중일(一中一切多中一) 일즉일체 다즉일(一卽一切多卽一)은 개체 속에 전체가 들어 있고, 전체 속에 개체가 들어 있다는 것이다. 개체가 곧 전체요, 전체가 곧 개체라는 것이다.

베트남의 경희 선사도 말하기를 "온 우주가 모두 머리카락 한올 끝에 있고, 해와 달이 겨자 속에 있다."[24] 라고 했다.

예수교 신비주의 시인 W.블레이크(1757-1827)조차 《순수를 꿈꾸며》 라는 시에서 "하나의 모래알에서 세상을 보고, 한 송이의 들꽃에서 천국을 본다." 라고 쓴 바 있다.

또 디오도어 뢰트기(1908-1963)도 《목소리》라는 시에서 "깃털 하나가 한 마리 새이며, 한 그루 나무가 한 숲"이라고 쓴 바 있다.

이 모든 직관적인 진리의 묘사는 개체와 전체가 서로 별개가 아니고, 대립적이지도 않고 상보적이라는 것이다.

23) 우리 한국의 고대민족 경전인 《천부경(天符經)》의 전문(全文)을 서양의 독자들에게 소개하기 위해 여기서 글자 뜻을 따라가며 그대로 한 번 읽어보기로 한다. 조선(1392-1910)시대 천재문인이었으며 유불선(儒佛仙) 세 가지 종교의 경전에 모두 달통했다고 하는 김시습(1435-1493)조차 "천부경의 뜻이 난해하여 풀길이 없다."고 고백할 만큼 이해하고 해설하기가 매우 어려운 경전이지만 한국에도 이런 고대의 경전이 있다는 것을 해외 뉴 에이지의 도인들에게 알리기 위해 그 전문을 우선 한 번 적어두기로 한다. 현대 한국에 있는 천부경은 신라(B.C.E.57-C.E.935)시대 최치원(857-?)선생이 재구성한 경이라고 한다. 그러니까 천부경의 원전은 더 오래전부터 한국에 전해지고 있었던 경이다.『一始無始 一析三極無盡本【일(一)의 시(始)는 시(始)가 없다. 일(一)이 나누어져 삼극(三極)이 되어도 근본은 다함이 없다.】天一一 地一二 人一三【천일(天一)은 하나요, 지일(地一)은 둘이요, 인일(人一)은 셋이다. 】一積十鉅無?化三【일(一)이 쌓여 십(十)으로 불어나도 다함이 없고, 삼극이 조화를 부리면】天二三 地二三 人二三【하늘의 둘은 셋으로 땅의 둘은 셋으로 인간의 둘은 셋으로 화한다.】大三合六生 七八九運【큰 삼(三)이 육(六)과 아우르면 칠(七)과 팔(八)과 구(九)가 생겨 돌아가고,】三四成環五七【삼(三)과 사(四)와 오(五)와 칠(七)이 서로 고리를 이룬다.】一妙衍萬往萬來 用變不動本【일(一)은 오묘하게 흐르니 만 가지가 가고, 만 가지가 돌아온다. 하지만 쓰임은 변하되 근본은 부동(不動)이다.】本心本太陽昻明 人中天地一 一終無終一【(본심(本心)은 태양에 근본하여 더 없이 밝으니 인간 속에 천지의 일(一)이 있는 것이다. 하지만 일종(一終)해도 일(一)의 종(終)은 없다.)】』

24) 다큐멘터리 《Cosmic Voyage》를 참조해보시기 바람. "빌딩, 나무, 사람, 행성 그리고 멀리 떨어진 은하계 바깥의 별까지 이 모든 것이 구슬보다 작은 부피 안에 함께 채워져 있다."

그러면 개체란 무엇인가?

생각해서 하는 말인데, 그 어떤 개체일지라도 인연에 의해 조합되어져 있는 것이다. 따라서 이 조합되어 있는 구성 요소들을 개체에서 분해해 버리면 남는 것은 아무것도 없다.

이것을 불교에서는 공(空: 무수한 원인과 조건에 의해 생겨난 것이므로 곧 텅 비어있는 것, 또는 마당(場, Field))이라고 한다.

그러면 전체란 무엇인가? 이것도 마찬가지이다. 그 어떤 전체일지라도 전체 그 자체는 존재하지 않는다. 왜냐하면 개체가 모여 있는 것을 전체라고 하기 때문이다.

개인과 대중의 관계도 마찬가지이다. 개인은 물질적으로 심리적으로 분해 해버리면 궁극에는 무아(無我) 즉 고정된 불변의 인격 또는 자아는 없다는 것이다.

그리고 대중 또한 개인들이 모인 것이므로 환상일 뿐이다. 왜냐하면 개인들이 흩어지면 대중은 존재하지 않는 것이며, 항상 불변하는 그 자체도 없는 것이기 때문이다.

따라서 대중이란 것도 '씨와 올로 생겨난 것(因緣生起)'이므로 '나 없는 것(無我)'이다.

이렇게 '씨와 올로 생겨난 것'이므로 '나 없다는 것'은 한자로는 인연생기즉 무아(因緣生起卽無我)라고 표기하는데, 모든 현상과 존재는 서로 의존하여 실존하는 무(無)라는 것이다.

즉, 모든 것은 무수한 원인과 조건들에 의해 생겨난 것이다. 그러므로 안정되고, 영원하며, 견고하고, 독립적이고, 항구적이고, 자율적으로 불

변하는 그 자체의 것(自性)은 없다는 뜻이다.[25]

현대물리학에 의하면, 대립적인 개념과 사물은 이제 상호보완적인 것으로 설명할 수 있다.

즉, 단일성과 다양성, 개체와 전체, 정신과 물질, 입자와 파동의 관계에 대한 문제는 서로 별개의 다른 것이 아니라 사실은 밀접하게 서로 상호보완적이라는 것이다.

마찬가지로, 특수사회와 일반사회(스님과 속인의 세계), 중생과 부처, 개인과 국가, 선과 악, 아름다움과 추함의 관계 또한 이 모든 것들은 서로 다른 별개의 이질적인 것이 아니다 라는 것이다.

섬들조차도 물밑으로 서로 연결되어 있다. 이렇게 모든 것은 한 가족이 혈연으로 이어져 있듯이, 모든 것은 연결망(Network)속에 들어있다.

그런데 만약 이 모든 것들을 서로 다른 별개의 것으로 혼동한다면, 다른 모든 것 또한 혼동하게 될 것이다.

《화엄경》에는 "하나의 티끌 속에도 무수한 부처가 있다." 그리고 또 "인드라의 우주에는 진주 그물이 있고, 그 그물은 잘 정돈되어 있어, 만일 사람이 어떤 하나의 진주를 주시하면 그 속에 다른 일체의 만상이 반영되어 있는 것을 볼 수 있다." 라는 문구가 있다.

이상이 화엄경 사상에 대한 진리적인 면이다.

관심있는 분은 법장(643-712)스님의 《금사자장(Treatise on the Golden Lion)》강설도 참조해보시기 바란다.

그런데 인간들은 화엄경의 이 진리적인 면을 이용하여 전체주의 정치철학을 만들어 내었다. 전체주의와 집단주의는 같은 말이다.

과거에 중국이나 일본이 전쟁을 할 때에도 화엄철학을 이용해 전체주의를 옹호한 사실은 부인할 수 없을 것이다.

참고로 이시이 코세이가 쓴 《화엄철학은 어떻게 일본의 정치 이데올로기가 되었는가》라는 논문도 한 번 읽어보시기 바란다.

또 우리나라 역사적으로 보아도 통일신라(668-935)중대의 전제왕권과 화엄종 간의 유착 사실은 부인할 수 없는 사실이기도 하다.

그러므로 나는 이에 대한 정치철학적인 언론을 한 번 적어보기로 한다.

본문의 일중일체다중일(一中一切多中一; 하나 속에 일체가 있고, 여러 개 속에 하나가 있다는 것), 일즉일체다즉일(一卽一切 多卽一; 하나가 곧 일체요, 여러 개가 곧 하나라는 것)은 화엄경 사상의 핵심에 속한다.

그리고 이 화엄경의 정치철학은 중앙집권을 합리화하는 이론을 제공하고 있다.

그러나 반드시 개체는 전체에 무조건 절대적으로 구속되어야 한다는 것인가? 무조건 개체는 전체에 원융적이어야 하는가?

알렉상드로 듀마(1802-1870) 원작 영화 《삼총사》에서도 "전체는 하나를 위해, 하나는 전체를 위해 존재한다(All for one and for all)"는 멋진 말이 나오지만, 내 경험에 의하면 전체(多)는 개체의 은인이지만 또한 원수

---

25) 장아함경 제3. 유행경에 보면, "여덟 종류의 대중"이라는 용어가 나온다. 참조하시기 바람.

이기도 하다.

사실 '전체(多)' 만큼 맹목적인 것이 또 어디 있을까? 그래서 나는 개체와 전체의 무조건 절대 원융적인 관계보다는 대립투쟁의 변증법적인 통일을 주장하고 싶다.

생각해서 하는 말인데, 개체가 갖고 있는 감각적 욕망과 불만족과 어리석음과 선민의식(選民意識: 자부심)과 육체만이 참 나인 줄로 오인하는 것과 잘못된 계율을 가지고 있는 것 등은 전체의 커다란 욕망의 산물이다.

그러므로 이제 변화는 개체(개인)보다는, 종(種)의 수준, 전체의 수준, 국가의 수준, 사회 집단 수준, 종단(宗團) 수준에서 먼저 변화가 이루어져야 한다.

사실 '전체(多, 또는 All)' 앞에서 개체가 무엇을 할 수 있겠는가? 국가와 민족의 집단 앞에서 개인이 무엇을 할 수 있겠는가?

반항하면 죽이고, 순응하면 무기력밖에 주지 않는 전체주의 국가와 사회, 민족의 집단주의란 내게 있어서는 악마요, 대적(對敵)이다!

앙드레 지드(1869-1951)는 《소련 여행기(1936)》에서 다음과 같이 쓴 바 있다.

---

26) 내가 여기서 "급진적인 면" 운운하는 문장 표현은 다음과 같은 해석에 의해 해석되어져야 한다. 즉, 롤랑바르트는 "좌파가 하나의 이념이 아닌, 집요한 감수성으로 이해된다면 나는 기꺼이 좌파이다." 라고 말했다. 매릴린 퍼거슨은 브래드 브랜튼의 책 서문에서「급진적(radical)이란 말은 원래 과일 채소의 즙, 라틴어 뿌리(radix)에서 올라온 수분을 뜻하는 말이다. 나중에 이 말은 사물의 정수, 또는 실체를 뜻하는 말로 쓰였다. 그러므로 급진적(래디칼)이라는 말은 "상당히 벗어난, 너무 지나친"의 의미를 가지고 있는 것이 아니라, "상당히 파고든" 쪽이 더 맞다. 그러니까, 급진적이란 진실의 핵심을 뜻한다.」라고 설명하고 있다.

"소련에서는 무슨 문제에 대해서 일정한 의견밖에 가질 수 없다는 것은 이미 확실하게 인정되고 있는 사실이다.

그러나 소련 사람들은 누구나 대단히 잘 훈련된 정신의 소유자이므로 이러한 획일주의도 그들에게는 자연스럽고 아주 당연한 것처럼 되어 있다.

그러므로 한 사람의 소련인과 말하고 있어도 마치 소련인 전체와 말하고 있는 듯한 기분이 든다.

이것은 각자가 하나의 신호에 그대로 복종하기 때문이 아니고 모든 것이 각자를 서로 유사하게 만들도록 조작되고 있기 때문이다."

이러한 언급은 현재의 북한과 비슷한 것 같다.

북한은 나 같은 창조적 개인주의 사상가가 말하고 쓰고, 책을 내며 가르치는 행위가 불가능한 집단주의(集團主義)이다.

내 불교사상에 비록 급진적[26]인 면이 있다고 할지라도 북한과 같은 독선적 민족주의, 폐쇄적 집단주의, 전체주의에는 분명히 반대한다. 성찰하건대 아무리 좋고 이상적인 것일지라도 독재와 집단의 여론이 개인의 독립성을 간섭하는 데에는 한계가 있어야 한다.

생각건대, 북한의 인민들은 "속박 속에서 일이 잘되는 것보다는 자유로움 속에서 일이 잘 안되는 게 훨씬 더 낫다"는 명언을 깊이 성찰해보아야 할 것이다.

이제 부처와 성현의 출현의 의미는 민주주의시대(보통사람의 인권과 자유가 중시되는 시대)를 더 발전시키는 것이어야 한다.

다시 말하면, 특권층이나 권세가 위주거나 또는 서민의 인권과 자유가

악화된 국가와 사회에서의 부처(세상에서 가장 존귀한 자)는 소용이 없고,
오히려 시대발전의 장애 또는 해악이 될 뿐이다.[27]

27) 《나의 통찰명상 어록 (석진오의 미발표 원고)》에서. ■ 남한이 현재 사용해야 할 국가 병법= 미국과 일본과 중국과 러시아에 대해서는 지략(智略)을 사용해야 하고, 북한에 대해서는 세력(勢力)을 사용하여 산채로 잡아야 한다. 예언한다. 앞으로 중국은 러시아처럼 여러 국가로 분열될 것이고, 북한은 남한에 통합될 것이며, 그리고 일본은 한국에 침략해 올 것이다. 일본의 영원한 야망은 중국대륙 정복이다. 그러므로 한국의 운명은 현재 강대국인 미국과 친해야만 위대해질 수 있다. 하지만 중국과 일본은, 한국이 미국과 극도로 밀착하면 아주 싫어할 것이다. 이유는 설명할 필요 없이 분명한 것이다. 중국과 일본은 한국의 통일과 국가 팽창을 그저 가만히 두고 보지 못할 것이다. 그런데도 한국 국민은 사업상(돈벌이)의 이유로 현재 중국에 소속된 국가처럼 영향을 받으며 정치적 힘을 낭비하고 있다. 한국이 5백 년 안에 국가 운명의 반전(反轉)을 원한다면, 과감한 지혜로 북한과 일본에 선제공격도 할 줄 아는 호전적인 국민성 기르기와 유비무환(도래할 전쟁 시기를 대비한 준비)의 철학(미리 경계하고 무장하면 이미 절반은 이긴 것이나 다름없다는 사상)을 국민에게 가르치는 것이 필요하다. 국가간 전쟁은 스포츠 경기가 아니다. 그리고 내가 주장하는 선제공격 이론은, 상대가 개인적으로 아무리 강한 조직폭력배 두목이나 일본국가일지라도 갑자기 느닷없이 치명적인 공격을 받으면 의외로 쉽게 쓰러지는 법이다. 바로 이것이 약소국가가 강대국과 싸워 이기는 첫 번째 비결중의 하나다. 역사적으로 우리나라 정치가들은 국민을 동원하여 다른 나라를 침략해서 그 나라 국민을 피눈물나게 한 적은 없다. 하지만 우리나라 정치가들은 자기나라 국민을 피눈물나게 한 적은 너무나 많다. 이것이 한국사다. 오! 차라리 근대의 선진국들처럼 외국을 정복하여 자국민의 기(氣)와 자부심을 더욱 크게 펼쳐주는 정치를 했었더라면!(2008. 8. 25) ■ 미국이 북한을 상대하는 이유= 미국에게 북한은 아무것도 아니다. 대적 상대도 못된다. 그런데도 미국이 북한을 인정하며 상대하는 것은 일본과 한국의 안전 때문이 아니라 이스라엘의 안전 때문이다. 그런데도 우리나라 사람들은 언론매체에서 이 점을 집중적으로 인식하거나 토론하지 않는다. ■ 미국 군사 전략의 목적= 내가 만약 미국의 군사 전략가라면, 북한의 핵무기가 일본을 불안하게 하는 것은 반드시 나쁜 것만은 아니다. 오히려 일본과 한국의 불안을 이용하여 미국은 장기적인 이익을 추구해 나갈 수 있다. 그런데 유태계 미국인들의 정치파워가 센 미국의 목적은, 북한이 이스라엘의 적국인 이란에 핵무기 기술판매와 재료판매를 하지 못하게 차단함으로써 이스라엘의 안전과 중동지역에서의 강성을 계속 유지하게 하는 것이다. ■ 선진 강대국이란= 선진 강대국이란 돈벌이 실력과 학제적인 학문 실력과 전쟁 실력이 매우 뛰어난 국가를 가리킨다. 한국은 현재 군사력으로는 약소국이다. 왜냐하면 친일적인 미국이 일본 편만 들며 한국을 강력하게 군사 통제를 하고 있기 때문이다.

석가모니의 거짓말이
아닌 거짓말

부처는 45년 동안 설법하였다. 그러나 부처는 다음과 같이 말했다.

"나는 깨달음을 얻은 때부터 지금 열반에 이르기까지 그 동안 사실은
한 마디의 말도 한 것이 없다."

〈대승입능가경(제4권)〉

말은 이유가 있고 인연이 있기 때문에 하는 것이요, 침묵도 이유가 있
고 인연이 있기 때문에 하는 것이다.

그렇다면 본문의 글(대승입능가경 제4권에 나오는 글)은 어떤 이유와 의미
로 이렇게 주장하는가?

평생동안 말씀만 하거나 묵언을 하거나 사실은 똑같은 것이다. 왜냐하

면 말씀과 묵언의 주체는 원래 비어있는 것이기 때문이다.

그래서 나는 말씀 속에 침묵이 있고, 침묵 속에 말씀이 있다고 논평하고 싶다. 마치 설법과 설법하는 자를 분리할 수 없듯이, 말씀과 침묵도 분리할 수 없는 것이다.

그러므로 역설적으로 표현한다면, 수다쟁이야말로 고요히 묵언하는 자요, 묵언하는 자야말로 도리어 수다쟁이인 것이다.

학습된 불교는 불교가 아니다

독자는 어떻게 생각하는가? 나는 부처님의 평생설법인 팔만대장경을 일종의 허구요, 공상(일종의 망상)이라고 생각한다.

물론 허구적인 공상(망상, 상상)에도 순수한 진리가 담겨 있을 수 있다. 마치 문학이나 예술작품이나 영화처럼. 그러나 문학과 예술은 다만 문학과 예술일 뿐이다. 팔만대장경도 일종의 허구적인 종교문학일 뿐이다.

생각해서 하는 말인데, 팔만대장경의 문자만 불교가 아니라 성찰과 통찰의 미묘한 언어문자도 모두 불교이다. 왜냐하면 불교란 부처(깨달은 자)의 가르침이기 때문이다.

그러면 어떤 것이 성찰과 통찰의 미묘한 언어문자인가? 예를 들면 《금강경》에서 "불교는 불교가 아니다. 다만 그 명칭이 불교다."라고 설파했다.

그리고 또, 부처가 "수보리여, 그대는 어떻게 생각하는가? 내가 설법을 한 바가 있는가?"라고 물으니, 수보리는 "세존께서는 한 말씀도 하신 바가 없습니다."라고 말했다.

바로 이것이 불교의 미묘한 언어문자요, 성찰이요, 통찰이다.

그래도 통찰을 모든 일에 실용적으로 응용할 줄 모른다면 진정한 것이 될 수 없을 것이다.

배려와 친절은 지혜보다 더 소중한 것

《보살본생만론》에는 "그저 손가락으로만 그 길을 가리켜서는 안된다. 대신에 공손한 몸짓으로 내 오른팔을 쭉 뻗어 앞의 그 길을 가리켜 주어야 한다."는 매우 친절한 말이 있다.

중국 선사들의 과격한 선행

그러나 대주혜해(800-?) 선사는 말하기를 "경전의 문장에서 깨달음을 얻으려고 하는 자는 더욱 막힐 것이며, 고행으로 부처가 되려고 하는 자는 모두 미혹에 빠질 것이며, 마음을 떠나서 부처를 구하는 자는 삿된 도인이 될 것이며, 마음에 집착하여 부처가 되려고 하는 자는 마귀가 될 것이다." 라고 주장한 바 있다.

그래서 성질이 거친 덕산(780-865)과 임제(?-866)와 운문(864-949)선사는 코를 비틀거나 고함을 지르거나 몽둥이를 휘둘렀을 것이다. 나는 가능한 한 점잖은 말과 글로써 설명하겠다.

나의 성찰

《금강경(14장)》에 보면 "깨달은 자는 참된 말을 하는 자이며, 진실한 말을 하는 자이며, 성실한 말을 하는 자이며, 사실 그대로 말을 하는 자이

며, 거짓말을 하지 않는 자이며, 다른 말을 하지 않는 자이다." 라는 설
명이 있다.

그러나 거짓말을 한다는 것은, 관계 맺고 있는 상대들이 있기 때문에
가능한 것이다. 그래서 거짓말을 하지 않으려면 혼자 조용히 있으면 가
능한 것이다.

생각해서 하는 말인데, 석가모니께서 45년 동안 설법하셨다는 것은
당신의 설법을 듣는 청중이 있었다는 것을 의미한다. 그러므로 그는 어
쩔 수 없이 다음과 같은 거짓말을 하지 않을 수가 없었던 것이다.

"나는 깨달음을 얻은 때부터 오늘날 열반에 이르기까지 그 동안 사실
은 단 한 마디도 설한 것이 없다. 그리고 앞으로도 또한 그럴 것이다."
라고.

하지만 이에 대해 노자(570-490.B.C.E)는 《도덕경》에서 정곡을 찌르는
말을 하고 있다. "지혜가 생기면 큰 거짓이 생긴다. 왜냐하면 지혜는 방
법을 사용할 줄 알기 때문이다." 라고.

광동의 소주 조계산의 혜능(638-713)도 "만약 그대가 무지한 사람을 변
화시키길 바란다면 그 방법을 알아야 한다." 라고 말한 바 있다.

석가모니가 거짓말이 아닌 거짓말을 한 이유

본문에 "나는 보리수 아래에서 깨달은 이후 45년 동안 단 한 번도 내
긴 혀를 늘여 설법한 적이 없다."[28] 라고 말했는데, 《문수경》에도 "나는
세상에 49년 동안 머물면서 단 한 마디도 남에게 설한 적이 없다." 라는
문구가 있다.

이 거짓말은 정말 참된 말이다. 하지만 동시에 거짓말이기도 하다.

왜냐하면 《대반열반경》에서 석가모니는 "아난다여, 만약 스승이 없이 교리가 전달될 때에 스승이 없다는 생각이 들면 너는 그렇게 생각해서는 안된다. 아난다여, 내가 가르쳐 온 교리와 계율이 내가 죽은 후 너희들의 스승이 될 것이다." 라고 말했기 때문이다.

석가모니가 45년간 설법한 것은 중생교화를 위한 접근방법상의 가르침이다.

그러나 《금강경(26장)》부처는 설법하기를 "어떤 형상을 통해 깨달은 자를 보려고 하거나, 어떤 목소리로 깨달은 자를 찾으려는 사람들은 결코 깨달은 자를 알지도 보지도 되지도 못할 것이다. 이들은 잘못된 노력을 하고 있는 사람들이다. 그러므로 오직 사실을 통하여 깨달을 줄 알아야 한다. 그러나 이 사실의 참된 본질은 깨닫기 어려우며, 또한 간파되기도 어렵다." 라고 하였다.

그렇다면, 사실이란 무엇인가? 그것은 모든 것이 수많은 원인과 조건에 의해 발생하고 소멸한다는 인연기멸(모든 것은 수많은 씨와 올로 인해 짜여지고 풀어진다는 것)의 법칙이다.

그리고 이 인연기멸(因緣起滅; 인연으로 발생하고 소멸한다는 것, 또는 수많은 원인과 조건에 의해 생성하고 소멸한다는 것)의 법칙은 제행무상(諸行無常)과 제법무아(諸法無我)와 제법개공(諸法皆空)의 진리에 대한 깨달음과 같다.[29]

---

28) 中國語 異譯을 소개하면 "自從鹿野苑, 終至跋提河, 於是二中間, 未曾說一字"이다. "처음 녹야원에서 마지막 발제하에 이르기까지 그 두 중간 사이에 한 글자도 말한 적이 없다."는 것이다.

그러므로 석가모니가 45년 동안 설법한 것은, 중생교화를 위한 접근 방법(convenient to the place)상의 가르침일 뿐이라고 생각된다.

이 중생교화를 위한 접근방법은 상대방의 의식 수준에 따라 가르침을 설하고 베푸는 것이다.

석가모니는 자신의 사상을 직접 문자기록으로 남긴 것이 없다

결론을 말한다면 "나는 깨달음을 얻은 때부터 오늘날의 열반에 이르기까지 그 동안 사실은 단 한마디도 설한 것이 없다.(我於某夜成最正覺, 乃至某夜當入涅槃, 於其中間不說一字.)" 라는 말은 진실한 말이다. 왜냐하면 설법과 침묵(또는 수다와 묵언)은 모두 연기무아(緣起無我)의 공성(空性)이기 때문이다. 또 실제로 석가모니는 자신의 가르침을 직접 문자기록으로 남긴 적이 없다.

생각해서 하는 말인데, 불가에는 "단 한 마디에 백 천 만의 어록이 담겨져 있다"는 말이 있다. 그런데 이 단 한 마디조차도 허용하지 않는 《능가경(300년경)》의 사상이 즐겁다.

백운(1168-1241)거사는 "대머리에 한가한 몸으로 가부좌하였으니, 스님과 다른 점은 수염뿐이네. 나는 무슨 업을 닦고 있는가? 책상에 있는

---

29) 스님들이 절에서 조석으로 암송하는 《반야심경》에 "관자재보살이 깊은 지혜로써 성찰할 때에 오온(五蘊: 모든 존재를 구성하는 다섯 개의 요소 집합)이 모두 공(空)한 것임을 깨닫고 일체의 괴로움과 재난으로부터 벗어났다."라는 문구가 있다. 그런데 오늘 산책길에서 떠오른 나의 영감은 다음과 같은 것이다. 제행(諸行)은 무상한 것(변화무상한 것)이기에 공허함을 가득 채울 수 있고, 제법(諸法)은 무아(실체가 없는 것)이기에 자성(自性)을 가득 채울 수 있다.

능가경, 이해나 하는가?" 라는 시를 쓴 바 있다.

석가모니의 설법과 금강경 부처의 설법

역사적인 사실에 의하면, 석가모니가 보리수 밑에서 깨달음을 얻은 직후의 고민은 "나는 나의 깨달음을 타인에게 설할 것인가, 말 것인가?"에 관한 것이었다. 그는 결국 나중에는 자신의 깨달음을 설하기로 결심하고 세상을 향해 나왔다.

하지만 금강경의 부처는 "나에게 반드시 말해져야만 하는 진리가 있을 것이라고 생각해서는 안된다. 만약 그렇게 생각한다면 나를 비방하는 것이 된다. 나의 설법이란 내세워야 할 브라만이나 아트만이 없다는 것이다." 라고 설하고 있다.

설법의 진리와 설법이전의 진리

하여튼 역사적으로 보면, 석가모니가 인도에서 80세까지 살면서 행한 말씀은 《팔만대장경》으로 남겨지고 확장되어진 것은 사실이다.

그래서 우리는 다만 고려중기의 보조지눌(1158-1210)처럼, 다음과 같은 말을 할 수밖에 없을 것이다.

"손가락으로 달을 가리킨다. 하지만 달은 손가락에 있지 않다. 말로써 진리를 말한다. 하지만 진리는 말에 있지 않다."

다시 말하면 "부처의 손가락을 보지 말고, 부처가 가리키는 곳을 보라" 는 것이다. 그러면 손가락이 가리키는 곳은 무엇인가? 부처님의 마음 그 자체, 즉 설법이전의 진리를 의미한다.

하지만 《능가경》의 말처럼 "모든 것이 부처의 말씀과 마음"이니 손가락과 달이 서로 다른 것이 아니다.[30]

서산대사의 제자인 정관일선(1533-1608)은 죽기 직전에 "평생동안 입으로 지껄인 것을 부끄러워 하노라. 부디 여러분들은 스스로 깨닫기를 바라오." 라는 유언을 남긴 바 있다. 정직한 말이다.

---

30) 그러나 진리와 진실은 서로 다른 기준이다. 왜냐하면 진리는 객관적 사실에 관한 것이요, 진실은 자신의 주관적인 신념에 관한 것이기 때문이다.

문수보살의
고정관념에 대하여

문수가 석가모니 계신 곳에 도착했을 때에는, 이미 법회가 끝난 뒤였다. 그래서 사람들은 모두 자기 집으로 돌아갔다.

그런데 어느 여인이 혼자 남아 석가모니 옆자리에 앉아서 깊은 명상을 하고 있었다.

이것을 본 문수가 석가모니에게 물었다.

「여자가 어떻게 부처님 곁에 가까이 앉아 있을 수 있습니까?」[31]

석가모니가 말했다.

「자네가 이 여성을 명상에서 깨어나게 해서 직접 물어 보라.」

그러자, 문수가 자신의 온갖 신통력을 발휘하며, 그 여성을 명상에서

---

31) "여자뿐만 아니라 남자도 자신의 지적인 능력보다는 감정의 지배를 더 받는다." 이 문제에 대해 좀 더 구체적인 깨달음의 자극을 원하는 독자는 《유마경(제7 관중생품)》에 나오는 사리불과 천녀의 대화를 참조해보시기 바란다.

깨어나게 하려고 했으나 모두 실패했다.

석가모니가 말했다.

「수백 명의 문수가 오더라도, 이 여성을 명상에서 깨어나게 하지 못할 것이다. 이 여성을 깊은 명상에서 깨울 수 있는 유일한 사람은, 여기서 아래쪽으로 이십사 항하사 국토를 지나가야 만날 수 있는 망명보살이라고 하는 사람이다.」

그러자, 그 순간 망명보살이 땅에서 솟아올라 석가모니에게 절했다.

석가모니는 망명보살에게 이 여성을 명상에서 깨어나게 해보라고 하였다. 그러자 망명보살이 손가락을 한 번 튕기니, 그 여성은 깊은 명상에서 깨어났다.

〈선문염송(제2권). 무문관(제42칙)〉

새로운 생각의 길:

본문은 《제불요집경》에 나오는 설화이다. 이 설화는 고봉원묘(1238-1295)의 《고봉화상어록》에도 인용되고 있다.

망명보살의 비밀스러운 솜씨

석가모니의 제자들 중에서 가장 뛰어난 지성을 갖고 있다는 문수는 어째서 그 여자를 명상에서 깨어나게 하지 못했는가? 문수의 아상(我相; self image, 고정관념, 편견) 때문일 것이다.

그리고 초지입문자(初地入門者)에 불과한 망명보살은 어떻게 손가락 한 번 튕기는 것으로 그 여성을 명상에서 깨어나게 했는가?

화엄경에서 초지(初地)란, 보살이 수행하는 52개의 경지 중에서 십지(十地)의 첫 단계인 환희지(歡喜地)를 의미한다.

장산천의 게송처럼, 망명의 비밀스러운 솜씨를 누가 알겠는가? 비가 내린 봄의 동산은 푸른 물감을 뿌린 듯 하구나.

하지만 여성의 입장에서 말해본다면, 손가락을 딱 튕기면 보살이나 부처가 될 수 있다고하더라도, 나는 그렇게 하지 않는다. 왜냐하면 그것은 진정한 내가 아니기때문이다. 그냥 이렇게 멍청하게 백지처럼 앉아 있는것도 내 존재의 일부다. 문수와 망명이 나와 무슨 상관이 있는가!

독자들이 만약 대승불교와 중국선 불교의 경지에 있는 분이라면, 여기서 망명보살이 손가락을 튕기는 것 자체를 불성(자성)의 작용으로 이해하거나, 또는 망상을 일깨워 주는 동작으로 파악할 것이다.

그리고 또, 독자들이 만약 《우파니샤드》《바가바드기타》의 신비주의 사상에 젖어 있는 분이라면, 본문에 나오는 여성의 명상에 대해, 그녀가 우주의식과 일체가 되었다든지, 우주의식 그 자체가 되어 있다는 식으로 상상을 할 것이다. 그리하여 망명보살의 손가락 한 번 튕기는 것을 우주의식으로부터도 초월하여 존재 그 자체로 깨달음의 도에 접근시킨 행동이다, 라는 식으로 말할 것이다.

나는 이 두 가지 해석 방법을 사용하지 않겠다.

나는 평범한 말을 하고 싶다. 즉, 불교를 공부하는 것보다 부처와 그냥 함께 있고 싶다는 그녀의 심정을 알아야, 그녀를 명상에서 깨어나게 할 수 있다고 본다. 그리고 나는 문수보살에게 다음과 같은 시비(是非)를 해보기로 한다.

내가 본문에서 시비하고 싶은 부분은, 자기 자신을 위해 지나치게 사치스러운 언동을 하고 있는 문수의 아상(我想; 고정관념, 편견)에 관한 것이다.

문수 같은 대단한 성현도 여성을 얕잡아 보니, 누가 여성을 얕잡아 보지 않겠는가? 정직하게 말한다면, 문수의 여성관(즉, 그의 두뇌 편도체의 편견)처럼 여자를 얕잡아 보는 성직자들은 종교계에 수두룩하다. 사실 석가모니조차도 여자들을 부정적으로 평가한 바가 있지 않은가.

불교인물이나 경전으로 예를 들면, 용수의 《중론송》이나 산티데바의 《입보리행론》조차도 여성 육체의 결함에 대해 운운하고 있다. 《법화경》《대지도론》《불설초일명삼매경》등에서도 여성은 부처가 될 수 없다고 주장하고 있다.

그러나 실제로 나의 관찰에 의하면, 종교계에는 남자보다 훨씬 더 뛰어난 여자들도 많다. 오래된 문헌으로는, 불가에 《늙은 여승들의 게송집》이라는 책이 전해져오고 있는데, 이 책은 여성 출가자 73명이 남긴 게송 522편이 실려 있는 시집이다. 이 책에 보면 수많은 여성들이 아라한의 경지에 도달했다는 것을 알 수 있다.

특히 소마 비구니는 "마음이 안정되어 있고, 지혜가 솟아날 때, 올바르게 진리를 관찰하는데 있어서 여성이라는 점이 무슨 장애가 되는가?"라고 말한 바 있다.[32]

《화엄경(입법계품)》에도 선재동자가 53명의 선지식을 찾아가는 구도의 행각 이야기가 나오는데 여기서도 11명의 여성이 선지식으로 출연하고 있고, 《월상녀경》에서의 사리불과 월상녀 아가씨가 법거량(法擧揚: 진리에 관한 담론으로 서로 겨루는 것)하는 대화는 고려시대 진각혜심의 《선문염송》에도 인용될 정도로 유명한 이야기다.

특기할 것은 《증일아함경(38)》《설일체유부》《대지도론》《대무량수경》《대아미타경》《법화경》의 사상과는 다르게 《관무량수경》《유마경》《승만경》에 보면 "여성은 여성 몸 그대로 가진 채 곧바로 성불을 할 수 있다"는 사상이 있는 데, 이러한 사상이 담겨 있는 《승만경(400년경)》은 통일신라(668-935)국에 전래되어 신라 상류층 여성들의 신앙에 모범이 되었다는 사실이다.

일찍이 《유마힐 소설경(제7 관중생품)》은 "사리불이여, 여성이 아니면서 여성의 몸을 나타낸 것과 같이 모든 여성도 마찬가지이다. 비록 여성의 몸으로 나타났지만 여성이 아니니, 부처님께서 설하신 모든 법은 남성도 아니고, 여성도 아니다."라고 말했다.

신라의 설원효(617-686)가 자신의 저서에서 자주 인용하고 있는 《니건자소설경》에도 "세상에는 남자가 우월하고 여자가 열등하다는 관습이 있다. 하지만 깨달은 사람은 남녀간의 차별을 두지 않으며 다만 부처의 본성을 아는 것을 가장 존귀하게 여긴다." 라는 글이 있다.

그래서 티베트 제14대 달라이 라마 텐진 갸초(1935,7,6-)도 "불교 수행

---

32) "진리에는 남녀의 차별이 없는데 어찌 어렵다고 말하는가?" 별역 잡아함경 제12. 잡아함경 제45. Soma: Samyutta-Nikaya.1. 참조."

의 최고 분야인 요가 수행법의 관점에서 보면, 성별의 차이는 없다. 여성의 사회적 조건(condition: 여건)이 남성에 비해 열악하더라도 성불하는 조건이 불리하다는 뜻은 아닌 것이다." 라고 말했을 것이다.

이렇게 나는 문수보살이 자신의 아상(즉, 그의 두뇌에 입력되어 있는 편도체의 편견)에서 깨어나기를 바라며 망명보살처럼 지성적인 손가락을 한 번 튕겨 보았다.

하지만 그가 아상에서 깨어나거나 깨어나지 않는 것은 문수보살 그의 문제이지, 나의 문제는 아니다.

유마 거사의 침묵은
교활한 지혜의 극치다

유마 거사와 문수 보살의 법거량:

유마 거사가 문수 보살에게 물었다.

「불이법문(The non-dual buddha dharma)이란 무엇인가?」

문수 보살이 말했다.

「나는 이렇게 생각한다. 모든 존재란 설명할 수 없고, 나타낼 수 없고, 알 수 없으며, 묻고 대답할 수 없는 것이다. 바로 이것이 불이법문(不二法門; 다른 말로 하면 The monistic doctrine, 또는 아무런 매개(媒介)없이 진리로 직접 들어가는 것)이다.

그러나 이것은 나의 견해이고, 당신의 견해를 들어보고 싶다.」

이 질문에 대해 유마 거사는 묵묵히 침묵하여 단 한 마디도 입을 떼지 않았다.

〈유마경. 벽암록(제84칙). 종용록(48칙)〉

새로운 생각의 길:

서산대사(1520-1604)는《선가귀감》에서 "문수 보살은 생각으로 따졌는데, 유마힐은 말이 없었다." 라고 평설한 바 있다.

하지만 나는 다르게 생각한다. 즉 문수 보살이 답을 이미 가르쳐 주면서 유마 거사에게 질문을 했기 때문에, 당연히 평범한 나라도 침묵을 했을 것이다.

그러므로 유마 거사가 문수 보살보다 경지가 더 뛰어나다고 할 수도 없다. 유마와 문수는 다만 아난과 가섭처럼, 임제와 조주처럼 기질의 차이가 있을 뿐이다.

물론 침묵도 일종의 대답이라고 할 수 있다. 그러나 침묵하는 자라고 다 깨달은 자이거나 현명한 사람은 아니다.

《채근담》에 이르기를 "음흉하게 말이 없는 사람을 만나면 마음을 털어 놓지 말고, 화를 잘 내고 잘난 체 하는 사람을 만나면 입을 다물어라." 라고 가르친 바 있다.

나의 안목으로 말한다면, 유마 거사의 침묵은 교활한 지혜의 극치인 것 같다. 나는 쇼맨 쉽을 가장 싫어한다.

《입능가경(제3권)》에 말하기를 "사실 그대로 진실한 성현의 지혜는 말이나 이론에 있지 않다. 대혜 보살은 이 가르침에 따라 언어와 명칭과 문장에 사로잡힘이 없었다." 라고 하였다.

말이 나온 김에, 유마경의 주인공인 유마거사에 대해 한마디 하고 넘어가기로 한다.

유마거사는 《유마경》에서 마치 배부른 고양이가 쥐를 장난감처럼 가지고 놀듯이 부처의 십대제자들을 가지고 논다.

내가 만약 그 자리에 있었다면, 나는 유마거사를 향해 호통을 쳤을것이다. 왜냐하면 대인관계에서 중요한 것은 논리적 승부가 아니라 인성(人性; 인간성)이기 때문이다.

다시말하면, 유마경에서, 부처의 십대제자들은 모두 유마거사를 만나러 가기를 부담스러워하고, 한결같이 정중하게 사양한다.

보통사람들은 열등감을 느끼게하는 사람은 싫어하는데, 부처님의 십대제자들도 마찬가지인것 같다.

생각건대, 유마거사가 몸이 아프면 아픈거지, 왜 의존적인 아동처럼 석가모니 또는 그의 제자들이 방문해주기를 바라는가? 만약 석가모니가 없다면 유마거사는 어떤 방문을 기대하겠는가?

그리고 또, 유마경에서 석가모니는 유마거사를 방문하려면 직접 방문할것이지, 왜 당신 자신 대신 제자들을 방문객으로 보내려고 하는가?

그리고 또, 유마경에서 부처의 십대제자들은 유마거사의 집에 방문할 일이 있으면 그냥 순수한 마음으로 방문하면 되지, 무슨 구구절절 사연과 핑계를 들어 사양하기만 하는가?

바로 이 장면에서, 유마경을 지어낸 경전작가는 석가모니와 그의 십대제자들과 유마거사 모두에게 이미 누를 끼쳤다고 본다.

진리를 완성하려는 자는
진리가 아닌 것 속에 있어야 한다

유마경의 유명한 문구:

보살(깨달음의 실천을 향해 노력하는 사람)이 부처의 도를 완성한다고 하는 것은, 도가 아닌 것을 실천하는 일이다.

〈유마경(제8장 불도품)〉

새로운 생각의 길:

유마경의 영향을 받은 중국 선불교의 근본논서들

《이입사행론》에서, 어떤 사람이 보리달마(460-536)에게 물었다.

"유마경에서 말하기를 '도가 아닌 곳에 가는 것이 불도(The path of the buddha)에 통달하는 것이다.' 라고 했는데, 이 말은 무슨 뜻인가?"

보리달마가 말했다.

"도가 아닌 곳을 간다는 것은 명칭을 버리지 않고, 형식을 버리지 않는다는 것이다. 이것은 명칭 그 자체가 명칭이 아니고, 형식 그 자체가 형식이 아니라는 것이다. 경전(유마경)에는 도가 아닌 곳으로 가는 자는 탐욕하는 마음을 버리지 않고, 애욕을 버리지 않는다고 말하고 있다. 이렇게 도에 통달한다는 것은 탐욕하는 마음 그 자체가 탐욕이 아니며, 애욕 그 자체가 애욕이 아니라는 것이다. 그리고 도가 아닌 곳을 간다는 것은 고뇌 그 자체가 고뇌가 아니며, 쾌락 그 자체가 쾌락이 아니라는 도에 통달하는 것이다. 또 삶을 버리지 않고 죽음을 버리지 않는 것이 도에 통달하는 것이다.

그리고 도가 아닌 곳에 간다는 것은, 삶 자체가 삶이 아니며, 삶이 없는 곳에도 사로잡히는 일이 없다는 것이다. 또 자아 그 자체가 자아가 아니며, 자아가 없는 곳에도 사로잡히는 일 없는 것이 불도(The Buddha Way)에 통달한다는 것이다." 라고.

또 《절관론》에도 이런 문답이 나온다.

"묻는다. 보살이 도가 아닌 것을 행하는 일이 곧 불도에 통달하는 것이라고 했는데, 이것은 무슨 뜻인가? 그것은 선악에 대해서 차별을 하지 않는다는 뜻이다.

다시 또 묻는다. 차별이 없다는 것은 무슨 뜻인가? 그것은 도에 대해서 어떤 관념적인 생각을 내지 않는다는 것이다." 라고.

이런 문답들은 모두 《유마경》의 사상으로부터 모방 인용한 것이다.

이로서 본다면 중국 선불교 사상이란 《유마경》사상의 중국판 복제품 내지 인위(人爲)의 조작품(造作品)이라고 여겨진다.

본문에 제시된 "보살이 부처의 도를 완성한다고 하는 것은 도가 아닌 것을 실천하는 일이다." 라는 사상은 구마라집(343-413)이 번역한 《제법무행경》에서도 보인다.

즉 "성적인 욕망이 곧 열반이다. 분노와 어리석음이 곧 열반이다. 이 세 가지 가운데 부처의 한량없는 가르침이 있다." 라는 글이 그것이다.

그리고 또 《대지도론(6)》에도 보면, 희근보살은 "음욕(淫慾)이 곧 도요, 분노와 어리석음 또한 그렇다." 라고 말한 바 있다.

그리고 또, 돈황본 《육조단경》에도 이르기를 "애욕(성적인 욕망)은 본래 몸의 청정한 원인이다. 애욕 이외에 본질적으로 청정한 몸은 없다." 라

33) 우리나라 시중에 유통하고 있는 육조단경에는 "음성본시정성인(淫性本是淨性因), 제음즉시정성신(除淫卽是淨性身)"이라고 적혀 있는데 직역하면, 음성(淫性)은 본래 청정(淸淨)의 인(因)이다. 음성(淫性)을 제거하면 곧 정성(淨性)의 몸도 없다, 라는 뜻이다. 하지만 나의 안목은, 음성(淫性)을 제거할 필요도 없다. 왜냐하면 음성(淫性)자체가 곧 정성(淨性) 즉 공성(空性)이기 때문이다.

34) 범행(梵行)이란 '맑고 깨끗한 행동'을 의미하는 것으로, 성적인 생활에 탐닉(耽溺)하지 않는 사람은 범행자(梵行者)라고 한다. 이 범행자(梵行者)를 인도어로는 브라흐마차리(Brahmacarya)라고 하는데, 브라흐마차리란 동정(童貞), 정조(貞操)를 지키겠다고 맹세한 사람을 가리킨다. 즉, 금욕적인 독신자를 의미한다. 그런데 라드하크리슈난(1888- 1975)은 좀 더 유연한 해석을 가하고 있다. 즉, 힌두전통으로는 결혼한 사람이라도 성생활을 잘 조절해가면 그것도 성생활을 전혀 하지 않는 사람이나 마찬가지로 브라흐마차리라고 인정한다는 것이다. 하지만 이렇게 정(定)해버리면 브라흐마차리(범행자(梵行者))라는 본래의 말의 의미를 상실하게 된다. 어쨌든 한국의 스님들은 나와 달리 모두 철저한 브라흐마차리(맑고 깨끗한 행동을 하며 장수하는 사람)들이다. 말이 나온 김에 성욕(성적인 욕망, 또는 성 에너지)에 대해 잠간 성찰의 말을 해보기로 한다. 내 경험에 의하면 성욕 때문에 내 통찰력이나 사상이 방해된 적이 없다. 왜냐하면 성욕은 성욕일 뿐이고, 내 사상은 내 사상일 뿐이기 때문이다. 성욕은 내 사상을 근본적으로 장기적으로 이길 수 없다. 왜냐하면 성욕이 승리했을 때조차도 내 사상은 항상은 성욕위에 걸터앉아 성찰과 통찰을 해버리기 때문이다. 또 내 사상도 성욕을 산채로 죽일 수 없다. 왜냐하면 내 사상의 근원적 에너지는 성욕이기 때문이다.

고 했다.[33]

천태종의 지의(538-597)도 《마하지관(4권하)》에서 즉망이진(卽妄而眞: 번뇌를 일으키는 妄이 곧 眞이다)이라는 경지에서 "탐욕이 곧 도"라고 주장하고 있다.

《마하지관(2권)》에는 "화수밀다는 음행(淫行; 음탕한 짓)으로 범행(梵行; 청정한 행동)[34]을 삼으며, 기타말리는 음주(飮酒)를 계행(戒行)으로 삼는다."라는 글이 보인다.

아마도 이런 사상은 《잡아함경》에 나오는 "탐욕의 바탕은 본래 덧없는 것이다."라는 석가모니의 설법에 기인한 것이라고 여겨진다.

그러나 석가모니의 본의는 "애정은 윤회의 근본이 되고, 정욕은 몸을 받는 인연이 된다. 그러므로 음란한 마음을 끊지 못하면 허망함 속에서 벗어날 수 없고, 또 애정에 한 번 얽히게 되면, 자신을 죄악의 문에 처넣게 된다."라는 말씀일 것이다.

생각해서 하는 말인데, 부처의 도가 아닌 것은 욕망과 분노와 어리석음이다. 그러나 나는 집착과 증오와 어리석음 속에서 삶과 죽음의 도를 체험한다.

그리고 우주를 돌아다니면서 온갖 중생의 자아가 되어 생명 그 자체의

35) 하지만 나는 나에게 말한다. 자신의 체험을 너무 중시하거나 실체화하지 마라. 왜냐하면 그 어떤 체험일지라도 그것은 자신의 파편적인 생의 원인과 조건에서 생긴 부산물(덧없는 것, 변하는 것)이기 때문이다.

힘을 체험한다.

그리고 체험에서 체험자가 사라질 때마다 우리는 도가 아닌 것을 실천하게 된다.[35]

본문에 나오는 "도가 아닌 곳에 가는 것이 불도(The Buddha Way)에 통달하는 것이다." 라고 한 《유마경(제8장 불도품)》의 말은 그 뜻이 《유마경(제2장 방편품)》에도 있다.

즉 "창녀의 집에 들어가도 성적인 욕망의 허물을 말해주고, 술집에 들어가서도 능히 그 뜻을 세운다."는 것이다.

종교적 장소는
일종의 사회적 산물이다

도(道)의 장소에 관하여:

어느 날 부처의 제자인 광엄 동자는 바이샬리의 성문을 나가고 있었고, 유마 거사는 성문을 들어오고 있었다. 두 사람은 서로 마주쳤다.

광엄 동자가 물었다.

「거사님은 어디서 오십니까?」

유마 거사가 대답했다.

「나는 도량(道場: 도의 장소)에서 옵니다.」

광엄 동자가 물었다.

「도의 장소이란 어디를 말합니까?」

유마 거사가 대답했다.

「청정한 마음이 바로 도의 장소이지요.」[36]

〈유마경(보살품)〉

부처가 말하기를 "마음은 똑바른 줄과 같아야 한다." 라고 했고 "올바른 마음이 곧 도의 장소이다." 라고 했다.

그러면 어떤 것이 똑바른 줄과 같은 마음인가? 그것은 항상 겉과 속이 일치되어 있는 마음일 것이다.

순간이 곧 최후라고 깨닫는 자리가 곧 도의 장소(절)이다.

《화엄경》에도 "한 생각 맑은 마음이 곧 도의 장소이니, 한 생각 맑은 마음이 올바른 깨달음을 이룬다." 는 문구가 있다.

본래 도량(道場)은 석가모니가 성불한 붓다가야의 보리수(깨달음의 나무) 아래의 자리를 가리키는 말이다.

그러나 비약해서 말한다면, 지금 내가 글을 쓰고 있는 이 자리도, 또는 이 책을 지금 읽고 있는 독자의 자리도 곧 도량(도의 장소)이다.

생각해서 하는 말인데, 도의 장소란 '특별한 장소' 라는 뜻이다. 그러나 특별한 장소가 아닌 곳이 없으니, 모든 곳이 특별한 도의 장소다. 그러므로 평범한 장소와 특별한 장소가 별도로 나뉘어져 있는 것은 아니다.

그래서 임제(?-867)선사도 수처작주 입처개진(隨處作主 立處皆眞: 가는 곳마다 주체적으로 산다면, 서 있는 곳이 모두 진실한 법이다.)" 라고 했을 것이다.

---

36) 조산본적(840-901)이 보적사에 머무르고 있을 때, 절 마당을 청소하는 스님에게 물었다. "부처님 앞을 청소하는가, 부처님 뒤를 청소하는가?" 청소하는 스님이 대답했다. "앞과 뒤를 한꺼번에 청소합니다."

승조(374-414)스님은 도량에 대해 '한가롭고 편안하게 수도하는 장소'라고 풀이했다.

그러나 나는 다르게 생각한다. 도의 장소는 절이나 교회나 성당처럼 어떤 일정한 장소의 문제가 아니라 마음에 관한 문제라고 풀이하고 싶기때문이다.

그런데 참고로, 칼 마르크스(1818-1883)는 《포이에르바하(1804-1872)에 관한 테제》에서 "종교적 장소는 하나의 사회적 산물이다." 라고 쓴 바 있다. 정확한 통찰이다.

만약 우리나라의 풍수지리가, 또는 신선도인, 또는 무당, 또는 아메리카대륙의 원주민 인디안처럼 매우 민감한 사람들이 창조해 내는 제사장과 제사공간(치유, 선견지명, 계시를 구함, 신에게 더 가까이 가기 위한 장소) 즉, 신성한 장소의 심리학에 관해 누가 한 권 분량의 집필을 한다면 그는 어떻게 쓸까?

본문에서 유마 거사는 "청정한 마음이 바로 도량이지요." 라고 말했다. 그러나 나는 다음과 같이 생각한다.

마음은 깨끗한 것도 더러운 것도 아니다. 유마 거사가 주장하는 "짝(상대성)이 없는 절대 순수한 마음" 같은 것들은 인간의 사상적 관념 속에서나 존재하지 실제로는 존재하지 않는 것이다.

유마 거사가 말하는 깨끗한 마음이란 사실 어디서 온 곳도 없고 어디로 간 곳도 없는 것이다.

그러므로 "마음이 깨끗한 곳에서 왔다"고 말하는 유마 거사의 말은 유마 자신의 마음의 관념(이미지)에 지나지 않는 것이다.

마음이란 두뇌의 작용 바로 그것일 뿐, 마음자체가 고정된 절대 독립 독존으로 영원히 불변하는 존재는 아니다.

이 덧없는(변하는) 마음에는 모든 것이 서로 섞여 있다. 베르너 하이젠베르크(1901-1976)조차 "양심의 영역에는 100퍼센트의 진실이란 존재하지 않는다. 모든 것이 한없이 끼어들고 뒤섞여 있다." 라고 말한 바 있다.

그러므로 마음이 깨끗하다느니 더럽다느니 하는 것보다는, 인류가 운명적으로 타고나는 무수한 과거 전생의 기억으로 가득 차 있는 마음이 왜 끊임없이 현생이나 현재의 기억을 모으면서, 그 기억에 이토록 집착하는가를 이해하는 일이 더 중요하다고 생각한다.

나는 여기서 깨끗한 마음을 주장하며, 또 모든 법은 생각에 따라 모습을 취한다고 말한 유마 거사에게 "마음은 마음이 아니다. 다만 이 명칭이 마음이다." 라고 설파한 《금강경(일체동관분)》의 말씀을 전하고 싶다. 관념은 당신의 적이다.

강박적인 중생구제론은
악마의 출현을 돕는다

대승불교의 중생구제론:

어떤 사람이 용수에게 물었다.

「비구보살은 반드시 모든 중생을 구제하는 일을 자신의 임무로 삼아야 한다.[37] 그런데 비구보살은 어찌하여 숲속에서 한가롭게 좌선하며, 산속에서 고요히 묵상하고, 홀로 그 몸을 건강하게 하면서 중생을 내버려두고 돌보지 않는가?」

용수가 말했다.

「비구보살은 그 몸이 비록 중생과 멀리 떨어져 있다고 할지라도 마음은 언제나 참된 지혜로 모든 중생을 구제하는 것이다. 예를 들면, 약을

---

37) "무아와 공사상이 지금 당장 긴급한 것인가? 보시와 시설이 지금 당장 긴급한 것인가? 불교는 이 사회 개개인에게 구체적으로 실용을 할 수 있는 가치가 있는 것인가? 무용(無用)의 용(用)은 장자 같은 초세속의 도인이나 지닐 관념이지 일반인들에게 당장 긴급한 것은 유용(有用)한 불교여야 할 것이다. 그런데 이 문제에 대해 불교는 현재 사회에 어떤 기여를 하고 있는가?"

복용할 때에는 당분간 완전히 일에서 손을 떼고 기력이 회복된 후에 다시 본래의 일에 힘쓰는 것과 같은 것이다. 비구보살이 마음을 평안하게 가라앉히는 것도 이와 마찬가지다.

명상의 힘에 의해서 지혜의 약을 복용하고, 신통력을 얻은 후에 다시 중생의 세상 한가운데로 돌아와 부모와 처자와 일족의 우두머리와 천상의 신과 인간과 축생에게 다양한 말씀으로 잘 베풀고, 방편을 따라서 지도하는 것이다.」

<대지도론(제17)>

새로운 생각의 길:

본문은 중생구제에 관한 담론이다.

중생구제 문제란 생명체와 생명체 간의 관계 문제이다. 그런데 이렇게 말하면, 문제가 너무 거창해지니 좁혀서 사람과 사람의 관계윤리적인 문제로 생각해보기로 한다.

불교 중생구제의 이론은 자비(연민과 우정의 종교)사상에 근거한다.

생각건대, 자비심이란 상대방도 당신처럼 행복하고 고통으로부터 벗어날 권리가 있다는 것을 깨닫는 마음이다. 그리하여 상대방의 입장에 서서 문제를 생각하며 그들에게 친절한 애정과 사랑을 보이는 것이 자비다.

그런데 어쩌란 말인가? 석가모니조차 자기 종족, 자기 부모, 자기 처자식을 버리고 냉정하게 어디론가 가버린 분이 아니었던가? 실제로 석가모니가 생존시에 석가족은 강대국(코살라국의 비유리왕)의 침략에 의해 멸망을 당해버렸다. 나는 석가모니에게도 쥐꼬리만한 책임이 있다고 생각한다.

그런데 어떻게 이러한 석가모니의 개인주의적인 불교가 중생구제를 이토록 주장하는 대중적이고 정치 사업적인[38] 종교가 되었을까?

중생구제를 주장하는 고승들의 한계

중생구제 사상은 대승불교가 내걸고 있는 깃발이다. 예를 들면 《화엄경》에서 "보리(깨달음, 각성)는 중생에게 속한 것이다. 만약 중생이 없으면 모든 보살은 끝내 최고의 정각(正覺 또는 계몽)을 이룰 수 없다."고 주장하고 있다.

그러나 대승불교와 고승들은 중생구제의 사상만 말했지, 구체적인 실천방법으로 행한 것이 무엇인가?

중생(동물인간, 일반인, 보통사람)들이 의지하고 기도할 대상으로서의 신들(아미타, 관세음, 미륵, 지장, 비로자나 등)을 만들어 낸 것 말고, 구체적이고 조직적이며 체계적으로 일관되게 사회를 향해 행동한 것이 무엇인가?

그저 불교경전을 통해 신들을 만들어 소개하고 퍼뜨리고, 또 조사 어

---

38) 역사적으로 보면 인도불교가 중국에 전래될 당시 초기에는 권력지향적인 군주나 혁명가들에 의해 이 중생구제사상은 크게 환영을 받으며 악용된 바가 많았다. 중국과 우리나라에서도 미륵불 화신사상으로 정치와 혁명을 한 사례가 많았다. 예를 들면, 중국 명나라(1368-1644)를 세운 황제 주원장(1328-1398)은 자기가 미륵불의 화신임을 주장하는 백련교 승려출신이었다. 또, 무주혁명(690-704)을 일으킨 측천무후(624-705)도 마찬가지였다. 또 우리나라에서도 유명한 묘청(?-1135)이나, 후고구려 태봉(895년경)국의 궁예(?-918) 왕도 세달사의 선종 스님이었다. 이들은 미륵불 사상을 이용하여 자신의 권력을 장악해 나간 분들이다.

록들을 통해 자성(자기본성, 실체성)이니, 주인공이니, 무위진인(The Unconditioned Ture Person)이니 하는 개념의 올가미를 만들어 선남선녀를 미혹한 것 이외에 고승들이 한 것이 무엇인가?

솔직하게 말하면, 스님들이 겉으로는 중생구제를 이야기하지만 실제를 보면 스님구제인 것 같이 여겨진다. 다시 말하면, 한 중 일 대승불교 스님들은 한결같이 입을 열기만 하면 "위로 부처를 구하고, 아래로 중생을 구제한다"는 구호를 외치지만, 실제로는 자기들 구제인 것 같이 여겨진다. 마치 낚시꾼이 강물에 먹이를 뿌려주는 것은 물고기를 위한 것이 아니라 자기 자신을 위한 행위인 것처럼.

청춘의 에너지를 가득 담고 있는 젊은 스님들이 깊은 산속에서 고요히 참선을 통해 중생을 구제한다고? 무슨 영화에 나오는 마법사처럼?

그래요! 산중에서 조용히 참선하는 순간 이 인생과 사회와 국가와 지구의 각종 문제가 모두 일시에 해결된다면 누가 참선을 하지 않겠는가? 정말 그렇다면, 나라도 깊은 산중에서 평생 꼼짝하지 않고 참선만 하고 살겠다.

그러나 우리가 처해 있는 이 인생과 가족, 사회와 국가와 지구의 문제는 그렇게 간단한 공상적인 문제가 아니다.

만약 간단하다고 말하는 고승이 있다면, 그는 문제에 대한 전문가적인 인식도 없고, 해결 방법도 비현실적인 자기생각에 도취되어 있는 분일 경우가 많다.

본문에서 용수(150-250)존자는 말하기를 "참선과 지혜와 법력을 얻은 이후에는 다시 이 세상으로 돌아와서 부모와 처자식에서부터 일족의 우두머리와 서민들과 축생들에 이르기까지 온갖 조언과 지도를 해야 한다."라고 했으니 틀린 말은 아니다. 그러나 중생구제에 관한 구체적인 대안이 없다.

한국불교가 마음만 먹으면, 가장 손쉽게 실천할 수 있는 첫 번째 대안에 대해 한 번 말해보기로 한다.

현재 대한불교 조계종의 종헌법에는 "스님은 일반 사회에서 직업을 가져서는 안된다." 라고 명시되어 있다.

그렇다면 어떻게 무슨 방법으로 중생구제를 하겠다는 것일까?

내 경험에 의하면, 중생구제란 시작만 있지 끝은 없는 사업인 것 같은데 어떻게 무슨 재주로 감당해 나가겠다는 것인가?

끊임없이 이자로 순환되는 돈이 있어도 중생구제에 관한 문제 해결이 어려운데, 직업도 돈도 없이 전문적인 지식과 경험도 없이 무슨 중생구제 사업을 행한다는 것인가?

그러므로 진정으로 중생구제 사업을 하려면 혁명가가 되어 국가 권력을 잡든지 아니면 대자본가라도 되어야 한다고 생각한다.

그러나 겁이 많고 소심해서 이렇게 하지도 못하겠다면 그러면 우선 앞으로 조계종 헌법을 바꾸는 일이라도 해야 할 것이다.

왜냐하면 종헌이 바뀌면 종법이 바뀐 대로 스님들을 대하는 일반인들의 인식도 바뀔 수 있기 때문이다.

하나의 예를 들어서 스님이 결혼해도 좋다는 법을 만들어 놓으면 법이 그러니까 최소한 속인들의 비난은 받지 않게 된다. 예를 들어 목사가 결혼했다고 비난하는 사람들이 없듯이 말이다.

그러니까 불교의 법을 이렇게 바꾸어 놓으면 결혼해도 은처승처럼 위선자나 범법자가 안되고, 결혼 안 해도 그건 각 개인의 문제로 인식하게 된다는 것이다.

나는 현재 독신주의자이다. 그러나 재가의 결혼주의자들을 무슨 원수처럼 증오하지는 않는다. 나는 같은 인간동료로서 여성을 사랑하기 때문이다.(물론, 이 사랑은 공상적이고 짝사랑이다.) 이 세상에는 남자만 있는 것은 아니다. 실제로 여성과 남성은 어떤 형태로든지 서로 도우면서 지내고 있지 않은가?

그런데 왜 여성을 또는 남성을 두려워 할 필요가 무엇이 있겠는가? 두려움과 불안은 그 자신 개인의 문제이다.

그리고 상상하건대, 종교의 법이 결혼허가 쪽으로 개정되었는데에도 그럼에도 불구하고 독신을 지키는 사람은, 독신을 자율적으로 스스로의 신념에 의해 지키는 것이 되기 때문에 이러한 진정한 독신주의에는 행복이 있다.

즉 종헌이 바뀌면 종교성직자가 결혼하든 독신이든 이런 행위에 대해 죄의식이 없고 강박관념이 없으니 얼마나 평온하고 좋은가? 모름지기 종교의 법이란 이렇게 자연스럽고 건강해야 한다. 그런데 왜 우리는 불교 종단의 '유지(維持)'를 위해 오로지 성욕 부재와 완고한 신앙심만을 가지고 있어야 하는가?

성찰하건대, 사회법인 단체로서 종단이든 생물로서 개체든 간에 '유지 (維持)' 라는 말조차도 끊임없는 생식(生殖)적인 욕망과 같은 말이다.

그리고 또, 우리는 왜 상구보리 하화중생(上求菩提下化衆生; 위로 위대한 깨달음을 구하고, 아래로 불쌍한 중생을 구원한다 라는 것)이라는 영웅적인 교리로 자신과 타인을 평생토록 기만해야 하는가? 차라리 "안으로는 보리(菩提)를 구하고, 밖으로는 분의(糞衣)를 구해야 한다. 이와같이 행의(行儀)가 사문의 도(way)다."라는 의정존자의 게송이 더 가슴에 와 닿을 때가 있다.

이제는 중생구제 문제에 관해서는 스님 개인의 실천성보다는 종단의 단위에서 행해져야 한다.

종단의 단위에서 할 일은 무엇인가? 우선 종헌을 개혁하는 것이다. 종단의 법이 바뀌면 종단과 소속승려를 바라보는 일반인들의 인식과 시각도 분명히 바뀌는 법이기 때문이다.

미래불교(실용주의 불교, 생활불교, 치유적이고 교화적인 상담불교, 또는 정치와 경제 능력이 강한 불교)를 위한 나의 생각은 스님도 정치가, 경제인, 판사, 검사, 경찰관, 변호사, 의사, 교사, 출판인, 디자이너, 영화예술인 등의 사회 직업을 가지고 명성도 쌓고 돈도 벌어서 그 명성과 돈으로 이 사회에 불우한 불교신자들을 위한 각종 사회복지 시설물을 짓거나 각종 선행을 조직적으로 실천하는 현상이 나타나야 한다는 것이다. 돈이 나쁜 것이 아니다. 돈을 나쁘게 사용하는 자가 나쁜 것이다. 명예와 결혼 문제, 인생만사 모든 것도 마찬가지인 것이다.[39]

용수는 《보리자량론(4)》에서 다음과 같이 쓴 바 있다.

"마땅히 번뇌를 멀리하되 모두 없애지는 말라. 마땅히 여러 선(善)을 쌓기 위해서 번뇌를 차단하지 말라. 보살은 번뇌의 본성(煩惱性)에 있지 열반의 본성(涅槃性)에 있지 않기 때문이다. 모든 번뇌를 불태우면 깨달음의 종자는 생겨나지 않는 법이다."[40] 라고.

팔천송반야경의 보살선언

대승불교 반야부 최초기의 경전인 《팔천송반야경》[41]에도 다음과 같은 선언이 있다;

---

39) 거룩한 사부대중(四部大衆)이 이러한 내 사상을 비난하려면 먼저 "지혜가 없는 방편과 방편이 없는 지혜는 보살도(菩薩道)를 잘 이루어 낼 수 없다."는 《유마경》의 가르침과 "보리심(菩提心)을 인(因)으로 하며, 비(悲)를 근본으로 하며, 방편(方便)을 구경(究竟)으로 한다. (즉 자기 마음으로 연민을 크게 깨닫는 것을 계기로 삼아 중생구제를 완성한다)"는 《대일경》의 가르침을 깊이 숙고한 후에 해야 할 것이다. 생각건대, 위험하지 않은 생각은 아이디어라고 불릴만한 가치가 없다. 그리고 나는 내 주장에 대해 스스로 반성해본다. "어떤 아이디어가 인기를 얻으려면 우선 그 생각이 좋은 것이어야 하고, 그 다음 그 아이디어가 시대정신과 조화를 이루는 것이어야 한다."고.

40) 나는 출가입산 승려로서 내 생활환경 자체가 이미 충분히 무인고독(無人孤獨)하고 적막하기에 일부러 다시 고요함과 적멸을 구할 필요가 없다. 오히려 내게 필요한 것은 적당한 번뇌와 소요(騷擾)와 열정이다. 왜냐하면 나는 현재(이 순간)에 살아있는 것이기 때문이다.

41) 대승불교(Mahayana Buddhism)는 B.C.E.100-C.E.100년경에 성립되었다. 팔천송반야경(Astasahasrika Prajna paramita)은 대승불교 반야부 경전 성립사에서 가장 먼저 만들어져 유포된 경전이다. 그래서 팔천송반야경에는 금강경보다 더 상세하고 친절하고 충격적인 설법이 많이 들어 있으니 대승불교의 지혜에 관심있는 독자는 반드시 일독 이상해야 한다.

"보살은 하기 어려운 일을 하는 사람들, 최상의 깨달음을 얻기 위해 노력하는 위대한 사람들이다. 그들은 자신만의 사사로운 평화를 얻고자 하지 않는다. 반대로 그들은 고통으로 가득한 중생의 세계를 살펴보고, 최상의 깨달음을 얻기를 바라면서 생사도 두려워하지 않는다. 세상에 대한 연민으로 세상을 이롭게 하기 위해서 세상에 평온을 주기 위해 닻을 올린다. 그들은 다음과 같이 말한다. '우리는 세상의 피난처, 세상의 은신처, 세상의 휴식처, 세상의 궁극적 구원, 세상의 섬, 세상의 빛, 세상의 지도자, 세상을 건너는 다리가 되리라.'"라고.

여러 논사들의 보살선언

논사인 아리야 데바(170-270)도 다음과 같이 말했다. "이 세계가 있는 한, 나는 중생과 함께 남아 그들에게 봉사하고, 그들을 도울 것이다."

논사 바바비베카(490-570 또는 500-570)도 다음과 같이 말했다. "다른 사람들을 이롭게 하기 위해 나는 기꺼이 윤회의 세계에 머문다."라고.

윤회의 원래 뜻은 "함께 달린다, 함께 빨리 움직인다, 함께 흐른다, 함께 건넌다."라는 의미이다.

산티데바(650-700)도 《입보리행》에서 "어떠한 상실감도 없이 나는 내 몸과 즐거움을 포기하리라. 이 뿐만 아니라 과거와 현재와 미래세계의 모든 공덕까지도!"라고 하였다.

이쯤 되면, 독자들은 지장보살(또는 법장비구보살)이 왜 "온갖 윤회의 지옥문을 지키고 서서 모든 중생을 천도할 때까지 나는 성불하지 않겠다."[42]라는 맹세를 했는지 그 이유를 알 것이다.

서양의 허버트 스펜서(1820-1903)는 "모든 인간이 자유로와질 때까지는 그 누구도 완전히 자유로울 수 없다. 모든 사람이 도덕적으로 될 때까지는 그 누구도 완전히 도덕적이 될 수 없다. 모든 사람이 행복해질 때까지 그 누구도 완전히 행복해질 수는 없다" 라고 말한 바 있고, 존 F.케네디(1917-1963)조차 "한 사람의 노예가 있을 때, 모든 인류는 자유로울 수 없다."고 말한 바 있다.

외젠느 빅터 뎁스의 말은 더 절묘하다. "하층계급이 있는 한, 나도 거기에 있다. 범죄적 요소가 있는 한, 나도 그것을 안고 있다. 감옥에 갇힌 영혼이 있는 한, 나에겐 자유가 없다."

그리고 또, B.베르베르(1961-)도 "이기주의자가 될 권리는 누구에게나 있다. 그러나 이기주의 끝에 이르러 곰곰이 생각해보면, 결국은 남을 돌보는 것이 자기에게도 직접적으로 이익이 된다는 사실을 깨닫게 될 것이다. 자기 혼자 아무리 편하다 한들 고통 받고 있는 사람들에게 둘러 싸여 있다면 어떻게 한 발짝이라도 더 나아갈 수 있겠는가?" 라는 글을 쓴 바 있다.

---

42) 지장보살이나 법장비구 보살이 만약 내 친한 친구였다면, 나는 이들에게 웃으며 다음과 같은 농담(joke)를 했을 것이다. "원하는 것을 경계하라. 언젠가는 그것을 손에 넣게 될 것이다. 이 세상에는 두 종류의 비극이 있다. 하나는 바라는 것을 얻지 못한 것이요, 또 하나는 바라는 것을 가지는 것이다." 미소. 그리고 여기서 말하는 '맹세'란 자신의 영향력을 바라거나 집착하는 것이기에 나는 부정적으로 성찰한다. 그리고 지옥중생을 구원하는 것이 유일한 임무인 지장보살을, 지장보살 그 자신이 아닌 지옥중생의 관점에서 말한다면, 어떻게 내가 지은 삶의 불안과 공포를 타인인 지장보살에게 떠넘기고, 그의 평안함을 훔쳐 올 수 있겠는가?

이러한 서구인들의 사상은 "지옥이 텅 비지 않는 한, 나는 맹세코 성불하지 않겠다."고 선언한 지장보살의 사상과도 곧바로 통하는 것이다. 하지만 부처의 가르침에 철저한 통찰을 한다면, 지옥은 이미 텅 비어있는 것이다. 즉, 지옥과 극락이란 끊임없이 변하는 것이기에 고정불변의 영원한 실체가 없는 것이다. 고로 지옥과 극락이란 토끼의 강력한 뿔이요. 거북이의 가장 부드러운 털일 뿐이다. 그런데 지장보살은 무슨 지옥과 극락의 아트만(실체성)을 주장하는가?

유마경(제7장 관중생품)에서 유마 거사가 문수 보살에게 설법한 바와 같이, 중생이란 환상의 마술사가 만들어낸 환상의 인간(선량한 사람들을 홀리게 하는 허깨비)을 보는 것처럼 그렇게 보고 대해야 한다는 깨달음도 잊지 말아야 할 것이다. 그러므로 불교 수행자의 경우, 신념을 가장한 욕망과 자비를 가장한 애착에 대해서는 주의 깊게 분별할 줄 알아야 할 것이다.

사실, 중생 구제에의 강박관념은 미륵불 같은 악마(미륵불이 악마가 아니라 미륵불을 빙자한 악마)가 출현할 수 있는 근거가 되는 것이기도 하므로 매우 신중한 주의를 해야 할 것이다. 왜냐하면 잘못되는 경우에는 자신과 타인이 모두 지옥 그 자체가 되어버릴 수도 있기 때문이다.

이러한 문제점 때문에 "모든 중생을 멸도(滅度; 漏盡濟度, 또는 불행한 사람들의 업장(業障)을 소멸(消滅)시켜서 제대로 살게 돕는 이타행)했다하더라도 한 중생도 멸도(滅度)를 얻은 것은 없다."라는 금강경의 가르침이 있는 것이다.

가섭 존자가 석가모니에게
전해 받은 것

가섭과 아난:

어느 날 아난 존자가 가섭 존자에게 물었다.

「스님께서는 부처님으로부터 가사와 발우를 전해 받으셨는데, 그밖에
또 전해 받으신 것은 없습니까?」

그러자 가섭 존자가 말했다.

「아난다여!」

「예?」

「문 앞에 있는 깃대를 내려라!」

〈무문관(제22칙)〉

새로운 생각의 길:

부처님의 가사와 발우를 전해 받은 자는 가섭 존자가 아니라, 사실은

아난 존자라고 나는 말하고 싶다. 그런데 아난 존자가 스스로 무지(모르는 것)를 드러내었다.

석가모니는 일찍이 "무지(無智)를 두려워 하라.[43] 그러나 그릇된 지식은 무지보다 더 두려운 것이라는 점을 깨달아야 한다. 위장된 세상으로부터 그대의 눈길을 돌리도록 하라. 자기의 감정을 믿지 말라. 감정은 때때로 자기 자신을 속이기도 한다. 그러므로 내면에 있는 인간성을 탐구하라." 라고 가르친 바 있다.

석가와 아난의 관계

아난 존자는 그 누구보다도 가장 가까이에서 석가모니 부처님(jivan-mukti)을 모셨던 최측근으로 불가에서 대표적인 주류인물이다.

이 아난 존자는 석가모니가 승가집단체를 조직한 지 2년 후에 석가족의 엘리트 즉 아누룻다, 바디야, 바구, 킴빌라, 데바닷타와 함께 승가에 들어왔다.

그리고 석가모니 나이 55세 때부터 이후 25년 동안 아난 존자는 석가모니의 비서로서 가장 가까이 있는 제자가 되었다. 아난이라는 이름자의 뜻은 '기쁨, 환희' 라는 뜻이다.

---

43) 내가 어렸을 때 매우 중시했던 K.마르크스(1818~1883)의 명언은 "무지는 아무도 도운 적도 없고, 누구의 이익이 된 적도 없다."는 말이었다. 내가 어릴 때에는 불교와 K.마르크스의 사상을 섞는다면 세상의 구조와 개인들은 어떻게 달라질까? 라고 생각을 많이 해 본적이 있었다.

가섭과 아난의 관계

그런데 부드럽고 온유한 아난 존자는 자신보다도 기(氣)가 더 세고 엄격한 가섭 존자로부터 불멸 후 제1차 결집회의장의 참석을 거부당하였다.

왜냐하면 가섭 존자가 보기에 아난다는 맘에 들지 않는 사건들을 너무 많이 저질렀기 때문이다.

그래서 아난 존자는 가섭에게 "세존께서 특별히 스님에게 전하신 것이 있습니까?" 라고 의심을 내어 물었던 것이다.

그러자 가섭이 이러한 알음알이나 내는 아난을 보고 단호한 말로 "밖에 세워 둔 깃대를 내려라!"고 했다.

이로서 보면 가섭 존자가 아난 존자보다 더 수행자다운 정기신(精氣神)을 가지고 있는 분인 것 같다.

가섭과 중국 선종 불교

가섭은 불교역사상 비주류 인물인 데바닷타에 비해 정통 주류의 대표적인 인물이다.

인도불교의 관점에서 본다면, 매우 이단적이고 조작적인(재창조적인) 중국의 선불교는 비주류인 데바닷다보다는 주류인물인 가섭을 선택하여 자기네들의 불교 법통으로 삼고 있다.

바로 이 점은 중국 선종 불교를 창립한 중국인들의 성격과 영리함을 알 수 있게 해주는 대목이라고 여겨진다.

본문에 의하면, 아난(미남으로 유명하고 석가모니의 말씀을 가장 많이 들은 이) 존자는 박력과 카리스마가 없다.

역시 석가모니는 왕족의 정치가 후손답게 사람을 보는 눈이 있었기 때문에, 착하고 어진 아난 존자 보다는 강직하고 엄격한 가섭을 후계자로 삼은 것 같다.

대중을 이끌어 가는 지도력은 얌전하고 부드러운 것만 가지고는 힘들다. 카리스마적인 힘으로 대중을 장악하는 법력을 지니고 있는 자가 적합하기 때문이다. 나라도 그렇게 결정했을 것이다.

중국 선불교에서는 가섭을 석가모니의 주류로서 제 2대 조사로 정했고, 아난은 제 3대 조사로 정했다.

그런데 조선(1392-1910)시대 서산(1520-1604)대사가 편찬한 《선가귀감》에는 다음과 같은 일갈이 있다.

"부처와 조사가 이 세상에 온 것은 마치 바람이 없는 곳에서 큰 파도가 일어나는 것과 같다. 석가모니가 안 것이 무엇이며, 가섭이 전해 받은 것이 무엇인가?"

에너지가 느껴지는 서산대사의 이 게송은 선수호 존자의 게송을 모방 응용한 것이다.

"석가모니가 묘하게 가리켜 보인 것은 가섭에게 아직 전해지지 않았다. 오 백 명의 대사(大士)들이 어떻게 능히 수호(守護)할 수 있겠는가."

석가모니의 가르침은 영원불변의
불성이 아니라 제행무상과 제법무아이다

아난과 상나화수:

천부적으로 뛰어난 지혜와 재능을 지닌 상나화수 스님이지만, 아직 마음속에 뭉쳐있는 삶의 짙은 의심을 풀길이 없었다.

그래서 하루는 자기의 스승인 아난 존자에게 물었다.

「어떤 것이 불생불멸입니까?」

아난 존자는 한참 침묵하고 있다가 상나화수 스님이 입고 있는 가사 한쪽을 손으로 가리켰다.

그러나 상나화수 스님은 아무 것도 깨닫지 못하고 다시 물었다.

「어떤 것이 모든 부처의 본성입니까?」

역시 아난 존자는 아무 말이 없다가 이번에는 상나화수 스님의 가사 한쪽을 약간 잡아당겨 보았다.

그 순간 상나화수 스님은 모든 의심 덩어리가 깨어지고 불생불멸의 본성을 유감없이 깨달을 수가 있었다.

새로운 생각의 길:

상나화수 존자는 인도의 28명의 조사들 중에서 제4조라고 한다.

직설한다면, 현재 살아 있는 것도 아니고, 죽어 없는 것도 아닌 상나화수는 '불생불멸'을 매우 좋아하시는 분 같다.

어떤 것이 모든 부처의 본성인가

본문에서 상나화수는 아난 존자에게 "어떤 것이 모든 부처의 본성입니까?"라고 물었다.

부처의 본성이란 곧 불성(Buddha nature)을 의미한다. 그런데 상나화수의 질문이 썩 마음에 들지 않는다.

왜냐하면 신에게 신성(神性: 신의 존재성향)이 있고, 예수에게 예수성(耶蘇性: 예수의 존재성향)이 있듯이, 부처에게는 불성(佛性: 부처의 존재성향)이 있다는 것을 전제로 해야만이 "모든 부처의 불생불멸의 본성(근본적인 성향)"에 대하여 운운할 수 있기 때문이다.

그리고 이 본성의 본(本)은 모두 변하지 않는 것이다. 그러나 석가모니의 가르침은 제행무상(모든 현상은 변한다는 것), 제법무아(모든 주체는 비어 있고, 아트만은 실재하지 않는 것)에 있다.

그러므로 상나화수는 전광석화처럼 깨달았다고 하지만 깨달음은 그런 게 아니다.

불교의 불성론

본문에서 "상나화수는 모든 의심 덩어리가 깨어지고, 불생불멸의 본성을 유감없이 깨달을 수가 있었다.” 라고 전하고 있다.

상나화수의 의식 수준에 맞추어서 그에게 아첨하는 말로 인증해준다면, 다음과 같은 말들일 것이다.

석가모니는 말하기를 “모든 중생들은 여래(이렇게 온 깨달은 자)의 지혜와 좋은 바탕을 갖추고 있으면서도 망상과 집착 때문에 깨닫지를 못한다. 그러니 망상과 집착을 버리면 스승 없이 얻은 지혜, 자연의 지혜, 걸림이 없는 지혜가 드러날 것이다.” 라고 했고, 진각(1178-1234)국사도 어록에서 “구름과 연기가 사라지고 흩어지면 둥근 달이 저절로 밝아지고, 모래와 자갈을 일어서 추려 버리면 순금이 저절로 드러난다.” 라고 말했다.

그러나 나는 여래의 바탕과 순금(純金)같은 불성도 무상(無常; 변화가능)한 것이기에 무아(無我)라고 이해하는 자이다.

내가 이해하는 불성이란

내가 이해하는 불성이란 그저 누구나 부처가 될 수 있는 근본적인 가능성이나, 존재의 성향이라는 의미 정도의 용어일 뿐이다.

그러니까 모든 중생이 모두 불성을 가지고 있다는 말은 “어떤 사람일지라도 모두 요순이 될 수 있다.”고 한 맹자의 말과, “하천한 자도 우임금이 될 수 있다.” 라고 한 순자의 말과, 청나라(1644-1912)의 증국번(1811-1872)이 《증문정공전집》에서 쓴 “왕후장상이나 영웅호걸이 본래 종자가 별도로 있는 것이 아니다. 누구든지 뜻을 세우고 노력하면 가히 얻을 수 있는 것이다.” 라는 의미 정도의 말일 뿐이다.

다시 말하면, 모든 중생에게 불성이 있다는 말은 누구든지 노력하고 대운이 따라 주면 국가의 대통령이 될 수도 있다, 라는 정도의 의미일 뿐이라는 것이다.

그러므로 나는 불성이라는 용어조차도 권력지향성과 허영심을 낳을 수 있는 가능성이 있으므로 불성(성웅적인 존재의 성향)이라는 말을 별로 좋아하지 않는다.

우리는 스스로 물어야 할 것이다. 우리는 왜 부처가 되고자 하는가? 대체, 우리는 그 불성(석가모니의 아트만이나 그 존재 성향)을 가지고 무엇을 하려고 하는가?[44]

내가 이해하는 석가모니 부처는 하타 요기가 아니고, 카르마 요기도 아니고, 라자 요기도 아니고, 박티 요기도 아니고, 즈나나 요기라고 이해한다.

그리고 이러한 즈나나(본체적인 지혜)도 아트만, 푸루샤, 브라만을 주장하는 힌두교의 즈나나와 석가모니 부처의 반야바라밀(지혜의 완성)은 완전히 서로 다른 것이다.

왜냐하면 석가모니 부처의 반야바라밀은 제법무아(아트만은 없다는 것)이기 때문이다.

---

44) 2009년 올해는 다윈(1809.2.12~1882.4.19)의 해이다. 그래서 다윈과 부처에 대해 생각해본다. 다윈의 진화론과 부처의 연기론(緣起論)은 똑같은 깨달음이다. 하지만 다윈의 진화론은 생물학적이고, 부처의 연기론은 심리학적이라는 점에서 차이가 있다. 그리고 다윈의 진화론은 자연선택을 통해 점진적으로 이루어지는 영원히 단절함이 없는 변화에 관한 것이고, 부처의 연기무아론(緣起無我論)은 급진적이고 일회적으로 이루어지는 개인적 정신적 변화에 관한 것으로 생물학적으로 증명할 수 없는 것이지만, 오늘도 지금 바로 여기 이 순간에 나의 깨달음처럼 현존하는 것이다. 찰스 다윈도 "기독교에 대한 불신이 서서히 하지만 완전히 나를 집어삼켰다. 그 속도가 너무 느려서 나는 그것에 대해 그 어떤 비통함도 느끼지 못했다. 그 후 나는 나의 결론이 옳다는 확신을 갖게 되었다."고 말한 바 있다. 나는 다윈의 이러한 의식(意識)과 마음도 진화(進化)라고 생각한다. 명제적으로 말한다면, 과학은 결과의 지식이만, 불교는 과정의 성찰이다. 《나의 통찰명상 어록 〈석진오의 미발표 원고〉》에서.

호흡의 수를 세며 의식하는 방법으로 마음을 지키고, 참선으로 몸의 안정을 이룬다

도안 스님의 호흡명상 철학:

도안 스님은 이렇게 말했다.

「명상의 고요함을 얻었을 때, 그가 발을 움직이면 곧 대천세계가 진동하며, 그가 손을 올리면 곧 해와 달을 한줌으로 어루만지며, 그가 숨을 내쉬면 곧 세계의 끝에 있는 철위산이 날아 흩어지고, 그가 숨을 들이마시면 곧 세계의 중심인 수미산이 춤추며 따라 올라온다.

이러한 것들은 모두 사선(四禪; 선의 네 가지 단계)이라고 하는 불가사의한 정신통일의 힘에 의해, 또는 수식(數息; 호흡의 수를 세며 자기 마음과 몸을 안정시키는 명상)의 여섯 단계라는 크나큰 변설에 의한 것이다.」

〈도안 스님의 안반주서에서〉

동진(317-420)나라의 도안(312-385)은 불도징(232-348)의 수제자이다. 그리고 도안의 문하에는 혜원(334-416)이 있다.

도안과 혜원은 홍수평이 지은 《십대명승(상해고적출판사(1990))》에도 뽑히고 있는 분들이다.

도안의 수제자 혜원은 《불경왕자론(不敬王者論: 출가사문은 왕에 대해 절하지 않는다는 논문)》을 지은 분으로 유명하다.

도안과 혜원의 가풍

도안(312-305) 스님은 "출가사문은 모두 성을 석(釋)으로 해야 한다"하는 제안을 하고 실행했던 분이었다.

그리고 또, 불교의 격의적(格義的) 해석(중국고전에 빗대어 불교를 설명하고 이해하는 방법)에 처음으로 제동을 건 분이었다.

하지만, 도안 스님의 글에는 현학(玄學)적인 글 냄새가 매우 많이 난다.

도안의 수제자인 혜원(334-416)스님도 이러한 스승을 본받아서 그런지 노자 장자 등의 고전들을 많이 응용하였다.

중국 격의불교(格義佛敎)의 유행기간은 대략 400년이라고 하지만 나는 오늘날에도 가능한 불교해석 방법이라고 여겨진다.

도안 스님의 가르침의 요점에 대하여

도안 스님이 쓴 《안반주서》는 호흡(안반)의 수를 세며 자기 마음과 몸을 안정시키는 법에 대한 책이다.

도안 스님은 호흡에 의지하여 마음을 지키고, 사선(四禪)에 의지하여 몸의 안정을 이룬다는 사상과 가르침을 편 사람이다.

이 본문에 나오는 사선(四禪)이란 명상의 네 가지 단계로 다음과 같은 의미를 내포하고 있다.

초선(初禪)은 석가모니가 깨달은 네 가지 사실(四諦)을 정확히 이해하는 것이다.

이선(二禪)은 내적인 자기정화와 고요함을 뜻한다.

삼선(三禪)은 마음의 평정을 뜻한다.

사선(四禪)은 고통과 쾌락을 초월한 안정적인 상태를 뜻한다.

관심 있는 분은 도가의 태식법(胎息法; 태아처럼 숨 쉬는 방법)과 불교의 수식관(Anapana-Sati)과 인도의 요가 호흡 철학 즉 파탄잘리의 《요가 수트라(제2장 49절-55절까지)》와 스와트마라마의 《하타요가 프라디피카(제4장 21-31절까지)》를 참조해보시기 바란다.[45]

내 방식으로 그냥 간단하게 말하면, 수식(數息)과 사선(四禪)은 축적행위다. 즉 정기신(精+氣+神)을 가득 채우고 충전하는 것이다. 그러나 불교는 자비행(慈悲行)도 가르치고 있다. 즉 자기와 다른 것에 대한 자비행(우정과 연민의 행동)은 자신의 정기신(精氣神)을 모두 연소(燃燒)하고, 누진(漏盡)시키고, 덜어내고 비우는 것이다. 이것을 불교에서는 열반 또는 적멸(寂滅)이라고 한다.

현학의 조신과 조식과 조심에 대하여

나는 격의적인 방법(즉, 장자의 설명으로 불교의 호흡철학을 설명하는 것)으로 안반(Anapana; 호흡)명상에 대한 가르침을 한 번 성찰해보기로 한다.

현학(玄學)의 용어로 설명한다면, 불교의 수식(數息)과 사선(四禪)의 목적은 조심(調心)의 경지이다.

그러나 이 조심(調心)도 조신(調身)과 조식(調息)을 이행한 다음에야 비로소 들어가는 것이다.

조신(調身)이란 결가부좌(padmasana) 또는 반가부좌의 자세를 취한다. 결가부좌나 반가부좌의 자세는 서 있는 자세와 누워 있는 자세의 중간에 있는 자세이다. 즉, 근육 자극이 말초신경으로부터 신경을 타고 뇌에 전달되어 뇌의 활동이 너무 올라가거나 너무 내려가지 않도록 조절하는 자세를 취하는 것이 조신(調身)이다.

조식(調息)[46]이란 프라나야마(pranayama) 즉 생명력을 낳는 기운을 조정하는 들숨(breath in-cool)과 날숨(breath out-cool)의 호흡법이다. 인도의 요가경전들에 의하면, 이 프라나야마(breathwork)를 수행하려면 쿰바카와 반다와 나다와 차크라에 대한 이해가 선행되어야 한다.

그리고 조심(調心)의 진정한 경지란, 제연방사만사휴식(諸緣放捨萬事休息) 곧 모든 관계를 놓아버리고, 모든 일을 잊고 휴식하는 것, 즉 외부와

---

45) 지구상의 모든 국가에서 모든 도인들이 개발한 호흡철학에 관련하여, 온갖 상식적인 호흡법과 특별한 신비주의 호흡법을 수련하기 전에 미리 알아야 할 사실이 있다. 관심있는 독자는 닉 레인이 쓴 《미토콘드리아(박테리아에서, 인간으로, 진화의 숨은 지배자)》114-134쪽까지 참조해 보시기 바란다. 이 책의 원제목은 《Power, Sex, Suicide-Mitochondria and The Meaning of Life(2005)》이며, 한국어 번역본은 김정은 선생의 번역으로 뿌리와 이파리출판사에서 2009년 1월에 출판된 책이다.

46) 한국 고대 종교사상서에도 "묵념하면서 청심(淸心)으로 조식(調息)을 보정(保精)하라"는 문구가 보인다.

의 관계가 모두 끊어져 버린 상태에서 외부의 정보는 하나도 들어있지 않은 조용한 마음의 상태, 선도 악도 생각하지 않는 것, 부처가 되려는 마음조차도 없는 것이다.

이것은 《장자(대종사 제6)》의 용어인 좌망(坐忘: 모든 것을 잊고 앉아 있는 것)의 경지와 같은 것이다.

당나라 도교 사상가 사마승정(647-735)은 이 장자의 좌망 사상에 해석을 가하여 《좌망론》을 저술한 바 있다. 참고하시기 바란다.

관자는 조심(調心)을 시든 고목과 타고 남은 재와 같은 마음의 경지로 표현한 바 있다.

고요함의 상태와 효능에 대하여

스리 오로빈도(1872-1950)는 《요가의 기초》에서 "마음이 가라앉으면 정신의 바탕은 고요해진다." 라고 썼다. 이렇게 명상의 고요함은 마음의 고요함이다.

그러면 어떤 것이 마음의 고요함인가?

순자(B.C.E.325-238)는 《순자(해폐)》에서 말하기를 "몽상이나 번거로운 생각 때문에 지각이 어지러워지지 않는 것이 고요함이다." 라고 설명하고 있다.

《장자》도 말하기를 "사람은 흘러가는 물에는 자기 모습을 비추어 볼 수 없고, 고요한 물에만 비추어 보아야 한다. 오로지 멈춘 것만이 멈추기를 바라는 것을 멈추게 할 수 있다." 라고 하였다.

그리고 《관자(내업)》는 고요함의 효과에 관해 말하기를 "사람이 바르고 고요해지면, 신체의 모습이 넉넉하고 관대해지고, 귀와 눈이 총명해지며, 근육이 펴지고 뼈가 강해진다." 고 설명하고 있다.

내가 생각하는 마음의 고요함이란

깊이 성찰해보고 하는 말인데, 마음의 고요함은 집단적인 잠재의식과 개인적 잠재의식에서 기억된 현재의 고요함이다. 그리고 기억된 현재의 고요함은 언어로 된 관념의 고요함이다. 언어로 된 관념의 고요함은, 전생과 과거의 이미지에 기초하여 상상하는 온갖 현재의 고요함이다. 그리고 이 고요함은 현재라는 이름의 환상도 넘어서는 수준이 되어야 진정한 고요함을 이루어 낼 수 있다고 생각한다.[47]

하지만 유교와 불교와 도교의 사상적 종합의 배경에서 편찬되어진 《채근담》에는 "지나치게 움직여도 안 되고, 지나치게 고요해도 안 된다. 움직이는 가운데에도 고요함이 있고, 고요한 가운데에서도 움직임이 있어야 한다." 라고 하였다.

왜냐하면 모든 수행의 목적은 고요함과 움직임을 동시에 포함하는 것이어야 하기 때문이다.

---

47) 베그르송(1859-1941)은 《의식에 직접 주어진 것들에 관한 소고(小考)》에서 "의식(意識)은, 있었던 것과 있을 것과를 연결하는 연결선이며, 과거와 미래 사이에 걸린 다리이다." 라고 썼고, 또 "참된 현재란 나눌 수 없는 한 순간이다. 그것은 동시에 탄생하면서 또 죽어가면서 움직이고 있는 다만 무한히 작은 것으로 생각되는데 지나지 않는 한 순간이다." 라고 성찰한 바 있다.

일체불성론과 돈오성불론으로
중국 선불교의 초석이 된 주인공

축도생의 가르침:

축도생은 이렇게 말했다.

「무릇 상징은 뜻을 남김없이 말하기 위한 것이므로 뜻을 알고 나면 상징은 곧 잊혀진다.

언어는 이치를 설명하기 위한 것이라서 이치에 들어가고 나면 언어는 끊어진다.

중국에 불교경전이 전해진 뒤로 불경을 번역하는 사람들은 매우 고심했는데, 대부분의 사람들이 부분적 표현에만 얽매인 탓으로 전체적인 뜻을 제대로 헤아려내는 자가 없다.

만약 그물에 얽매이는 일 없이 고기를 잡을 수 있는 사람이 있다면, 나는 그와 함께 도를 이야기하고 싶다.」

〈고승전(7권 축도생전)〉

본문의 주제에 관련하여 서경수(1925-1986)교수가 쓴 《불전한역의 이론과 역사》라는 논문을 소개해둔다. 관심 있는 분은 참조해 보시기 바란다.

초기 중국불교의 불사활동은 모두 불교경전 번역사업이었다

축도생(355-434)은 본문에서 말하기를 "중국에 불교경전이 전해진 뒤로 불경을 번역하는 사람들은 매우 고심했다. 그런데 대부분의 사람들이 부분적 표현에만 얽매인 탓으로 전체적인 뜻을 제대로 헤아려내는 자가 없다." 라고 했는데, 당시 200년경의 초기 중국불교의 반야계통 경전에서는 '자성(自性)'을 현학(老子, 莊子, 易經)의 용어인 '자연(Nature)'으로 번역하고 있었다.

현존하는 자료에 의하면, 대개 148년에서 220년 사이의 불교도들은 불경의 번역을 중시하였으며, 불사활동은 거의 모두 불경의 번역사업 위주였다. 그리고 당시 번역자들은 안세고, 안현, 지루가참, 축삭불 등으로 대부분 외국인들이었다.

어쨌거나 중요한 것은, 어떤 경전을 공부할 때에는 그 책이 집필될 당시의 환경과 상황과 시기, 그리고 그 가르침을 받은 집단을 고려해야만 할 것이다.

축도생 불교학설의 여러 가지 특징들

축도생(355-434) 불교학설의 가장 큰 특징은 "뜻에 따르고, 말에 따르지 않는다."는 것이다.

축도생은 중국불교사에서 일체중생실유불성(一切衆生悉有佛性: 모든 생명체에는 불성이 있다는 것)의 사상을 주도적으로 제시한 분이며, 그의 불성론은 당시 중국불교계에 곧바로 받아들여져서 중국불교 불성론의 주류를 이루었다.[48]

축도생은 "일천제(성불할 수 있는 종자가 없는 사람, 성불이 불가능한 사람, 악마)도 부처가 될 수 있는 성향(佛性)을 가지고 있다." 라고 주장한 바 있다.

그리고 또 축도생은 돈오성불(頓悟成佛)[49]을 제창한 분이다.

이와 관련하여 호적(1871-1962)은 말하기를 "축도생의 돈오성불론(頓悟成佛論)은 중국사상이 인도사상에 대해 혁명을 일으킨 첫 번째 포성이며, 돈오론(頓悟論; 여러 수련 단계를 거치지 않고, 바로 즉각 깨달을 수 있다는 이론)은 중국선(中國禪)의 초석" 이라고 하였다.

축도생 역시 홍수평이 쓴 《십대명승》에 뽑히고 있는 분이다.

축도생의 한계

축도생(355-434)은 본문에서 "그물에 얽매이는 일없이 고기를 잡을 수 있는 사람과 함께 도를 이야기하고 싶다.(若忘筌取漁 始可與言道矣)"고 했다.

그물이란 이론을 의미한다. 그런데 축도생(355-434)이라는 하드 웨어(두뇌)에는 노자와 장자라고 하는 소프트 웨어(마음)도 들어 있어서 그런지 용어조차도 복사한 듯 그대로 베껴 쓰고 있다. 즉 《장자(외물편)》에 나오는 득어망전(得魚忘筌: 물고기를 잡으면 통발은 잊는다는 것)이라는 용어의 모방 인용인 것 같다.

장자는 《우언》에서 말하기를 "나는 언어를 초월한 사람을 만나 도에 대해 담론하고 싶지만, 유감스럽게도 현재 그런 사람이 없다. 지극한 원리는 말을 떠난 것이다." 라고 쓴 바 있다.

서산대사의 제자인 정관일선(1533-1608)의 게송에도 "모름지기 통발을 잊고 고기를 얻는 것을 극치로 삼아야 한다." 는 구절이 보인다.

축도생의 경지에 대한 촌평

그런데 나는 축도생에게 묻는다. 그대는 왜 의미에 집착하는가? 왜 언어가 끊어지는 그 자리에 그토록 집착하는가?

모든 인간의 문화는 언어의 문화이다. 그래서 인간에게 언어를 지워버리면 그는 일종의 벌레일 뿐이다.

그러므로 생각하건대, 중요한 문제는 언어의 초월이 아니라 언어를 어떻게 조합하고 배열하는가 하는, 언어를 편집하는 자의 성격에 관련된 것이다. 왜냐하면 두뇌(삼층두뇌: 파충류 두뇌, 포유류 두뇌, 영장류 두뇌)에서 마음이 언어를 어떻게 조합하고 배열하는가에 따라 사상의 관념적인 형태도 달라지기 때문이다.

---

48) 본래 청정한 불성이나 여래장과 주역→ 공자→ 자사→ 맹자의 선성설을 비교 연구해보면 공통적인 면을 발견할 수 있다. 그러나 인간 본성에 대한 나의 관점은 순수한 것도 더러운 것도 아니다. 그러므로 나는 인간 본성을 신뢰하지도 않고 불신하지도 않는다. 나는 그저 인간이 처해져 있는 상황과 상대방의 처세에 따라서 나의 천박함과 고귀함을 운용하며 드러낼 뿐이다. 《금강경》에도 '무유정법(無有定法; 고정불변의 법이 없음)' 이라는 통찰적인 문구가 있지 않은가!

49) 돈오성불(頓悟成佛)이란 "여러 수행 단계나 시간적인 노력을 거치지 않고 곧바로 깨달음을 얻어 부처가 된다"는 것이다. 또는 "곧바로 견성하여 부처가 된다"는 것이다. 또는 "순간적인 자각의 변화로 부처가 될 수 있다"는 것이다. 또는 "갑작스러운 깨달음으로 인해 마음의 질적인 구조가 근본적으로 변할 수 있다"는 것이다.

축도생은 장자나 왕필 같은 종류의 사람들을 매우 좋아하겠지만, 나는 축도생에게 옥타비오 빠스를 소개하고 싶다.

멕시코의 시인 옥따비오 빠스(1914-)는 다음과 같이 말했다.

"내 이마에 나무 한 그루가 자랐다. 안으로 자라났다. 나무 뿌리는 핏줄들, 잎가지는 신경들, 그 어지러운 이파리들은 사념들, 너의 눈길들은 나무를 불태운다. 그리고 그 그늘의 결실들은 피의 귤, 불의 석류들. 동이 튼다. 육체의 밤에. 나의 이마 안쪽, 그 깊은 곳에서 나무가 말을 한다. 가까이 오렴, 들리는가?"

유마경의 영향을 받은
승조의 사상적 영향력

승조 스님은 다음과 같이 말했다.

「진리를 떠나서 현실의 장소가 있는 것이 아니라, 현실의 장소가 바로 그대로 진리다.

도(道: 원리)는 멀리 있는 것인가? 부딪히는 모든 일이 곧 진리다.

성(聖: 성인)은 멀리 있는 것인가? 체득하고 통달하면 곧 신(神)이다.」

〈부진공론〉

《부진공론(不眞이므로 空이라는 논문, 또는 on emptiness of the unreal)》에 적혀있는 원문은 "비리진이입처, 입처즉진야. 연칙도원호재? 촉사이진, 성원호재? 체지즉신(非離眞而立處, 立處卽眞也. 然則道遠乎哉? 觸事而眞, 聖遠

乎哉? 體之卽神.)” 이다.

영어로는 “Without departing from Reality they are established. Where they are established there is Reality. This being so, is the Tao far away? This life of ours is Reality. Is the Sage far away? Realize Spiritual(Self).”로 번역되고 있다.

승조의 경지를 계승한 후대 선종의 대사들

본문에서 보이는 승조(374-414) 스님의 핵심적이고 기본적인 철학인 즉속이진(卽俗而眞), 즉사이진(卽事而眞)이나 촉사이진(觸事而眞)의 사상은, 나중에 석두(700-790)의 촉목회도(觸目會道)로, 도오원지(748-807)의 촉목보리(觸目菩提)로, 마조(708-788)의 입처즉진(立處卽眞)으로, 남전(748-834)의 즉이류이진(卽異類而眞)으로, 황삼랑의 수처임진(隨處任眞)으로, 임제(?-866)의 수처작주 입처개진(隨處作主 立處皆眞)으로, 동산(807-869)의 아금독자주, 처처득봉거(我今獨自主, 處處得逢渠)의 경지로 계속 이어나간다.[50]

승조의 사상은 신유학자들(성리학자들)에게도 영향을 주었다

이 뿐만 아니라 본문에 나오는 승조(374-414)의 사상은 북송(960-1127) 시대 중기의 유학자 정호 이천(1033-1107)의 《역전서(易傳序)》의 체용일원(體用一源) 현미무간(顯微無間), 또는 리일분수(理一 分殊)의 원리와, 주자(1130-1200)의 만물각구태극(萬物各具太極)에도 결정적인 영향을 주었다.

관심있는 독자는 한종만 교수의 《남북조시대의 불교사상과 신유학》

논문을 참조해보시기 바란다.

승조는 유마경 사상의 영향을 결정적으로 받은 분이다

승조는 《유마경》 사상의 영향을 결정적으로 받은 분이다.

그 증거로 즉물이공(卽物而空), 즉동이정(卽動而靜), 즉속이진(卽俗而眞), 유명이무명(卽有名而無名)의 사상을 그는 일관되게 주장하고 있다.

조사선의 사상적인 연원은 승조다

중국의 선학자 동군(1961-)박사는 조사선의 사상적인 연원을 승조에서 찾아야 한다고 주장한다. 정확한 통찰이라고 생각한다.

수보리 존자가 인도의 해공제일(解空第一)이라고 하면, 승조 스님은 중국의 해공제일(불교의 공사상을 가장 잘 이해하고 잘 설명하는 사람)이다.

승조의 사상과 원효사상의 관계

내 생각으로는 한국 불교해석학의 대표적인 인물인 원효(617-686)도 승조(384-414)의 영향을 많이 받았다고 여겨진다.

---

50) 즉사이진(卽事而眞)이란 '사물 그 자체가 곧 진실이다.' 라는 뜻이며, 촉사이진(觸事而眞)이란 '부딪히는 매사가 모두 진실한 것이다.' 라는 뜻이다. 촉목회도(觸目會道)란 '눈에 보이는 대로 도를 만난다.' 라는 뜻이며, 촉목보리(觸目菩提)란 '눈에 나타나 보이는 것 그대로가 모두 부처' 라는 뜻이다. 입처즉진(立處卽眞)이란 '서 있는 곳이 곧 진리' 라는 뜻이며, 즉이류이진(卽異類而眞)은 '다른 종류도 곧 참이다.' 라는 뜻이다. 수처임진(隨處任眞)이란 '어디에서든지 항상 진실 그대로 임한다.' 는 뜻이다. 수처작주 입처개진(隨處作主 立處皆眞)란 '가는 곳마다 주체적으로 산다면 서 있는 곳이 모두 참이다.' 라는 뜻이다. 아금독자주, 처처득봉거(我今獨自主, 處處得逢渠)는 '내가 지금 독자적인 주인공이 되니 곳곳에서 그를 만난다.' 라는 뜻이다.

왜냐하면 원효를 가르친 혜공 대사는 승조의 《조론》을 보고 "이 책은 전생에 내가 지은 것이다." 라고 할 정도로 승조의 사상에 계합되어 있었기 때문이다.

그리고 본문에 나오는 승조의 《부진공론(on emptiness of the unreal)》의 말은 원효 대사의 《금강삼매경론》에도 인용되고 있다. 《금강삼매경론》을 쓴 원효의 경지는 심사불이(心事不二: 마음과 환경조건이 별개의 둘이 아님, 또는 마음과 일은 하나라는 것, 또는 일체유심조(一切唯心造)라는 것)인 것 같다.

그리고 또 본문의 구절은 고려(918-1392)시대의 진각(1178-1234)국사 어록에서도 인용되고 평창(評唱)되고 있다.

내가 생각하는 도와 성인이란

도(way)란 무엇인가? 도는 도로(道路)다. 도로는 인간이 만들면 도(marga)가 된다.

그러나 도(道)라고 모든 사람에게 무조건 좋은 것은 아니다. 바로 이 도(원리 원칙)때문에 흉하게 되는 자들도 있다. 생각해서 하는 말인데, 성인이라고 불리어지는 분들이 바로 그런 사람들이다.

승조는 "체험해서 얻은 것이 있으면 곧 신(神)이다." 라고 했지만 신(神)은 종교가 아니다. 만약 신이 종교라면 그 종교는 그 신(神)때문에 매우 흉칙해질 것이다.[51]

승조의 신의 의미

물론 승조 스님이 《부진공론(참된 것이 아니므로 공이다 라는 논문, 또는 비

실재의 공에 대하여》의 본문에서 말하는 신은 예수교의 하느님 같은 것을 의미하지는 않는다.

차라리 이보다는 《회남자(제7권)》에 말하기를 "성인의 가르침과 혼백은 그들이 살았던 곳에 그대로 남아서 사람들이 정신적 근원으로 삼는다. 성인에게 있어서 생사는 똑같은 것이다. 그렇기 때문에 정신적으로 완벽하다는 의미에서 신이라고 부르는 것이다." 라는 설명에 부합되는 것이라고 생각한다.

홍희는 이 '신(神)'이라는 글자 하나 가지고 《신의 기원》이라는 책도 낸 바 있지만, 하여튼 여기서 《신(神)》이라는 문자가 나왔으니, 나는 이 신을 화두로 삼아 반신론자(反神論者)들과 불교의 견해를 소개해보기로 한다.

신을 부정하는 현자들

생각해서 하는 말인데, 앙드레 지드(1869-1951)는 말하기를 "정확하게 비판하려면 비판의 대상을 사랑하는 동시에 어떤 거리를 놓고, 대상에

---

51) 신(神)이라는 한자를 풀이해보면 신(神)이라는 글자는 시(示)와 신(申)으로 이루어져 있다. 시(示)는 신(神)이 나를 보든, 내가 신(神)을 보든 본다는 시(Show, Showing)이다. 그리고 신(申)은 보고할, 말할, 진술할, 펼 신(申; Report)이다. 즉, 신(神)이란 실제로 없는 것이 퍼져서 영상(映像, 또는 靈想)으로 나타난 것, 또는 정신병으로 인해 가상적(假象的, 또는 假想的)으로 나타난 것이다. 신(神)이란 지구상의 모든 종교계에서 유일자, 기도를 들어주는 분, 태양 같은 황금알, 과거와 미래의 모든 것, 모든 것의 주인, 무한한 존재, 만물의 창조주, 브라흐만, 비쉬누, 쉬바, 아트만, 있는 것도 아니고 없는 아닌 것, 궁극적 실재, 실재 그 자체, 불멸의 실체와 본체를 의미한다. 그러나 신(神)이 그 어떤 것일지라도 그것은 인연소생(因緣所生)이므로 공(空)한 것이다. 물론, 이 공이라는 단어는 "공허한, 결핍된, 텅 빈, 쓸모가 없는, 황량한, 황폐한, 없음"이라는 뜻이다. 하지만 나의 공은 "충만한, 창조적인, 살아있는, 역동적인, 참된 실체"라는 뜻으로 가득 차 있는 윤기있는 공이다.

서 멀어지는 것이 필요하다. 나라의 일과 남의 일, 또 자기의 일을 비판하는 데도 마찬가지이다." 라고 하였다.

나도 이러한 자세로 신에 관한 통찰력이 있는 분들의 담론을 독자들에게 소개해보기로 한다.

신을 내세우는 종교란 무엇인가? 그것은 결국에 가서는, 수술해서 잘라 없애버려야 할 악성 종양일 뿐이다. 왜 나는 이렇게 단언하는가?

종교는 이제 신이나 어떤 절대적인 관념 (모든 원인과 조건을 초월하여 영원히 독립독존한다는 절대적인 존재에 관한 망상)으로부터도 벗어나서 인간이 자유롭게 주체적으로 사는 것에 관한 가르침이 되어야 한다는 소신때문이다.

그러면 어떤 것이 자유와 주체에 관한 가르침인가?

석가모니는 말하기를 "모든 현상은 변하고 바뀌는 것이다. 모든 존재는 밑덩치와 본바탕이 없는 것이다. 왜냐하면 모든 현상과 존재는 무수한 원인과 조건에 의해 생성하고 소멸하는 것이기 때문이다." 라고 하였다.

상크야 경전의 무신론

인도의 무신론이며 불교에도 많은 영향을 준 《상크야 경전(Samkh ya-sutras. I,92)》에 이런 글이 적혀 있다.

"신은 자신의 이익을 위해 세상을 창조하지 않았다. 그는 아무것도 필요하지 않기 때문이다. 신은 자비심으로 세상을 창조하지 않았다. 왜냐하면 세상은 괴로움 그 자체이기 때문이다. 그러므로 신은 존재하지 않는다."

락탄치오의 무신론

락탄치오(Lactancio)는 에피쿠로스(341-270.B.C.E)에게 보낸 편지에서 다음과 같이 말했다.

"만약 신이 악을 제거하기를 원하면서도 실행하지 않았다면 그는 무능한 존재이다. 만약 할 수 있는 데에도 원하지 않는다면 그는 사악한 존재이다. 만약 원하지 않고 행할 수도 없다면 그는 사악하고 무능한 존재이다. 만약 원하기도 하고 할 수도 있다면 이 세상에 가득 찬 악한 현실은 어떻게 설명할 수 있겠는가?"

아인슈타인의 무인격신론

"종교가 없는 과학은 절름발이이며, 과학이 없는 종교는 맹인이다."라고 말한 A.아인슈타인(1879-1955)조차도 "우주에 어떤 의도나 혹은 인격적인 신의 존재 같은 것이 있다고는 한 번도 생각해 보지 않았다." 라고 말했다. 아인슈타인은 또 "나는 불멸을 믿지 않는다. 나는 단 한 번의 삶만으로도 충분하다."고 말하기도 했다.

니체의 무신론

"인간이 신의 실패작인가? 아니면, 신이 인간의 실패작에 불과한 것인가?" 라고 외치며 "신은 죽었다.(Gott ist tot. God is dead.)" 라고 외친 니체(1844- 1900)는 "신은 신성한 허위이다(eine heilige Luge)이다."라고 말하며, 더 나아가 "신은 존재하지 않는다." 라고 말했다. 그리고 "인간이 자기를 쉽사리 신이라고 생각하지 않는 이유는 하복부 때문이다." 라는 것이다.

지두 크리슈나무르티의 무신론

J.크리슈나무르티(1895-1986)도 "그대의 신은 그대의 만족, 행복, 구미, 쾌락, 고통에 따라서 마음이 투사한 것에 불과하다. 어리석은 마음의 소유자만이 신을 믿는다. 모든 종교는 제각기 나름대로의 경전과 성자들을 갖고 있으며, 또 모든 사람들을 위협하고 붙드는 방법을 가지고 있다. 보통사람들은 대부분 지금까지 이 모든 것들에 길들여져 왔다. 사람들은 그것을 종교교육이라고 한다. 모든 종교들은 제각기 신을 믿고 서로 사랑하라고 설교하지만, 실제로는 보답과 징벌이라는 교리를 통해서 불안과 두려움을 심어주고, 서로 경쟁을 부추기는 독단을 통해서 의심과 적대감을 영속화 시키고 있다." 라고 말했다.

프로이트의 무신론

예수교는 강박 신경증이라고 진단한 S.프로이트(1856-1939)도 "하느님과 천국을 주장하는 종교는 환상이며, 그것은 우리의 본능적인 욕망과 일치한다." 라고 말했다.

멘켄의 견해

미국의 평론가 헨리 루이스 멘켄(1880-1956)도 《인생의 의미》에서 "나는 영생 불멸을 믿지 않으며, 그에 대한 소망도 없다. 영생불멸에 대한 믿음은 저속한 사람들의 철없는 이기심에서 생긴다." 라고 말했다.

롬브로스의 견해

정신병학, 법의학, 범죄인류학 교수였던 이탈리아의 체사레 롬브로스 (1836-1909)는 《천재》에서 "무식한 자들은 언제나 자신이 이해할 수 없는 것을 숭상한다." 라고 말했다.

요시다겐코의 견해

일본 수필문학의 대표적 고전인 요시다 겐코(1283-1352)의 《도연초 (1331)》에는 이런 글이 보인다.

"인간이란 건 얼마나 묘한 것인가. 여자를 좋아하고 권력을 좋아하고, 술을 좋아하고 거기다가 '하나님' 따위의 엄청난 것까지도 좋아하니 손 도 못 댈 생물인 것 같다."

달라이 라마의 무신론

텐진 갸초(1935,7,6-)는 다음과 같이 말했다.

"불교의 특징은 기본적으로 인본주의적[52]이라는 점이다. 세상의 다른 종교들과 달리, 불교는 신이라는 개념(idea, concept)에 따른 종교가 아니 다. 불교는 인간이 득도하는 방법에 대해 말하는 종교이다."

석가모니의 무신론과 연기무아론

아슈바고사(100-200년경)에 쓴 《불소행찬》에 의하면, 석가모니 부처는 다음과 같이 말했다.

"만약 세상이 신(神)에 의해 만들어졌다면, 슬픔이나 재난 같은 것은 없어야 할 것이며, 선을 행하거나 악을 행하는 것도 없어야 할 것이다. 왜냐하면 이 순수한 행동과 불순한 행동 모두가 신으로부터 비롯되어야 하기 때문이다.

또 만약 신이 창조주라면 모든 살아 있는 것들은 인내를 가지고 창조주의 권력에 묵묵히 굴복해야 할 것이니 선을 행할 필요가 무엇이 있겠는가? 선을 행하든 악을 행하든 똑같은 것이다. 그러므로 신에 대한 생각은 이와 같이 논란의 여지가 있는 것이다." 라고.

우리가 극복해야 할 세 가지 인생관

또 석가모니는 《중아함경》에서 "세상에는 극복해야 할 세가지 인생관이 있다. 하나는 '모든 것은 숙명이다.' 라는 관념이며, 둘째로는 '모든 것은 신이 만들었다.' 라는 주장이며, 셋째로는 '모든 일에는 원인과 조건이 없이 일어나는 우연이다.' 라는 주장이다." 라고 하면서, 이들의 주장에 대해 석가모니는 인연기멸(因緣起滅; 무수한 원인과 조건에 의해 생겨나고 없어지는 것)의 무아가 진리라고 주장했다.

52) 형이상학적인 것과 초자연적인 것을 포함하고 있지 않은 것을 '인간적인 것' 이라고 부른다.

모든 것은 원인과 조건에 의해 생겨났기에 항상 변하는 것이며 실체가 없다

승조 스님은 다음과 같이 말했다.

「용수(150-250)의 중론에서 '사물은 인연에 따라서 생겨난 것이기 때문에 참된 있음(existence)은 아니며, 인연에 의해 이미 생겨난 것이기 때문에 없음(non-existence)도 아니다.' 라고 말했다.

정말 그렇다. 왜냐하면 일반적으로 존재하는 것이 만일 절대(영원히 불변하는 독립독존)의 있음이라면 그 있음은 그 스스로 영원히 존재하는 것이며, 연기(조건적인 생성)에 따라서 비로소 있음(substantial being)이 되는 것은 아니기 때문이다.

예컨대, 저 절대(영원히 불변하는 독립독존의 실체성)의 없음은 그것 스스로 영원히 없는 것으로, 인연에 따라서 비로소 없음이 되는 것은 아니다.

그러므로 만약 있음이 그 스스로 존재하는 것이 아니고 연기(緣起; 원인과 조건에 의해 생기는 상호인연)에 따라서 비로소 있음이 된다면 그 있음은 참된 있음(實有: an existent)이 아닌 것이 분명하다.

있음(existence)이 참된 있음이 아니라면 이미 나타나 있는 것이라고 하더라도 그것을 있음(existence)이라고 부를 수는 없다.」

새로운 생각의 길:

짝(상대성)이 없다는 절대적인 있음과 절대적인 없음이란 없다.

그리고 있음과 없음을 그대로 인정하고 말한다 하더라도, 있음 속에 없음이 있고, 없음 속에 있음이 있을 뿐이다.

그러므로 있음은 있음이 아니고, 없음은 없음이 아니다. 그러므로 있음과 없음은 양쪽을 초월하면서 동시에 자신 속에 포괄하는 것이다.

이렇게 있음도 아니고, 없음도 아닌 것이, 이 있음도 아니고 없음도 아닌 곳에서, 이 있음도 아니고 없음도 아닌 법을 장광설하고 있구나.

본문에 나오는 있음(有라는 것)은 '존재, 생존, 실존' 이라는 뜻이다. 불교에서는 이 모든 있음을 인연화합의 결과라고 가르치고 있다.

논사 아리야 데바(170-270)가 쓴 《백론(하권)》에 적혀 있는 글대로, 유무개공(有無皆空: 있음과 없음이 모두 텅 빔)이다. 왜냐하면 만약 있음이 없다면, 없음도 역시 없는 것이기 때문이다.

그러므로 있음과 없음의 양극단을 떠나서 공(空)을 깨닫는 것을 《반야경》에서는 부처의 지혜(Buddhajnana)가 열렸다고 한다.

그리고 본문에 나오는 연기(원인과 조건에 의해 생겨난 것)에 대해서는 이렇게 말할 수 있다.

불교의 연(緣: 간접적인 조건이나 여건)은 직접적인 원인(因)과 결과(果)를 직접 연결시키는 결정론적인 요소는 아니다.

연(간접적인 조건이나 여건)은 다만 인연의 마당(場, Field)이다. 바로 여기에서 그 무엇이든 하나의 계기만 주어지면 현실화(現實化)는 이루어지는 것이다.

바로 이 점이 왜 현대과학(특히 양자역학)이 불교의 원리인 제행무상(諸行無常)과 제법무아(諸法無我)의 연기성(緣起性; 상호인연의 작용, 올로 인해 생겨남, 무수한 원인과 조건에 의해 생성하는 것)의 진리에 접근해 오는가 하는 이유일 것이다.

불교논리의 교활성과 유교논리와 세속성

아래의 글은 나의 미발표작 원고인 《대학중용비점(大學中庸批點)》으로부터 인용한 것이다:

중국 삼론종(용수의 중론과 제바의 백론과 용수의 십이문론으로 공사상을 공부하는 불교 종파)의 선구자인 승조(374-414)의 난해하고 복잡한 논조에 접하면 나는 이런 생각을 해본다.

불교논리는 교묘하다. 교활한 면이 많다는 것이다. 왜냐하면 불교는 상황에 따라 변화가 많기 때문이다.

이에 비해 유교논리는 단순하다. 유교의 경전은 언제나 변함이 없기 때문이다.

그러므로 불교논리는 입자성(粒子性)과 파동성(波動性)을 동시에 가지고 있는 양자(量子)처럼 다루기가 아주 어렵다. 왜 어려운가하면, 관찰자가 곧 관찰대상이기 때문이다. 그러므로 관찰자는 참여자가 되어야 하기 때문이다. 즉, 공(空)인가 싶으면 색(色)으로 변하고, 색인가 싶으면 공으로 변하고, 공색(空色)이 아닌가 싶으면 공색으로 변하고, 공색인가 싶으면 공색도 아닌 것으로 변하기 때문이다.

거듭 말하면 공색(空色; 허공과 물질)은 다른 말로 유무(有無; 있음과 없음, 또는 존재와 무(無), Bhava와 Abhava)의 문제인데, 유인가 싶으면 무로 변하고, 무인가 싶으면 유로 변하고, 유무도 아닌가 싶으면 유무로 변하고, 유무인가 싶으면 유무도 아닌 것으로 변하고, 하여튼 불교 논리는 미묘하고 교묘하다.

그리고 또, 석가모니 부처가 비로자나불이나 대일여래로 변신하고, 또는 관세음보살로 변신하고, 또는 관세음보살이 석가모니 부처로 변신하고, 하여튼 불교논리는 교묘하고 교활한 신비주의가 있다. 그러므로 불교논리를 상대하는 것은 마치 귀신과 게임하는 것 같은 느낌이 든다.

코에 걸면 코걸이, 귀에 걸면 귀걸이식인 불교윤리학도 마찬가지인 면이 많다.

그러나 유교논리는 다루기가 너무 쉽다. 고지식하게도 일정하기 때문이다.

《논어(위령공)》의 말처럼 유교의 경전은 일관성이 뚜렷하다. 그러므로 공자(B.C.E.551-479)는 나와 상대할 수 있는 수준의 인물이 못된다. 그는 정말 정치권력 지향적인 현인이다. 그럴 수밖에 없는 것이 그의 가르침은 일반 속인들의 사회생활을 어떤 일정한 틀 속에 정립시키는 것에 집중되어 있기 때문이다.

그는 모순에 찬 인간이지만 결코 신비한 인물은 아니다. 그는 상식적인 인간에 불과하다. 이것은 정말 교만한 말이 아니다. 그래서 공자의 어떤 말에서는 짜증이 날 정도로 평범하다.

깊이 생각해서 하는 말인데, 모름지기 지혜란 양자물리학의 이치처럼 비상식적인 정도의 상식이 있어야 서로 논할 수 있는 것이다.

적멸의 세계는
악마도 부처도 없는 곳이다

승조의 열반무명론:

승조 스님은 다음과 같이 말했다.

「유마경에 이르기를 "번뇌를 버리지 않고 열반에 든다." 라고 하였다. 천녀는 "악마의 경계(Mara-dhatu)를 벗어나지 않고서 부처의 경계(Buddha-dhatu)에 든다." 라고 말했다.

이와 같다면, 현묘한 도는 오묘한 깨달음에 있고, 오묘한 깨달음은 진실에 나아간 데에 있고, 진실에 나아가면 유무(有無; 있는 것과 없는 것)를 일제히 관찰하게 되고, 유무를 일제히 관찰하게 되면 상대방과 자기가 둘이 아니다. 그러므로 천지는 나와 한 뿌리요, 만물은 나와 한 몸이다.

성인에게는 있음과 없음의 알음알이(통상적인 분별과 차별적인 사고)가 없기 때문에 그는 안으로 마음이 없으며, 진리에 유무(有無; 실체와 허무)의 상(相)이 없기 때문에 밖으로 차별된 것이 없다.

이리하여 밖으로 차별된 것이 없고, 안으로 마음이 없는(Mindless, No-

Mind) 상태이기 때문에 피차의 대립은 사라지고, 대상과 나는 곧바로 하나가 되며, 마음이 평안하여 동요의 조짐도 없는 것이다. 이것을 열반(적멸, 또는 Empty-Mind)이라고 부르는 것이다.」

〈열반무명론〉

새로운 생각의 길:

"천지는 나와 한 뿌리요, 만물은 나와 한 몸이다." 라는 승조의 문장은 석두(700-790)선사로 하여금 《참동계》를 짓게 된 계기를 만들 정도로 큰 감동을 주었다고 한다.

본문에 나오는 "천지는 나와 그 근원을 같이 하며, 만물은 나와 일체이다."[53]라는 글은 장자(370-310.B.C.E 또는 369-286.B.C.E)가 쓴 《제물론》에 나오는 말의 모방 인용이다.

《여씨춘추(유시)》에도 "천지만물이 한 사람의 몸이다."라는 글말이 있다. (장자는 〈소요유〉에서 '지인(至人)은 자기가 없다' 고 썼다. 여기서 지인이란 궁극의 경지에 도달한 사람, 완성된 사람을 가리킨다.)

어쨌거나. 이런 사상은 생태학의 철학으로 삼아도 좋다고 생각된다.

---

53) "Heaven and earth spring from the same root as myself, and all things are one with me."

167

모든 생명체는 순환하며 서로 연관이 되었다는 것: 만물은 서로 연결되어 있고, 정기는 서로 영향을 준다

브룩 메디슨 이글은 다음과 같은 글을 쓴 바 있다.

「옛날 미국 다코타주 인디언 어머니들이 주로 하는 일은 갓 태어난 아이들에게 모든 생명체는 순환하여 서로 연관이 되어 있음을 가르치는 것이었다. "저건 다람쥐구나. 쟨 네 동생이야. 나무를 보았다구? 나무랑 우리는 친척간이지. 네 가족이란다. 모두가 네 가족이야." 이렇게 어머니는 아이와 함께 걸으면서 많은 이야기를 해준다.

이러한 교육 속에서 자라난 아이들은 그들이 자연의 모든 것과 통하고, 모두 한 가족이며 만물에는 다 정신이 깃들어 있음을 깨달을 수 있었다. 다코타의 어린이들은 사물과 정신적 합일을 체험하고, 성스러운 세계에 입문함으로써 삶을 더 빨리 이해할 수 있었으며, 성장하면서는 이러한 인식을 효율적으로 확장할 수 있었다.」라고.

우리나라에는 장회익(1938-)교수의 《온생명론》 생태철학이 있다. 온생명이란 지구의 모든 생명을 한 덩어리로 보는 일합상(一合相) 사상이다.

벗어날 악마의 경계도 없고, 들어갈 부처의 경계도 없다

그리고 본문에서 승조가 인용하고 있는 "유마 거사는 번뇌를 버리지 않고 열반(소멸의 신비, 적멸, 누진, 소진, 멸진)에 든다." 또는 "천녀는 악마의 경계를 벗어나지 않고서 부처의 경계에 든다." 라는 말은 정말 대단히 놀라운 완성된 경지에 속한다.

《육조단경》에는 "삿된 견해를 가진 자는 악마의 집에 머물고, 올바른

견해를 가진 자는 부처로서 뛰어난 자이다. 이 올바른 견해로써 홀연히 세 가지 독(탐욕과 증오와 어리석음)이 있는 바탕을 등질 때에는 악마가 변하여 성불한다.”는 글이 있다. 이것은 경지가 높은 말이 아니다.

내 사상은 마불일여(魔佛一如) 즉 악마와 부처가 같다는 것이다. 다시말하면 악마 그 자체가 부처라는 것이다.

어째서 왜 악마 그 자체가 부처라고 하는가? 그것은 악마를 떠받쳐 주고 있는 탐욕과 부처의 깨달음 모두가 공이기 때문이다.

그러므로 버려야 할 번뇌도 없고, 들어갈 열반(고요히 사라짐)도 없는 것이다. 다시 말하면, 벗어날 악마의 경계도 없고, 들어갈 부처의 경계도 없는 것이다.

악이야말로 선의 유일한 존재다

청허휴정(1520-1604)[54]도 말하기를 “한 생각 선한 마음이 생기면, 부처가 악마의 자리에 앉고, 한 생각 악한 마음이 생기면, 악마가 부처의 자리에 걸터앉게 된다. 그런데 선과 악을 모두 잊으면, 악마와 부처가 어

---

54) 청허휴정(1520-1604) 서산대사는 우리나라 조선(1392-1910)시대의 승속대장군(僧俗大將軍)으로서, 천오백여명의 스님들을 지휘하며 호국불교라는 이름하에 비록 강도 왜적들이지만 무수한 인명들을 살상(殺傷)했으며, 스님으로서는 당대에 드문 세속의 명예와 이익(名利)을 한 몸에 누렸던 분으로, 사명대사의 스승이다. 우리나라 불교의 역사 이야기에 의하면, 청허휴정이 장검하고, 선조의 의주행재소에 진알하여 결연히 일어설 것을 고하였다. 이 때 선조가 물었다. “세상이 매우 혼란스럽다. 어떻게 하면 좋겠는가?” 청허휴정이 말했다. “저희 승도들은 늙고 병들어서 싸울 힘은 없지만, 제가 지극정성으로 부처와 보살의 도움을 기원하면 모두들 따라 일어나서 싸울 것입니다. 이것으로써 국가를 구하는 충성의 보람으로 삼겠습니다.” 그러자 선조는 청허휴정의 의지를 실행할 수 있게 하기 위해 그에게 팔도십육종도총섭이라는 직위(권력)를 주었다고 한다. 청허휴정은 후에 의엄스님에게 병권을 대행시키고, 유정 사명스님을 승군대장군으로 삼아서 실제 전투를 맡게 한다.

느 곳에 나타날 것인가?” 라는 게송을 남기고 있다. 정말 대단한 배짱의 소유자답다.

그런데 1948년에 노벨물리학상을 받은 과학자 파울리(1900-1958)조차 “먼 옛날에는 악마의 속성이었던 의심이란 말은 원래 이등분을 의미한 것인지도 모른다.”고 말한 바 있다.

예수교에서 악마 루시퍼도 원래는 대천사였다고 한다.

불교에서도 ‘악마(일천제; 성불의 종자가 없는 자, 성불이 불가능한 자)’라고 무간지옥에 보낸 데바닷타도 사실은 엄격한 수행과 실천을 잘했던 위대한 성인이며 존자였다.

그러므로 아나톨 프랑스(1844-1924; 1921년 노벨문학상 수상자)는 말하기를 “악은 필요하다. 만약 악이 존재하지 않으면, 선도 역시 존재하지 않는다. 악이야말로 선의 유일한 존재다.” 라고 설했을 것이다.

열반의 세계는 악마도 부처도 없는 곳이다

내 경험에 의하면, 악마의 일차적인 특징은 지나친 강박관념이라고 생각된다.

《금강경》에도 말하기를 “32상 80종호는 석가모니 부처만 갖고 있는 것이 아니라, 악마의 왕도 똑같은 모습을 가지고 있다. 그러므로 외모로 부처(깨달은 자)를 인식하려고 하는 것은 매우 위험한 것이다.” 라고 가르치고 있다. 그러므로 나는 악마도 부처도 없는 곳에서 살고 싶다. 바로 이것이 내가 참으로 원하는 열반(완전한 평화)의 세계인 것이다.

열반이란 무엇인가

이제 승조 스님의 열반사상에 대하여 담론해 보기로 한다.

《상응부경전(38.1.열반)》에 보면, 다른 종교의 구도자가 사리불에게 물었다. "도대체 열반, 열반이라고 말하는데 그 열반이란 무엇인가?" 그러자 사리불이 말했다. "감각적 욕망의 소멸과 분노의 소멸과 어리석음의 소멸이 곧 열반이라고 한다." 라고.

불완전한 열반과 완벽한 열반

석가모니는 "열반의 궁극적인 목표와 의미는 무엇입니까?" 라는 제자의 질문에 대해 대답은 하지 않고 친근하게 미소만 지은 적이 있다.

《이티부타카(如是語)》에 의하면, 불완전한 열반(upadhisesha nirvana)이란 정신적인 번뇌는 소멸했지만, 아직 육신은 남아 있는 상태를 의미한다. 완벽한 열반(anupadhisesha nirvana)이란 번뇌의 완전한 소멸 상태를 의미한다.

그러나 스트레스 지도를 완성한 선구적인 과학자 한스 셀리는 "스트레스는 회피해야 할 대상이 아니다. 스트레스가 완전히 제거된 상태는 바로 죽음이다." 라고 말했다.

반야경의 열반관

그리고 《금강경》의 즉비시명(即非是名; 근본불교의 제행무상과 제법무아의 교리와 똑같은 대승불교 반야부 경전의 논리) 논리로 말한다면, 불완전한 열반이든 완전한 열반이든, 열반은 열반이 아니다. 다만 그 명칭이 열반이다.

그리고 그 어떤 열반조차도 만들어진 것이요, 생성된 것이요, 형성된 것이요, 태어난 것이요, 조건지어져 있는 것이다. 왜냐하면 모든 것은 무수한 원인과 조건에 의해 생겨나고 소멸되어 가는 것이기 때문이다.[55]

《대품반야경(제8권 환덕품)》에서 수보리 존자는 "내가 설하는 부처의 진리는 허깨비와 같고, 꿈과 같은 것이다. 내가 설하는 열반 역시 허깨비와 같고, 꿈과 같다. 설사 열반보다 더 나은 법이 존재한다 하더라도 그것은 꿈과 같고, 환상과 같은 것이다. 왜냐하면 이 꿈같은 환상과 열반은 서로 다른 것이 아니기 때문이다."[56]라고 설파했다.

용수의 열반관

또 용수(150-250)도 《중론송》에서 "열반의 한계는 곧 번뇌의 한계"라고 하면서, 열반이란 "벗어날 것도 없고, 도달할 것도 없다. 소멸할 것도 없고, 영원할 것도 없다. 또 사라질 수도 없고, 생성될 수도 없는 표현이 불가능한 본질이다." 라고 설파했다.

미린다팡하의 열반관과 갈퉁의 평화관

그런데 B.C.E. 1세기경에 넓게 유포되었던 비경전적인 문헌이었던 《미린다팡하》에서는, 열반은 "바다처럼 심원하고, 산꼭대기처럼 높으며, 꿀처럼 달콤하다."라고 표현되고 있다. 이렇게 즐겁고 행복한 열반은 언제나 긍정적이다. 《열반경》의 '상락아정(常樂我靜)' 이라는 용어도 적극적인 의미가 있는 열반의 경지라고 여겨진다. 어쨌든.

스웨덴의 불교학자인 루네 요한슨(1917-1981)은 《초기불교의 심리학》

에서 말하기를 "고대의 인도인들은 불이 꺼져 완전히 소멸하는 것이 열반이 아니라 물질 속으로 고르게 널리 퍼지는 것이라고 생각했다."고 해설하고 있다.

그렇다면 평화운동가인 요한 갈퉁(1930-)[57]의 철학처럼, 열반을 평화로, 유여열반은 소극적 평화(negative peace)로, 무여열반은 적극적인 평화(positive peace)로 해석해보면 어떨까?

나의 거시윤리적 열반관: 인간중심 윤리에서 지구중심의 윤리적 열반사상이 필요하다는 것

그러나 우리는 다음과 같은 성찰도 한 번 해 볼 줄도 알아야 한다.

즉, 인구문제를 생각하지 않은 무조건적인 평화주의와 생명존중 사상은 결과적으로 고령화된 인구수만 늘어나게 하여 지구환경에 입력되어 있는 자연적인 생명주기 법칙(生命週期法則) 프로그램에 지장을 끼칠 수도 있다고 여겨진다.

---

55) 남전대장경, 상응부경전 12,37. 한역 잡아함경 12,295 비여소유경.

56) 그러나 대승불교 반야경들이 이런 논리의 말을 한다고 해서 대승불교의 반야경의 논리를 부정의 논리로만 인식하는 것은 아직 미흡한 것이다. 왜냐하면 반야경의 논리는 부정의 논리가 아니라 완성의 논리이기 때문이다. 이 완성의 논리는 부정과 긍정을 모두 포함하고 있는 것으로 그때 그때 방편으로 자유롭게 생각하고 말하고 실천하는 것이다.

57) 현대 평화학(平和學)의 창시자이며 평화운동가인 노르웨이 태생의 요한 갈퉁(1930-)은 2006년 5월 24일 만해 NGO 교육센터에서 열린 〈평화를 위한 강연〉에서 "미국 제국주의는 2020년 내에 망할 것이고, 그 혜택은 미국인들이 가장 많이 보게 될 것"이라고 예언한 분이다.

사실 인간동물들의 평화와 생명존중보다도, 전체적으로 지구의 유기적인 순환 존중이라는 입장이 더 중요해진 이 시점에서, 인구수의 감소는 매우 필요하다.

그래서 동물계에서 최강자인 인간만이 유독 암세포 또는 각종 바이러스에 의해 인과법칙(Law of cause and effect)으로 더 많이 죽는 것인지도 모르겠다.

생각해서 하는 말인데, 아주 옛날에는 이 지구에 인구가 너무 적었고, 각 나라에서도 인구가 곧 국력을 뜻하고, 집안에서는 노동인구가 곧 경제력이었으므로 아이를 많이 낳는 일이 절실히 요구될 수밖에 없었다. 그래서 그 시절에는 결혼하지 않고 혼자 사는 여성들과 남성들은 무슨 병신이나 죄인 취급하듯이 했었다.

그래서 그런지 옛날 중국 한나라(B.C.E.206--C.E.220) 시대의 모전에 나오는 예법에는 "30세가 넘은 남자와 20세가 넘은 여성은 예를 갖추지 않고도 결혼할 수 있었다." 라고 적혀 있을 정도였다.

그러나 요즘은 지구환경에 심각한 해악을 끼칠 정도로 전세계 각 나라의 인구가 너무 많다. 세계 인구수는 2009년 현재 68억 명 이상이고, 2015년에는 세계 인구가 72억 명에 달하고, 2050년에는 93억여 명으로 증가할 것이다.

우리나라 남한 인구는 2008년 7월 통계로 4천 860만 명이며 북한은 2007년 통계로 대략 2천 200만 명으로 총 7천 60만 명이며, 2025년에는 8천 190만 명이 될 것이다.

그런데 무조건 모든 중생의 영원한 생명존중의 평화주의만을 주장한다면 과연 지구 인류의 미래는 어떻게 될 것인가? 우리는 생명에만 집착할 줄 알고, 죽음(적멸, 열반, 누진, 소진, 멸진, 無化, 還元)의 가치에 대해서는 아직 그 진실상(眞實相)을 인식하지 못하고 있는 것 같다.

모순어법으로 표현할 수 밖에 없는
진리의 언어들

깨닫지 않고 깨닫고, 얻지 않고 얻는다:

「깨달음은 있다는 판단으로부터 얻어지는 것입니까?」

「아니다.」

「그러면 없다는 판단으로부터 얻어지는 것입니까?」

「아니다.」

「그러면 있으면서 또한 없다는 판단으로부터 얻어지는 것입니까?」

「아니다.」

「그러면 있는 것도 아니고, 없는 것도 아니라는 판단에서 얻어지는 것입니까?」

「아니다.」

「그러면 완전히 얻을 수가 없는 것입니까?」

「아니다.」

「그러면 그것은 어떠한 의미입니까?」

「아무 것도 얻어지는 것이 없는 것을 일러, 얻는다고 말하는 것이다.」

〈방광경〉

새로운 생각의 길:

《금강경(22장)》에 보면 다음과 같은 대화가 있다.

수보리가 부처님에게 말했다.

"당신은 가장 완벽한 우주적인 깨달음을 얻은 것이 있습니까?

부처님이 말했다.

"나는 가장 완벽한 우주적인 깨달음 내지 약간의 법일지라도 얻은 것이 없다. 그래서 가장 완벽한 우주적인 깨달음이라고 부르는 것이다."

불교와 우파니샤드의 부정적인 논리

본문에 나오는 "아니다." 라는 대답에 대하여 비교적으로 말한다면 《금강경》의 즉비(卽非; Is Not)적 부정논리와 《반야심경》의 여섯 가지 명제부정(不生不滅 不垢不淨 不增不減)과 용수(150-250)의 《중론(1권 제1 관인연품)》에 나오는 8개의 명제부정(不生不滅, 不常不斷, 不一不二, 不來不去)와 무착(310-390)의 《대승장엄경론》의 열 가지 명제 부정논리(非生非滅, 非如非異, 非有非無, 非增非減, 非淨非不淨)와 《우파니샤드》에 나오는 "네티 네티(아니다, 아니다)의 부정적 논리는 서로 비슷한 점이 있다.

.177

불교논리와 우파니샤드 논리의 목적의 차이점

그러나 우파니샤드에서 주장하는 '네티(아니다)' 의 논리의 목적은 아트만과 브라만의 증명에 있고,[58] 금강경과 반야심경과 대승장엄경론과 중론의 즉비논리(卽非論理)는 모든 것이 수많은 원인과 조건에 의해 생겨난 것이므로 아트만이 없다는 것의 증명과, 중생구제를 위한 자비사상의 시설(施設)에 있다고 여겨진다.

모순어법으로 표현할 수 밖에 없는 진리의 모습

본문은 어떤 질문에도 '아니다' 라는 대답을 하고 있다.

하지만 긍정적으로 말한다면 "말하지 않고 말함, 듣지 않고 들음, 깨닫지 않고 깨달음, 얻지 않고 얻음, 의미가 없는 의미, 존재가 아닌 존재"에 관한 법문이다. 참으로 이 진리의 언어문자는 모순어법에서 나오는 것이며 역설적일 수밖에 없다.[59]

---

58) 내가 어릴 때에 매우 심취했던 우파니샤드와 바가바드 기타의 사상에 의하면, 아트만을 아는 자는 모든 것을 아는 자이다. 왜냐하면 아트만은 모든 것이기 때문이다. 그런데 이런 사고유형은 서양의 신플라톤주의 철학자들(플로티누스(204-270, 얌불리코스(?-330), 프로클로스(410-485) 등)에게서도 발견된다. 즉, 이들은 "자아(Self 즉, 아트만)는 세계와 동일한 구조를 가지고 있는 것이기 때문에 자아(Self, 즉 아트만)를 아는 자는 세계를 알 수 있다."고 주장했다.

59) 《나의 통찰명상 어록 (석진오의 미발표 원고)》에서. ■ 인생이란 모순과 역설적인 것= 인생이란 오직 모순어법으로 표현하는 역설적인 것(상식에서 서로 반대되는 개념을 서로 같은 것으로 표현하는 것)으로 밖에는 설명이 안 되는 것이다. ■ 진리를 표현하는 방법= 역시 진리는 모순어법(矛盾語法)이나 모순형용법(矛盾形容法)으로 역설적으로 표현해야 근사치(近似値)에 가깝다. ■ 자기관찰= 나는 역설적인 문장에서만 심오한 자극과 반응을 하는 것 같다. ■ 내가 역설적인 표현과 모순어법을 사용하는 이유= 나의 역설과 모순어법은 확신이 없는 주장이거나, 독자를 헷갈리게 하려고 사용하는 것은 아니다. 나는 모든 곳에서 퍼지(fuzzy: 애매모호)한 진리를 다루고 있기 때문에 부득이 이렇게 표현하는 것이다.

승조 스님의
분별적인 지혜

승조 스님은 다음과 같이 말했다.

심무설(心無說)을 주장하는 사람들은, 모든 것에 대해서 마음을 무(無)라고 하는 것이며, 존재 그 자체는 결코 허무한 것이 아니다 라고 말한다.

이러한 주장은 자신의 정신을 안정시키는 데에는 유익하지만, 존재 그 자체가 공(空)하다는 사실은 놓치고 있다.

그리고 즉색설(卽色說)을 주장하는 사람은, 사물의 형태가 스스로 형태로서 존재하는 것이 아니므로 비록 형태라고 하더라도 형태가 아니라는 것을 설한다.

그러나 대체로 사물의 형태라고 하는 것은, 지금의 형태 그대로 형태라고 하는 것이지, 어떻게 형태로 하여금 형태가 되게 하는 무언가를 기다린 후에 비로소 형태가 되는 것이라고 하겠는가? 그러므로 이 설은 사물의 형태가 그 스스로 형태를 취하는 것이 아니라는 것을 주장할 뿐, 형태가 형태 아닌 것이라는 사실은 이해하지 못한 것이다.

또, 본무설(本無說)을 주장하는 사람들은 지나치게 무(無)를 숭상하여 말만 하면 무(無)를 들먹인다. 요컨대 이들의 주장은, 있음이 아닌 것(非有: Non existence)일 때는 있음이 모두 없음(asat)이며, 없음이 아닌 것(非無: Non nothing)일 때는, 없음도 또한 없음(abhava)이라고 한다. 그러나 반야경의 의도를 고찰해볼 때에, 있음이 아닌 것은 참 덩치적인 존재는 아니라는 뜻이고, 없음이 아닌 것은, 완전한 없음이 아니라고 하는 것에 불과한 뜻일 뿐이다.

어찌하여 있음이 아닌 것은 있음이 아니고, 없음이 아닌 것은 또한 없다는 뜻이겠는가? 이것은 단지 없음(insubstan tiality)을 좋아하는 말일 뿐이니, 어떻게 사물의 실상이라고 할 수 있겠는가?

〈부진공론〉

새로운 생각의 길:

케네스 첸(1907-)은 《중국불교》에서 보면 다음과 같이 쓰고 있다.

"중국에서 반야학의 흐름은 4세기 전체에 걸쳐 지배적인 위치에 있었다. 중국어로 번역된 경전들이 당대의 승려들과 지식인들에 의하여 읽혀져 연구되고 토론되었다. 이 흐름을 대중화하는데 크게 기여한 사람은 도안이다. 도안은 경전을 가르치고 주석하였으며, 그의 제자들에게 그렇게 하도록 장려하였다. 그 결과 경전의 토론은 널리 행하여지고, 각자 조금씩 특이한 이론을 내세우는 육가칠종이 출현하였다.

육가칠종은 본무설, 본무이설, 식함설, 즉색설, 환화설, 심무설, 연회설을 말한다. 그러나 이들에 대한 자료는 매우 미미하고 빈약하여 그들의 이론이 무엇이고 어떻게 서로 달랐는가 하는 것에 대해서는 밝혀내

60) 《중국불교(Buddhism in china)》. 케네스 첸 지음. 박해당 번역. 민족사(1991). 상하권중 상권 73쪽으로부터. 필자가 다시 말하면, 육가칠종(六家七宗)은 본무종(本無宗)과 심무종(心無宗)과 즉색종(卽色宗)과 식함종(識含宗)과 환화종(幻化宗)과 연회종(緣會宗)과 본무종(本無宗)의 두 개 학파를 가리키는 것으로, 이 육가칠종에 관한 정보는 중국 불교철학사상사 관련 책에서 매우 흔한 것이니 관심 있는 독자는 직접 탐색해 보시기 바란다. 본무종과 본무이종의 대표자는 도안(312-385)이요, 즉색종의 대표자는 《즉색유현론》《소요론》을 지은 지도림(지둔,313-366)이다. 그리고 심무종은 지민도가 대표자이며, 식함종은 우법란의 제자 우법개가 대표자이며, 환화종은 축법태의 제자 도일이 대표자이며 연회종은 우법란의 제자 우법수가 대표자이다.

61) 여담으로, 승조의 스승인 구마라집(343-413)이 중국에 오게 된 계기는 당시 불도징(232-348)의 수제자인 도안(312-385)스님 때문이었다고 한다. 즉, 379년에 전진의 왕인 부견은 호북의 낭양을 공격해서 함락시키는데, 도안스님은 이 낭양에서 15년 동안 지내오고 있었다. 전진의 부견왕은 도안스님을 데리고 장안으로 돌아와서 도안스님을 군사 정치 고문으로 임명한다. 그런데 어느 날 도안스님은 서역에 있는 구마라집의 명성을 듣고 부견왕에게 권유해서 그를 초청하도록 했다. 부견왕은 진순신의 《중국걸물전》에도 나오는 인물이다. 마침내 전진의 부견왕은 장군 여광에게 지시하여 구차국을 정벌하게 한다. 여광 장군은 왕의 명령("내가 들으니, 서역에 통찰력과 판단력이 매우 뛰어난 구마라집이라는 사람이 있다고 한다. 그를 후학의 모범으로 맞이하고자 한다. 현명하고 명석한 인물은 국가의 보배 같은 존재다. 만약 구차국을 정벌하거든 즉각 그를 말에 태워 중간에 머무르는 일 없이 이 곳으로 모셔오도록 하라"는 명령)대로 41세의 구마라집을 데리고 장안으로 돌아오는데, 도중에 전진의 부견왕이 죽었다는 소식을 들은 여광은 양주에서 후량국을 세운다. 그러나 나중에 후진의 요흥은 후량과 전쟁에서 승리하고 58세의 구마라집을 장안으로 데리고 온다. 이 위대한 불교경전 번역가인 구마라집은 이렇게 해서 중국과 인연을 맺게 된 것이다. 구마라집이 중국에 오게 된 계기를 만든 도안(312-385)스님이 죽은 지 16년후(401년)에 구마라집(343-413)은 장안에 들어와 요흥(394-415)씨가 세운 후진(384-417)에서 국사급의 대우를 받으며 12년동안 머물면서 74부 384권의 불교경전을 중국어로 번역한 불교정신문화의 위대한 전달자 역할을 충실히 했다. 서경수(1925-1986) 선생님이 쓴 《불전한역의 이론과 역사》라는 논문에 보면 "구마라집은 호어(胡語)를 모국어로 하고, 외국어인 한어(漢語)에 달통했고, 당나라 현장(602-662)스님은 한어(漢語)를 모국어로 하고 외국어인 범어(梵語)에 달통했던 불경번역가였다. 그러므로 두 분은 서로 좋은 대조를 이루고 있다"고 적고 있다. 승조는 바로 이러한 구마라집의 문하생이었다.

기가 매우 어렵다."[60]

　승조(348-413)스님은 동진(317-420)시대의 구마라집(343-413)[61]의 수제
자였다.

승조는 격의불교의 전문가다

　승조 스님은 중국불교의 창시자인 격의불교(格義佛敎)의 전문가답게 무
위변화(無爲變化), 무위자연(無爲自然), 무명(無名), 무심(無心)[62], 무지(無知),
반야무지(般若無知)의 사상을 주장했다.

격의불교란 무엇인가

　격의불교(格義佛敎)란 중국에 전해진 인도 불교경전들을 중국 고유의
고전과 철학에 의해서 이해하고 번역하는 불교학 방법론이다.

　격의(格義)라는 글자는 "뜻을 서로 맞춘다"는 뜻이다. 중국의 격의불교
이해방법은 대략 400년 동안 행해졌다.

　예를 들면, 공(空)을 무(無), 또는 무무(無無)와 동일시하고, 열반을 무위
(無爲)와 동일시하며, 보리(菩提)를 도(道)와 동일시하며, 진여(眞如)를 본무
(本無)와 동일시하며, 무아(無我)를 비신(非身)과 동일시하며, 계율을 예절
(禮節)과 동일시하며 해설하는 것이다.

　승조가 쓴 《부진공론》이란 책 제목 글자 뜻은, 참된 것이 아니므로 공(空)

---

62) 승조(348-413) 스님의 말이다. "만물에 대해 무심(無心)하면 만물은 결코 존재하지 않는다. 이
　　것은 마음이 공적(空寂)하다는 것이지 대상의 경계가 존재하지 않는다는 것이 아니다."

이라는 논문, 또는 고정불변의 실체성은 없으므로 공(空)이라고 논한 글, 또는 사물은 고정되어 있는 불변 그 자체가 아니라 수많은 원인과 조건에 의해 생겨난 것이므로 공(空)이라는 것을 설명한 논문이라는 것 일게다.

승조라는 인물에 대하여

《고승전》에 의하면 승조는 도시에서 태어났지만, 소년시절에 집이 가난하여 책을 베껴 쓰는 일로써 생업을 삼았다고 한다.

그는 책을 베끼는 동안 경전과 역사책을 두루 보았고, 특히 노자와 장자를 좋아했다.

그런데 승조는 어느 때인가 오(222-280)나라의 재가불자인 지겸[62]이 번역한 《유마경》을 읽고 감격을 하여 20세에 출가를 했다.

승조는 구마라집(343-413)을 스승으로 삼고 불경번역 사업에 종사하였다. 그는 스승을 도와 《대품반야경》의 번역 일을 마치고 나서 《반야무지론》, 《물불천론》, 《부진공론》, 《열반무명론》을 지었다.

승조는 구마라집 문하에서 도생, 도융, 승예와 함께 가장 뛰어난 제자라고 평가받는 인물로서, 중국후대의 사람들로부터 공사상 해석의 제일인자라는 추앙을 받고 있을 정도로 중국불교계의 천재 학승이다. 홍수

---

63) 지겸의 전기는 승우(445-518)가 지은 출삼장기집 13권의 지겸전과 고승전 1권의 전기중에 적혀 있다. 지겸은 중국에 귀화한 대월지국의 법도라는 분의 후손이다. 지겸은 후한말기의 혼란을 피하여 오나라로 갔다. 그런데 오나라의 군주 손권(182-252)이 지겸의 박학다식을 알아보고 박사에 임명하여 동궁세자를 도와 지도하는 일을 맡게 했다. 지겸은 승우의 출삼장기에 의하면, 30년동안 36부 48권의 불교경전들을 번역해 내었다고 한다. 지겸은 6개국어에 능통했으며, 60세에 죽었다.

평이 지은《중국의 십대명승》에 뽑히고 있는 분이다.

본문에서 승조의 전문가적인 논평에 접하니 《이입사행론》에 나오는 연(憐)선사의 말이 생각난다.

연선사는 말하기를 "존재 자체는 항상 불변하는 그 자체가 없는 것이다. 그러니 사실대로 행동해야지 헷갈리면 안된다. 경전에 말하기를, 모든 법은 본래 무(Mu)다 라고 했다. 또 다른 경전에서는 본래부터 무심(without thought)이기 때문에, 있는 그대로의 마음이며, 있는 그대로의 마음이기 때문에 본래 무(無)다 라고 했다. 또 다른 경전은 말하기를, 만약 모든 존재가 먼저 있었다가 지금 비로소 무(無)가 되는 것이라면, 모든 부처님은 죄(adharma)를 지은 것이 된다." 라고 했다.

그러나 이 글들 또한 참으로 무(無)를 좋아하는 논의에 불과하다고 느껴진다.

나는 다음과 같은 연(緣)법사의 문답이 더 명쾌한 것이라고 생각한다.

여러 현자들의 통찰적인 견해들

어느 날 지법사가 연법사에게 물었다.

"만약 물질에 일정한 모습이 있다고 생각한다면, 그것은 보통사람들의 입장이며, 본질적으로 공이라고 생각한다면 소승의 입장밖에 안된다. 만약 유도 아니고 무도 아니라고 생각한다면 연각의 입장에 지나지 않는다. 그렇다고 만약 사물과 사물 아닌 것을 아울러 생각하지 않는다면 견해가 없는 모호한 입장이 되고 만다. 그렇다면 도대체 어떻게 해야 이러한 과오를 피할 수 있겠는가?"

그러자 연법사는 지법사에게 이렇게 말했다.

"나는 그러한 여러 가지 생각을 일절 하지 않는다. 이것이 바로 나의 입장이다. 자네는 어수선하게 그런 여러 가지 망상을 일으키기 때문에 스스로 미혹되는 것이다."라고.

영어에 능통한 달라이 라마 텐진 갸초(1935,7,6-)는 다음과 같이 말한 바 있다.

"불교의 네 가지 관념 즉, 공과 무상과 상호의존과 번뇌중에서 가장 신비롭고 이해하기 힘든 것은 공(空)이다. 결국 물질의 부재 위에 열리게 되는, 이 어마어마한 경험과 사고의 구성물은 무엇일까? 그 구성물과 그것을 만든 마음의 토대에는 무엇이 있을까? 공이 망각이 아닌 유일한 실체라면, 누가 그 모든 환영의 그물에서 빠져나갈 수 있을까? 이 그물은 누가 쳤을까? 사람이 아찔한 공 너머에 살 수 있을까? 꿈꾸는 자 없는 꿈을 우리는 상상할 수 있을까? 공은 과학적인 개념이다. 우리는 텅 비었다. 말하자면 우리를 구성하는 물질은 텅 비어 있다. 우리도 없는데 세상은 어디에 있는가?" 라고.

불교공부를 많이 한 니체(尼采, 1844-1900)도 다음과 같이 날카롭게 말한 바 있다.

"어떤 사건 또는 객체도 다른 것과의 상호관계로부터 독립적으로 그 자체로서의 하나의 성격을 가질 수 없다. 그러면 관계를 가질 수 있는 사물들이 이미 존재하지 않는 상황에서 어떻게 상호관계가 있을 수 있는가?" 라고.

생각해서 하는 말인데, 불교의 핵심이 되는 가르침은 석가모니 사망

이후 500여 년이 지나서 출현한 용수의 《중론송》에서 찾아볼 수 있다고 생각한다.

즉 《중론송(귀경게)》에는 "생겨남도 없고, 없어짐도 없다. 영원함도 없고, 단절됨도 없다. 동일함도 없고, 다른 것도 없다. 옴도 없고, 감도 없다. 석가모니는 바로 이러한 인연법을 설함으로써 모든 관념론을 없애 버렸다." 라는 문구가 있다.

용수(150-250)는 또 중도(균형의 진리)에 대하여 "여러 인연으로 생긴 법이기에 나는 이것을 공(空)이라고 한 것이요, 그것을 또한 가명(假名)이라고도 부른다. 이것이 균형의 진리(中道)라는 뜻이다."라고 말했다.[64] 가명이란 일시적으로 서로 약정하여 차용한다는 조건하에서 시설(施設)한 명칭들이다.

용수는 또 《대지도론》에서 다음과 같이 말했다.

"인연이기 때문에 변하는 것이고, 변하는 까닭에 괴로운 것이다. 그리고 변하고 괴롭기 때문에 공(空)이고, 공(空)인 까닭에 무아(Egolessness)인 것이다." 라고.

생각해서 하는 말인데, 무아란 영원한 실체(자아를 영원히 고정불변으로 떠받쳐주고 있는 참된 덩어리, 또는 고정불변의 입자(粒子)적 실체)가 없는 것이다. 그러나 이와 같이 철저한 무(無)와 공(空)의 도리를 이론적으로 아무리 깊이 있게 증명했다 할지라도 이것으로 충분한 것은 아니다.

---

64) 용수(150-250년경)가 쓴 《중론송(Mulamadhyamaka karika) 》24:18. 회쟁론 제71송.

승조 스님이 죽는 순간까지
집착을 끊지 못한 것은

사형을 당하는 승조의 소감:

승조 스님은 사형을 당하면서 다음과 같이 말했다.

「네 가지 원소가 본래 내 것이 아니요, 다섯 가지 요소 또한 내 소유가 아니니, 번뜩이는 칼날에 머리를 들이대도 그것은 봄바람에 스치듯 하네.」

새로운 생각의 길

처형당하는 승조 스님을 생각하면서, 나는 루치아노 파바로티가 부르는 《카루소》를 소리 높여 듣는다. 독자들도 이 곡을 한 번 들어보시기 바란다.

"삶이 어디서 끝나는지는 중요하지 않다. 삶의 가치는 길이가 아닌 쓸모에 의해 평가된다."고 몽테뉴(1533-1592)는 《수상록》에서 썼다. 왜냐하면 중요한 것은 삶의 길이가 아니라 삶의 깊이이기 때문이다.

시몬 드 보바르(1908-1986)도 《한창때(1963)》에서 "죽음에 당당히 맞서는 순간에 얻는 마음의 평화와 자유에 견주어 보면, 몇 년 더 살거나 덜 사는 것은 그렇게 중요하지 않다." 라고 쓴 바 있다.

내게 있어서 죽음의 통속적인 의미란

내게 있어서 죽음의 통속적인 의미란, 단지 신간 서적을 더 이상 다시는 읽지 못하고, 신작 영화를 더 이상 못 보고, 또 그리운 사람들을 다시는 못 본다는 의미 이상도 이하도 아닌 것이다.

자연의 변화에 따라 변신하는 천지만물들

그런데 이슬람 수피즘의 시인인 루미(1207-1273)는 다음과 같이 쓴 바 있다.

"몇 번이고 나는 풀처럼 자라왔다. 나는 770번이나 조형과정을 겪었다. 나는 광물이었다가, 죽어서 식물이 되었다. 나는 또 식물이었다가, 죽어서 동물이 되었다. 나는 또 동물이었다가, 죽어서 인간이 되었다. 이번에도 다음번에도 나는 계속 죽을 것이다. 그리고 당신이 상상할 수 없는 것, 나는 그것이 될 것이다." 라고.

또 북미대륙의 원주민 인디안들도 "천지만물은 자연의 변화와 변신의 법칙에 따라 유전한다. 죽음은 영원한 회귀다. 추방되는 것은 아무것도 없다." 라고 가르치고 있다.

또 지구상의 모든 현명한 생물학자들도 한결같이 말하기를 "죽음은 의미가 있는 것이다. 죽음은 만물일체의 법칙이 작동하는 것이다.” 라고 설명하고 있다. 그렇다면, 현재 우리 인생의 생생한 기적 같은 경이로움은 죽음의 선물인지도 모른다.

하여튼 승조 스님이 죽는 순간, 그의 형상속에 갇혀 있던 원자와 분자와 소립자들은 풀려나와 또 다른 형상과 구조 속으로 흩어졌을 것이다. 그는 지금 어디서 무엇이 되어 무슨 일을 하며 하루하루를 지내고 있을까? “사물이 서로 변화하며 영향을 주고 받는 것은 매우 심오하고 신비한 일이어서 그 어떤 예지로도 담론하기 어렵고, 또 그 어떤 변설로도 풀어낼 수 없다”는 말과 “하늘 아래 모든 것이 나이며, 나 역시 하늘아래 모든 것이니, 이 하늘아래와 나 사이에 무슨 간격이 있겠는가?”라는 《회남자(남명훈, 원도훈)》의 글말이 생각난다.

승조 스님이 사형으로 죽는 이야기에 접하니, 조원 선사의 일화가 생각난다. 즉, 남송(1127-1279)시대 말년에 임제종의 조원(1222-1282)선사도 원나라(1280-1368) 군대가 침입하여 적군에게 잡혀 칼날이 목을 겨누게 되자, 조용히 다음과 같은 게송을 읊었다고 한다. “천지간에 한 개의 막대기도 세울 곳 없는데, 사람도 공이요, 법도 공인 것이 기쁘다. 장하다, 대원국 석자 칼이여! 번개 빛 속에 봄바람을 베는구나.” 이 게송을 들은 적장은 그 법력의 뛰어남에 감복하여 그의 목숨을 살려주었다고 한다.

승조 스님이 죽는 순간까지 집착을 끊지 못한 것에 대하여 : 교수형을 일주일 앞 둔 사람은 놀라운 집중력을 발휘한다.

승조(384-414)는 30세의 나이에 서진(265-316)의 권력자의 미움을 받아 사형을 언도받게 되었을 때에도 한 마디의 변명도 하지 않았다. 다만 그는 간수에게 부탁하여 일주일 동안 사형집행 연기를 얻어 옥중에서 태연하게 《보장론》이라는 책을 저술했다. 그리고 그는 형장의 이슬이 되었다.

불교공부를 많이 한 에밀 시오랑(1911-1995)은 다음과 같이 말한 바 있다. "어떤 사람들에게 있어서는, 마지막이 멀지 않았다는 사실이 원기를

---

65) 《나의 통찰명상 어록 (석진오의 미발표 원고)》에서. ■ 진정한 인식(認識)의 전사는 돈과 사회적 명예 때문에 강의하지 않는다. 진정한 인식의 전사는 자기 생애를 걸고 온 몸으로 연설하거나 쓰다가 죽어간다. 마치 전쟁터에서 사살당하는 전사처럼. 마치 《보장론》을 쓰고 죽은 승조(384-414) 스님처럼. 과연 우리에게 죽음보다 더 강한 것은 무엇일까? ■ 죽음은 삶의 사냥꾼 = 《조론》의 저자로 유명한 승조 스님으로 하여금 《보장론》을 쓰게 한 인연법은 자신이 일주일 후에 처형된다는 사실이었다. 죽음만큼 삶의 초조함을 즐기는 것도 없는 것 같다. "사무수요(士無壽夭; 선비는 장수와 요절이 없다), 입명위본(立名爲本; 자기 이름을 세우는 것이 근본)"이라는 말처럼, 승조 스님은 요절했지만 그의 이름과 책 제목은 지금도 이렇게 장수하며 전해지고 있다. ■ 인간이란 단 하나로 이해할 수 없는 매우 오묘한 존재= 수 십 명의 자식들과 손자 손녀들을 남겨두고 죽는 사람과, 수 십 권의 책과 수 백 개의 강연녹음테이프를 남겨두고 죽는 사람의 업적을 비교해볼 때 어느 사람이 더 현명하게 살다 죽는 것인지는 확실히 말할 수 없다. 인간이란 단 하나로 이해할 수 없는 매우 오묘한 존재인 것 같다. 지구상의 모든 성현들과 천재들을 낳은 부모들은 얼마나 평범한 보통 사람들이었는가를 생각하면. ■ 처형당하는 기억= 죽음 앞에 서 있는 기억이란 무엇인가? ■ 처형당하기 직전의 승조 스님을 생각하며= 처형당하기 전에 《보장론》이라는 불교논문을 쓴 승조 스님은 사후의 명성에 대한 집착때문이었는가? 아니면 일주일 후에 처형당할 자신의 마음을 불교 지혜로 스스로 위로하고 격려하며 달랜 것인가? ■ 생의 천적인 죽음 때문에= 생의 모든 창조는 죽음 때문이다. 만약 죽음이 없다면 종교도 학문도 돈벌이도 결혼해서 아이 낳는 것도 그 어떤 욕망도 일어나지 않을 것이다. 인간은 본능적으로 아는 '죽는다는 사실' 때문에 이 모든 생의 창조를 더 열심히 해오고 있는 것이다. ■ 우주와 인간의 무상함= 어떤 형태로든 흔적을 남기지 않고 사라진다는 것은 얼마나 한탄스러운 일인가! 하지만 언젠가는 이 지구와 태양조차도 흔적 없이 사라질 것인데 무엇이 한탄스러운 일인가! ■ 저승사자의 쾌락= 저승사자의 쾌락은 죽어가는 자의 고통에서 얻는다. ■ 내가 집착과 무집착을 동시에 행하는 이유= 마치 저승사자가 왔을 때는 그 어떤 중요한 일을 하고 있는 중일지라도 아무런 논란이 없이 곧바로 만사가 끝장난다. 그래서 인생의 매사를 집착과 무집착, 집요한 매달림과 한 순간의 방하착(放下着)을 동시에 행하는 것은 현명한 처세이다. 나는 매순간마다 전체성(만물의 통일성)과 평등성을 완전히 체험한다.

왕성하게 해준다. 그래서 그들은 미친 듯이 일속에 빠져든다. 그들의 사업이나 그들의 작품에 의해 자신을 영원히 남기기를 원할 정도로 순진한 그들은 그것을 끝내기 위해, 완성시키기 위해 극성을 떤다."라고.

사실, 하나의 작품은 거기에 몰두하여 집착하지 않고서는, 거기에 자신을 완전히 내맡기지 않고서는 창조되지 않는다. 그렇다면 승조 스님이 죽는 순간까지 집착을 끊지 못한 것은 과연 무엇일까? 윌리엄 제임스의 말처럼, 인간성의 맨 밑바닥에는 인정받고 싶은 열망이 자리잡고 있는 법이다. 과연 승조 스님이 죽으면서 살려낸 것은 무엇일까? 인간은 왜 불멸의 사상을 원하는 것일까?[65]

서산대사의 생사관

조선(1392-1910)시대 유명한 승속대장군이며, 당대 최대의 명리승이었던 청허휴정(1520-1604) 서산대사가 엮은 《선가귀감》에 보면, 다음과 같은 글이 있다.

"누구든지 죽을 때에는 다음과 같이 생각해야 한다. 즉 다섯 가지 요소가 본래 비어있는 이 몸에는 나라고 내세울 것이 없다. 참된 마음은 모양이 없는 것으로, 오고 가는 것이 아니다. 태어날 때에도 자성은 태어난 바가 없고, 죽을 때에도 자성은 죽는 것이 아니다. 이렇게 마음과 대상은 둘이 아니다. 이와 같이 깊이 생각하여 한순간에 깨치면, 과거와 현재와 미래의 모든 인과에 얽매이거나 이끌리지 않게 될 것이니, 바로 이런 사람이야말로 세상에서 가장 뛰어난 자유인이다."

서산대사는 죽기 직전에 "천 생각 만 생각이 붉은 화로에 한 점의 눈이

로다. 진흙으로 만든 소가 물위로 다니니, 대지와 허공이 다 찢어지는구나."라는 임종게를 남긴 바 있다.

다기사의 허무철학에 대한 단상

《증일아함경(제27권 사취품9)》에도 보면 다음과 같은 다기사의 게송이 있다.

"몸(色)은 흙덩이 같은 것이요, 감정(受)은 물거품 같은 것이요, 생각(想)은 아지랑이 같은 것이요, 행위(行)는 파초와 같은 것이요, 의식(識)은 환상의 꿈과 같은 것이다." 라고.

그런데 이런 허무철학(사물과 실재를 손상시키기만 하는 이론이나 사상)은 죽어가는 자들에게는 위안이 되는 가르침이지만, 현재 덧없는 순간이지만 그래도 지금 살고 있는 생활인들에게는 기분 나쁜 가르침일 수도 있다.

물론 교주 석가모니 부처도 "모든 것이 꿈과 환영과 물거품과 번개같다"고 하셨지만, 그러나 우리는 지금 여기서 여전히 상식적인 생활을 하며, 먹고 마시고, 일하며 살고 있지 않은가?

솔직히 고백한다면, 나는 평소에 내 몸에 병이 들어올 때마다 곧바로 항상 죽을 준비를 한다. 그런데 내 소감은 죽음이 두려운 것이 아니라 내가 현재 충분히 완성적인 삶을 지내고 있지 못하는 것을 두려워하는 편이다.

그래서 나는 책 한 권을 지어낼 때마다, 이 책은 내 마지막 저서가 될지도 모른다는 생각(강박적인 관념)으로 최선을 다해보는 것인지도 모른다. 물론, 여기서 내가 쓰는 이 고정적인 개념의 글자들과 실제 현실계에서 순간순간 반응하며 깨닫는 역동적인 나의 삶과는 별개의 것이다. 그러므로 책이란 언제나 책일 뿐이요, 나는 나 일 뿐이다.

나와 내 작품들은 별개다

예를 들면, 독자가 내 책을 읽노라면 내가 타인과 시비로 잘 다툴 사람 같이 느껴지겠지만, 실제의 내 일상생활에서는 타인과 일절 다투지 않고 매우 조용하고 평온하게 지낸다. 왜냐하면 나는 보통의 대인관계에서는 경쟁심과 승부욕을 내는 쟁기(爭氣) 대신 상대방에게 들키지 않는 아첨과 아부로 상대의 마음을 사면서 동시에 속으로 객관적인 관찰을 하는 것을 아주 좋아하기 때문이다.

동학혁명의 지도자 전봉준의 유언장

내가 어릴 때 아주 인상적으로 읽었던 유언장은 조선(1392-1910) 동학혁명의 지도자 전봉준(1854-1895)선생님의 기개 당당한 말씀이다. 이 글은 《공초기(供草記)》에 적혀 있다.

"선비는 가히 죽임을 당하더라도 욕을 당하지는 않는다. 내 너희들 손에 잡힌 이상, 너희가 나를 죽이면 죽였지, 나를 욕보일 법이 무엇인가! 이 하잘 것 없이 천한 것들아! 내 이미 적군에 잡혔으니, 오직 죽음이 있을 뿐이요 너희의 법률을 받지 않겠다."

숙연해진다. 이왕 말이 나온 김에, 녹두장군 전봉준의 육성을 한 번 더 들어보기로 한다.

"도(道)가 없는 나라에 도학을 세운 것이 무엇이 죄에 해당하는가? 우리나라에는 자기의 도가 아직 없고, 그저 남의 나라의 도를 가지고 옳고 그르니 하며, 싫어하고 좋아하며, 추세하고, 의뢰하고, 맹목적으로 복종만 한 것을 어찌 옳다고 할 수 있겠는가? 외국에서 들어온 유학, 불도, 선도, 서학(예수교)에 대해서는 아무 말 없고, 우리나라 사람으로 우리나라에서 주장하는 동학만을 배격하는 뜻은 무엇인가? 동학은 우리의 소산이라 비루하다 하여 금지하는 것인가? 동학은 사람을 하나님이라 하니, 그게 싫어 못하게 막는가? 동학은 삐뚤어지는 세상을 바로 잡고자 하여, 탐관오리를 없애고, 그릇된 썩은 정치를 바로 잡으려고 하였으니 무엇이 잘못인가? 백성의 고혈을 수탈하는 자를 처벌한 것이 무엇이 잘못이며, 인간으로서 인간을 매매하는 것과 국토를 농간하여 사복을 채우는 자를 처벌한 것이 무엇이 범법(犯法)[66]인가? 너희들은 일본 왜적을 이용하여 자기나라를 해치는 무리들이다. 그 죄가 크고 무겁거늘, 어찌 도리어 나를 죄인이라고 하는가!"

예수교의 교주인 젊은 예수도 처참한 사형을 당해 죽으면서 "나의 하나님! 나의 하나님! 어찌하여 나를 버리시나이까!" 절규했지만, 운명보다 강한 것이 있다면 그것은 동요하지 않고 그 운명을 짊어지는 용기일 것이다.

가만히 생각해보면, 예부터 억울하게 헛된 죽음을 당한 성현들이 많았다. 예를 들면, 같은 스님의 시기질투로 자기 수명대로 못 산 용수(150-

---

66) 범죄란 범죄라고 규정하는 수만큼 있을 수 있는 것이다. 내가 여기서 말하고 싶은 것은, 어떤 사상가의 범죄적인 성향은 오히려 인간관계로 구성된 사회에 진보적일 수도 있다는 점이다.

250년경의 인물)부터 그 용수의 제자인 아리야 데바(170-270)도 다른 종교의 논적에게 암살을 당했고, 24조인 사자존자도 대화중에 카스미르의 히라쿨라 왕의 칼에 목이 잘려져 나갔고, 달마(460-536) 대사도 중국에 온 뒤 여섯 차례나 독살 공격을 받은 바 있고, 마침내 보리유지에 의한 독살설도 있고, 이 달마 대사의 제자인 혜가(487-593) 대사도 처형을 당했고, 암두(828-887) 선사도 처형을 당해 죽었다.

이렇게 어쩌다 재수 없게 만난 경쟁자의 시기질투 때문에 현장의 날선 칼날이 이 사람들의 목을 쳐버렸으니 통탄할 일이도다!

석가모니와 목련 존자와 용수와 아리야 데바와 사자존과 승조와 달마와 혜가와 암두 스님에게 잘못이 있다면, 그저 세상과 사물의 이치를 너무 깊이 탐구했다는 것 뿐 인데, 왜 이렇게 진실은 반발심을 생기게 하고, 미덕은 시기 질투심을 생기게 하는지 모르겠구나!

이 모든 것이 지구에서 무수한 과거로부터 지어온 모든 생명체의 업(業: 파괴적 유전자의 탐욕)의 결과인가? 생각해보면, 인류역사상 여러 분야에서도 이렇게 억울한 죽음을 당한 천재들이 어디 한 두 명 뿐이었겠는가!

조선시대 단종때의 충신 사육신 즉 성삼문(1418-1456), 박팽년(1417-1456), 유응부(?-1456), 이개, 하위지, 유성원과, 또 홍길동의 저자 허균(1596-1620)은 예수보다 더 잔인하고 처참한 처형을 받은 사람이다.

사자의 서를 지은 파드마삼바바의 독경

나는 파드마삼바바(?-775)에게 이렇게 죽은 분들을 위해 독경을 청한다. 파드마삼바바는 말한다.

"당신의 의식(意識: 자신의 근거로써 집착하는 것)은 이제 텅 빈 공(空, 또는 場)이 되었습니다. 그러나 그 텅 비어짐은 허무한 것이 아니라 충만한 것입니다. 그러므로 그 어디에도 얽매이지 않고, 찬란히 빛나고 가볍게 떨리는 행복한 식신(識神; Consciousness Spirit, 또는 사람이 죽은 후에 다시 생의 에너지를 내는 것)은 바로 깨달음 그 자체입니다."

불행 속에서도 행운을 찾아내고
행복 속에서도 절제와 신중함을 찾아낼 줄
알아야 한다

보지 스님의 설법:

보지 스님은 이렇게 말했다.

「세상에서 사람의 얼굴을 보고 복을 점치는 것은 매우 잘못된 일이다. 복이란 본래 형상이 없는 것인데 무엇으로 볼 수 있다는 말인가? 오로지 얕고 깊은 그의 마음 도량을 보면 될 뿐이다.」

「사람의 수명을 살펴볼 때에는 반드시 그 사람의 마음 씀씀이를 보아야 한다. 하는 일마다 남을 속이는 사람치고 어찌 장수를 누리는 자가 있을 수 있겠는가?」

새로운 생각의 길:

보지(478-514) 스님은 옛중국 남북조시대(439-581) 남조(南朝)의 제

(479-502)나라와 양(502-557)나라 시대의 인물이다.

보지 스님은 기이한 행동을 하며, 거주지가 일정하지 않으며, 먹고 마시는 데에도 일정한 때가 없었다고 한다. 그런데도 사대부들과 일반인들 모두가 그를 존경하였다.

특히 양무제는 그를 믿고 숭상하여 그에게 궁궐을 마음대로 출입할 수 있도록 하였다고 한다.

보지 스님과 양무제와의 문답은 《고승전(보지전)》을 참조하시기 바란다.

불교는 관상보다 심상을 중시한다

본문에서 보지(478-514) 스님은 "세상에서 사람의 얼굴[67]을 보고 복을 점치는 것은 매우 잘못된 일이다."라고 말했다.

그런데 소문에 의하면 반야사상과 노장사상을 결합시킨 사상가로 유명한 지둔(314-366) 스님은 외모가 매우 못생겼기 때문에 사람들이 그의 말을 듣는 것은 좋아했으나 그의 얼굴을 보는 것은 싫어했다고 한다.

그러나 지둔의 신도가인(信徒佳人)이었던 극초는 말하기를 "수백년 이래로 큰 가르침을 이어 밝혀서 진리가 끊이지 않도록 한 사람은 오직 지둔 한 명이다." 라고 할 정도였다.

또 우리나라 고려(918-1392)시대 《보현십원가》의 신행으로 유명한 균여(923-973) 스님도 얼굴과 외모가 참으로 추하게 생겼다고 한다. 그러나 그는 고려 광종(949-975)으로부터 그 누구보다도 많은 후원을 받은 행운아가 아니었던가?

 · 번뇌를 지닌채 부처가 된다

본문에 이르기를 "복이란 본래 형상이 없는 것인데 무엇으로 볼 수 있다는 말인가? 오로지 얕고 깊은 그의 마음 도량을 보면 될 뿐이다." 라고 했는데 복이 복이 아니요, 화가 화가 아니다. 그것은 서로 섞여 있다. 그래서 비결이 있다면, 그저 불행이 닥쳐오면 오는 대로 그 불행 속에서 행운을 찾아내고, 행운이 오면 그 행운 속에서도 절제와 신중함을 찾아낼 줄도 알아야 할 것이다.

내 개인적인 말을 해본다면, 내 사주팔자와 대운의 특성은 단 한마디로 말하면 전화위복(불행한 것이 변하여 도리어 행복한 것이 된다는 것)이다. 나는 희귀하게도 완벽한 무재팔자(無財八字)다. 지장간(地藏干)에도 일점의 재(財)가 없다. 사주팔자 해석학에서는, 이렇게 재(財)가 단 한 개도 없는 사람은 아주 고결(高潔)하고 청고(淸高)한 고승(高僧)의 덕을 지니고 사는 것을 자기 운명으로 받아들여야만 하는 자라고 판단한다. 왜냐하면

67) 《나의 통찰명상 어록 (석진오의 미발표 원고)》에서. ■ 평생 잊지 못할 야생의 얼굴= 오늘 (2008.9.1) 길가다가 우연히 야생의 얼굴을 보았다. 마치 인간의 진면목을 본 듯이 그 사진 앞에서 한참동안 감격하였다. 김홍희(사진작가, 1959-)의 《매 사냥꾼(Mongolia, 2006년작)》앞에서. 얼굴이란 얼이 숨어있는 굴이다. ■ 캐나다 앨버타주 에드몬톤 앨버타 대학교에서= 나는 사상가로서 어느 나라 그 누구에게도 열등감이나 부러움을 느끼지 않는다. 그런데도 나는 키가 크고 이목구비가 분명한 유럽계 백인들의 외모와 얼굴을 바라볼 때마다 정말 열등감과 부러움을 느낀다. "내생에는 미국인(유럽계 백인?)으로 태어나고 싶다."는 유언을 남기고 미국 (하와이)에서 71세로 죽은 모스님의 심정에 공감이 간다. 개는 못생겨도 좋은데 어찌 사람은 외모와 얼굴에 이리도 영향을 받는지. 스스로 생각해봐도 안타깝다. 미안하다. 나는 178cm의 키와 70kg의 몸무게를 가지고 있다. 그런데 캐나다에서 유럽계 백인들과 나를 비교해볼 때에 내가 유일하게 열등감을 드는 부분은 콧등의 뼈가 함몰되어 있어 너무 낮은 코를 가지고 있는 내 동그란 얼굴이다. ■ 유럽계 백인들에 대한 나의 열등감과 우월감= 나는 유럽계 백인들의 육체적 외모와 얼굴을 부러워한다. 그러나 그들의 사상은 조금도 부러워하지 않는다. 왜냐하면 정신의 세계는 육체적 외모가 아니며, 나는 그들보다 더 깊이 있는 사상가라고 생각하기 때문이다. 미소. 인간은 외모때문에 고귀한 것이 아니라, 지혜가 있기에 고귀한 것이다.

재(財 또는 여자)는 아주 강직하고 고결하고 청고한 자를 결코 좋아하지 않기 때문이다. 모름지기 세상사 경험에 의하면, 재(財 또는 여자)는 적당히 탁하고 아첨을 잘해야 얻을 수 있는 것이다.

다시 또 화복(禍福)에 대하여 성찰하건대, 가능하다면, 끊임없이 변동하는 화복(禍福)에도 사로잡히지 않는 것이 좋다. 왜냐하면 중요한 것은 화복이 아니라 그 화복(禍福)안에 철리(哲理)가 있는가, 또는 그 철리를 얼마나 각성하는가가 중요하기 때문이다. 다시 말하면 끊임없이 변동하는 화복을 경험하는 것보다는 대체 이 화복(禍福)의 정체가 무엇인가를 근본적으로 아는 것이 더 중요하다.

남방 불교권에서는 행운이란 '비참한 상태로 가는 길을 막는 것' 이라는 뜻으로 풀이하고 있다.

이것을 북방 불교권에서는 지관(止觀)의 '지(止; 멈추는 것, 조용히 명상하는 것, 또는 자기 본위적인 생각으로 분별하여 갈등과 투쟁을 불러일으키는 모든 행위를 즉시 멈춘다)' 라고 한다.[68]

하지만 내 인생 경험에 의하면 지(止; 가만히 멈추어 있는 상태)가 무조건 좋은 것은 아니다. 때로는 과도하게 밀어붙이며 목숨을 걸고 추구할 줄도 알아야 한다. 왜냐하면 인생이란 국량이 작고 소극적인 마음으로는 대성하기가 어렵기 때문이다.

---

68) 불교에서 말하는 지관(止觀)의 지(止) 이전에 중국에는 이미 수많은 고전들에서 지(止)라는 글자가 흔하게 보인다. 그러므로 관심 있는 불교학자는 불교의 지(止)와 중국 고대 경전들의 지(止)에 관한 논문을 한 번 써보시기 바란다. 내 결론의 느낌을 말한다면, 불교의 지(止)는 심리적이고, 중국 고대 경전들의 지(止)는 행위적인 것 같다. 그래서 불교의 지(止)는 명상적이고, 중국 고대 경전들의 지(止)는 윤리적인 것 같다.

이제 다시 보지(478-514) 스님의 본문(관상과 수명에 관한 설법)으로 돌아와서 글을 마무리 한다면, 관상과 수명론에 관련해서는 《열자》에 나오는 관상가 계함과 호구자의 법력에 관한 이야기를 소개하고 싶다.

그리고 또 관상학의 역사는 정현우 님이 편역한 《인상경영학(어문각 1986)》11-20쪽까지 참조하시고, 관상에 대한 기초적인 설명은 신기원(1939-)님이 쓴 《관상학(대원사 1991)》책을 참조하시고, 관상학에 관련한 아주 재미있는 읽을거리는 강영수 님이 번역한 《마의상법(태을출판사 2002)》을 읽어보시기 바란다.

그러나 불교는 언제나 관상(觀相)보다는 심상(心相)을 보고 판단하고, 수명장수보다는 대각(大覺)과 보살행을 중시한다.

내가 현재 가지고 있는 불교의 심상(心象)은 허공에 활짝 피워 있는 푸른 장미와, 토끼의 강력한 뿔과, 거북이의 가장 부드러운 털이다.

바로 이 점이 불교가 관상을 중시하는 선가(仙家)와 수명장수를 목표로 수행하는 도가(道家)와 다른 점이다.

물론 불가에서도 중국 당나라 때부터 관상을 잘 보는 학파가 있었고, 오늘날에도 여전히 전해지고 있다.

그러나 내가 방편으로 사용하는 관상이란, 얼굴에 나타나 있는 조상의 유전자 또는 유전자의 표식을 직관적으로 읽어내는 정도에 지나지 않는 것이다.

부흡선혜 스님의 패션 쇼

부흡선혜의 패션철학:

부흡선혜는 승복을 입고, 도사(道士)의 모자를 쓰고, 유생(儒生)의 신발을 신고 대궐에 들어갔다.

그의 이상한 옷차림에 양무제는 웃으면서 물었다.

「그대는 스님인가?」

선혜선사는 그의 모자를 가리켰다.

「그러면 그대는 도사란 말인가?」

선혜선사는 그의 신발을 가리켰다.

「그러면 유생인가?」

선혜선사는 그것도 아니란 듯이 다시 그의 옷(승복)을 가리켰다.

선혜 스님의 행동선의 패션쇼

옷은 분명히 사람의 감정에 영향을 끼친다. 하지만 부흡선혜의 옷은 자타에게 평온함을 느끼게 해주는 패션은 아닌 것 같다.

부흡선혜의 패션미학은 단순한 선 스타일이 아니라 퓨전 스타일이다.

제멋대로 말한다면, 나도 본문에 나오는 부흡선혜의 옷차림처럼, 내 사상도 잡종적인 연계(連繫)를 아주 좋아한다. 그래서 내 사상의 옷도 하이브리드(Hybrid)다.

샐먼 루시디(1947-)가 쓴 《악마의 시》에서, 파리쉐타가 부르는 "오! 내 신발은 일본제, 내 청바지는 영국제, 머리위에는 러시아제 붉은 모자, 가슴은 인도제." 라는 노래 말이 생각난다.

이능화(1869-1945)의 《조선불교통사》에서 인용되고 있는 《동국통감》에도 보면 "지금 승려무리들은 갓난이같이 빡빡 깍은 머리를 하고, 이상한 옷을 입고서, 이상한 궤변을 늘어놓으니, 정상적인 것이 아니다." 라는 글이 적혀 있는데, 불교 스님들에 대한 520년대의 신라(B.C.E.57-C.E.935)국 귀족들의 인식이 즐겁다.

채상사(1905-)는 《중국전통사상 총비판》에서 "송나라(960-1279) 시대의 성리학은 현관문은 유교이고, 가운데 들어가면 도교이고, 집안은 불교이다. 불교가 뼈대요, 도교가 살이요, 유교는 껍질이다." 라고 표현하고 있는데, 이런 표현의 원형은 이미 부흡선혜의 행동선(行動禪)의 패션쇼에서 잘 보여주고 있다고 여겨진다.

내 개인적인 성향으로는, 부흡대사같은 히피보다 징키스칸의 부하였던 야율초재(1190-1244)거사를 더 좋아한다. 왜냐하면 그는 유교로서 나라를 다스리고, 불교로서 민심을 다스린 매우 현명한 정치가였기 때문이다.

부흡선혜는 누구인가

부흡(497-569)스님은 보지(478-514)스님과 함께 당시 반승반속(半僧半俗)으로 이름을 날렸던 인물이다.

부대사의 게송인 "빈손으로 호미자루를 잡고, 걸어가면서 물소에 올라탄다. 사람은 다리 위로 지나가고, 다리는 흐르는데, 물은 흐르지 않는다." 라는 선시는 후대에 체용상즉론자(體用相卽論者)인 신수(606?-706) 선사가 대단히 좋아했다고 한다. 우리나라에서도 이 게송은 매우 많이 알려져 오늘날 일반사회의 시인들도 응용하고 있을 정도다.

부흡선혜는 24세에 인도승려 숭두타를 따라서 출가했다. 그는 현대 서양의 불교계 도인들처럼 낮에 노동을 하고, 저녁에는 아내인 묘광과 함께 법회를 열었으며 대법사로 소문이 사방에 퍼져 나가는 바람에 천하의 명승이 되었다.

어느 날 부흡선혜는 양무제에게도 글을 써서 보냈는데, 양무제가 그 글을 읽고 좋아서 신하를 보내 그를 궁궐로 초청하여《금강경》강론을 하게 하였다.

그런데 부흡선혜는 설법자리에 앉자마자, 주장자를 한 번 휘두르고 법회를 끝내버리는 바람에 사람들은 모두 어리둥절해 하였다는 벽암록(제67칙)의 이야기[69]는 유명하다.

 · 번뇌를 지닌채 부처가 된다

생각해서 하는 말인데, 유교와 불교와 도교 세 종교의 본질적인 가치는 옷에 있지 않고, 그의 사상에 있다. 우리나라에는 서산대사가 새롭게 편찬한 《삼가귀감(유교와 도교와 선불교 귀감)》이 있다.

그런데 휴정(1520-1604)은 20세에 불문에 출가하여 맹세하기를 "차라리 한평생을 우둔하고 못생긴 놈으로 지낼지언정 맹세코 글자풀이나 하고 살아가는 강사노릇은 하지 않겠다." 라고 장담을 했음에도 불구하고 《삼가귀감》을 편찬하였으며, 조선(1392-1910)시대의 유명한 승속대장군이며 최대의 명리승(名利僧; 세속의 명예와 이익을 크게 얻은 스님) 노릇을 한 분이다.

또, 서산대사는 《선가귀감(1579)》에서 "출가한 사람이 외전(外典; 불교경전 이외의 다른 고전들)을 공부한다는 것은 마치 칼로 진흙을 베는 것과 같아서 흙은 아무 소용도 없는데 공연히 칼만 망치게 될 것이다."라고 말했다.

그런데 《유가귀감》《도가귀감》은 외전(Non Buddhist Scriptures)이 아닌가?

나는 내전(內典)이든 외전(外典)이든 가리지 않는다. 왜냐하면 중요한 것은 정확한 통찰과 진지한 성찰과 분명한 실천이기 때문이다.

---

69) 부흡선혜의 주장자는 금강경에 나오는 '범소유상 개시허망(凡所有相 皆是虛妄: 모든 형상은 허망한 것이다.)'을 상징한다. 부흡선혜와 양무제의 문답은 《경덕전등록(27권)》을 참조해보시기 바란다. 그런데 주장자 법문에 대해 이런 식으로 이해하게 되면, 부흡선혜가 주장자(非思量; 즉, 분석과 고찰을 하지 않는 것, 고정관념을 초월해버림의 상징)를 들어 올릴 때에 이미 어긋난 것이라고 촌평할 수 있다.

그리고 우리 한국인들은 본래 민족유전학적으로 비빔밥 사고에 매우 강한 민족이다. 신라의 원효가 그랬고, 조선의 율곡이 그랬고, 현대의 함석헌옹이 그렇다.

최근에는 학계에서도 통섭(Consilience)이라는 단어가 유행하고, 일반 사회에서도 하이브리드(잡종)라는 용어가 많이 사용되고 있다.

나는 통섭이나 잡종이라는 단어보다는 회통(會通) 또는 유통(流通)이라는 단어 사용이 더 적합하고 쉬운 것이라고 생각한다.

이 단어 사용의 예를 들면, 근대 조선에서 영어, 불어, 중국어, 일어 등 외국어에 통달한 어학의 천재였던 일소(一笑) 이능화(1869-1945) 거사가 쓴 책에도 《백교회통(百敎會通, 1912)》이라는 책 제목이 보인다.

자기 자신과 함께 평생 희노애락하는
부처는 미토콘드리아다

부흡선혜는 이렇게 말했다.

「나는 밤마다 부처를 안고 자고, 아침마다 다시 같이 일어난다. 그리고 항상 앉으나 서나 언제나 같이 다니고, 말하거나 안하거나 함께 행동한다.

이렇게 털끝만큼도 떨어지지 않아서 우리의 몸과 그림자는 서로 따르고 있다. 부처님이 가신 곳을 알고자 하는가? 이 말 소리가 바로 그것이다.」

임제(?-866)와 운문(864-949) 선사는 부처를 죽이겠다고 살기(殺氣)를 휘둘렀다. 그런데 여기서 부흡선혜(497-569)는 부처와 일심동체가 되어 사랑으로 있으니, 불교의 초보자들은 많이도 헷갈리겠다. 본문의 의미는 날마다 미묘한 이치를 껴안고 산다는 뜻이다.

나의 연금술적인 글쓰기

내가 언제 어디서도 가장 자신 있게 잘 하는 일은, 가장 음탕한 작품을 가장 신성하게 해석하는 일이고, 가장 신성한 성전을 가장 천박하게 해석하는 일이다.

그래서 내게는 세상에서 말하는 좋은 책과 나쁜 책의 구별이란 없다. 왜냐하면 그 어떤 텍스트일지라도 내 맘대로 변형시킬 수 있는 자신이 있기 때문이다. 본문에 대해서도 마찬가지다.

그러므로 독자는 내가 여기서 아무리 야한 이야기를 해도 법문으로 이해하고, 또 엄준한 이야기를 해도 가벼운 농담으로 이해해주시기를 바란다.

만약 부흡 대사가 내 앞에서 이런 시를 지었다면 "나는 밤마다 안고 잘 부처가 없는 자(無佛; 또는 無佛性)이며, 아침마다 같이 일어날 부처가 없는 자이며, 항상 같이 다니며, 함께 행동하는 부처가 없는 자이다. 그래도 고독하지는 않다. 다만 고립되어 있을 뿐이다." 라는 말을 해주었을 것이다.

선재동자와 만해선사의 연애시

이제 나는 본문의 이야기와 관련하여, 남녀의 성적인 접촉을 깨달음으로 상징하는 시구들을 인용해보기로 한다.

우선, 《화엄경(입법계품)》에 나오는 선재동자는 구도적인 여행길에서 만난 창녀로부터 "만약 어떤 사람이 나를 포용한다면, 그 사람은 모든 중생을 받아들이는 명상법을 얻게 될 것이다. 또 만약 어떤 사람이 나에게 키스를 한다면, 그 사람은 모든 사람들이 갖고 있는 공덕에 접하게 될 것이다." 라는 가르침을 들은 바 있다.

그리고 자신의 성적인 체험을 세련된 표현으로 만들어낸 한용운(1879-1944) 스님은 〈님의 얼굴〉이라는 시에서 "님의 입술 같은 연꽃이 어디 있어요? 님의 살빛 같은 백옥이 어디 있어요?" 라고 적었고, 〈오셔요〉라는 시에서는 "당신은 나의 품으로 오셔요, 나의 품에는 부드러운 가슴이 있습니다." 라고 적었으며, 〈슬픔의 삼매〉에서는 "그대는 만족한 사랑을 받기 위하여 나의 팔에 안겨요. 나의 팔은 그대 사랑의 분신인 줄을 그대는 왜 모르세요?" 라고 적었으며, 〈생명〉이라는 시에서는 "나의 생명을 님의 가슴에 으스러지도록 껴안아 주세요. 그리고 부서진 생명의 조각 조각에 입 맞추어 주세요." 라고 쓴 바 있다.

부휴선혜는 본문에서 "밤마다 부처를 안고 자고, 아침마다 다시 같이 일어난다." 라고 했는데 이것을 남녀의 성적인 접촉으로 보고 통속적으로 말한다면 "나는 그대의 마음속에 살면서, 허벅지 사이에서 쾌락을 맛보며, 그대의 눈동자 속에 묻히고 싶다." 라고 한 셰익스피어(1564-1616)의 《헛소동(5막2장)》에 나오는 말과 같은 것일 수도 있다.

휘트먼(1803-1882)도 《나 자신의 노래》에서 "나는 성욕과 식욕을 다같이 신뢰하니, 보고 듣고 만지고 하는 것이 모두 기적과 같다."고 했으며,

《충동적인 나》에서는 "사랑의 두 팔과 두 손, 두 입술, 두 성기와 두 가슴 및 두 배가 함께 밀착되어 있는 것, 대지 위의 모든 생명은 오직 사랑의 뒤에 탄생되는 것, 내 사랑의 육체 곧 여인의 육체를 나는 사랑하노라." 라고 적고 있다.

포르노를 모방한 듯한 더 야한 시는 조선(1392-1910)시대 이수광(1563-1628)의 《지봉유설(20권 10책 목판본, 1634년 출판)》에 보이는데 "뜻이 있어서 두 가슴을 합쳤고, 정이 많아서 두 다리를 벌린다. 움직이고 흔드는 것은 나에게 달렸지만, 깊게 하고 얕게 하는 것은 그대 재량에 맡기네."[70] 일 것이다.

이 모든 음탕한 시들조차도 부흡선혜처럼 밤낮으로 부처와 일심동체가 되어 있는 이야기에 상징적인 것으로 사용될 수도 있다.

내 책상에는 캐나다 밴쿠버의 명상서점에서 구입한 부처와 보살이 섹스하는 교합상(交合象)이 한 개 있다.

견우와 직녀처럼 부처와 중생도 서로 그리워 한다

그러나 다음과 같은 시도 있으니, 우리나라의 한시문학에서 많이 회자되고 있는 시다.

"아득한 남쪽의 견우성과 머나 먼 북쪽의 직녀성이, 가늘고 여린 흰 손 들어 찰칵 찰칵 베틀의 북을 놀리는데, 하루 종일 한 폭도 짜지 못하고 눈물만 비 오듯이 흘리네. 은하수는 맑고도 얕아, 서로의 거리 그 얼마나 되는가? 아름다운 한 줄기 강물 사이에 두고, 빤히 바라보기만 하고, 말도 나누지 못하네."

이 시 또한 서로 만나지 못하고 있는 부처와 중생(깨달은 자와 무지한 자)의 관계로 상징화 할 수도 있다고 여겨진다.

전통불교는 정식(情識)과 정진(情塵)과 법진(法塵)을 가장 경계하고 있다.[71]

그래서 나옹혜근(1320-1376)은 "애정에 대한 탐욕을 일으켰다면 경지가

---

70) 석가모니 세존은 다음과 같이 말했다. "나는 여자처럼 남자의 마음을 사로잡는 존재를 본 적이 없다. 그녀의 목소리, 그녀의 냄새, 그녀의 맛, 그녀의 감촉, 그녀의 모습은 남자의 마음을 사로잡는다." 그러나 "이런 여자에게 맛사지, 지압, 세욕, 안마를 받으며 즐기거나, 농담하고 희롱하고 유희하거나, 그녀의 눈을 자신의 눈으로 관찰하고 응시하거나, 그녀의 노래를 듣거나, 그녀를 상상하게 되면, 이러한 삶을 통해 남자는 나중에 온갖 희노애락과 생노병사를 겪으며 모든 괴로움에 사로잡히게 된다." 그러므로 "이 생을 마지막 탄생으로 생각하고, 다시는 윤회하지 않겠다는 결심을 한 자는 여자의 본성과 행동과 외모와 우아함과 욕망과 소리와 치장에 사로잡혀서는 안된다." "여자란 자기 몸의 치장, 성적인 과시에만 정신을 본능적으로 집중하고 거기에만 탐닉하고 즐거워하며, 모든 남자들에게 안락과 쾌락을 줄 것 같이 유혹을 하는 자들이다. 그러나 진정한 자유인은 이런 여자의 유혹에 넘어가지 말아야 한다." 나도 석가모니의 사고방식에 따라 다음과 같은 내 본심을 두서없이 적어둔다. "사람들은 결혼이라는 합법적인 미명하에 자신의 성적 욕망과 지배력(통제력)을 합리화하고 자신과 타인을 기만한다. 결혼이란 서로가 자신을 위해 상대방을 이용(착취)하는 희생적인 관계다. 결혼생활이란 의무감과 책임감과 인내의 괴로움을 미화하며 주인 또는 종노릇하는 짓이다. 사람들은 결혼을 통해 안락과 쾌락을 구하지만 정작 얻는 것은 불안과 의심과 불만족과 질투와 어리석음과 더 큰 바람과 외로움과 우울증이다. 그러므로 나는 여자의 존재를 마치 무지개처럼 본다. 무지개는 경이롭게 존재하지만 실제로는 실재하지 않는 것이다. 나는 여자를 마치 신기루처럼 본다. 신기루는 분명히 존재하지만 실제로는 실재하지 않는 것이다. 내가 상담한 거의 모든 사람들이 남녀관계 파탄으로 인한 괴로움을 호소한다. 나는 그들의 고통 속에서 교훈을 얻는다. 여자가 줄 것 같은 안락과 쾌락은 마약처럼 또는 '미끼'로 알고 경계하라. 현재 생의 모든 생노병사와 슬픔, 비탄, 고통, 불만, 절망은 모두 여자의 임신과 출산 때문이다. 고로 '이 생을 마지막 생으로 생각하고 다시는 전생윤회(轉生輪回)하지 않겠다.'는 결심을 가진 자는 반드시 여자에 대한 애욕과 집착과 희망의 끈을 놓아버려야 한다. 구마라집은 이성문제에 대해 "연꽃만 취하고 진흙은 취하지 말라."고 말했지만 이 문제는 또 다른 문제다. 나는 그동안 재가와 출가의 모든 지인들에게 이성문제에 대해서는 매우 너그러운 말로 상담을 해오고 있지만 내 본심은 그들을 별로 좋아하지 않으며 존경하지 않는다.

71) 정식(情識)이란 그저 정(情)으로 사물이나 인간 인연에 사로잡히는 것을 의미한다. 정진(情塵)이란 정(情)의 티끌을 의미한다. 법진(法塵)이란 관념의 티끌을 의미한다.

높은 삼현과 십지의 보살이라도 구제하기 어렵다." 라고 말한 바 있다.

그런데 진각혜심(1178-1234)은 다음과 같이 설법한 바 있다.

"여러분이 아침부터 저녁까지, 생각 생각에 석가가 나타나고, 걸음걸음에 미륵이 내려오며, 물건마다 일마다 전 세계를 두루 나타내고, 말마다 글귀마다 대장경의 문장을 완전히 펼친다하더라도 그것은 대수롭지 않은 일이니 드러내려고 할 것도 없다. 또 배가 고프면 밥을 먹고, 목이 마르면 물을 마시며, 한가하면 앉고, 피곤하면 눕고, 법신이니 불심이니 하는 생각이 전연 없고, 태평스러운 풍월에도 간여하지 않는다. 이것은 어떤 사람의 경지인가? 그래도 한 방망이는 맞아야 할 것이다." 라고 했다. 진각 스님의 말이 참 멋있다.

하여튼 부흡대사는 밤낮으로 이러한 놀라운 사람(Buddha)과 언제나 함께 살고 있으니 그것은 부대사 자신의 진면목일 것이다.

아난 존자는 석가모니와 42년 동안을 함께 밥 먹고, 함께 자고, 함께 거동하며, 함께 온갖 일을 하며 지냈는데도 이러한 깨달음을 얻지 못한 바 있다.

72) 《나의 통찰명상 어록 (석진오의 미발표 원고)》에서. 전미국 국방장관 D.H.럼스펠드(1932,7,9-)는 기자회견 성명서(2002,2,12)에서 다음과 같이 말한 바 있다. "알고 있음을 아는 것들이 있다. 우리가 안다고 알고 있는 것들이다. 그리고 또 모르고 있음을 알고 있는 것도 있다. 다시 말하면, 우리가 알지 못한다고 알고 있는 것이다. 그러나 모르고 있음을 모르고 있는 것도 있다. 그것은 우리가 알지 못함을 알지 못하는 것들이다." 이 말은 "오직 모를 뿐이다"라는 숭산 선사의 법어와 얼마나 똑같은 말인가? 물론 숭선 선사는 불교 승려이고, 럼스펠드는 이라크 침공을 주도하는 미국 정치가이다. "알고 있는 것, 모른다고 알고 있는 것, 모른다는 것을 모르고 있는 것이 있다."는 어느 무명씨의 명언을 모방 응용하여 "모른다는 것을 모르고 있는 것, 우리는 우리가 그것을 모른다는 것조차 모르고 있다."고 말한 럼스펠트는 얼마나 완전히 모르는 사람이었는가! 일찍이 노자는 도덕경(제71장)에서 "알면서도 안다고 주장하지 않는 것이 가장 좋다. 그런데 알지 못하면서 안다고 주장하는 것은 병(病)이다."라고 쓴 바 있다.

하지만 아난 존자만 아니라 대학교에서 평생 동안 불학을 가르치는 교수도 모를 수 있는 것은 마찬가지다.

또 평생 동안 선방에서 화두 참선하며 지내는 선승도 모를 수 있는 것은 마찬가지다.

그러니 일반 보통사람으로서 누가 이 도리를 쉽게 알 수 있겠는가?

"오직 모를 뿐!"이라고 설파한 숭산 선사의 설법이 맞는 것인지도 모른다.[72]

현대 불교인들의 과제

법랑(507-581) 스님은 다음과 같이 말했다.

「도를 닦는 자가 만약 도가 아닌 것을 버리고, 올바른 도(正道)를 찾으려고 한다면, 그는 이미 도(道)라고 하는 것에 얽매어 있는 것이다.

좌선을 하는 자가 만약 혼란을 피하고 고요함을 추구한다면, 그는 이미 선(禪)이라고 하는 것에 얽매어 있는 것이다.

학문하는 자가 자기 속에 지혜가 있다고 생각한다면, 그는 이미 지혜에 얽매어 있는 것이다.

이러한 것들은 모두 속박 속에 있으면서 속박을 벗어나려고 하는 것으로 사실은 그것이 바로 진짜 속박이라는 것을 깨닫지 못하는 것이다.」

〈길장의 정명현론〉

법랑(507-581)스님은 길장(549-623) 스님의 스승이다.

길장 스님은, 중국 삼론종(중론과 백론과 십이문론으로 공사상을 공부하는 불교종파로 구마라집→도생→담제→승랑→승전→법랑→길장의 계보를 가지고 있는 불교종단)을 사상적으로 완성한 길장 스님인데 이런 스님의 스승이라면 얼마나 대단했겠는가?

그런데 법랑 스님은 승전 스님의 제자이며, 승전 스님은 고구려 요동 출신인 승랑 스님[73]에게 삼론(三論; 구마라집이 번역한 용수의 중론, 제바(170-270)의 백론, 용수의 십이문론)의 대의(大意)를 배운 분이다.

우리나라 고대의 불교 인물들은 이렇게 정말 대단한 분들이다. 그런데 요즘 현대 한국불교계에는 전부 불교 포교사들과 불교학 지해종사(智解宗師)들만 있고, 모든 진리를 하나로 통찰하고 회통하는 독창적인(재창조적인) 사상가는 단 한 명도 없는 것은 어찌된 일인가?

일본이나 미국에 가서 권위 있는 교수의 지도하에 박사학위를 받아와 국내 대학교의 교수자리를 지키며 연구하는 일도 중요하지만, 한국불교계와 일반철학계의 약점은 현재 국제적으로 창조적 지성이 발랄한 사상가가 없다는 점이다. 물론 사상가는 아무나 될 수 있는 것은 아니지만, 그래도 분발해야만 할 것이다. 분발을 하려면 먼저 근성이 있어야 한다. 근성(根性)이란 모든 존재와 현상에 대해 주체적, 비판적, 창조적 개인주

---

73) 승랑 대사는 우리나라 고구려 요동사람으로 장수왕(413-491) 후반기에 중국 장안으로 가서 대승불교 반야부 사상과 용수의 논서들을 전문적으로 연구하고, 강의하면서 중국 양(502-557)나라의 양무제(502-549재위)에게 특별대우를 받은 한국 고대불교사의 최초의 고승이다.

의자로서 깊이 의심하고, 질문하며, 인식하며, 차이를 드러내며, 경쟁하며, 변이하고, 진화하는 인간의 자기반성과 성찰과 사상과 성숙과 변화되는 평생의 과정에서만 얻어지는 근본적이면서도 열정적인 지성의 힘(에너지)이다.

학자들을 위한 교훈

본문에 이르기를 "학문하는 자가 자기 속에 지성이 있다고 생각한다면 그는 이미 그 지성에 얽매어 있는 것이다."라고 했다.

《숫타니파타(제14장)》에도 "수행자는 자기가 따르는 견해나 학문이나 실천 등을 다른 사람과 비교해서 우월하다든가 열등하다든가 라고 말해서는 안된다. 그러한 태도는 자기의 견해에 집착하는 것일 뿐이다. 어떤 견해에도 집착하는 일이 없어야 하며, 당파적인 입장에 서서는 안된다."라는 가르침이 있다.

또, 본문에 이르기를 "도를 닦는 자가 만약 도(道)가 아닌 것을 버리고 정도(正道)를 찾으려고 한다면, 그는 이미 도(道)라고 하는 것에 얽매어 있는 것이다." 라고 했다.

그래서 《금강경》은 "정법(定法; 정해진 법)에도 집착하지 말고, 정법(定法)이 아닌 것에도 집착하지 말라."고 했을 것이다.

신라(B.C.E.57-C.E.935)의 설원효(617-686)도 《열반경종요》에서 "도는 없으면서도 도가 아닌 것이 없고, 머무름이 없으면서도 머물지 않음이 없다. 그러므로 도(the Way)는 지극히 가까우면서도 지극히 먼 것이다."라고 쓴 바 있다.

본문에 이르기를 "속박 속에 있으면서 속박을 벗어나려고 하는 것이야말로 진짜 속박이다." 라고 했는데, 속박이 무엇인지 안다고 저절로 해탈의 존재가 되는 것은 아니다.

또, 굴레 벗은 망아지 같은 것을 해탈이라고 하지는 않는다. 해탈은 반야바라밀(지혜의 완성)을 의미하고, 생활의 경제적 독립을 의미하고, 가치 있는 행복을 의미한다.

그리고 원인이 없으면 결과도 없다는 법칙에 의하면, 생명이 있기 때문에 죽음이 있는 것처럼, 속박이 있기 때문에 해탈이 있는 것이다. 그러므로 속박이 사라지면 해탈 또한 사라지는 것이다.

사실이 이러한 데에도 해탈을 고정불변의 실체성(實體性)처럼 영원히 있는 것이라고 집착하고 주장한다면 바로 그 해탈(즉, 윤회의 법칙에서 벗어나 브라만과 하나가 되어 영원한 열반에 들어가는 것, 또는 신인합일(神人合一)하여 영원한 생명을 얻는다는 것)이야말로 정말 속박인 것이다.

그리고 속박해 있는 것으로 말한다면, 이 우주도 속박해 있는 것이요, 해탈해 있는 것으로 말한다면 이 우주는 이미 해탈해 있는 것이다. 그러므로 속박이니 해탈이니 하는 관념을 만들어서 서로 치열하게 싸우는 것은 자기 힘을 쓸데없는 것에 소모하는 일이 될 뿐이다.

독일태생인 케마 여승의 설법에 의하면, 세 종류의 해탈이 있다고 한다. 즉, 차별상이 사라진 해탈과 원하는 바가 없는 해탈과 비었음을 깨달은 해탈이다.

그러나 이러한 모든 해탈상태에서도 또 해탈해야 할 것이다.

왜냐하면 해탈(Freedom)은 불교의 종착지가 아니기 때문이다. 해탈은 진정한 불교를 시작할 수 있는 기본적인 의식수준에 불과한 것이다.

깊이 생각하며 글을 써 본다면, 일천제(성불의 종자가 없는 자)야말로 진정한 부처요, 중생 구제를 위해 자신을 스스로 구속하고 제한한 지장보살이나, 48가지 서원을 세워 수행한 법장비구(아미타부처)나, 삼계교(말법시대 최하근기의 중생들을 위한 불교)의 실천자 신행(540-594)[74] 스님이야말로 대자유인이다.

이제 세계일화(世界一化) 속에서 살고 있는 우리 현대 불교인의 구도적 과제는 다음과 같은 것이라고 성찰해본다.

즉, 인도의 부처와 중국의 선사들보다 더 멀리까지 나아가는 것,

열반적정(涅槃寂靜)[75]보다 더 높은 경지에 이르는 것,

---

74) 신행(540-594) 스님이 창립한 삼계교(말법시대 최하근기의 중생들을 위한 불교)의 진면목을 이해하려면 법화경에 나오는 상불경 보살의 깨달음과 방글라데시의 무하마드 유누스(1940-)의 실천적 사업(무담보 소액 대출 은행업)에 관한 이해가 선행(先行)되어야 할 것이다.

75) '열반적정' 또는 '완전한 적멸'을 우주천체학의 용어로 상상한다면 바로 500억년후의 우주종말을 의미하는 '빅립(BIG RIP)'이라고 말할 수도 있다. 물론 불교심리학적으로 말한다면, 열반적정(涅槃寂靜)은 자기욕망을 충족시켜나가는 것보다는 자기 욕망을 소멸시킴으로써 얻어지는 마음의 행복한 상태를 의미하는 단어다.

76) 여기서 내가 '비종교(非宗敎)의 종교'와 '무종교(無宗敎)의 종교'라는 쓰는 표현의 의미는 다음과 같은 것이다. 예를 들면 스티븐 호킹(1942-)이 "우주빅뱅은 상상할 수 없을 정도로 기이한 것이다. 그래서 내 생각으로는 이 우주가 출현한 것에는 분명히 종교적 함의가 들어있다."고 말했다. 그러나 이러한 '종교적 함의(Religious implication)'란 분파를 만들고 스스로 결박하는 견해의 정글에 지나지 않은 것으로, 갈망의 한 표현이며, 인지의 한 표현이며, 어떤 상상일 뿐이며, 어떤 관념적인 확산일 뿐이며, 움켜쥠의 경향이며, 그저 후회의 원천이 되는 것일 뿐이다. 그래서 나는 종교적 함의(含意)가 없는 종교, 무종교의 종교, 비종교의 종교라고 말하고 쓰는 것이다.

적멸(寂滅, 또는 누진(漏盡))의 체험이나 고요한 마음의 상태(止)가 없이도 평온하게 지낼 수 있게 되는 것,

해탈(고정관념에서 벗어나는 것)에도 머무르지 않고 더 앞으로 나아가는 것,

생물과학적으로 표현한다면 개체와 종, 또는 민족생물학적인 집단의 유전자를 훨씬 뛰어넘는 근본적인 깨달음의 완성에 도달하는 것,

비종교적인 종교, 무종교의 종교적 경지 등에 관련된 것이다.[76]

중국 선불교의 초기 선사들

&

"낡은 것에는 새로움을, 장황한 것에는 응축을, 애매한 것에는 명쾌함을,
숨겨진 것에는 전달의 힘을 더한다."

C.C.콜튼(1780-1832)

&

이 책의 출판목적은, 불서를 좋아하는 독자들에게
'참신한 발상'을 경험하게 하는 것이다.

석진오

&

사람은 자기가 가진 시야만큼 성장한다.

존 포웰(1882-1963)

&

사람들 중에는 원본보다 복제품이 훨씬 더 많다.

파블로 피카소(1881-1973)

&

"중요한 것은 질문을 멈추지 않는 것이다."

A.아인슈타인(1879-1955)

&

"질문을 명확하게 할 수 있다는 것은
벌써 답을 3분의 2만큼 끌어냈다는 것을 의미한다"

존 러스킨(1819-1900)

&

지혜를 얻으려면 지혜를 필요로 해야 한다.
더 이상 지혜를 필요로 하지 않을 때 우리는 지혜를 잃게 된다.

F.니체(1844-1900)

허구적인 이야기도 지혜를 낳는
역할을 할 수 있다

보리달마와 양무제:

전설에 의하면, 보리달마(460-536)는 527년 중국 남쪽 지방에 도착하였으며, 곧바로 양무제의 초청을 받아 수도인 남경으로 들어갔다.

독실한 불교 신자였던 양무제는 보리달마를 만난 자리에서 다음과 같이 물었다.

「내가 왕이 된 후 지금까지 나는 정말 많은 절을 지었고, 수많은 경전들을 펴냈으며, 수많은 승려들을 보살펴 왔다. 과연 이 모든 일은 얼마나 큰 공덕이 되겠는가?」

보리달마가 말했다.

「공덕이 없습니다.」

양무제는 뜻밖의 말을 듣고 놀라서 다시 물었다.

「어째서 공덕이 없다는 말인가?」

보리달마가 말했다.

「그러한 것들은 모두 자질구레한 속세의 인과응보에 불과할 뿐, 진정한 공덕이 아닙니다. 그것은 마치 물건의 그림자처럼 있는 것 같지만 실제로는 존재하지 않는 것입니다.」

양무제가 말했다.

「그렇다면 어떤 것이 진정한 공덕인가?」

보리달마가 말했다.

「진정한 공덕이란 지혜를 깨쳐 아는 것인데, 이러한 지혜는 본래 말로 담을 수 없고, 침묵 속에 있는 것이기에 세상의 이해타산으로는 구하지 못합니다.」

양무제는 계속 물었다.

「그러면 불교에서 가장 중요한 것은 무엇인가?」

보리달마가 말했다.

「크게 비우는 것 외에는 그 어떠한 것도 중요한 것이 없습니다.」

마침내 양 무제는 다그쳐 물었다.

「그렇다면 내 앞에 있는 그대는 도대체 누구인가?」

「모릅니다.」

보리달마는 이렇게 대답하고 그 곳을 떠나 양자강 건너 북쪽의 위나라 (386-534)로 사라져 버렸다.

〈경덕전등록(3권). 벽암록(제1칙)〉

달마와 양무제의 문답을 통해 하택신회가 주장하고자 하는 뜻은

누가 선어록을 작성하여 이렇게 양나라(502-557)의 무제(재위기간 502-549)와 달마(460-536)대사를 서로 만나게 했는가?

야심에 찬 불여우가 아니고 그 무엇이겠는가! 보리달마와 양무제와의 대화를 최초로 기록한 문헌은 하택신회(668-760)의 《보리달마정시비론》이다.

고로 이 달마와 양무제의 만남과 무공덕(無功德)의 이야기는 남종선 주창자인 하택신회의 창작적인 주장인 것이다.

다시 말하면, 본문은 당시 장안과 낙양 두 수도의 법주이며, 세 명의 황제를 지도한 스승이며, 귀족불교를 대표하는 대통신수(606?-706)와 그 문하에 대한 비난인 셈이다.

즉, 당왕조 제4대인 측천무후(624-705)와 중종과 예종의 비호아래 공덕주의의 불교신앙에 결합되어 있던 북종선(the Northern Ch'an Sect)에 대한 비판인 셈이다.

생각해서 하는 말인데, 어린이와 바보는 거짓말을 할 수 없다. 야망에 가득 찬 간특한 지혜의 소유자들만이 일을 교묘하게 꾸미는 법이다.

양무제와 달마의 대화는 대한불교 조계종 법맥의 원류인 태고보우(1301-1382)의 어록에도 나오고, 조선시대 함허득통 기화(1376-1433)의 《유석질의론(상권)》에도 인용되고 있다.

그러나 독실한 황제보살인 양무제와 보리달마의 만남은 이제 모든 불교학자들도 인정하는 픽션이다.

그런데 양무제와 달마의 대화가 허구적인 이야기일지라도 지혜를 낳는 기능을 할 수 있다.

이 문제와 관련하여 파블로 피카소(1881~1973)는 말하기를 "우리들은 누구나 예술이 곧 진실이 아니라는 것을 알고 있다. 예술은 허구다. 그러나 그것은 우리들에게 진실을 파악하도록 가르쳐 준다."라고 한 바 있다.

그래서 나도 양무제와 보리달마의 만남 이야기가 허구이면 허구인대로 그 뜻만 취해 담론해 보겠다.

생각건대, 허구를 통해 드러나는 진실은 마치 탐욕과 불만족과 어리석음으로 무장되어 있는 일반사람들의 몸에서 부처(고귀한 정신적 존재)가 탄생하는 이치와 같다. 즉 허구도 지혜를 낳는 한 역할을 할 수 있다는 것이다.

인연이 없는 중생은 부처님도 구제할 수 없다

다시 또 하는 말이지만, 세상만사 불유삼불능(佛有三不能)이다. 불유삼불능이란 부처님도 세 가지 못하는 게 있다는 말인데, 첫째는 자신이 받아 나온 정업은 부처님도 어떻게 피할 수 없다는 것이요, 둘째는 인연이 없는 중생은 부처님도 어떻게 구제할 수 없다는 것이요, 셋째는 그가 비록 부처일지라도 삼천대천세계의 모든 중생을 일시에 구제할 수는 없다,[77] 라는 것이다.

이렇게 인연이 없는 중생은 부처님도 어떻게 구제할 수 없다. 그러므로 너는 너대로 나는 나대로 살다가 끝내 만나지면 다행이요, 만나지 못해도 불행은 아니다.

이렇게 보리달마와 양무제는 서로 의기투합되지 않았으며, 두 사람의 대화는 즐겁지 않은 기분으로 끝났다.

고려(918-1392)시대의 진각혜심(1178-1234)은 어록에서 말하기를, 양무제에게 "아무런 공덕이 없다."라고 말한 보리달마에 대해 "송곳 끝의 날카로움만 보았고, 괭이 끝의 무딘 것은 보지 못하였다."고 평가한 바 있다.

진각의 스승인 보조지눌(1158-1210)은 《수심결》에서 "무용공(無用功)의 공(功)을 써서 스스로 자성(자기 본성, self-nature)을 닦고, 스스로 부처의 도를 이룬다." 라고 쓴 바 있다.

나라고 하는 존재는 무엇인가

양무제가 보리달마에게 물었다. "그렇다면 내 앞에 있는 그대는 도대체 누구인가?"

보리달마는 "모른다."고 대답했다.

그러나 나는 현대의 불교인답게 다음과 같이 친절하게 설명해보기로

---

77) 하지만 임제의 스승인 황벽(?-850)은 《완릉록》에서 "부처의 자비는 인연이 없는 중생에게도 베풀어진다."고 말했다. 그리고 이 이전에 이미 대승불교 《지장십륜경》의 주인공인 지장보살은 "인연이 없는 중생도 구제하겠다."고 맹세를 한 바 있다. 지장보살은 정말 대단한 보살비구다. 그런데 그는 지금 어디서 무엇을 하며 지내고 있을까? 나는 오늘 산책길에서 "모든 사람을 구제(사랑)하겠다는 것은 아무도 구제(사랑)하지 않겠다는 역설적인 의미일 수도 있다"는 생각을 문득 해보았다. 왜냐하면 한 사람이 현실적으로 모든 사람을 동시에 기쁘게 한다는 것은 불가능한 것이기 때문이다. 물론, "좋은 감정이 없이는 어둠을 빛으로, 무관심을 감동으로 바꿀 수 없다."는 말은 사실이다.

한다.

즉, 나는 45.5킬로그램의 산소, 12.6킬로그램의 탄소, 7킬로그램의 수소, 2.1킬로그램의 질소, 1.5킬로그램의 칼슘, 860그램의 인, 300그램의 황, 210그램의 칼륨, 100그램의 나트륨, 70그램의 염소, 몇그램의 마그네슘, 철, 불소, 아연, 구리, 몇 밀리그램의 요오드, 코발트, 망간, 수연, 크롬, 셀렌, 그리고 팔라듐, 니켈, 알루미늄, 납, 주석, 티탄, 취소, 붕소, 비소, 규소, 몇 마이크로그램의 금이다.

나는 60조의 세포로 구성되어 있다. 그리고 세포는 분자로 구성되어 있다. 즉, 평균적으로 일 천억의 분자가 내 세포 하나하나에 들어 있다.

그리고 이 분자는 일 천 개의 원자로 구성되어 있다. 그리고 이 원자는 하나 혹은 여러 개의 양자와 중성자, 그리고 무수한 전자들로 구성되어 있다. 그리고 이 셋 중 적어도 양자나 중성자는 소립자, 즉 쿼크로 구성되어 있다.

만약 양무제가 이렇게 자기 앞에 서 있는 자가 누구인가에 대해 잘 알았다면, 그는 자기 자신도 누구인가를 잘 알았을 것이다.

양무제에 관한 정보와 평가

나는 여기서 잘못 알려져 있는 양무제에 관한 정보와 평가에 대해 한 번 적어보기로 한다.

양무제는 원래 옹주의 장관직에 복무하고 있었는데, 제나라(479-502)의 혼란을 틈타 남중국의 황제가 된 인물이다. 황제 재위기간은 약 50년(502-549) 동안이었으며, 남중국의 모든 왕들중에서 최고의 제왕이었다.

양무제는 불교연구의 전문가로서 스스로 《반야경》《열반경》등을 강의하고, 《어주대품반야》란 주석서와 《진신론(인간이 성불할 수 있는 근거로 眞神의 존재를 설명한 이론)》등을 직접 저술할 정도로 대단한 왕이었다.

이 뿐만 아니라, 미국 하버드 대학 교수 뚜 웨이밍이 전하는 소문에 의하면, 양무제는 유교의 대표적인 철학서인 《중용》에 대해서도 주석을 썼다고 한다.

또 양무제는 도인과 속인들 5만 명을 위해 자주 큰 잔치를 베풀어 대접하고, 절이나 불상제작을 위한 지출은 계산할 수 없을 정도였다고 한다.

황제가 이 정도로 행하니, 멀리 보리달마도 이런 나라의 왕에 관한 소문을 듣고 중국 광주에 와보게 된 것이 아닐까? 지금도 만약 이런 지도자가 이끄는 국가가 있다면 천하의 모든 불교계 천재들이 다 모여들 것이다. 마치 현재 달라이 라마 텐진 갸초의 주변에 세계최고의 지성인들과 현인들이 모여 있듯이.

보리달마(460-536)나 소주혜능(638-713)은 양무제에 대해 "양무제는 삿된 도에 집착하여 정법을 알지 못했다." 라고 평가했지만, 도리어 보리달마와 소주혜능께서 양무제에 대해 오해를 하고 있거나, 아니면 양무제의 공덕에 대해 질투를 하고 있는 것 같다.

중국 양(502-557)나라의 양무제(502-549재위)는 보통 황제가 아니다.

《법원주림(100권)》의 기록에 의하면, 양나라때에는 사찰이 2천 8백 4십 6개나 있었고, 승려의 수는 8만 2천 7백 명이나 되었다고 한다.

그리고 또 양무제가 만난 승려들 중에는 보리달마 이외에도 법운(466-

529), 담란(476-542), 진제(499-569) 승랑 스님 등이 있다. 특기할 것은, 보지(478-514)와 부흡(497-569)과도 만난 적이 있었다.

보지 스님은 "마음이 곧 부처다 라는 것을 이해하지 못하면, 소를 타고 소를 찾는 것과 같다"는 게송으로 유명하다.

그리고 부흡 스님은 "빈손으로 호미를 잡고, 물소를 타고 길을 가는데 사람은 다리 위로 지나고, 다리 밑의 물은 흐르지 않네." 라는 게송으로 유명하다.

생각해서 하는 말인데, 양무제는 복이 많은 사람이다. 나도 권력가라면 양무제처럼 불교연구도 하면서 정치를 하는 자가 되고 싶다.

불교계의 입장에서 생각해본다 할지라도, 입만 살아있는 무능력한 고승 천 명보다 양무제 같은 인물 하나가 더욱 영향력이 있는 법이다. 현재 독실한 기독교 신앙을 가진 정치 권세가에게 천대(賤待)받고 있는 한국불교 종단신세를 생각하면 더욱 그렇다.

현재 한국불교계에서는 근본불교 경전인 남전대장경 번역 출판 사업에 대해서는 어느 종단에서도 공식적으로 기획도 출판도 해보지 못하고 있다.[78]

아마 앞으로는 시대가 시대 인만큼 양무제같이 불교에 중독되어 열렬

---

78) 조계종은 조계선종이라서 《남전대장경》 번역 출판 사업을 하지 못하는 것은 이해가 되지만, 남방 불교권과 물심양면으로 밀접한 관계를 이어가고 있는 다른 종단들은 이 일을 헌신적인 보살 보시행의 자세로 불사를 마쳐야 할 것이다. 내가 아는 어떤 종단의 창립자는 자기 종단 자랑만 하며 사업상 불교의 은덕만 받으면서도 타인과 성자와 국가에 단 한 푼도 베풀 줄을 모른다. 죽을 때 모두 가지고 가는 것도 아닌데, 그는 왜 남전대장경 번역 출판 사업같은 희생적인 공(功)은 들이지 않고 손쉬운 명예와 이익만 추구하는가?

한 후원을 실천하는 권력적인 인물을 불교인들은 결코 만나보지 못할 것이다.

그리고 또, 양무제의 아들인 소명태자는 구마라집의 번역본 《금강경》에 소제목을 붙여서 32장으로 나눈 분으로 유명하다. 역시 그 아버지에 그 아들인 셈이다. 만약 나 같은 사람이 자식을 낳는다고 해도 이런 아들은 쉽게 얻지 못할 것이다. 소위 인도에서 '마하트마(위대한 영혼을 가진 자)'라고 존칭을 받고 있는 간디와 영국의 전쟁영웅 처칠 수상조차도 장남의 아들과는 원수처럼 지내었는데, 양무제는 자식 농사도 제대로 했으니, 부럽다고 할 만한 부자지간이라고 할 수 있다.

그런데 양무제는 정적(政敵)에 대해 관대한 처세와 사람을 잘 믿는 경향 때문에 후경의 모반에 속아 고민하다가 죽었다.

양무제 사망 9년 후 마침내 양나라는 멸망하고 진나라(557-589)로 바뀐다. 그러나 이 남중국 최후의 왕조인 진나라도 589년에 전 중국통일 국가인 수나라(581-618)로 통일이 된다. 그리고 이어 당나라(618-907) 때에는 선교(禪敎)의 황금시대가 도래하게 된다.

보리달마의 가르침 : 이입사행론

도의 입문에는 여러 가지 방법이 있지만 가장 근본적인 것으로 두 가지가 있다.

첫째는 원리적인 방법(理入)이며, 둘째는 실천적인 방법(行入)이다.

원리적인 방법이란 경전으로 불교대의를 이해하는 것이다. 그리고 모든 중생은 한결같은 진성(眞性)을 가지고 있지만, 외부적인 망상에 사로잡혀 그 진성을 드러내지 못한다는 것을 확신하는 것이다. 만약 외부적으로만 쏠리는 망상을 떨쳐버리고 본래의 진실로 돌아가서 신심을 통일하여 벽처럼 조용한 상태를 유지하며 자신과 타인, 일반사람과 성자를 동일하게 보면서 굳게 안주하여 동요하지 않는다면, 그 어떤 말에 의한 가르침에도 쏠리지 않는다면, 바로 이것이야말로 침묵 속에서 진리와 완전히 합일되어, 분별을 가할 필요도 없이 조용히 안정되어 위선적인 행위가 없게 된다. 바로 이것을 원리적인 방법(理入)이라고 부른다.

〈속고승전(16권), 능가사자기〉

새로운 생각의 길:

이입사행론은 유마경과 함께 읽어야 한다

《이입사행론(두 가지 원칙과 네 가지 실천에 관한 담론)》은 보리달마(460-536) 사상의 윤곽을 알 수 있는 일차적인 자료로 평가받고 있는 논서이다. 그만큼 중국 선사상의 모체다.

그런데 이입사행론의 입(入: entry by the truth)이나 행(行: action)의 사상을 제대로 음미하려면 《유마경》과 함께 반드시 현학(易經, 老子, 莊子)의 책을 읽어보아야 할 것이다.

보리달마의 이입(理入)이라는 단어에 대하여

그런데 곧바로 받아치는 역설적인 지혜의 논법으로 말한다면, 이 입(入)이나 행(行)의 문제는 아주 간단하게 처리해버릴 수 있다. 즉, 입(入)도 없고, 행(行)도 없다는 것이다. 왜냐하면 입(入)해도 입한 바 없고, 행(行)해도 행한 바 없기 때문이다.

내가 이렇게 일갈(一喝)해 버릴 수도 있는 이유는, 일본천태종의 원진 지증(圓珍智證: 814-891)이 즉심시불(卽心是佛)을 이입(理入: by conviction intellectually)으로 설명하고, 심무소착(心無所着)을 행입(行入: by proving it in practice)으로 설명하고 있기 때문이다.

단순하게 말하면, 입(入)은 '들어가고 싶은 욕망'이다. 행(行)은 '하고 싶은 욕망'이다. 그런데 만약 이러한 욕망자체가 없는 것(無, 또는 空)이라면, 이입사행론이 무슨 소용이 있겠는가?

혜원의 리(理)라는 단어에 대하여

혜원(334-416)은 《형진신불멸론》에서 "깨달음에 철저한 자는 근본으로 돌아간다. 이치에 미혹한 자는 사물을 쫓는다." 라고 썼다.

하지만 나는 그렇게 생각하지 않는다. "깨달음도 없고 미혹됨도 없는데 무슨 근본으로 돌아가며, 어떤 사물을 쫓는다는 것인가?"

그래서 원효(617-686)는 《금강삼매경론》에서 "이치(理)는 사실 공도 아니고, 공이 아닌 것도 아니다. 다만 절대로 있다는 것의 집착성을 깨우쳐 주기 위해 굳이 '공' 이라고 말할 뿐이다. 그리고 이 '공' 이라는 말에 공성(텅빈 것의 바탕)이 있는 것도 아니다." 라고 썼을 것이다.[79]

79) 중국 철학적으로 말한다면, 진성(眞性)의 성(性)은 곧 리(理)를 의미한다. 한비자(280-233 B.C.E)는 리(理)에 대해 설명하기를 "리(理)라고 하는 것은, 물(物)을 이루는 형식이요, 도(道)라고 하는 것은 만물이 이루어지는 까닭이다. 그러므로 리(理)는 물(物)의 법제(法制)가 되고, 만물은 각각 리(理)가 다르지만 도(道)는 만물의 리(理)를 모두 합(合)하고 있다. 그러므로 변화하지 않을 수 없는 것이다." 라고 했다. 북송(960-1127)시대 중기의 유학자인 정호 이천(1033-1107)도 도(道)를 리(理)라고 명칭한 바 있다. 그리고 남송(1127-1279)시대 주희(1130-1200)는 성즉리(性卽理)의 사상을 주장했고, 명나라(1368-1644)시대 왕양명(1472-1528)은 심즉리(心卽理)의 사상을 주장한 바 있다. 그러나 이러한 중국 신유학의 리(理)와 기(氣)에 관한 사상은 모두 화엄불교의 리(理)와 사(事)에 관한 사상으로부터 원용(援用)한 것이다.

 · 번뇌를 지닌채 부처가 된다

괴로운 문제나 사람을 만났을 때에는
이렇게 생각하라

실천적인 방법이란 이른바 네 가지의 실천인데, 그 밖의 많은 실천은 모두 이 네 가지 실천 중 어느 하나에 포함되는 것이다.

네 가지 실천적 방법이란 전생의 원한에 보답하는 실천이며, 인연에 맡기는 실천이며, 사물을 탐내지 않는 실천이며, 있어야 할 모습대로 사는 실천이다.

첫째, 전생의 원한에 보답하는 실천(報怨行)이란, 만약 수도자들이 고통을 만났을 때에는, 자기 마음속에 다음과 같이 반성하는 것이다.

나는 아주 먼 옛날부터 무한한 시간에 걸쳐 참된 자신의 근본을 잊고 끄트머리만 쫓다가 수많은 미혹과 망령의 세계에서 방황하고, 많은 원한과 미움의 마음을 일으켜, 한없이 타인과 대립하여 사람을 괴롭혀 왔다.

현재는 내가 비록 죄를 짓는 일이 없다고 하더라도 이 고뇌는 모두 자기 자신의 전생의 죄업이 맺은 결과이며, 신이나 악마가 나에게 준 것이 아니다 라고 생각하여 인내와 복종을 달게 감수하며, 결코 원망하거나 변명하지 않는 것이다.

어떤 경전에서는 「괴로움을 만나도 걱정하지 말라. 왜냐하면 너의 의식은 그것을 통해서 깨어나게 되기 때문이다.」라고 말하고 있다.

이러한 생각이 일어날 때, 사람은 본래의 원리와 서로 접촉하게 되며, 원한을 계기로 진리에 나아갈 수 있다. 그러므로 원한에 보답하는 실천을 권하는 것이다.

달마어록《이입사행론》에서

새로운 생각의 길:

이 네 가지 실천론에 대해 임계유(1916-)는 공산주의자답게 보원행(전생의 원한에 보답하는 실천)은 노예근성으로 비판하고, 수연행(인연에 맡기는 실천)은 운명적 체념론이라고 비판하고, 무소구행(사물을 탐내지 않는 실천)은 퇴행적인 것이라고 비판하고, 칭법행(있어야 할 모습대로 사는 실천)은 불교교리의 선전이라고 비판하고 있다.

전생의 원한에 보답하는 실천에 대하여

그런데 나는 여기서 불교사상에 입각한 사상으로 말해보기로 한다.

전생의 원한에 보답하는 실천(報怨行)은 《금강경(제16장)》에서도 똑같이 가르치고 있다.

즉 "만약 남의 천대와 멸시를 받게 되면, 다음과 같이 생각하라. 나는 전생의 죄업으로 악한 길에 빠져야 될 것이지만, 지금 이 생의 사람들에게 천대와 멸시를 받음으로써 전생의 죄업을 소멸하노라.” 라고.

나름대로 진지하게 정신생활을 추구하는 구도자들이 온갖 괴로움과 고통에 직면하게 되는 것에 관해서는, 유교에서는 습관의 결과라고 말할 것이고, 불교에서는 전생의 업이라고 말할 것이고, 예수교에서는 하나님의 섭리라고 말할 것이고, 사주팔자 해석학에서는 운명이라고 말할 것이다.

영웅역학 제1법칙의 희생자들

먼저 불교역사의 인물들에서 사례를 찾아보기로 하자.

불교는 단순한 사고방식(또는 Thought Form)이 아니라, 존재하고 행동하는 방식을 가르친다. 그러므로 수많은 불교 천재들이 시기 질투심이 강한 인간들의 원한에 직면하게 되는 것이다.

생각해서 하는 말인데, 불교역사에서 천재사상가들의 불운함은 흔하다. 데바닷타에게 여러 번 암살 위기를 넘긴 석가모니를 위시해서, 부처의 십대제자 중 가장 신통력이 뛰어나다고 하는 목련존자도 목련의 신통력을 시험하는 패거리들에 의해 죽은 바가 있다.

그리고 석가모니 사후, 불교최대의 사상가이며 8종의 조사인 용수(150-250년경의 인물)도 순탄한 인생을 보낸 것은 아니었다. 즉, 구마라집의 《용수보살전》과 티베트인인 부톤(1290-1364)의 《불교역사》에 의하면, 용수는 출가 전에는 불교신자가 아니었으며, 쾌락에 빠져 말썽만 일으키는 청년이었다.

그리고 출가 후에도 경제적인 이권문제로 설일체유부(100년-200년경 중부인도에서 서북인도에 걸쳐 부파불교를 대표하는 세력)의 계율을 어겨 교단에서 배척되었고, 장년시절에는 정치에 깊숙이 참여하다가, 궁궐에서 왕위찬탈을 노리는 왕자 삭티맨의 권력투쟁에 의해 살해를 당했다고 한다. 이것은 아마도 영웅역학의 제1법칙(어떤 영웅이 큰 일을 행하면, 그만큼 그에 반발하는 일이 생긴다는 법칙)때문일 것이다.

구마라집이 쓴 《용수보살전》에 의하면, 노년에는 용수를 향해 항상 증오하며 화를 내는 테라바다(Theravada) 불교계의 큰스님이 있었다.

그런데 어느 날 용수가 병들어 있을 때에, 용수는 그에게 "당신은 내가 이 세상에서 오랫동안 살아있기를 원합니까?" 물었다.

그러자 시기질투심이 강한 그 큰스님은 "나는 당신의 장수를 바라지 않는다." 라고 말했다.

이런 일이 있은 후 어느 날, 용수는 방으로 들어가 며칠이 지나도 나오지 않았다. 제자들이 문을 부수고 방안을 들여다보았더니 용수는 매미가 허물을 벗은 것처럼 죽어 있었다고 한다.[80] 이야기가 이 정도라면, 분명히 용수는 비명(非命)에 죽었다고 할 수 있다.

또 용수의 제자인 아리야 데바(170-270)도 다른 종교의 논적에게 암살을 당했고, 24조인 사자존자도 대화중에 카스미르의 히라쿨라 왕의 칼에 목이 잘려져 나갔고, 승조(374-414)스님도 공권력에 처형당했고, 달마(460-536) 대사도 중국에 온 뒤 여섯 차례나 독살 공격을 받은 바 있고, 마침내 보리유지(연대미상, 북인도인, 불교 유식학파(Vijnanavada)의 거물인 세친(280-360 또는 320-400 또는 420-500)의 4대제자라는 설도 있음. 대략

5-6세기의 인물)에 의한 독살설도 있고, 이 달마 대사의 제자인 혜가(487-593) 대사도 처형을 당했고, 암두(828-887) 선사도 처형을 당해 죽었다.

최근에 나는 스페인의 그라시안(1601-1658)신부가 쓴 《회고록》을 읽었는데, 여기서도 그라시안을 철저하게 악마처럼 괴롭혔던 세고비아 몬트로 주교, 발렌시아 주교, 부라스 데 파이로 신부, 산체스 신부 등이 언급되고 있었다.

스코틀랜드의 속담처럼, 악마는 자기 구역에서는 충실한 주교인 것이다. 불가에서는 악마란 무아(無我)를 보지 못한 자아(自我)라고 가르치고 있는데, 그것은 자아의 본성이 욕망이기 때문이다. 이렇게 악마란 불교에서는 크나큰 장애의 상징이다.

그래서 《수행도지경(제14)》에 이르기를 "설사 다른 사람으로부터 피해를 입는다 할지라도 가해자와 피해자 모두가 공이요, 꿈이요, 환상과 같은 일시적 현상이라고 이해하여 참음으로써 마음의 평정을 지켜야 한다." 라고 가르쳤을 것이다.

《잡아함경》에도 "남을 해칠 마음을 갖지 말고, 성내는 마음을 품지 마라. 비록 화가 머리끝까지 치밀더라도 그것 때문에 함부로 말하지는 말

---

80) 오늘 TV뉴스에 우연히 보니, 베트남에서 300여 년 전에 죽은 미이라 스님 상이 보였는데, 이 스님은 "백일동안 참선을 할 터이니 방문을 열지 말라." 라고 지시해 놓고 참선에 들어갔는데, 백 일 후 방문을 열어보니 스님은 좌선자세로 죽어 있었다고 한다. 뉴스에 의하면, 이 모습 그대로 오늘날까지 300여 년 동안 베트남 절에서 보존되어 오고 있었다고 한다. 대단한 집념의 스님이다.

라. 남의 흠을 애써 찾지도 말고, 약점이나 단점을 들추지도 말고, 항상 자기 자신을 잘 단속하여 정의로써 자신을 살펴나가라.” 라는 말이 있다.

또 《유교경》에도 “어떤 악한 자가 나의 사지를 마디마디 잘라내더라도 스스로 자신의 마음을 잘 단속하여 분노와 원망과 욕설을 하지 않아야 한다.” 라는 가르침이 있다.

또 《열반경》에도 “어떤 악한 자가 나의 몸을 칼로 벨 때에도, 그를 미워하는 생각이 없어야 한다.” 라고 가르침이 있다. 《금강경(14장)》에도 똑같은 경지가 설해지고 있다.[81]

이러한 인욕사상에 대해서는 생각이 있는 속인이라면 당연히 다음과 같이 말할 것이다.

“무조건 참기만 하는 것은, 어리석은 자들이 보면 두려워하기 때문에 참는 것이라고 말할 것이다. 그러므로 참는 것만이 좋은 일이라고 말할 수는 없다. 마땅히 어리석은 자들은 지혜(지성, 통찰)로써 호되게 다스려야 할 것이다.” 라고.

그러나 수행과 지혜의 힘이 없으면 어떻게 이렇게 참고 용서할 수 있겠는가? 석가모니는, 보통사람으로서는 도저히 상상할 수 없는 경지에 있

---

81) 베트남의 고승 틱낫한(1926–) 스님의 《금강경》해설 책(The Diamond that cuts through illusion : commentaris on the prajnaparamita Diamond sutra : parallax press(1992) 에 보면, 그는 1967년경에 베트남 전쟁이 점점 더 치열하고 파괴적인 양상으로 치닫고 있을 때, 다음과 같은 글을 제자들에게 보냈다. 즉 “누군가 당신을 미워하고, 당신을 탄압하고, 당신을 죽이고, 혹은 풀이나 벌레처럼 당신을 짓밟으며, 당신의 사지를 절단하고 내장을 다 꺼내 버리더라도 절대로 그들을 증오의 눈길로 보지 말라. 당신이 죽게 되더라도 당신을 살해하는 사람을 용서하기 위해 자비심으로 미소 지으며 죽어야 한다.” 라고 가르치고 있다. 자신은 직접 그렇게 하지 못하면서 신자들에게는 그렇게 하라고 실험하듯이 가르치는 ‘진리’는 참으로 잔인하고 무서운 것 같다.

는 정말 불가사의한 분 같다. 어쩌면 이런 이야기들은 제자들의 희망사항을 부처의 이름으로 작성해 본 것에 지나지 않은 것인지도 모른다.[82]

서양 현인들의 대인관계 처세론

영국의 셰익스피어(1564-1616)는 《리처드2세(1막1장)》에서 "깊은 악의는 너무나 깊은 상처를 남기는 법이다. 잊어버리고 용서하라 그리고 화해하라." 라고 말했고,

프랑스의 트리스티앙 베르나르(1866-1947)도 "나를 해치는 것은 나 자신이다. 내가 받는 상처는 본래 나 자신이 가지고 있는 상처다. 나 자신이 초래한 것 외에 모든 괴로움은 환상에 불과하다." 고 말했다.

본문에 나오는 "괴로움을 만나도 걱정하지 말라. 왜냐하면 너의 의식은 그것을 통해서 깨어나게 되기 때문이다." 라는 글을 접하니 유대교 문헌에 나오는 《욥의 생애》가 기억난다.

미국의 시인 프로스트(1871-1922)도 "우리는 괴로움을 겪는 데까지 겪어보아야만 괴로움을 고칠 수 있다." 라고 말했다.

그래서 희랍의 노예출신 철학자인 에픽테토스(60-138)는 말하기를 "고난은 인간의 진가를 증명하는 것이다." 라고 했을 것이다.

사실, 중국 선종사의 예를 들어 말해보아도, 선종이 가장 융성했던 시

---

82) 고백하건대, 내가 대인관계의 경험을 매우 절제하는 이유는, 대인관계 경험의 값이 너무 비싸기 때문이다. 그래서 나는 평소 내가 스스로 감당할 만한, 적당한 값을 치룰 수 있는 행복을 선택한다. 즉, 시끌벅적한 대형서점에 가서 수많은 책들을 구경하는 것. 바로 이것이 나의 방법이다. 이 방법은 기분전환이 많이 되면서 비용도 적게 드는 즐거움이 있다.

절은 희한하게도 당(618-907)나라 무종(841-846 재위)이 감행한 회창(841-846)의 대대적인 불교탄압 이후다.

공자의 대인관계 처세교훈

그런데 불교가 중국에 들어오기 전부터 있었던 유교에서는 인욕해야 할 미움의 인간관계에 대해서 어떻게 다루고 있는가?

옛 중국에는 "유교와 불교를 조화시켜 유학으로써 국가를 다스리고, 불교로써 민심을 다스린다." 라는 말이 근대중국의 정치기술 지침으로 전해져 오고 있는데, 유교는 과연 어떻게 가르치고 있는가? 나는 이 문제가 세속의 인간사회에서 너무나 절실한 것이므로 유교적으로 이 문제를 한 번 다루어보기로 한다. 왜냐하면 내면지향적인 불교와 달리 유교는 이 세상으로 향해 있는 것이기 때문이다.

자사자가 《중용》에서도 인용하고 있는 《시경(19권, 주송, 진로편에 있는 제5구, 제6구)》에는 "떼를 지어 백로들이 날아가니, 저 서쪽 연못으로 날아가네. 우리들의 손님이 이르니, 또한 용모가 있다네. 저기에 있어도 아무도 미워하지 않고, 여기에 있어도 아무도 싫어하지 않으니, 이른 아침부터 깊은 밤까지 영영 칭찬을 받다가 돌아가리라." 라는 매우 정치적이며, 외교적인 언사의 시가 있다. 즉 《중용(한자 수가 3천5백자로 된 짧은 유교 경전)》을 지은 자사자는 이 《시경》에서 "여기서도 저기서도 아무도 미워하는 자가 없는 사람"을 선택해 인용함으로서 중국의 이상적인 인간상을 주장해본 것이다. 그러나 나는 "아무도 미워하지 않고, 아무도 싫어하는 자가 없다면, 그런 놈은 아무 것도 아니다!" 라고 생각한다.

공자의 《논어(자로)》에도 보면, 자공이 물었다. "한 지역의 사람들이 모두 좋아하면 그 사람은 어떻습니까?"

공자가 말했다. "반드시 좋은 사람은 아니다."

그러자 자공이 다시 물었다. "그러면 지역의 사람들이 모두 미워하면 그 사람은 어떻습니까?"

공자가 말했다. "반드시 나쁜 사람은 아니다. 그러나 지역의 사람들 중에서 선한 사람이 좋아하고, 악한 사람이 미워하는 사람보다는 못하다." 라고 말했다.

물론 공자는 《논어(태백)》에서 "어질지 못한 사람을 미워하면 그들은 반드시 난동을 일으키는 법이다." 라고 말한 바 있다.

그러나 공자는 《논어(위령공)》에서 아무리 "많은 사람들이 미워하더라도 반드시 확인해야 하며, 많은 사람들이 좋아하더라도 반드시 확인해야 한다." 라고 말했다. 그러므로 과격하게 말하면 "비난을 받아야 군자다!" 사실, 똑똑하고 지조가 있는 선비의 삶은 당연히 장애가 많은 고난에 찬 삶의 연속이 아닌가? 라고 말하고 싶다.

공자는 《논어(안연)》에서 "사랑하면 살기를 바라고, 미워하면 죽기를 바란다. 그리고 살기를 바랬다가 죽기를 바라는 것은 바로 미혹인 것이다." 라고 설파한 바 있다.

또, 어느 날 자공이 공자에게 물었다. "군자도 미워하는 것이 있습니까?"

공자가 말했다. "미워하는 것이 있다. 남의 잘못을 헐뜯는 사람을 미워하며, 하급에 있으면서 윗사람을 비방하는 사람을 미워하며, 용맹하지만 무례한 사람을 미워하며, 과감하지만 꽉 막힌 사람을 미워한다. 자네도 남을 미워하는 일이 있느냐?"

자공이 말했다. "남의 것을 엿보고 나서 아는 체 하는 사람을 미워하며, 불손한 것을 용맹이라고 생각하는 사람을 미워하며, 고자질하는 것을 곧다고 생각하는 사람을 미워합니다."

공자는 《논어(이인)》에서 "오직 어진 사람만이 남을 좋아할 수 있고, 또 남을 미워할 수 있다."라고 말했다. 그래서 그런지 공자는 《논어(선진)》에서 "나는 말만 잘하는 자로를 미워한다." 라고 말한 바 있다.

그리고 또, 공자는 《논어(양화)》에서 "나이 40세가 되어서도 미움을 받으면 그것은 더 이상 볼 것이 없다." 라고 말한 바 있다.[83]

---

83) 《나의 통찰명상 어록 (석진오의 미발표 원고)》에서. 하지만 공자는 말하기를 "나는 오로지 용서함을 내 신조로 삼는다." 고 했으면서도 정작 그 자신은 그 좋은 말대로 살지 못했다. 실례를 든다면, 공자가 50대에 맡았던 법무장관 시절에, 자신의 정적(政敵)인 소정묘를 아주 잔인한 방법으로 사형시켜 죽였고, 또 가정적으로는 자신의 아내와 불화하여 마누라가 아들을 남겨둔 채 도망을 가버리기도 하였다. ■ 공자에 대한 의문= 나이 50세에 천명을 알았다고 말하는 사람이 어떻게 자기 정적(政敵)인 소정묘를 그토록 잔인하게 죽일 수 있을까? ■ 성숙한 인생을 위하여= 어진 사람도 본받지 말아야 할 단점이 있고, 악한 사람도 배워야 할 장점이 있다. 그래서 나는 모든 사람에게서 가능한 한 그 장점을 배우면서 나의 생의 성숙함을 키운다. 바로 이것이 왜 내 인간성이 잡탕인가 하는 이유다. ■ 공자와 묵자의 위대성=《열자(황제편)》에서, 혜앙이 송나라 왕에게 한 말이다. "공자와 묵자는 땅이 없어도 임금노릇을 하였고, 벼슬 없이도 우두머리 노릇을 하였다. 모든 남녀들이 목을 빼고 발돋음을 하면서까지 그가 자기들을 편안하고 이롭게 해주기를 바랬다." 스승의 삶이란 이와 같은 것이다. ■ 정치가로서는 실패했지만 교육사업으로는 성공한 공자= 공자의 생애에는 기적도 없고, 신비도 없고, 불가사의도 없고, 초월성도 없다. 공자는 3세에 ―어머니에게 정자 씨만 뿌리고 가버린― 아버지가 죽고, 17세에는 어머니도 죽었다. 그래서 그는 매우 빈곤하게 성장했는데, 청년시절에는 제사 지내는 나팔수, 창고 보관원, 성축관리인 등의 일을 하며 살았다. 그러나 공자는 독서를 열심히 하여 30세 때에는 매우 박식한 학자가 되어 남을 가르치는 업에 종사하게 되었다. 그러나 《남화진경(천운편)》에는 공자 나이 51세임에도 도를 터득하지 못했다고 공자를 경시하는 말이 있지만, 나는 그렇게 평가하지 않는다. 공자의 지혜는 "가르치는 것이 최고의 재산이다." 라는 것을 확실하게 깨달았다는 점이다. 아마 중국에서 공자만큼 제자 덕을 많이 본 분도 없을 것이다.

인연이 있다고 쫓아가지 말고
고독할지라도 적멸에 빠져들지 말라

인연에 따르면서 응용하는 실천에 대하여:

인연에 맡기는 실천(隨緣行; 연(緣)에 수(隨)하는 행(行))이란 모든 살아있는 것에는 아트만이 없으며, 모두 인연의 힘에 좌우되고 있다. 괴로움과 즐거움을 함께 감수하는 것도 모두가 인연에 의해서 일어난 것이라고 생각하는 것이다.

그러므로 만약 보답이나 명예 등을 얻더라도 그것은 모두 자신의 과거의 숙명적인 원인이 가져오게 한 것이다.

그리고 현재는 마침 그것을 얻기는 했지만, 인연이 다하면 또다시 없어지는 것이므로 아무 것도 기뻐할 것이 없다고 생각하는 것이다.

따라서 세속적인 성공이나 실패는 모두 인연에 의한 것이며, 자신의 마음 그 자체는 아무런 증감도 있을 수 없는 까닭에 기쁜 일에도 동요되지 않는다. 그러므로 인연에 맡기는 실천을 권하는 것이다.

달마어록 《이입사행론》에서

245

새로운 생각의 길:

명(1368-1644)나라 홍자성도 《채근담》에서 "불교의 수연(隨緣)과 유교의 소위(素位), 이 네 글자는 바다를 건너는 공기 주머니이다." 라고 쓴 바 있다.

또 명나라 정선은 《작비암일찬(6권)》에서 "불교의 말 가운데 인연을 따른다는 것이 가장 의미 깊은 말이다." 라고 적고 있다.

수연(隨緣; 인연을 따른다, 또는 환경조건에 순응한다, 또는 여건에 적응한다는 것)에 관한 선가의 교훈으로는 《신심명(제 5게송)》에 있다.

즉 "인연이 있다고 할지라도 쫓아가지 말고, 고독할지라도 적멸에 빠져들지 말라. 단 한 가지 그대로만 지닐 수 있다면, 헛된 것은 저절로 사라져 버리게 될 것이다." 라는 가르침이 바로 그것이다.

내가 좋아하는 구절들

나는 정신의학적인 이유로, 수연이행(隨緣而行), 자연수연(自然隨緣), 수연소요(隨緣逍遙), 수연이행(隨緣易行), 수연수심(隨緣修心), 수연임운(隨緣任運), 임운등등(任運騰騰), 수류득묘(隨流得妙), 수연방광 임성소요(隨緣放曠 任性逍遙: 인연따라 넓게 놓고, 본성에 맡겨 소요한다), 수연응용(隨緣應用: 인연에 따르면서 응용함)이라는 구절을 평소 좋아한다.

보명 선사도 《목우십도송》에서 임운(任運; 흐름에 맡기는 것)에 관한 경지를 소개한 바 있고, 또 우리나라 경허선사의 게송에도 "평생 고정된 바가 없이 살았으니 만사를 인연에 맡기노라." 라는 구절이 보인다.

임제 선사의 어록에도 "인연에 따라서 과거의 업들을 소멸시키며, 자기가 원하는 대로 옷을 입으며, 더우면 옷 벗고, 걷고 싶을 때 걷고, 앉고 싶을 때 앉으며, 조금이라도 깨달음을 구하는 마음을 일으키는 일은 없다.” 라는 말이 있다. 모두 같은 뜻이다.

그러나 “뿌리가 없는 나무에 꽃이 그윽하니, 홍진을 탐하고 미련을 남기면 누가 바른 수도를 할 수 있겠는가?

뜬 구름 같은 인생사는 고해에서 배를 탄 격이니, 쓸려가고 떠밀려오는 것이 자유롭지 못하구나.

끝도 없고 기댈 언덕도 없으니 정박하기 어렵다. 오랫동안 어룡이 있는 험한 곳에서 머물고 있지만 고개를 돌리면 바로 언덕이 있으니 바람과 물결에만 배를 맡기지 말라.”는 도사 장삼풍(금용의 소설에 의하면, 소림사의 동자승으로 있다가 도망나와 나중에 도교의 태극종사가 된 분)의 말도 사실이니, 우리는 생의 교훈점을 다시 한 번 더 성찰해보아야 할 것이다.

구하는 것이 없이 실천하는 것

구하는 것이 없는 실천(無所求行)이란, 세상 사람들은 항상 망상에 빠져 있기 때문에 어떤 경우에도 구하는 것이 있지만 지혜가 있는 자는 진실을 깨닫고, 본질적으로 세속과 차원을 달리 한다.

즉 마음을 자연스럽게 무위(uncondition)의 경지에 가라앉히고, 몸도 자연의 흐름에 맡기며, 모든 존재를 항상 불변하는 그 자체가 없는 것으로 생각하며, 물질적인 욕망을 품지 않는 것이다.

경전에 나오는 이야기처럼, 아름다운 언니인 공덕천과 추한 모양을 지닌 동생 흑암녀는 항상 함께 다니며 떨어지지 않는다.

탐욕과 분노와 어리석음의 기초 위에 이루어진 낡은 현실의 주택은 마치 불이 난 집과 같아 위태로운 것이다. 이와같이 육체가 있는 사람은 누구나 괴로운 것이다. 누가 거기에서 편안하게 거주할 수 있겠는가?

이상의 점들을 잘 반성한다면, 모든 것에 대해 욕심을 버리고, 바라는 일도 없게 된다. 경전에 이르기를 '기대하면 모두 괴롭다. 기대하지 않을 때야말로 즐겁다.’ 라고 했다.

이로써 기대하지 않는 것이야말로 참으로 진리의 실천임을 분명히 알수 있다.

달마어록 《이입사행론》에서

새로운 생각의 길:

그 무엇도 바라지 않으려면 《유마경(부사의품)》의 가르침대로, 세속적인 물질에도 얽매이지 않고, 초세속적인 관념에도 사로잡히지 않아야한다.

얻는 것이 있으면 반드시 잃는 것도 있다

본문에 나오는 “아름다운 언니인 공덕천과 추한 모양을 지닌 동생 흑암녀는 항상 함께 다니며 떨어지지 않는다.” 라는 글은 《대반열반경(성행품 제19)》에 나오는 이야기이다.

이 이야기의 요점은 미모을 갖추고 있는 공덕천과 추악한 흑암녀 모두 취하지 않는다는 것이다. 왜냐하면 그들은 언제나 붙어 다니는 한 형제이기 때문이다. 즉, 매우 아름다운 것에는 반드시 매우 나쁜 점이 있다. 왜냐하면 매우 아름다운것은 사람의 혼을 빼앗아 버리기때문이다.

사람이 이성 또는 사물 또는 재부와 권력에 자기 혼을 빼앗기면 평생동안 정상적으로 살 수 없다.

249

육체가 있는 사람은 누구나 괴로운 것이다

본문에 "육체가 있는 사람은 누구나 괴로운 것이다. 누가 거기에서 편안하게 거주할 수 있겠는가?" 라고 했는데, 노자 《도덕경(제13장)》도 "누구나 큰 재앙은 자기 몸을 도사리고 두려워하게 한다. 그러나 우리에게 재앙이 있는 까닭은 이 몸이 있기 때문이다. 자기에게 몸이 없어지면 무슨 욕심이 있겠는가?"쓴 바 있다.

탐진치의 약은 지관수행이다

탐욕과 증오와 어리석음을 고치는 불교의 약은 지관(止觀: stop and observation)의 수행법이다. 이 말은 안세고가 번역한 《음지입경》에 나오는 가르침이다. 《안반수의경》도 함께 참고하시기 바란다.

원효대사도 《대승기신론소》에서 지행(止行)과 관행(觀行)을 함께 운용하면 모든 진리의 행위가 여법하게 갖추어진다고 설명하고 있다.

노자의 제자인 문자의 무위의 경지

그리고 본문에 "구하는 것이 없는 실천(無所求行)이란" 곧 도가의 무위 사상과 같은 것이라고 여겨진다.

《문자(노자의 제자로 위조된 인물)》는 말하기를 "도를 체득한 자는 어떤 일에 대해 억지로 행위하지 않고, 자기 자신에 대해서도 인위적으로 행위하지 않는다. 그러므로 일을 행할 때 도를 따른다는 것은, 도를 얻은 사람에 의해 이루어지는 행위가 아니라 도에 의해 베풀어지는 것이다."라고 했다.

또 "무위(doing nothing)란 끌어당겨도 오지 않고, 밀어 내어도 가지 않으며, 일이 급박해도 반응하지 않고, 감응이 있어도 움직이지 않으며, 굳게 응체되어 흐르지 않고 똘똘 뭉쳐서 퍼지지 않는 것을 말하지 않는다.

또 무위(non-active)란 개인적인 욕망으로 이득을 노리는 생각이 공적인 일에 끼어들지 않고, 개인적인 욕망으로 인해 바른 도리가 왜곡되지 않으며, 일이 이루어져도 스스로 자랑하지 않고, 공이 이루어져도 명예를 소유하지 않는 것을 말한다." 라고 말했다.

우파루리 고팔라 크리슈나무르티의 무위의 경지

논사 U.G.크리슈나무르티(1918.7.9-2007.3.22)도 말하기를 "여러분의 노력은 아무 소용이 없다. 오히려 장애가 될 뿐이다. 노력하지 않으려고 하는 것도 노력이다. 욕망을 버리려고 하는 것도 욕망이고, 그 욕망마저 버리려고 하는 마음도 역시 욕망이다. 이제 여러분은 깨끗이 손을 들어야 한다. 손을 들고 기권을 선언해야 한다. 그 때 지혜가 생긴다. 다른 것을 얻기 위한 항복이 아니다. 더 이상 할 수 있는 일이 아무 것도 없다는 것을 인정해야 한다. 아무 것도 얻을 수 없다는 것을 깨달아야 한다. 그리고 완전히 흐름에 내맡긴다. 그때서야 비로소 나에게 억눌려 있던 생명이 고개를 내밀게 된다." 라고 했는데, 이것은 무위에 관한 정확한 설명이라고 여겨진다. 그래서 달마 대사가 강조하는 이입사행론의 무소구행(無所求行)이란, 모든 것에 탐욕을 버리고 (즉, 어떤 행위로 얻어지는 결과에 대한 집요한 집착이 없이) 오직 진리 그 자체를 위한 실천을 의미하는 것이다.

모든 것이 무아라는 깨달음과
육바라밀의 실천

넷째로, 있어야 할 모습대로 사는 실천(稱法行: 불교의 법대로 행한다는 것) 이란, 만물이 본질적으로 청정하다는 원리를 있어야 할 모습대로 사는, 즉 있는 그대로의 법이라고 한다.

이 근본 원리로 보면 모든 현상은 모두 텅빈 공이며, 거기에는 더러움도 없고 집착도 없고, 서로의 대립도 없다.

경전에 말하기를 '법의 원리(理法: Ruling principle)는 독립독존의 실체를 갖지 않는다. 이렇게 법의 원리에는 자아가 없다, 라고 했다.

현명한 지성인이 만약 이 진리를 깊이 체득할 수 있다면 그는 반드시 있어야 할 모습대로 살아갈 것이다.

현명한 지성인은 자기만을 위해 인색하게 아까워하는 일이 없기 때문에 심신과 재산을 던져 보시의 덕을 실천하며, 물질에 집착하는 마음을 털어 버린다.

그는 자신과 상대와 베푼 물건의 삼자가 본래 모두 공이라는 것을 잘 알고 있는 까닭에 아무 것도 의뢰하지 않으며, 어떤 것에도 사로잡히지 않고, 다만 세속적인 더러움을 씻기 위해서만 모든 살아있는 것들을 돕고 이끌면서, 그 어떤 상대성에도 사로잡히지 않는다.

바로 이것이야말로 자기와 남을 이익 되게 하는 것이며, 또한 더욱 깨달음의 길을 장식하는 일도 되는 것이다.

보시(almsgiving)의 덕이 이와 같은 이상 다른 5가지 바라밀에 대해서도 역시 마찬가지다.

망상을 버리기 위해서 6가지 바라밀행을 실천하면서 더구나 행하는 바가 없이 행한다면 이것이 바로 불교의 법대로 사는 실천이다.[84]

달마 어록 《이입사행론》에서

법에는 성공실패가 없다. 상대가 없기 때문이다

칭법행(稱法行; 法대로 行하는 稱 즉, 부처의 가르침대로 실천하는 것)이란 모든 것의 밑바탕이 본래 깨끗하다는 이치에 계합된 삶을 위한 실천을 의

---

84) 육바라밀은 대승불교의 보살들이 실천해야 할 6가지 덕목을 뜻한다. 첫째는 대승불교의 보살들은 여러 가지 물품과 불안 공포를 없애주는 정신적인 가르침 등을 베풀어야 한다. 둘째는 윤리의식을 지킨다. 셋째는 여러 가지 고난을 감내하면서 견디어 낼 줄 알아야 한다. 넷째는 흔들림이 없이 줄기찬 노력을 해야 한다. 다섯째는 정신통일을 위해 명상에 집중할 줄 알아야 한다. 여섯째는 깨달음을 완성하는 지혜가 있어야 한다. 즉 육바라밀(6가지 덕목)은, 관대함, 윤리의식, 인내심, 환희에 찬 노력, 집중, 지혜를 의미하는 것이다.

미한다.

즉, 본래 청정한 자성(own nature: 자기본성)은 공(空)이며 무자성(withougt self-nature, No individual nature 또는 Nirguna)이므로 모든 것에 고정불변의 실체가 없음을 알고 이러한 진리에 부합하여 산다는 뜻이다.

나는 묻는다. 왜 자성(자기바탕)이 없다고 하는가?

이에 대해 청목(pingala: 300-400년경의 인물)은 간단하게 답변하고 있다.

"여러 인연이 갖추어져서 화합하면 사물이 생겨난다. 그러나 이 사물은 여러 인연에 속하기 때문에 자성(自性; 고정불변의 실체성)이 없다. 그리고 자성이 없기 때문에 공이다."

본문에, 칭법행(follow the buddha-truth)을 설명하는 곳에서, 심신과 생명 및 재물을 들어 운운하는 것은 《유마경(보살품)》의 이야기에 의거한 것이다.

그런데 원효(617-686)는 《금강삼매경론》에서 "법(dharma=ture)에는 성공과 실패가 없다. 상대가 없기 때문이다." 라고 쓴 바 있다.

두 종류의 보시: 설법으로 베푸는 보시와 재물로 베푸는 보시

본문에는 보시의 덕이 강조되고 있다.

석가모니는 《증일아함경(제7.유무품3)》에서 두 종류의 보시에 대해서 가르친 바 있다.

즉, 설법으로 널리 베푸는 보시와 재물로 널리 베푸는 보시에 관한 것이다.

대승불교의 반야경전인 《금강경》에서는 무아상(無我想)과 무인상(無人

想)과 무중생상(無衆生想)과 무수자상(無壽者想)을 설하고, 무주상 보시(無住相布施; 상에 머무는 바가 없이 보시하라는 것)을 가르치며, 응무소주이생기심(應無所住而生其心; 마땅히 머무르는 바가 없이 그 마음을 내라는 것)을 가르친다. 그리고 금강경은 이러한 가르침에 부합되어 사는 보살(즉, 자신을 초월한 정신적 레벨에 있는 사람)을 선양한다. [85]

노자의 무위 자연적인 보시

노자도 《도덕경(제2장, 제29장, 제51장)》에서 다음과 같이 가르치고 있다.

"도를 터득한 사람은 무엇이 생겨도 소유하지 않고, 무엇을 베풀어도 보답을 기대하지 않는다. 공을 이루어도 차지하지 않는다."

"현명한 사람은 심한 것을 버리고, 지나친 것을 버리고, 너무 큰 것을 버린다."

"무엇을 낳고도 소유하지 않고, 무엇을 하고도 자랑하지 않으며, 무엇을 길러 주고도 그것을 간섭하려고 들지 않는다."

달마의 어록인 이입사행론에서 "경전에 말하기를" 라는 구절이 많이 나오는 것에 관련하여

이제 끝으로, 나는 다음과 같은 쓸데없는 이야기도 한 번 적어두기로 한다.

달마의 어록인 《이입사행론》에서는 "경전에 말하기를" 라는 구절이 많이 나온다. 그러나 이러한 표현은 정확한 표현이 아니다. 왜냐하면 "경전에 말하기를" 가지고는 구체적으로 어느 경전을 가리키는지 알 수 없기 때문이다. 물론 현대불교학은 문헌고고학의 방법으로 입증이 가능하지만, 그래도 달마 대사가 직접 읽은 책에 관한 이야기를 밝혀두었다면, 후학들에게 또 다른 흥미와 참고가 되었을 것이다.

그런데 《이입사행론》을 쓴 달마의 제자 담림은 원리적인 가르침 자체만을 중요시 여기고, 그 가르침을 담고 있는 그릇(책 제목)에 대해서는 중요하게 여기지 않은 것 같다.

그러나 저자가 매우 중요한 가르침을 인용하는 경우에, 특히 출처를 구체적으로 밝혀 둔다면, 후학들에게 많은 도움이 될 것이다.

나는 책 속에서, 내가 읽어야 할 또 다른 책의 제목들과 저자들을 발견했을 때, 기쁨과 의욕(회로에 강한 전류를 흘려보내는 것, 기력과 끈기의 원동력)을 느낀다.

사실, 먹고 사는 생존 문제가 절박한 가난한 나라의 현실에서는, 대개 좋은 책을 소개받는다는 것은 거의 불가능하다.

---

85) 무아상(無我相 또는 無我想)이란, 아트만이라고 하는 실체(고정불변하는 존재 덩어리)에 대한 공상적이고 집착적인 관념이 없다는 것이다. 어째서 무아(no-ego)인가? 삶과 죽음이 없는 것이므로 자아는 존재하지 않기 때문이다. 그러므로 이렇게 통찰하고 자아에 대한 집착을 버린다. 무인상(無人相)이란, 궁극적인 인격이나 개별적인 행위의 주체자라는 관념이 없다는 것이다. 무중생상(無衆生相)이란, 모든 살아있는 것들(all beings)이 존재한다는 관념이 없다는 것이다. 무수자상(無壽者相)이란 영원한 생명의 실체(불멸의 근거가 되는 존재 덩어리)라는 관념이 없다는 것이다. 무주상보시무주상보시(無住相布施)란 집착함이 없이 베푼다는 것이다. 집착함이 없이 베푼다는 것에 관련하여, 《백론(百論)》에서, 다른 종교의 구도자가 아리야 데바(170-270)에게 물었다. "어떤 것이 순수하지 못한 보시인가?" 아리야 데바가 말했다. "보상을 바라는 보시가 순수하지 못한 보시이다. 왜냐하면 이런 보시는 마치 시장에서의 거래와 같기 때문이다." 노자도 《도덕경(제81장)》에서 말하기를 "성인은 쌓아두지 않는다. 남을 위하면 위할수록 자기가 더 있게 된다. 힘써 남에게 주면 줄수록 자기가 더 풍요롭게 된다." 라고 가르치고 있다. 그러나 생각해서 하는 말인데, 국가나 개인이 정신적이든 물질적이든 간에 너무 가난하여 나눌 물건이 없는 곳에서는 나눔이란 있을 수가 없을 것이다. 그리고 응무소주이생기심(應無所住而生其心)이란 '집착하는 바가 없이 그 마음을 낸다.'는 뜻이다.

그저 부자가 되는 방법과 건강에 관한 책들만이 항상 세간에서 인기가 많다. 왜냐하면 우리 모두가 소망하는 것이기 때문이다.

그러나 근원적인 통찰력과 깨달음을 주는 것에 관련된 책들은 독자자신이 일종의 마니아처럼 흥미를 가지지 않으면, 눈에 보이지도 않을 뿐더러 또 쉽게 만나지지도 않는다.

그러므로 중요한 가치가 있는 책일수록, 그 책 속에서 인용되고 있는 가르침에 대해서 출처를 가능한 한 정확히 아니면 제목과 저자 이름만이라도 밝혀두는 것은 후학들에 대한 친절한(?) 배려라고 나는 생각한다.

불안한 마음이
곧 평온한 마음이다

혜가가 달마 대사에게 물었다.

「저의 불안한 마음을 안정시켜 주십시오.」

달마 대사가 말했다.

「내가 안정시킬 자네의 마음을 나에게 달라.」

혜가가 대답했다.

「저의 고민은 바로 지금 말씀하신 그 마음을 찾아서 보여드릴 수가 없다는 것입니다.」

달마 대사가 말했다.

「재단사는 비단 천을 손에 들고서야 비로소 가위질을 할 수가 있다. 만약 처음부터 비단 천을 보지도 못한다면, 재단사가 어떻게 허공에 재단할 수가 있겠는가?

이와 같이 자네가 만약 그 불안한 마음을 나에게 건네주지 못한다면,

내가 어떻게 자네의 그 불안한 마음을 안정시켜 줄 수 있겠는가? 나는
도저히 허공을 안정시킬 수는 없다네.」

〈조당집(제2권)〉

새로운 생각의 길:

혜가(487-593)는 나이 40세에 달마 대사를 친견하려고 소림사에 방문
하였다. 그런데 달마 대사는 오로지 면벽한 채로 좌선할 뿐, 그를 거들
떠보지도 않았다. 그래도 혜가는 부동의 신념으로 참기 어렵고, 행하기
어려운 일을 하면서 달마 대사에게 법(또는 마음 병의 치료법)을 구했다.

이에 대해 나옹혜근(1320-1376)은 "원래 텅 비어 한 물건도 없는데, 사
람들은 밖을 향해 부질없이 허덕이네. 전하여 가질 수 없는 일정한 법은
없는데, 무엇을 하려고 신광은 눈 속에 서서 구하는가?" 라고 쓴 바 있다.

달마의 면벽좌선에 대한 촌평

보리달마(460-536)의 면벽 좌선은 내가 벽을 쳐다보고 있다든가, 아니
면 벽이 나를 쳐다보고 있는 것이 아니라, 벽 그것이 바로 내가 되는 경
지이다. (즉 이 상태에서는 '관찰자가 곧 관찰대상이다' 라는 양자물리적 지혜가 성
립된다. 그리고 관찰자는 적극적으로 참여자가 된다. 벽이 되는 것이다.) 그러나
이러한 경지는 벽도 없고, 나도 없는 깨달음의 경지가 있어야 가능한 것
일 게다.

정신치료법(psychothereapy)을 중시하는 종교인으로서 할말은 아니지

만 요즘은 옛날과 달리 각종 진정제가 많이 개발되어 있다.

그러므로 불안한 상태가 너무 심한 환자는 불교의 정신치료법에만 의존하지 말고 동시에 약물치료도 병행하는 것이 좋다.

그러나 이러한 약물로 안정되어 보았자, 그것으로 무엇을 할 것인가? 막스 러너(1902-?)가 《미완성 국가》에서 한 말처럼, 신경안정제는 위험한 것이다. 왜냐하면 이 신경안정제 약으로 얻은 마음의 안정이란 위장된 마음의 안정일 뿐이기 때문이다. 그러므로 이러한 위장된 마음의 가짜 안정은 근본적인 문제해결이 아니다.

그래서 나는 이렇게 말하고 싶다. "도리어 불안정 속에 발전이 있는 것이 아닌가! 혜가가 만약 불안정하지 않았다면 어떻게 달마 대사를 찾아왔겠는가?"

그리고 여기서 중요한 것은, 혜가가 자신의 불안정한 마음을 안정되게 회복하려는 강한 의욕이 있었다는 점이다.[86]

죄업과 번뇌가 많은 곳에 도리어 큰 깨달음의 복덕이 있다

생각해서 하는 말인데, 불안정하고 죄가 많고 번뇌가 많은 곳에 도리어 큰 깨달음('不安心卽安心')의 복덕이 더 드러나는 법이다. 그래서 보통

---

86) 독일의 정신분석학자 카렌 호르니(1885-1952)는 "정신분석이 내면의 갈등을 해소하는 유일한 방법은 아니다. 삶 그 자체가 매우 효과가 높은 심리치료사이다."라고 쓴 바 있다.

87) 제행무상(諸行無常)의 거창한 사례는 히스토리 채널의 《인류멸망 이후(Life After People)》를 참조해보시기 바람

사람들은 종교는 체험이라고 주장하게 되는 것이다.

지방 소도시에서 부동산 중개업을 하고 있는 어떤 거사님은 부부관계, 대인관계의 실패를 여러 번 하고난 후 낙심하여 폭음, 폭주, 분노로 혼란스럽고 불안정하게 지내다가 어느 날 나의 제행무상(諸行無常)과 제법무아(諸法無我)에 관한 설법을 듣고 마음정리가 되었다고 말했다.[87]

무상(無常)이란 모든 사건과 감정과 작용은 고정불변의 영원한 실체(참 그자체로서의 덩어리)가 없이 언제나 원인과 조건만 바뀌면 얼마든지 바뀌는 변천성(變遷性)을 갖고 있는 일시적인 흐름일 뿐이다, 라는 것이다.

그리고 아돌프 루카스 피셔는 《나이듦에 대하여(1966)》에서 "삶의 덧없음을 확실히 경험하는 것은, 남은 나날을 최대한 성실하게 보낼 수 있게 하는 자극제가 된다."고 말한 바도 있다. 이후 김거사는 승려인 나보다 더 삼보(Three jewels of Buddhism: 불교의 세 가지 보배)에 대한 신심이 돈독해져서 요즘은 술, 담배, 춤, 도박 등 오락잡기를 일체 끊어버리고, 정기적인 법회에도 열심히 참여하며 아주 밝고 건강하고 안정된 인생을 보내고 있다. 역시 최고의 행복은 마음의 평화에 있는 것 같다.(그는 현재 내 친구의 문하에서 승려생활을 잘 하고 있다.)

그러나 우리들 마음의 평화란 두뇌가 고장난 신경반응의 체계를 고치는 동안에만 경험할 수 있는 일종의 속임수일지도 모른다. 그러므로 《채근담》의 말처럼, 마음이 산란할 때에는 스스로 가다듬을 줄 알아야 한다. 그리고 마음이 긴장하고 딱딱할 때에는 스스로 탁 놓아버릴 줄도 알아야 한다. 이렇게 하지 못하면, 설사 어두운 마음을 고쳤다 할지라도 흔들리는 마음에 다시 또 병들기 쉬운 법이다.

그래서 이제 나는 그 거사님에게 혜능 대사의 다음과 같은 말씀을 전해드리고 싶다.

"만약 부처님에게 귀의한다면 부처님은 어디에 있는가? 부처님을 볼 수 없다면 귀의할 곳이 없을 것이다."

《대열반경(여래성품)》에 "대승에는 삼귀(三歸)의 분별상이 없다. 부처(깨닫는 자) 속에 곧 법과 승이 있다."라고 문구가 있다.

생각해서 하는 말인데, 자불(自佛)이 곧 진불(眞佛 또는 眞本)이니 타불(他佛)에 귀의하는 것은 마치 우상숭배와 같다는 것을 이해할 줄도 알아야 할 것이다. 물론 자불(自佛)도 경우에 따라 가장 그릇된 우상숭배일 수도 있다. 그렇다면, 어떻게 하라는 말인가? 어떻게 하시겠습니까?

개인의 정신건강과 사회의 건강은 밀접한 관련이 있다

우리가 주의해야할 점은 E.프롬(1900-1980)의 말처럼 "개인의 정신건강은 사회의 건강과 따로 떼어놓고 생각할 수 없는 문제이다." 라는 것이다.

나는 얼마 전에 영생교 교주(자칭 하나님)에 빠져있는 김만철(1940-)씨를 TV에서 보고 충격을 받은 적이 있었다.

왜냐하면 개인주의 사상이 없다는 집단주의의 나라인 북조선에서 자유를 찾아 목숨을 걸고 우리나라로 탈출해 왔다는 그 '정신' 이라는 것도 별 것이 아니구나 싶어서.

달마 대사가 가르친 사상의
보존과 전파

중국에 온 지 9년이 지나자, 보리달마(460-536)는 인도로 돌아가기를 원했다. 그래서 그는 제자들을 불러 놓고 다음과 같이 말했다.

「이제 때가 다 되었다. 그동안 그대들이 각자 수행해서 얻은 경지를 나에게 말해 주기를 바란다.」

먼저 도부(464-524)가 말했다.

「도라는 것은 문자에 의지해서도 이룰 수가 없고, 또 문자를 떠나서도 이룰 수가 없습니다.」

보리달마가 말했다.

「너는 나의 가죽을 얻었다.」

총지 비구니가 말했다.

「그것은 아난다가 부동불(akshobhya buddha)이 계신 국토를 본 것과 같습니다. 한 번 그것을 보고 나면 두 번 다시 그것을 보지 못하기 때문

입니다.(이 문제에 대해 관심 있는 분은 《유마경(제12 견아촉불품)》을 참조해보기
바란다.) 」

보리달마가 말했다.

「너는 나의 살을 얻었다.」

이어서 도육이 말했다.

「사대(땅과 물과 불과 바람)는 본래 공으로부터 나온 것이며, 오온(모든 존
재를 구성하는 다섯개의 요소가 집합해 있는 물질 덩어리)도 원래는 없는 것입
니다.

제가 보기에는, 굳이 힘들여 성취할 만한 것이라고는 아무 것도 없습
니다.」

보리달마가 말했다.

「너는 나의 뼈를 얻었다.」

마지막으로 혜가(487-593)는 아무런 말도 하지 않고, 달마 대사에게 정
중하게 절하고 나서는 조용히 서 있었다.(혜가의 침묵과 유마의 침묵은 똑같
은 경지다. 관심있는 분은 《유마경 (제9 입불이법문품)》을 참조해보시기 바란다.)

보리달마가 말했다.

「너는 정말 나의 정수(Essence)를 얻었구나!」

〈경덕전등록(제3권)〉

새로운 생각의 길:

이슬람의 수피 미르 알리셔 나와이에게도 이와 비슷한 이야기가 전해

지고 있다. 미르 알리셔 나와이는 결론적으로 다음과 같이 말한 바 있다.

"너희들의 말은 모두 옳다. 왜냐하면 너희들은 바른 답을 나누어 가지고 있기 때문이다. 너희들이 갖고 있는 의식수준은 어느 것도 완전하지 않다. 그러나 너희들이 각자 한 말은 모두 옳다." 라고.

보리달마의 과대망상

보리달마는 자신의 중국방문 동기에 관련하여 "내가 중국에 온 것은 법(Buddha-Dharma)을 전함으로써 중생들을 미혹에서 구원하려는 것이다." 라고 거창하게 과대 망상가처럼 영웅적으로 말한 바 있다.

즉 《속고승전(혜가전)》에 보면, 보리달마가 혜가에게 《능가경(4권)》을 주면서, 내가 중국의 지리와 국민성을 살펴보니 오직 이 경전만이 가치가 있을 뿐이다. 그러므로 그대가 이 경전을 따라 수행하면 저절로 해탈을 얻으리라 라고 말했다.

이 얼마나 평범하고 망상적인 이야기인가? 그래서 달마가 서쪽에서 온 뜻이란 "무당이 신을 부르는 소리" 일 뿐인 것이다.

보리달마가 혹세무민하고 있다는 것을 아는 사람들

긴 머리카락과 사복입은 모습이 인상적인 고봉(1238-1295)스님의 어록에는 다음과 같은 게송이 보인다.

"서역을 떠나기 전에 이미 나쁜 소문이 퍼져 버렸다. 면벽 9년도 한바탕 허물이다. 쯧! 쯧! 많은 승려들을 속여 오늘날까지 말뚝에 못 박고 노 저음을 알지 못하도다."

조선(1392-1910)시대의 설잠스님 김시습(1435-1493)도 병중에서 "달마는 무엇 때문에 왔는가? 병든 몸을 일으켜 대지를 적시는 빗소리를 듣는다. 이 비는 대지 위에 생명이 다시 꿈틀거리게 하지만, 대체 달마는 무엇 때문에? 그만두자, 저 스님이 들으면 또 무슨 법문이나 하는 것으로 생각하지 않겠는가." 라고 시를 쓴 바 있다.

달마 대사가 제자들을 모아놓고, 너는 나의 가죽이니, 살이니, 뼈이니, 골수이니 하는 것은 혹세무민하는 행동이다. 이것이 달마서래의(달마가 서쪽에서 온 뜻)인가? 별 것도 아니구나.

석가모니의 제자 인물평을 통한 불교전파

석가모니도 보리달마처럼 그 제자들에 대해 다음과 같이 말했다. 《증지부 경전》에 적혀 있는 글이다.

"나의 제자 중에서 지혜 제일은 사리불이다. 나의 제자 중에서 신통제일(神通第一)은 목건련이다. 나의 제자 중에서 행법제일(行法第一)은 대가섭이다. 나의 제자 중에서 해공제일(解空第一)은 수보리이다. 나의 제자 중에서 설법제일(說法第一)은 부르나이다. 나의 제자 중에서 광설제일(廣說第一)은 가전연이다. 나의 제자 중에서 천안제일(天眼第一)인 사람은 아나율이다. 나의 제자 중에서 지율제일(持律第一)은 우바리이다. 나의 제자 중에서 다학제일(多學第一)은 라후라이다. 나의 제자 중에서 다문제일(多聞第一)은 아난이다."

그러나 이에 대해 청허휴정(1520-1604) 서산대사는 다음과 같이 적고 있다.

"석가모니가 처음 이 세상에 나와 히말라야 산에서 6년 동안 정신없이 속았고, 달마조사는 서쪽에서 와서 9년 동안 소림사에서 부질없이 공부했다. 이로부터 비린내가 천하에 가득하여 머리털 깎은 많은 중들이 산 속에서 늙었다. 그대 이제 한 손으로 한 번 쓸어버리매, 서울의 머리에 아침 해 붉었구나." 라고.

그런데 나는 이런 불교식(종교적인 계보)의 이야기들보다는 다음과 같은 일반인들은 위한 말씀을 취향적으로 더 좋아한다.

조지 버나드 쇼(1856-1950)는《예술과 돈(1907)》에서 이렇게 말했다.

"나는 삶, 그 자체를 위해서 삶을 누린다. 나에게 삶이란 타올랐다 꺼져 버리는 촛불이 아니다. 그것은 내가 얼마동안 높이 들고 달려야 할 횃불 같은 것으로, 나는 그것을 환하게 밝혀서 다음 세대에게 건네주고 싶다." 라고.

그리고 또, 가엾은 발타자르 그라시안(1601-1658)신부는 58세에 추기경 세고비아 몬트로 주교의 모략으로 완전 추방되어 고립무원의 지경에서 간신히 블랑카 부부의 도움을 받아 허름한 방에서 집필한 그의 회고록에서 다음과 같이 적고 있다.

"지금 내가 쓰고 있는 이 글들이 언제 어디서 어떤 방법으로든지 내 목소리가 되어 세상 사람들의 귀에 도달하리라 믿는다. 내 사명감은 오로지 세상 사람들의 의식을 변화시키는 것이었다. 사상이 나를 움직인 것처럼 내가 남긴 글이 사람들의 마음을 움직이고 가르치고 고무시켜 주기를 빈다. 사상이 남는 방법은 그 방법뿐이다. 멀지 않아 추기경 세고비아 몬트로 주교는 내게 완전히 복수하게 될 것이다. 그렇게도 나를 이해할 수 없을까? 그는 최후의 승자이다. 비판자 제3부가 완성되고 파라다씨가 남긴 자금으로 책이 출판되면, 그 시기는 앞당겨 질지도 모른다. 그렇게 되면, 나는 교회에서 추방을 당하고 작품은 압수될 것이며, 나의 존재는 영원히 사라져 갈 것이다. 그러나 진실을 전파하는 사람들과 세고비아 몬트로 주교와의 싸움은 내가 사라진다 해도 결코 끝나지 않을 것이다. 사상의 자유는 그렇게 쉽게 꺼지는 불이 아니다. 비록 나와의 싸움은 끝났지만 몬트로 주교는 나보다 더 무서운 적을 상대하게 될 것이다. 내가 남기고 가는 책이 바로 그것이다.” 라고.

어떤 사상의 보존과 전파의 어려움

B.R.헤이든(1786-1846)은 《차(茶) 이야기》에서 “가장 어려운 일은 첫째 결정적인 명성을 얻는 것이고, 다음은 생존시에 그것을 유지하는 것이고, 그 다음은 죽은 후에 그것을 보존하는 것이다.” 라고 쓴 바 있다.

J.잼폴스키와 V.시린 사이온조차 “지금 이 지상에 살고 있는 우리 모두가 죽고, 잊어진 그 오랜 세월 후에도 이 책은 살아남아 사람들에게 도움을 줄 것이다.” 라고 자신들의 저서에 가치부여를 하고 있다.

니체 그리고 나

그리고 니체(尼采, 1844-1900)는 《잠언집》에서 “아직 나는 살아있으며, 생각하고 있다. 나는 살아야 한다.” 라고 쓴 바 있다.

그러나 그렇게 쓴 니체도 죽은 지 이미 오래 되었으며, 그는 현재 그 어떤 생각도 못하고 있다. 완벽한 무념무상이다. 왜냐하면 그는 죽었기 때문이다.

그러나 지금 나는 "살아있으며, 생각하고 있다. 나는 살아야 한다." 라고 지금 이렇게 쓰는 것조차 가능하다.

그러나 이러한 나도 언젠가는 죽을 것이며, 뒤이어지는 같은 종류의 후대 사상가는 계속 나와 똑같은 글을 적고 있을 것이다.

참고로, 내 사상과 비슷한 사고유형을 보이는 현인들은 석가모니와 유마와 용수, 헤라클레이토스와 니체, 버나드 쇼와 E.M.시오랑과 닐스 보어와 하이젠베르크, 노자와 귀곡자, U.G. 크리슈나무르티 등이다.

대조혜가

과거가 없는 성인 없고,
미래가 없는 죄인 없다

혜가와 승찬의 첫 만남:

혜가(487-593)선사에게 어느 날 사십대의 남자가 찾아와 "저는 죄가 많아서 심한 고통을 받고 있습니다. 스님! 제발 저를 위해서 참회의 기도를 해주십시오." 라고 간청했다.

혜가 선사는 그에게 "그대의 죄를 나에게 달라. 그러면 내가 그대를 위해서 참회의 기도를 해주겠다." 라고 말했다.

그 신자는 한 참을 생각하더니 이렇게 대답했다.

「죄는 물건이 아닌데, 어떻게 드릴 수 있겠습니까?」

그러자 혜가 선사는 말했다.

「바로 그것이다. 이제 그대를 위한 참회의 기도를 끝마쳤다!」

이 말씀을 듣고 그 신자는 깊이 깨친 바가 있었다. 이 후 그는 출가승려가 되어 승찬이라는 법명을 받았고, 이 분이 바로 선종의 제3조이다.

〈조당집(제2권)〉

《고대 페르시아 속담》에 "과거 없는 성인(聖人)이 없고, 미래 없는 죄인은 없다." 라는 말이 있다.

라드하크리슈난(1888- 1975)도 이 속담대로 말하기를 "아무리 위대한 성인이라 할지라도 과거가 있는 것처럼, 아무리 악한 죄인이라도 미래가 있다. 어느 누구도 그가 상상하는 것만큼 착하거나 악하지 않다.(성자와 죄인의 차이점이 있다면, 성자에게는 과거가 있고, 죄인에게는 미래가 있다는 점이다.)" 라고 한 바 있다.

하지만 현실사회에서 내 대인관계 경험에 의하면, 갑자기 착한 사람이 되거나 악한 사람이 되는 경우는 없었다. 그리고 만에 한 명 어떤 사람이 대화를 통해 자기 잘못을 인정하고 고치는 경우에도, 자기 잘못을 고치지 않으면 손해를 보기 때문에 고치는 것이었다. 즉, 순수한 인격도야라든가, 철리(哲理)적인 이유에서 자신의 잘못을 고치는 경우는 아직 단 한 명도 본 적이 없다. 어쨌든.

불교는 예수교와 달리 원죄론을 주장하지 않는다

불교는 예수교와 달리 원죄를 절대적(짝이 없는 짓)으로 인정하지 않는다. 텐진 갸초(1935,7,6-)는 이렇게 말했다.

"불교 용어에는 죄의식이라는 말이 없다. 불교에서는 부정적인 것은 무엇이나 정화될 수 있다." 라고.

생각건대, '나는 죄가 많다' 고 하는 자는 스스로 삶이 활달할 수가 없을 것이다. 아마 그래서 승찬은 혜가 스님을 찾아왔을까? 소문에 의하면, 그는 대풍질 환자였다고 한다.

하여튼 그는 이미 "죄는 형상이 없다."는 것을 알고 있었다. 그가 누구일지라도 불교의 마음정화는 바로 여기서 시작된다.

본문에서 보통사람들이 얻을 수 있는 실용적인 교훈은, 몸이 아프면 마음의 평온함도 느낄 수 없다는 것이다. 그런데 스승 혜가 선사는 승찬과 코드가 맞는 분이다. 그러므로 승찬의 고통과 불안은 스승과 함께 살면서 점차적으로 심신의 평온함으로 바뀌게 되었을 것이다.

고려(918-1392)시대의 진각혜심은 인용해 말하기를 "있는 죄를 털어놓으면 참회라고 할 수 없고, 없는 죄를 털어놓는 것이 진정한 참회다." 라고 하였다. 조선(1392-1910)시대의 서산대사도 "마음이 생기는 곳에 죄가 있다." 라고 말한 바 있다.

모든 종류의 죄업은 모두 망상으로부터 생긴다

이제 《이입사행론》에 나오는 이야기를 소개해보기로 한다.

어떤 사람이 달마 대사에게 물었다. "만약 마음이 맺혀서 업(의식속에 습관적인 작용으로 쌓여 있는 것, 또는 습관으로 굳어진 성질과 행동)이 되었을 때, 어떻게 하면 끊어 버릴 수 있습니까?"

달마 대사가 말했다. "본래 마음은 없는 것이므로, 마음을 끊어 버릴 것까지는 없다. 우리들의 마음은 생하는 곳이 없으므로 멸하는 곳도 없는 것이다. 업은 망상이 제멋대로 만들어낸 존재이기 때문이다. 어떤 경전에서 말하기를 '업에 의한 죄는 동서남북 같은 사방이나 상하의 천지에서 오는 것은 아니다. 그것은 모두 뒤집혀진 마음에서 일어나는 것이다.' 라고 하였다. 이 말에 대해 의심할 것 없다. 보살은 과거 모든 부처의 가르침을 관찰하여 모든 곳에서 죄를 찾아보아도 전혀 찾지 못한다."

이 《이입사행론》에 결정적인 영향을 준 《유마경(제자품, 우파리장)》에도 "죄의 밑바탕은 안에 있는 것도, 밖에 있는 것도, 중간에 있는 것도 아니다. 마치 마음이 안에도 없고, 밖에도 없고, 중간에도 없듯이 죄 또한 마찬가지이다." 라는 문구가 있다.

이렇게 죄는 장소가 없으며, 죄의 밑바탕은 본래 없는 것이다. 《관보현경》에도 "모든 종류의 죄업은 모두 망상으로부터 생긴다. 망상은 덧없는 것이다." 라는 가르침이 있다.

그래서 니체(1844-1900)는 《반그리스도》에서 "불교는 예수교보다 백배나 현실주의적이다. 불교는 이미 죄에 대한 싸움을 말하지 않는다. 오히려 철저히 현실에 권리를 부여하면서 고뇌에 대한 싸움을 하는 것을 말한다. 불교는 도덕개념의 자기기만을 이미 넘어서 버렸다. 나의 말로 하자면, 불교는 선악의 피안에 서 있는 것이다." 라고 썼을 것이다.[88]

---

88) 영남대학교 박홍규(1952-) 교수가 낸 니체와 니체주의 비판서 《반민주적인 너무나 반민주적인(2008)》과 김진석 교수가 최근에 낸 《니체는 왜 민주주의에 반대했는가(2009)》라는 책을 소개해둔다. 나는 요즘 니체의 《차라투스트라는 이렇게 말했다》를, 〈니체 대사자후경, 비점담론〉이라는 제목으로 집필중이다. 탈고시간은 대략 10년을 잡고 있다.

번뇌와 미혹은 무아라는
관찰법으로 치유하라

혜가와 승찬의 문답:

승찬 스님이 혜가(487-593)대사에게 말했다.

「저에게 번뇌를 끊는 법을 가르쳐 주십시오.」

「번뇌가 어디에 있기에 끊으려고 하는가?」

「어디에 있는지는 모르겠습니다.」

「어디에 있는지도 모른다면 허공과 같은 것인데 어떻게 끊는다는 말

인가?」

승찬 스님이 말했다.

「경전에 보면, 모든 악을 끊고 모든 선을 행해야 부처가 된다고 하지

않았습니까?」

그러자 혜가 스님이 웃으며 말했다.

「악이니 선이니 하는 게 다 망상이다. 모두 마음에서 생기는 것이다.」

「그게 모두 망상이라니요? 어째서 망상이라고 하십니까?」

그러자 혜가 스님은 제자에게 이렇게 말했다.

「비유를 들어 말하겠다. 너의 집 뜨락에 큰 바위가 있는데 평소 거기에서 앉아 쉬거나 누울 때에는 전혀 놀라움이나 두려움이 없을 것이다. 그러나 그 바위로 불상을 만들거나 그 바위에 부처님을 그려 놓았다면 어떻게 될까? 감히 걸터앉을 생각을 하지 못하겠지? 본래는 돌일 뿐이지만 다 네 마음이 그렇게 만든 것이다. 또 만일 그 바위에다 귀신이나 용, 호랑이 따위를 그려 놓았다면 스스로 그려 놓고도 무서워하겠지? 색깔 자체는 무서울 게 없지만 그 그림이 무서운 것은 다 너의 생각 때문이다.

그러니 어디에 실체(항상 불변하는 그 자체)가 있겠는가? 모두 너의 망상이 만든 것 뿐이다.」

새로운 생각의 길:

불교에서 말하는 괴로움의 종류

여기서도 승찬은 번뇌에 관한 문제를 내어 놓는다. 지은 죄가 많으니 번뇌 또한 많은 것은 당연한 것이다.

인생이란 바닷가에 있는 모래알 수보다도 더 많은 종류의 번뇌 그 자체인 것이다. 그러니 승찬께서 어찌 번뇌가 없을 수 있겠는가?

불교에서는 괴로움을 구체적으로 생물학적인 생로병사(生老病死)와, 인간관계의 괴로움인 애별리고(愛別離苦), 원증회고(怨憎會苦)와 구득불고(求得不苦), 오음성고(五陰盛苦), 고고(苦苦), 괴고(壞苦), 행고(行苦) 등의 괴로움에 대해서 말하고 있다.

애별리고(愛別離苦)란 사랑하는 사람과의 이별에서 생기는 괴로움이다. 원증회고(怨憎會苦)란 증오하는 사람을 만나 함께 있어야 하는 괴로움이다. 구득불고(求得不苦)란 열심히 구하지만 얻어지지 않는 괴로움이다. 오음성고(五陰盛苦)란 치열한 생리, 감정, 이성, 심리와 사유로 인해 생기는 괴로움이다. 고고(苦苦)란 추위와 더위와 굶주림 같은 자연적인 고통의 괴로움이다. 괴고(壞苦)란 조건의 변화에 따라 생기는 괴로움이다. 행고(行苦)란 모든 것이 변한다고 하는 덧없음에서 오는 고뇌의 괴로움이다.[89]

열반의 한계는 번뇌의 한계다

그러나 (내 경험에 의하면) 번뇌는 마음을 해방시키는 지혜를 일깨우는 도구이니 피하지 말아야 한다. 왜냐하면 뼈아픈 고민은 분명하게 깨닫는 사람으로 만들어 주기 때문이다.

그러므로 모름지기 번뇌는 끊으려고 애쓰는 것보다는 오히려 그것은 성취되어야 할 것이다. 성취란 번뇌의 밑바닥 실체까지 통찰해본다는 것이다.

용수(150-250)는 《중론》에서 "열반의 한계는 번뇌의 한계다." 라는 유명한 말을 했다. 물론 자신의 번뇌의 한계가 곧 세상자체의 한계는 아니다.

하여튼, 불가에는 아라한이라는 명칭이 있는데, 이 아라한은 '번뇌라는 적들을 말살시켜버린 성자' 라는 뜻이다. 번뇌의 번(煩)은 번민이다. 번뇌의 뇌(惱)는 불안정해서 어지러운 것이다.

---

89) 《장아함경(제8권)》, 《구사론(제22권)》등을 참조해보시기 바람

아프리카 태생의 예수교 신학자였던 A.어거스틴(354-430)은 《고백록》에서 "번민은 욕심에서 생긴다. 그러나 우리는 다행히도 이보다 더 힘센 것을 하나 갖고 있다. 그것은 진리를 갈망하는 마음이다." 라고 썼다. 그래서 괴테(1749-1832)는 "내 마음을 가장 높은 것, 가장 깊은 것을 붙들고 싶다. 그래서 나 자신을 인간전체의 자아에까지 넓혀 나가고 싶다."고 말할 수 있었을 것이다.

죄업과 번뇌의 문제는 일체유심조로 풀어라

혜가 스님은 죄와 번뇌에 관한 문제를 일체유심조(생각이 나를 바꾼다, 또는 생각대로 된다는 것)[90]의 가르침으로 풀어가고 있다.

혜가 스님은 "이 마음이 부처이고, 이 마음이 법이다." 라고 말했다.

---

90) 일체유심조(一切唯心造)란, 모든 것은 오직 마음의 조작이다. 또는 우리가 인식하는 모든 문제와 상황은 오직 마음이 그려내는 영상이며, 관념일 뿐이다. 라는 뜻이다. 랭은 "우리가 인식하지 못하는 마음이 우리를 인식하고 있다." 라고 말한 바 있다. 《화엄경》에서는 "삼계(물질세계, 욕정의 세계, 정신적인 세계)는 모두 마음에서 비롯된다(三界所有皆由心)"고 결론을 짓고 있다. 즉, 이 세상의 모든 것은 우리가 공동의 마음으로 창조해낸 결과라는 것이다. 초기불교 경전인 《법구경》에도 "모든 것은 우리의 마음으로부터 나왔고, 마음은 모든 것에 앞선다. 그리고 모든 것은 마음에 의하여 이루어진다." 라고 적혀 있다. 《잡아함경(제36, 1009경)》참조하시기 바람. M.아우렐리우스 안토니우스(121,4,26-180,3,17)도 《명상록》에서 "모든 것은 한낱 생각에 불과하다는 것과 그 생각 역시 당신 마음대로 할 수 있다는 것을 잊지 말라. 당신의 의지로 그것을 제거해버려라. 그러면 당신은 온화하고 평온한 상태를 유지할 수 있을 것이다." 라고 쓴 바 있다. 그리고 긍정적으로 본다면, 일체유심조(一切唯心造)와 현대물리학의 통일장(統一場)은 동의어이다. 즉 대승불교는 '모든 것이 유심(唯心)에서 창조되었다.' 고 말한다. 현대물리학의 통일장 이론도 '모든 것은 통일장에서 창조되었다' 고 말한다. 그리고 유심(唯心)은 모든 사람의 내부에 있다. 통일장도 마찬가지다. 유심은 우주적이고 활성화할 수 있다. 통일장(the unified field)도 마찬가지다.

이 문제와 관련하여 두그파 린포체는 "설사 그대가 불행하고 내적으로 혼돈상태에 빠져 있다 할지라도 세상은 탓하지 말라. 세상은 그대 자신의 반영에 지나지 않는다. 그대 자신을 치유하라. 그러면 세상도 치유될 것이다." 라고 말했다.

생각해서 하는 말인데, 휘발유 기름으로는 불을 못 끄는 법이다. 그래서 《화엄경》에 "마음이 생기면 갖가지 법이 생기고, 마음이 멸하면 갖가지 법이 멸한다." 라는 말이 있는 것이다.

나의 관점; 마음을 절대시 하지 마라

그렇다면, 이 마음의 정체는 무엇인가? 이 또한 허망한 것이 아닌가?

사실대로 말한다면 마음이란 객관적인 것이 아니라 자기본위로 작동되는 주관적인 것이다. 그런데 이런 마음을 절대시하고 실체화하고 신비화한다는 것은 사람들을 현혹시키는 짓이다.

어째서 만법유식(萬法唯識)이요, 일체유심조(一切唯心造)인가? 내 관점에 의하면 마음이란 만법의 티끌이요, 일체의 찌꺼기일 뿐이다.

생각건대, 만법유식과 일체유심조의 단점은, 모든 존재와 현상을 있는 그대로 보지 않고 자기 생각이나 마음으로 본다는 점이다.

번민과 미혹은 연기무아 법으로 치유하라

《선원집영(베트남 고승전)》에 보면, 어느 날 영종황제가 대사(1120-1180) 선사를 궁궐로 초청하여 이르기를 "나에게 요즘 번민과 미혹이 많은데, 치유할 방법이 있는가?" 라고 물었다.

그러자 대사 선사는 "열 두 가지 인연법이 생사윤회의 근원입니다. 만약 치유하고자 하신다면, 바로 이것이 약입니다" 라고 말한 바 있다.

베토벤: 고뇌를 넘어서 환희로

본문에서 번뇌, 고민, 고뇌에 관한 주제에 접하니, 베토벤(1770-1827)이 생각난다. 베토벤은 독일인이지만 인류 역사상 최고의 작곡가로 지목되는 고전파 음악의 완성자이며, 낭만파 음악의 창시자이다. 내가 때때로 음악치료용으로 깊이 받아들이는 베토벤의 음악은 언제나 내 영혼을 위대하게 구제한다.[91]

그런데 베토벤은 음악가인데 귀머거리가 되었고, 실의의 고배를 마셨고, 약혼자에게 배신을 당했고, 또 가난한 생활고 때문에 신음과 고뇌 속에서 살았다. 자살하려고 유서까지 썼었다. 그러나 그의 용기와 예술에 대한 사랑은 이러한 시련과 고난을 이겨냈다. "고난 속에서 동요하지 않는 것, 이것이 참으로 칭찬할만한 탁월한 인물의 증거다." 라고 그는 말한 바 있다.

베토벤이 1819년 어떤 백작 부인에게 보낸 편지에서 쓴 바와 같이 "고

---

91) 나는 《카핑 베토벤(2007년 개봉작)》 영화를 극장에서 지인들과 함께 세 번 보고, 내 서재에서도 인터넷으로 세 번 보았다. 극장에서 이 영화를 세 번째 보았을 때에는 (언제나 내가 가장 감동하는 장면에서) 나는 창피스럽게 눈물을 흘렸다. 베토벤의 고독에 갑자기 감응하는 나의 연민의 눈물이었다. 그리고 J.크리슈나무르티의 사진들만 모아놓은 앨범 책 《ONE THOUSAND SUNS》에도 보면, 대중강의를 마친 후 "베토벤 교향곡 제9번 합창"을 들으며 명상하는 J.크리슈나무르티의 모습이 보인다. 베토벤은 정말 대단한 분인 것 같다. 여자, 돈벌이, 명예에 관련하여 평범한 인간성을 갖춘 음악가들이 비범한 사상가조차 음악으로 감동시킨다는 것은 얼마나 대단한 재능인가!

뇌를 넘어서 환희로(Durch Leiden Zur Freude= Reach the joy through the agony)” 이 구절은 바로 음악의 성자인 베토벤의 인생의 모토였다.

그러나 이렇게 고난 속에서도 동요하지 않고, 마침내 환희에 도달한 인물들은 달마와 혜가와 승찬과 도신과 홍인과 혜능과 베토벤 뿐인가? 아니다. 과거와 현재와 미래에도 무수하게 많을 것이다.

마음가짐과 결단의 중요성

셰익스피어(1564-1616)는 《햄릿(2막2장)》에서 “좋은 일도 나쁜 일도 없다. 다만 어떻게 생각하느냐에 달린 것 뿐이다.” 라고 쓴 바 있다.

빅터 프랭클(1905-1997)도 《죽음의 수용소에서 실존주의(1946)》에서 “생체 실험실이자 시련의 한 복판인 나치 수용소에서도 어떤 사람은 돼지처럼 행동하고, 또 어떤 사람은 성자처럼 행동하는 것을 보게 된다. 그러므로 우리가 어떤 사람이 되느냐 하는 것은 외부의 상황이 아니라 자신의 결단에 달려 있다.” 라고 쓴바 있다.

공권력에 의해 불행했던 천재들, 승조, 이차돈, 사육신(성삼문, 박팽년, 유응부, 이개, 하위지, 유성원), 허균, 전봉준, 체 게바라, 소크라테스, 예수, 한비자처럼 실패한 성공을 이루어낸 수많은 현인의 생애와 사상들이 생각난다. 이들의 고뇌와 결단이 생각난다.

혜가 스님의 반승반속적
삶의 의미는

혜가 스님은 절을 떠나 세속에서 속인들의 고용살이를 하면서 살았다.
그런데 어느 날 혜가 스님이 하루의 일과를 마치고 집으로 돌아가는데,
그 지방의 유지가 말했다.

「스님은 도가 높으신 분인데, 속된 일은 하지 마십시오.」

혜가 스님이 말했다.

「나는 내 스스로 하는 마음의 수행일 뿐 다른 뜻은 없다.」

〈조당집〉

새로운 생각의 길:

현재의 필요를 먼저 충족시키는 것보다 더 큰 덕목은 없다.

《잡아함경(제38, 1071경)》에 이르기를 "과거는 완전히 잊어버리고, 미래

281

에 대해서도 기대하지 않으며, 현재에도 탐착하지 않는다면 그것은 참으로 훌륭한 독신자의 삶이다." 라는 설법이 있다.

그리고 또 《중부경전(제131경)》에도 "과거를 쫓지 말고, 미래를 바라지 말라. 과거는 이미 없어진 것이며, 미래는 아직 오지 않았다. 그러므로 현재의 진리에 따라 당연히 해야 할 일만 열심히 하라." 는 가르침이 있다. 모두 같은 뜻이다.

혜가 스님의 파란만장한 인생사

본문을 한 번 더 읽어보기로 한다. 혜가 스님은 절을 떠나 세속에서 속인들의 고용살이를 하면서 살았다. 그런데 어느 날 혜가 스님이 하루의 일과를 마치고 집으로 돌아가는데 그 지방의 유지가 말했다. "스님은 도가 높으신 분인데, 속된 일은 하지 마십시오." 그러자 혜가 스님이 말했다. "나는 내 스스로 하는 마음의 수행일 뿐 다른 뜻은 없다."

나는 이 이야기를 혜가 스님의 개인사에 초점을 맞추어서 담론해 보고 싶다;

광구사 변화법사의 질투와 적중간의 어리석음에 의해 무참하게 처형당해 죽는 것도 대사의 마음을 길들이는 일인가? 107세의 삶이 한순간에 무(無)가 되었다. 무가 되었다?

생각해서 하는 말인데, 혜가(487-593)대사는 보통 분은 아닌 것 같다. 큰스님이 대접받을 수 있는 절간을 떠나 속인의 고용살이를 하는 것은 현대사회에서도 아무나 할 수 있는 행동이 아니기 때문이다.

물론 혜가 스님이 이렇게 살 수 밖에 없었던 당시 국가권력에 의한 불교탄압과 혜가 개인의 파란만장한 인생사를 생각해 보면 이해가 되는 점도 있다.

도선(596-667)의 《속고승전》에 의하면, 도항 선사는 당시 문도가 천 명을 넘을 정도로 유명하고 영향력이 있는 분이었다. 그러한 그가 혜가의 설법을 악마의 말이라고 비난하며 혜가 스님을 매우 미워하고, 비난하며 괴롭혔다. 나중에는 도항 선사는 관청에 뇌물을 주면서까지 부당하게 혜가 스님을 죽이려고 하였으며, 몇 번이나 사지(死地)로 몰아넣었다.[92]

그래서 혜가 스님은 이를 피해 승복을 속복으로 갈아입고 미친 척하며 세속에 섞여 살았다.

그러나 슬픔을 묻은 가슴에는 우담바라가 자라는 법이다. 위대한 사상가는 위대한 사상가와의 마찰에서 이루어진다고 했지만, 과연 도항 선사는 혜가 스님과 상대가 될 만한 위대한 인물이었는가?

《경덕전등록》에 의하면 "혜가 스님은 말년에 자신의 모습을 감추고 자취를 숨겼으며, 사복을 입고 술집에 들어가기도 하고, 고기파는 시장에

---

92) 나는 최근에 발타자르 그라시안(1601-1658)의 회고록을 읽었는데, 그라시안 신부는 다음과 같이 적고 있다. "교회의 내부에는 나를 파멸시키기 위해서 호시탐탐 노리고 있는 주교가 있는데, 그는 바로 추기경 세고비아 몬트로 주교이다. 그는 이상하리만치 오랜 세월동안 나에 대한 복수심을 가슴 속에 품어왔다. 남에게 고통을 안겨주는 이런 죄악을 신께서 모른체 하고 계시는 줄 아는 모양이다. 나는 평생을 걸쳐 사람들에게 설교하는 것을 직업으로 삼아왔지만, 아무런 증거도 남기지 못한 채 인생의 황혼기를 맞이하고 있다. 이제 나는 설교도 할 수 없고, 나의 글은 금서로 묶여 있어 어디론가 사라져 버리고 없다. 추기경 세고비아 몬트로 주교가 내 책을 갖고 있는 사람에게는 타락죄를 적용하겠다는 교서를 발표하였기 때문이다. 그럼으로써 이제 나는 이 세상에서 존재하지 않는 사람이 되어 버렸다. 그러나 만약 나에 대한 이런 처벌이 나의 의지를 굴복시킬 목적이었다면 그 목표는 결코 달성되지 못할 것이다."

머물며, 저잣거리에서 잡담을 하기도 하고, 하층사람들을 따라다니기도 하였다" 는 기록이 보인다.

생각해서 하는 말인데, 평생토록 큰 절에서 무위(無爲)의 고승으로 존경을 받으며, 자신의 멋대로 기량을 발휘하며, 위대한 명성을 누리며 살았던 덕산, 임제, 운문, 성철(1912-1993)스님 같은 이들은 흉내도 낼 수 없을 정도로 혜가 스님은 이미 충분히 한 소식(僧俗一如之生, 또는 超僧超俗之生)을 한 분 같다. 그러나 그는 그만큼 고독하였다.

나중에 수(581-618)나라 문황제는 혜가 스님에게 정종보각대사(正宗普覺大師)라는 시호를 주었으며, 당(618-907)나라 덕종황제는 대조혜가(大祖慧可)라고 하는 시호를 주었다고 한다.

너를 묶고 있는
밧줄을 내게 보여다오

승찬과 도신:

어느 날 한 청년이 승찬(?–606)스님을 찾아와서 진지하게 다음과 같이
말했다.

「스님, 어떻게 하면 얽매임으로부터 벗어날 수가 있습니까?」

승찬 스님이 말했다.

「누가 자네를 묶어 놓았는가?」

「저를 묶은 사람은 아무도 없습니다.」

「그런데 왜 자네는 벗어나기만을 바라는가?」

이 말을 듣고 그는 크게 깨쳤다. 이 분이 바로 나중에 선종의 제 4대
조사가 된 도신이다.

〈조당집(제2권)〉

본문은 고려(918-1392)시대 진각혜심(1178-1234)의 어록에도 인용되고 있다.

스승의 운명의 영향을 받은 승찬 스님의 생애

승찬 스님은 552년에 혜가 스님의 가풍을 이어 받았다. 이후 승찬 스님도 스승 혜가 스님처럼, 세속의 거리에서 미친 척 하고 지내며, 사공산에서 은둔생활을 하기도 하였다.

승찬 스님은 주(557-581)나라 무제가 법난을 일으키자 얼공산에 숨어서 10년 동안 살았고, 뒤에 다시 나부산에 가서 3년 동안 은둔생활을 하였다.

그러다가 592년에 14세의 동자승인 도신을 만나게 되었는데, 도신은 9년 동안 승찬 스님을 시봉하였다.

승찬 스님의 이름으로 지어진 《신심명》의 전문[93]은 《경덕전등록(30권)》에 수록되어 있으니 참조하시기 바란다.

본문의 주제는 해탈자유에 관한 것이다.

《증일아함경》에서 석가모니는 말하기를 "몸은 편하지만 마음이 편안하지 못한 사람이 있고, 마음은 편안하지만 몸이 편하지 않은 사람이 있으며, 몸과 마음이 모두 편하지 못한 사람도 있고, 몸과 마음이 모두 편안한 사람도 있다." 고 하였다.

그러나 생각해서 하는 말인데, 몸이 구속되면 자기 맘대로 자유롭게 행동할 수 없다. 그리고 마음이 구속되면 아무 일도 할 수가 없다. 그러므로 몸과 마음이 구속되어 본 자는 자유의 소중함이 얼마나 가치 있는 것인가 뼈저리게 알고 있을 것이다.

경우에 따라 해탈도 새로운 형태의 굴레일 수 있다

구속과 자유에 관하여: 경우에 따라서 자유 그 자체도 일종의 커다란 구속이 될 수도 있다. 다시 말하면, 자유는 새로운 형태의 얽매임을 뜻하는 것이 될 수도 있다는 것이다.

그래서 나는 도신 거사에게 묻는다. 도신 거사는 왜 해탈하려고 하는가? 만약 그가 해탈한다면, 그는 그 해탈로 무엇을 하려고 하는가?

나는 오늘 《매트릭스(I)》[94] 영화를 비디오로 다시 한 번 더 보았다. 생각해서 하는 말인데, 인생은 본래 하나의 꼭두각시놀음이다. 타인으로부터 간섭을 받지 않으려면 이 꼭두각시놀음 무대를 벗어나아야만 가능할 수 있을 것이다.

---

93) 승찬 스님은 《신심명》의 저자라고 알려져 있다. 그러나 신심명은 승찬 본인과는 아무런 관계가 없는 후세의 작품이다. 신심명은 한자 584자 36절로 구성되어 있는 책으로, 경전도 아니고 논서도 아닌 책이다.

94) 《매트릭스(I)》 영화를 보면서 나는 《우파니샤드》에 나오는 다음과 같은 문구를 생각했다. "우리는 거미와 같다. 우리는 우리의 삶을 짜나가고, 그 안에서 움직인다. 우리는 꿈을 꾸며, 그 꿈속에서 사는 사람과 같다. 우주전체도 마찬가지다."

"너를 묶고 있는 밧줄을 내게 보여 다오"

본문에서 "스님, 어떻게 하면 모든 것으로부터 자유로울 수가 있습니까?" 라는 도신 거사의 질문에 대해 승찬 스님은 "너의 밧줄을 내게 보여 다오!" 라고 말했다.

그러자 도신 거사는 "나를 묶고 있는 밧줄은 없다"고 대답했다.[95]

그러나 도신 거사여! 왜 밧줄이 없는가? 나를 묶고 있는 밧줄은 나의 생존을 위해서 나는 먹어야만 하고, 잠을 자야만 한다는 것이다. 바로 이 음식과 수면에 종속된 노예상태를 벗어나지 못하는 한, 우리들이 바라는 궁극적 자유는 불가능한 것이다.

승찬 스님은 수나라 606년에 죽었다. 당(618-907)나라 현종은 승찬 스님에게 감지승찬이라는 시호를 주었다.

---

95) "실제로 아무 것도 묶여 있지 않다. 어느 누구도 다시 태어나지 않으며, 어느 누구도 해방되지 않는다.(상키야 카리카(V.62))"고 하는 것이 인도철학의 해탈사상이다.

어린아이는
모두 부처의 씨알이다

도신과 홍인의 인연:

도신 스님이 하루는 길을 가다가 7세 정도의 어린이를 만났다.

도신 스님이 물었다.

「너의 성(姓)이 무엇인가?」

어린이가 대답했다.

「성은 있으나 보통 성이 아닙니다.」

도신 스님이 다시 물었다.

「그게 무슨 성인가?」

「부처의 본성(佛性)이 저의 성입니다.」

「그러면 너는 성이 없다는 말인가?」

「예, 부처의 본성은 비어있는 것이기 때문입니다.」

〈조당집(제2권)〉

새로운 생각의 길:

전 세계 종교계에서 가장 성공적인 입양아의 사례는 지두 크리슈나무르티와 달라이라마다

혜가 스님은 보리달마(460-536)에게 정법을 구할 때에, 자신의 팔을 잘라 구도심의 결의를 보였고, 앙산혜적(807-883)은 출가 승려생활의 허락을 받기 위해 부모 앞에서 자신의 두 손가락을 자르며 자신의 뜻이 굳건함을 보였다고 했는데, 여기서는 도신(508-651) 스님이 어린이를 그냥 입양시킴으로서 도인을 만들어 냈으니, 이것은 과연 티베트에서 달라이라마를 어린이 가운데에서 선택하는 이치와 같은 것일 게다.

전세계 종교계에서 가장 성공적인 입양아의 사례는 J.크리슈나무르티(1895-1986)달라이 라마 라고 나는 생각한다.

어린이는 모두 부처의 씨알이다

《베트남 고승전》에 보면, 승찬(?-606)대사의 제자였던 외국인 비니다류지 선사(?-594)도 제자 법현(?-626)에게 "너는 성이 무엇인가?" 라고 물은 적이 있다.

그러나 우스개 소리로, 요즘 특히 까다로운 미국공항 비자여권 검사대에서 "나는 성(Family name)이 없다. 왜냐하면 나의 성은 텅 비어 있는 공이기 때문이다." 라고 말한다면, 과연 무슨 일이 일어날까?

언제나 나의 메마른 감성을 물기있게 해주는 K.지브란(1883-1931)은 "흐느껴 울 줄 모르는 지혜와, 웃을 줄 모르는 사상과, 어린아이 앞에서 머리를 수그릴 줄 모르는 자부심을 나는 멀리한다." 고 쓴 바 있다.

 · 번뇌를 지닌채 부처가 된다

본문에 의하면, 도신(580-651) 스님은 어린아이 앞에서 머리를 수그릴 줄도 아는 대단한 스님인 것 같다. 어린아이는 모두 부처의 씨앗(Buddhaseed)을 가지고 있다고 보는 것이 대승불교의 기본 사상이다.

7세의 어린아이가 불성(佛性)과 공사상(空思想)에 대하여 말하는 것은 아마도 민족생물학적으로 집단적인 유전자(前生遺傳子)의 영향이거나, 아니면 집중적인 불교교육의 결과일 것이다.

아마도 이 아이의 부모는 독실한 불교신자로서, 이 아이의 집에는 스님들도 많이 방문했을 것이다. 왜냐하면 어린이는 부모의 생각과 함께 부모의 사는 모습을 그대로 닮기 때문이다.

제임스 볼드윈(1924-1987)의 말처럼 아이들은 어른들의 말에 절대 귀를 기울이는 법이 없지만 반드시 그들을 모방한다.

불성(佛性)을 자신의 성(姓)이라고 하는 이 아이는, 불성은 비어있는 것이라고 설파하고 있다.

그러나 이 아이가 "무명(無明, 암흑처럼 모르는 것, 또는 암흑에너지, 또는 근본적인 무지 무명 또는 망상)이야말로 곧 부처의 본성이고, 덧없이 변하는 공허한 몸이 바로 법신(法身; 진리의 몸, 또는 커다란 깨달음을 얻은 이후의 몸과 마음)이다."라는 영가현각(647-713)의 《증도가》에 나오는 말은 이해하지 못할 것이다.

또, "우리 안에 모든 존재가 있다. 우리는 아동이면서 동시에 어른이고, 살인자이면서 동시에 성자이다. 우리는 자기애착적이면서 동시에 파괴적이다. 우리 안에 존재하지 않는 것은 다른 사람에게도 없다." 라는 E.프롬(1900~1980)의 말도 이해하지 못할 것이다.

불성(佛性, 또는 자성(自性))이란 꿈이나 환상과 같이 허망한 것이다. 어린 소년이 무엇을 알 수 있겠는가?

어쨌거나, 도신대사는 바로 그의 부모를 찾아가 이 아이를 출가시키기를 권했다. 아이의 홀어머니는 쉽게 동의하고 자기 아들을 출가시켰다. 이 아이가 커서 나중에 제 오조 홍인 선사가 된다.

이렇게 집집마다 조사와 대사가 될 만한 자질의 아이들과 부처가 있으니, 불교가 대대로 없어지지는 않겠군!

현실문제는 정치권력자들에게만
맡겨두어야 하는가

도신 스님이 황제의 초청을 거부한 뜻은:

서기 643년의 일이었다. 문무황제는 특사를 쌍봉산으로 보내어, 도신 스님을 초청하여 입궐시키려 했다.

그런데 도신 스님은 노령을 구실로 가지 않았다.

특사는 돌아가서 황제에게 말했다.

「도신 스님은 노령을 이유로 오지 않습니다.」

황제는 다시 특사를 도신 선사에게 보내었다.

특사가 도신 스님에게 말했다.

「칙명에 의하여 스님을 모시러 왔습니다.」

도신 스님은 몇 번이나 노령을 핑계삼아 가기를 거부하면서 특사에게 말했다.

「목이 잘릴지언정 갈 생각은 없습니다.」

특사가 돌아가서 황제에게 말했다.

「목이 잘릴지언정 올라올 생각은 없다고 합니다.」

왕은 신하에게 칼을 감추어 가지고 가서 도신 스님의 목을 쳐오도록 보냈다. 그러나 왕은 자신의 명령서에 "화상을 죽여서는 안 된다"라고 적어 두었다.

특사는 도신 스님 곁으로 갔다.

「왕의 명령에 의하여 당신 목을 잘라야겠소! 이제 스님은 가겠소, 안가겠소?」

도신 선사가 말했다.

「갈 생각이 없습니다.」

특사가 말했다.

「왕의 명령서에는 스님이 만약 불응할 때에는 목을 잘라 오라고 적혀 있습니다.」

그러자 도신 스님은 목을 내밀며 말했다.

「그렇다면, 자, 이 목을 잘라 가시오.」

특사는 칼을 거두었다.

그러자, 도신 스님이 말했다.

「왜 이 목을 자르지 않는가? 언제까지 이렇게 대기시킬 작정인가?」

특사가 말했다.

「왕의 명령서에 화상의 살해는 허락하지 않는다 라고 되어있습니다.」

도신 스님은 크게 웃으면서 말하였다.

「여보게, 나 같은 사람도 있다는 것을 알아야 하네!」

〈역대법보기〉

최고 권력자의 초청을 거부한 도신 스님

문무황제가 이토록 초청함에도 불구하고 응하지 않은 도신 스님은 현명한 처세인지 어리석은 처세였는지에 관한 것은 독자들의 숙제로 남겨 둔다.

만약 한국과 미국의 대통령이 당신을 초대한다면, 당신은 어떻게 하겠는가?

내시들이 임금을 모시는 방법

《신당서(新唐書?末書)》에 이런 글이 있다.

"구사량은 내시들에게 임금을 모시는 방법을 다음과 같이 가르쳐 주었다;

임금에게 한가한 시간이 있게 해서는 안 된다. 언제나 주색과 춤과 놀이 같은 것으로 임금을 즐겁게 해 주어야 하며, 사치스럽게 해서 그밖에 다른 일은 생각할 겨를이 없도록 해야 한다. 만약 임금으로 하여금 책을 읽게 한다든가, 똑똑한 선비들과 가까이 하도록 해서는 안 된다. 왜냐하면 책을 읽으면 사람이 영리해져서 역사를 알게 되고, 나라의 흥망을 생각하게 된다.

또 선비들과 가까워지면 인간의 도리와 정치를 배우게 되어 옳고 그른 것을 깨닫게 되니 우리들 내시를 배척하게 될 것이다. 그래서 임금을 항상 어리석게 해야 우리가 붙어 있을 수 있는 것이다.」

그러므로 현명한 지도자는 스스로 구사량의 이 말을 역으로 거울삼아

명심을 해야 할 것이다.

그라시안(1601-1658)은 지도자들에게 다음과 같이 충고하고 있다.

"우선 도움이 되는 인물을 확보하라. 권력자들의 행운은 뛰어난 통찰력을 가진 사람들과 같이 어울릴 수 있는 데 있다. 현인들은 권력자들을 무지(모르는 짓)의 위험에서 지켜주기 때문이다. 권력자들이 이들을 신하로 얻을 수 있다면 금상첨화일 것이다. 자신보다 더 뛰어난 자를 인위적으로 자기 신하로 만들 수 있다면, 이것은 인생 최고의 일이다.

지식은 길고 인생은 짧다. 무식한 자는 인생을 살고 있는 것이 아니다. 그러니 힘 안들이고, 많이 알고 있는 사람과 만남을 통해 귀로 공부하는 것은 지극히 현명한 일이다.

그리하여 나중에 모임에서 자신의 입으로 여러 사람들을 위해 많은 것을 말할 수 있으면, 이것은 타인의 노력을 빌어 자신이 예언자의 영예를 얻게 되는 것이다.

남에게 도움이 되는 지혜로운 자들은 항상 그 지식의 정수를 우리들에게 펼쳐보이는 법이다. 그러나 그 현인들을 직접 자기의 신하로 만들 수 없을 때에는 교제를 통해 그들의 도움을 얻으라." 라고.

그러나 지혜로운 은둔자는 항상 신중한 행동을 좌우명으로 삼으면서 살아간다. 마치 《중용(제12장)》에 나오는 문구처럼 은군자(隱君子)의 경지는 다양한 방법을 사용하면서도 그 누구의 눈에도 보이지 않는 법을 즐기는 사람들이다. 그들은 자신의 충실한 내면만으로 만족하기 때문에 기만적인 방법으로 명예와 이득을 얻으려고 노력하지 않는다.

지혜는 큰 미덕이다. 그렇지만 지혜를 함부로 드러내는 것은 신중한 행동이 아니라 화를 부르는 행동일 뿐이라는 것을 현자들은 잘 알고 있다.

그래서 장자(370-310.B.C.E)는 "진정한 성인은 정치에 등을 돌리고, 아무런 이익이 없는 일을 더 선호하며, 보통 속인들의 일상을 초월해서 여유롭게 한가하게 사는 자"라고 주장했을 것이다.

임어당(1895-1976)은 《생활의 발견(The Importance of Living)》에서 "비밀경찰의 도움을 받지 않고 독재를 할 수 있는 자가 있다면, 나는 그 부하가 되겠다." 라고 쓴 바 있다.

동이족 출신의 맹자(372-289.B.C.E)도 《맹자(공손축상)》에서 "덕으로써 사람을 복종시키는 자에게는 진심으로 기꺼이 복종한다." 라고 말한 바 있다.

그런데 본문에서 문무황제는 도신(508-651) 스님을 공갈 협박하고 있다. 아무리 선한 의도였다 하더라도, 그래서는 결코 안될 것이다.

권력자들과 관계를 맺고 있는 성현군자들을 위하여

고위 권력자의 농간에 피해를 받은 적이 있는 그라시안(1601-1658)은 정치꾼들과 관계를 맺고 있는 성현군자들에게 다음과 같은 충고의 말을 해주고 있다.

"약간은 장사꾼 기질을 지녀라. 조금은 거래할 줄 알아야 한다. 현자들은 속기가 쉽다. 그들이 뛰어난 것은 잘 알지만 일상사에 필요한 것에는 어둡다. 너무 고상한 일만 쳐다보다가 하찮은 일에는 시간이 없기 때문이다. 그러니 현명한 자는 속지 않을 정도만 장삿속을 지녀라. 실제로 현실에서 활용할 수 없는 지식은 무슨 쓸모가 있겠는가? 사는 것을 이해하는 것이 오늘날 진짜 지식이다."

그리고 "담보가 없이는 결코 그대의 명예를 남에게 맡기지 말라. 명예에 관한 일이 있을 때에는 안전과 위험을 상대방과 똑같이 나눠라." 라고.

자장율사의 줏대있는 이야기

《속고승전》 석자장전(제24권)에 보면, 우리나라의 선덕(632-647)여왕과 자장(590-658)율사 간에도 다음과 같은 이야기가 적혀 있다.

여기서는 일연(1206-1284)스님이 쓴 《삼국유사(제5권 자장정률)》에 기록되어 있는 이야기를 소개해보기로 한다.

자장(590-658)율사는 홀로 깊고 험한 곳에 거처하면서 거칠고 사나운 동물도 피하지 않았다. 백골을 쳐다보는 명상을 수행하였다. 피곤해지면 가시덤불을 세워놓고, 그 속에서 벌거벗고 앉아서 조금만 움직여도 가시에 찔리도록 했으며, 머리를 들보에 매달아 어두워지는 정신을 없앴다.

그런데 때마침 조정에 재상 자리가 비어 있어서, 자장이 문벌 때문에 물망에 올라 여러 번 초청되었지만 나가지 않으니, 왕이 칙명을 내렸다. "만약 나오지 않으면 목을 베겠다."

 · 번뇌를 지닌채 부처가 된다

자장이 그 말을 듣고 말했다. "내가 차라리 하룻동안 계율을 지키다가 죽을지언정, 일백 년 동안 계율을 어기고 사는 것을 원하지 않는다."[95]

자장(590-658)율사의 이러한 굳은 신념의 말을 전해 들은 왕은 비로소 그의 출가를 허락했다고 한다.

또 우리나라 지리산 쌍계사를 창건한 혜소(774-850) 스님도 중국의 도신(508-651) 스님처럼 당시 신라 제 44대 민애왕(?-839)의 간곡한 초청을 거부한 바 있으며, 강릉 사굴산파의 조사인 범일(810-889)스님도 처음에는 왕실의 국사 책봉에 단호하게 불응했다는 이야기가 전해지고 있다.

이에 비해 보령 성주산의 무염(799-888)스님은 여섯 명의 임금들에게 특별한 대우를 받으며 국가정책에 관여한 바 있다. 그러나 무염스님은 대중들에게 "남들이 물을 마셔도 나의 갈증을 해소할 수 없으며, 남들이 밥을 먹어도 나의 배고픔을 채울 수는 없다. 그러므로 어찌 노력하여 스스로 마시고, 스스로 먹지 않을 수 있겠는가?" 라고 가르치며 몸소 물을 길어오고 땔나무도 해왔으며, 대중과 똑같은 옷을 입고, 보리밥을 먹었다. 그리고 대중들이 노동할 때에는 언제나 함께 하며 앞장서서 일을 했다. 그리고 사람들이 찾아오면 귀천을 가리지 않고 똑같이 공경했다고 한다.

그런데 독실한 엘리트 불자였던 황산덕(1917-1989)박사는 《불교와 정치 법률사상》이라는 논문에서 결론적인 말로 "현실문제는 정치지도자들

96) 그러나 원효 대사는 《보살계본지범요기》에서 "계(戒: 순수하게 지키는 일, 또는 마음의 정조(貞操)는 스스로 생기는 것이 아니라 반드시 많은 인연에 의해서 생긴다. 그렇기 때문에 계(항상 지키는 일)의 본체적인 모습은 없다." 라고 쓴 바 있다.

에게 맡기고, 종교는 다만 그 정치 지도자를 포함한 모든 사람들의 마음을 맑히는 일에만 전념해야 한다.”고 썼다.[97]

중국 정사(正史)의 하나인 《후한서(총120권)》에는 다음과 같은 글이 있다. “탱자나무나 가시나무 같은 하찮은 나무에는 봉황새와 같이 고귀하고 상서로운 새는 살지 않는다. 현인은 스스로 있을 곳을 선택한다.”라고.

장주 선생도 《장자》에서 “덕은 명예를 구하는데서 허물어지고, 지식은 다툼에서 생겨나는 법이다. 남의 악을 빌미로 삼아 자기의 미덕을 과시하려고 하는 자는 오히려 남을 불행하게 만드는 사람이니, 그 자신 또한 미움을 받게 된다.” 라고 썼다.

장자는 노자와는 다르게 철저하게 정치에 혐오감을 갖고 있었다. 그는 국내정치를 맡아달라는 초나라 왕의 요구에 대해 뒤도 돌아보지 않고 거부해 버릴 정도로 태도를 분명히 한 분이다.

현실문제는 정치권력자들에게만 맡겨둬야 하는가.

그런데 《군중과 권력》으로 노벨문학상을 받은 엘리아스 카네티는 다음과 같이 말했다.

“인류사에 있어서, 실제적인 권력에 대해 무언가를 알고 있는 사상가들은 모두가 권력을 긍정하고 있다는 사실은 매우 주목할 만하다. 권력에 반대하는 사상가들은 좀처럼 권력의 본질에 침투하지 못하고 있다. 권력에 대한 혐오가 너무 커서, 그들은 권력과 관계해서는 안 된다고 생각한다.

또 그들은 권력으로 인해 자신을 더럽힐까 두려워하고 있는데, 이런 점에서 그들의 태도는 종교적인 면을 가지고 있다. 그러나 권력을 인정하고 기꺼이 권력의 조언자가 되었던 사상가들만이 권력에 대한 학문을 완성하였다."라고.

미셀 푸코도 《감시와 처벌(1975)》에서 "권력이 지식을 생산한다. 권력과 지식은 서로 연루되어 있다. 지식의 영역과 아무 상관이 없는 권력이나, 권력과 아무런 관련이 없는 지식이란 있을 수 없다."고 성찰한 바 있다.

나는 엘리아스 카네티(1905-)와 미셀 푸코(1926-1984)의 말이 아주 정확하다고 생각한다. 그러므로 나도 권력을 인정하고 기꺼이 권력의 조언자가 되기를 희망하는 사상가이다. 비록 내가 품고 있는 국가 기획과 이상을 사용해 주는 사람은 아무도 없지만, 말이다.[98] 어쨌든.

중국선종사에서의 도신의 공로

이제 끝으로 나는 여기서 중국선종사에서 도신의 업적이 무엇인가에 대해 간략히 적어보기로 한다.

즉, 중국선불교의 역사에서 도신의 업적은 (행함에 흔적이 없고, 움직임에 기록이 없는) 보리달마와 혜가 스님과 승찬 스님과는 다르게 적당한 곳(기주 호북성 황매현 서북쪽에 있는 파두산)에 부동산을 구입해서, 그 곳에 30년

97) 황산덕 지음《불교와 현대사상》동화출판사(1982) 248쪽.

98) 이곡(1298-1351) 선생님은 일찍이 "두문불출하고 책을 읽으면서 옛사람을 숭상하고 논하는 것은, 아직 때를 만나지 못한 자가 하는 일이다." 라는 말을 한 적이 있는데, 이 말은 바로 나를 두고 한 말인 것 같다.

간 안정적으로 머물면서 제자들을 체계있게 훈련시키는 선문사찰로 발전시켰다는 점이다. 그 당시 도신 선사의 제자들은 500명이 넘었다고 한다.

그리고 도신 스님은 정치 권력자들로부터 독립하기 위해, 농사와 참선 수행을 함께 병행했으며, 사찰의 경제적 자급 자족도를 높이면서, 불교 승려 단체생활의 기본방식과 풍격을 형성하였다. 이러한 산림불교의 가풍은 오조 홍인에 이르러 더욱 더 계승 발전된다.

그래서 나중에 선수행과 노동을 하나로 엮은 백장(720-814) 스님의 일상생활도 바로 이러한 선종의 역사적 배경에서 나온 것이다.

도신 스님이 죽은 후 당(618-907)나라의 대종은 도신에게 대의도신(大醫道信)이라는 시호를 주었다고 한다.

 · 번뇌를 지닌채 부처가 된다

가장 중국적인 선불교 성립과
우두법융

도신 선사가 멀리 기상을 관찰하니 우두산에 기이한 사람이 있음을 알고 몸소 찾아가서 그 스님에게 물었다.

「여기에 도인이 있는가?」

스님이 대답했다.

「출가한 사람으로 도인 아닌 사람이 어디 있겠습니까?」

도신 선사가 다시 물었다.

「그러면 누가 도인인가?」

「여기서 저 깊은 산 속으로 약 10리쯤 가면, 어떤 게으름뱅이가 묵묵히 앉아 있는데, 그가 바로 도인이 아닌가 합니다.」

도신 선사가 그 깊은 산 속에 들어가서 우두법융에게 물었다.

「여기서 무엇을 하고 있는가?」

「마음을 관찰하고 있습니다.」

「그러면 관찰하는 것은 누구이며, 마음은 어떠한 물건인가?」

도신 선사의 그 말 한마디에 우두법융은 벌떡 일어나서 도신 선사에게 예를 올리면서 말하였다.

「대덕은 어디에 사시는 누구십니까?」

「본래 일정한 곳이 없고, 동서남북을 다니고 있소.」

「그러면 도신 선사를 아십니까?」

「어째서 그를 찾는가?」

「오랫동안 그 분의 법력이 높음을 들었습니다. 한 번 뵈옵기가 소원입니다.」

「내가 바로 도신이요.」

〈경덕전등록(제4권)〉

인생의 복이 많은 사람들은 서로 신뢰와 의리를 나누는 사람들이다

"위인은 독수리와 같아서 그의 둥지를 높고 고독한 곳에 만든다."고 말한 셰익스피어(1564-1616)는《햄릿(4막5장)》에서 "가장 현명한 친구들 중에서 또다시 선택을 하라" 고 적고 있다.

가장 존경할만한 사람들과 믿음과 의리를 나누는 사람들은 복이 많은 사람들이다.

우두법융(594-657)은 보리달마(460-536)의 가르침을 받은 바는 없지만, 19세에 유교와 도교와 불교의 여러 경전들을 섭렵하였다고 한다.[99]

가장 중국적인 선불교 성립과 우두법융

인순(1906-)은 《중국선종사》에서 지적하기를, 실제로 인도선이 중국선종으로 변하여 중화선(中華禪)을 이루게 된 것은 신회도 혜능도 아닌 우두법융이라고 주장하였다.[100]

우두종의 두 가지 특색

당대의 문학대가와 선종대사들의 기록에 의하면, 우두종의 특색은 첫째 도가의 사상을 선교(禪敎)에 도입시킨 것이고, 둘째는 지방색채가 풍부하여 마조도일(708-788)선사에게 영향을 끼친 점이다.

그리고 내 관심을 일으키는 부분은 도신 선사에 이르러 그동안 달마→혜가→승찬 스님이 받들어 온 《능가경》에서 이제 점점 《문수설 반야경》 《금강반야경》도 소의경전(所衣經典; 선종이 의지하는 경전)으로서 중요해지기 시작했다는 점이다.

99) 도선의 《속고승전(법융전)》을 참조.

100) 야나기다 세이잔(1922-)은 《초기선종사서의 연구》에서, 선불교의 근본논서인 《혈맥론》이 우두종 계통에서 나온 저술이라고 말하기도 했다. 우두종의 계보는 법융→ 지암→ 혜방→ 법지 → 지위→ 혜충→ 현소다. 우두선의 법맥을 이렇게 설정한 이화(715-766) 거사는 현소의 제자다. 그런데 세키구치 신다이(1907-)의 《선종사상사》에서는, 법융이 도신 선사를 만나서 법을 이어 받았다는 이야기는 완전히 꾸며낸 허구로 창작된 것에 지나지 않는다고 말했다. 여징(1896-1989)도 《중국불교학 강의》에서 "두 사람의 사제관계는 성립되지 않는다." 라고 말했다. 어쨌거나, 법융은 우두산에서 따로 종파를 하나 세웠는데, 이 종파는 남북 양종과는 관련이 없다고 한다.

도신 선사의 불성과
법융 도사의 현도(玄道)

도신 선사가 법융이 사는 암자에 이르렀는데, 암자 주위에는 호랑이와 늑대 같은 동물들만 눈에 띄었다.

도신 선사가 두 손을 들고 무서워하는 모습을 보이자, 법융은 "이것밖에 없습니다." 라고 말하였다.

그러자 도신 선사가 말했다.

"이것이 무엇인가?"

법융은 아무 말이 없었다.

잠시 후 도신 선사가 법융이 앉아있는 바위 위에 "불(佛)"자를 쓰니, 법융이 이것을 보고 몸 둘 바를 몰랐다.

도신 선사가 다시 말했다. "이것밖에 없다."

〈오등회원〉

본문에 의하면, 도신 선사가 법융 도사가 사는 암자에 이르렀는데, 암자 주위에는 호랑이와 늑대같은 동물들이 눈에 띄었다고 한다.

나는 언젠가 우연히 《논픽션 Q채널》에서 태국여행기가 소개되고 있는 것을 보았는데, 거기에는 스님들과 함께 살고 있는 호랑이 열 마리들에 관한 이야기도 나왔다.[101]

오늘(2003.2.10)도 우연히 논픽션 Q채널에서 사자 두 마리와 개 한 마리와 부시맨과 먼 여행을 다니고 있는 백인 아가씨를 한참 동안 기이한 감동을 받으면서 시청하고 있다.

대의도신의 도는 불성이다

본문에는 도신 선사가 법융이 앉아있는 바위 위에 "불(佛)"자를 쓰니, 법융이 이것을 보고 몸 둘 바를 몰랐다고 한다.

간략하게 말한다면, 법융은 이렇게 스스로 깨달음을 얻고 나서 도신 선사로부터 증명을 받았다는 것이다.

생각해서 하는 말인데, 도신 선사가 법융이 앉아있는 바위 위에 "불(佛)"자를 쓴 뜻은 다음과 같은 것이라고 여겨진다.

즉 《경덕전등록 4권(조당집 제3권도 참조)》의 기록에 의하면, 도신 선사가 우두법융에게 전해준 진리의 요점은 "걷고 머물고 앉고 누우면서, 눈으로 보고, 계기를 만나는 것 모두 그대로 부처의 묘한 작용이며, 근심

101) 논픽션 Q채널에서 2002년 11월 24일 밤11시쯤 방영한 태국여행기에서.

없는 즐거움이다. 그래서 부처라고 한다." 라는 것이다.

우두법융의 도는 현도(玄道)다

그리고 우두법융의 "이것밖에 없다"는 것은 상제지선(上帝之先; 하늘의 상제보다 먼저 있었던 존재)의 현도(玄道) 즉 무한하며, 보이지 않고, 들리지 않고, 만질 수 없고, 이름 지을 수 없는 도(道)를 의미한다고 할 수 있다.[102]

이에 비해 도신 선사의 "이것 밖에 없다"는 것은 불성(佛性)을 의미한다.

그러나 내가 이해하는 바에 의하면, 중국의 도교사상가 갈홍(284-344)이 《포박자 내편(창현)》에서 주장하는 현도(玄道)와 대승불교와 선불교의 불성(Godhead, buddhahood)에 대한 이론은 모두 석가모니의 깨달음과 가르침이 아니다.

102) 김진무 교수는 설명하기를 "우두법융이 쓴 《절관론》은 대도(大道)를 '충허(充虛)하고 유적(幽寂)한 것'으로 파악해 '허공(虛空)을 도(道)의 근본'으로 삼고 있다. 이것은 무(無)로써 근본을 삼는 현도학(玄道學)과 그대로 일치한다. 그리고 최종적으로 임성소요(任性逍遙)를 제창하는 것은 장자의 사상과 그대로 일치한다."고 하면서 또 "최근의 연구에 의하면, 우두종은 삼론종(三論宗)의 반야사상과 노자 장자 사상, 특히 당대 성현영 도사의 장자를 새롭게 해석한 중현학(重玄學)을 결합시켜 새로운 선학사상을 제시한 것으로 평가되고 있다."고 설명하고 있다. 그러니까 "우두선은 삼론종 길장 스님이 주장한 무정성불(無情成佛)의 학설을 받아들이고 또 장자의 '도(道)는 없는 곳이 없다'는 사상을 결합해 '푸르고 푸른 대나무가 모두 법신이며, 활짝 핀 노란 꽃이 반야 아님이 없다'는 명제를 제시했다. 후대에 이러한 사상은 조사선에서 매우 중시되었다."는 것이다. 고로 우두선은 사상적으로는 중현학(重玄學; 즉, 불교의 중관사상으로 노자 장자를 새롭게 다시 주석한 학문)과 삼론종(즉, 용수의 중론과 제바의 백론과 용수의 십이문론으로 공사상을 공부하는 불교종단)을 결합시켜 전형적인 중화선(中華禪)으로 재구성한 전형적인 중국의 선도(禪道)라고 결론을 지을 수 있겠다.

그러면 어떤 것이 석가모니의 도(道)인가? 여러 말 할 필요가 없다. 모든 현상은 변하는 것이요, 모든 존재는 궁극적인 실체(참 그자체로서의 덩어리, 아트만, 고정불변의 입자적(粒子的) 실체)가 없는 것이다.

왜냐하면 모든 것은 서로 수많은 인연의 법칙에 의해서 생겨나고 없어지는 것이기 때문이다.

수행의 세 가지 요소는 신심과
분발심과 의심이다

도신 선사가 좌선을 수행의 근본이라고 한 뜻은:

도신 스님은 이렇게 말했다.

열심히 좌선하라. 좌선이야말로 수행의 근본이다. 적어도 35년 동안 한 숟가락의 밥으로 허기를 달래며, 문을 닫아 걸고 좌선하는 것이 좋다.

경전을 읽거나 사람들과 이러쿵 저러쿵 논의해서는 안된다. 그렇게 할 수 있어야만 비로소 그 방면에 발을 딛고 설 수 있게 되는 것이다. 마치 원숭이가 밤의 속을 파먹으려고 열중하는 것처럼 그렇게 좌선에 몰두하는 자는 세상에 매우 드물다.

〈전법보기〉

고봉원묘와 청허휴정의 참선론

장발의 모습이 인상적인 고봉원묘(1238-1295)가 쓴 《선요》에도 이런 글이 있다.

"참선을 하려면, 반드시 먼저 세 가지 요소를 갖추어야 한다. 첫째는 수미산과 같이 부동하는 굳은 신심, 둘째는 마치 부모를 죽인 원수를 갚으려는 마음과 같은 분심, 셋째는 미지의 중요한 사건의 정체가 들어날 듯 말듯한 큰 의심이다." 라고.

청허휴정(1520-1604)의 《선가귀감(1579)》에도 똑같은 글이 있다. 아마도 아래의 글은 서산대사가 고봉화상의 《선요》에서 모방 인용을 한 것 같다.

"참선을 하는 데는 반드시 세 가지 중요한 것이 있어야 한다. 첫째는 큰 신심이요, 둘째는 큰 분발심이요, 셋째는 큰 의심이다. 만약 이중에서 하나라도 빠지면 마치 다리 부러진 솥과 같아서 소용이 없게 되고 말 것이다."

진각혜심과 태고보우와 나옹혜근의 경지

그러나 고려시대의 진각혜심(1178-1234)은 어록에서 "좌선의 뜻을 알려거든 불속의 연꽃을 보라."고 했다.

태고보우(1301-1382)는 《태고암가》라는 시에서 "도도 닦지 않고, 참선도 하지 않고, 그저 등등하게 이렇게 지내는데, 무엇하러 구차스럽게 그렇게 하기를 구하겠는가" 라고 썼고, 나옹혜근(1320-1376)은 《백납가》에서 "경전을 읽지 않고, 좌선도 하지 않음이여, 마음과 힘을 괴롭히지 않으며 자연에 맡겨두네." 라고 쓴 바 있다.

대의도신의 원숭이 철학

도신 스님은 "마치 원숭이가 밤의 속을 파먹으려고 열중하듯이 좌선에 몰두하라" 고 말했다.

그러나 원숭이가 밤알을 파먹고 있는 동안에, 밤알이 원숭이를 파먹을 수도 있다는 점도 알아야 한다.

원숭이 이야기에 접하니 《잡아함경(무문경)》의 글이 생각난다. 비유한다면, 원숭이가 숲속에서 놀 때에 잠깐 동안에 여러 곳의 나뭇가지를 잡아 하나를 놓자마자 곧 다른 하나를 잡는 것과 같이, 우리들 마음의 의식(mano-vijnana)도 또한 이와 같아서 다른 것이 생기면 또 다른 것으로 이어지는 것이다.

마음은 통제할 수 있는 대상이 아니다. 마치 응석받이 아이들이 장난감을 갖고 놀다가 싫증이 나면 금방 이 장난감에서 저 장난감으로 손을 뻗듯이, 마음은 하나의 생각에서 다른 생각으로 주의력을 돌리면서 끊임없이 움직이는 것이다.

우리들의 마음도 평생 동안 이런 짓들이나 하며 세월을 보내고 있다.

그런데 도신 스님은 말하기를 "마음을 떠나 별도로 있는 부처가 없으며, 부처를 떠나 있는 별도의 마음이란 없다. 부처를 생각하는 것이 곧 마음을 생각하는 것이고, 마음을 탐구하는 것이 곧 부처를 탐구하는 것이다." 라고 하였다. 《경덕전등록(4권)》을 참조하시기 바란다.

내게 있어서 좌선이란 지금 현재 내가 처해 있는 상황을 깊이 있게 체험하는
것을 의미할 뿐이다

좌선이란 원숭이 같은 마음을 바로 안정시키는 것이다. 그러나 이렇게
살아도 한 세상이요, 저렇게 살아도 한 세상이니, 나는 결코 내 삶 전체
를 평생 〈좌(坐)〉에다가 〈선(禪)〉하고 싶지는 않다.

내게 좌선이란 지금 현재 내가 처해 있는 상황을 깊이 있게 체험하는
것을 의미할 뿐이다.

우리나라 속담에 "늙은 중이 먹을 갈 듯이 한다."는 말도 있지만 매사
에 항상 고요함에만 머물고, 인연을 끊고 휴식만 하는 죽은 재 같은 인생
이 되고 싶지는 않다.

과격하게 말한다면, 산중선방에 가만히 앉아서 깨달음을 구하는 것은,
꿈꾸는 소경이 뽕나무 위에 올라가 물고기를 구하며, 고양이 머리에 뿔
이 날 때를 기다리고 있는 것과 같다.

그러므로 거울을 갖고 있는 소경이 거울 속의 돈을 사용하여 그림의
음식으로 배를 채우며, 개머리에 뿔이 솟아나기를 바라며, 달팽이가 말
할 때까지 기다리는 것은 어리석은 짓이다.

성직자처럼 행세하지도 않고, 속인들처럼 행세하지도 않는 사람의 생활방식

천태산의 은둔자 풍간(연대미상)은 "본래 한 물건이란 것도 없는데, 떨
어 버려야 할 먼지 또한 없다. 만약 이 뜻을 깨달아 안다면 구태여 꼿꼿
이 앉을 것 없다."라는 게송을 남긴 바 있다.

임제(?-867) 선사도 말하기를 "어떤 사람은 숲속에 있는 큰 절의 선방

에 앉아 있어도 깨달음의 세계로 들어섬이 없고, 어떤 사람은 세속의 시장 한복판에 서 있어도 전후좌우의 차별이 없다." 라고 말했다.

그리고 유마경은 "속인들처럼 행세하지도 않고, 성현군자처럼 행세하지도 않는 것이 바로 보살의 생활방식이다." 라고 가르치고 있다.

오조 홍인의 위대한 점은
그의 인덕에 있다

큰 재목은 깊은 골짜기에서 나온다:

어떤 사람이 홍인 선사에게 물었다.

「도를 닦는 사람은 무슨 이유로 도시나 마을이 아닌 산속에 은둔해야 합니까?」

홍인 선사가 말했다.

「큰 집을 지탱할만한 재목은 본래 깊은 골짜기에서 나온다. 도시나 마을 쪽에는 없다.

속인들을 멀리 떠남으로써 속인들의 칼이나 도끼에 함부로 상하거나 찍히지 않고, 낱낱이 자라서 큰 재목으로 성장하여 뒤에 대들보로 쓰일 수 있게 된다.

그러기 때문에 정신을 깊은 골짜기에 깃들게 하며, 멀리 속세의 먼지를 피하여 성품(사람됨의 성질과 바탕)을 산 속에서 기르며, 세속의 일을 딱 끊어버리는 것이 중요하다.

눈앞에 사물이 없으면, 마음이 스스로 평온하고, 이로부터 깨달음의 나무는 꽃을 피우고 명상의 숲은 열매를 맺는 것이다.」

〈능가사자기(1권)〉

새로운 생각의 길:

대만홍인의 생애

홍인(601-674)선사는 어려서부터 집안이 너무 가난하여 공부할 기회가 없었다. 하지만 궁하면 변하고, 변하면 통하고, 통하면 오래가는 법이다. 홍인은 7세에 도신 선사를 만나 출가하였으며 30년 동안 도신 선사를 보좌했다.

홍인수좌는 낮에는 농사일을 하고, 밤에는 좌선수행을 하며, 세상과는 동떨어진 생활을 하며 사람들과는 다투지 않았다.

홍인수좌는 도신 선사의 법을 이은 후에는 황매 쌍봉산에서 동쪽으로 가까운 풍묘산에서 전법행동을 시작했는데, 홍인 선사의 문하생은 700명에 달했으며, 사방에서 매달 천 명의 사람들이 홍인 선사의 법문을 듣기 위해 방문했었다고 한다.

능가사자기의 기록에 의하면, 홍인 선사는 조용히 좌선할 뿐 글을 남기지 않았다. 그는 오직 설법과 침묵으로 사람들을 가르칠 따름이었다고 한다.

홍인 선사는 이 동산(東山)에서 20년 동안 제자를 받고 법(chan dharma)을 전했다.

홍인 선사가 죽은 후 당(618-907)나라의 대종은 홍인 선사에게 대만선사(大滿禪師)라는 시호를 주었다.

홍인과 혜능의 서민적 가풍

홍인 선사는 스승 도신 선사와 마찬가지로 당나라 고종의 초청 입경을 모두 거절했으며, 통치자와 상류 권력층 인물들과는 협력을 하지 않는 태도를 취했다.

이 점만을 본다면 궁궐에서 국사노릇을 죽을 때까지 한 오조 홍인의 제자인 신수 국사보다는, 일반 민중들 사이에서 지낸 혜능 선사가 홍인 선사의 가풍에 더욱 적합한 것이라고 말할 수 있다.

그런데 나의 가풍은 이제 일반민중과의 친화력보다는 "건강한 육체와 심오한 철학적인 생활이 곧 참된 선이다." 라고 말하고 싶다.

그리고 나는 이제 예전과 달리 사회에서 정치권세가나 상류계층의 사람들과 보통 일반서민에 대한 양극화 문제에 대한 관심보다는, 내 생활에 충실한 자유롭고 창조적인 개인주의 사상가이고 싶다. 어쨌든.[103]

---

103) 《나의 통찰명상 어록 (석진오의 미발표 원고)》에서. 개인적인 일기를 쓰듯이 제멋대로 고백한다면, 불교가 매일 만나는 사람들은 아줌마, 아저씨들이다. 이런 분들은 '학습된 불교'도 초월하는 심오한 사상과 깨달음을 원치 않는다. 이런 분들이 원하는 것은 오로지 자신의 재부(財富)와 자기가족의 이기적인 출세와 행복과 편안함일 뿐이다. 그런데 나는 이런 분들과 달리 정반대의 길을 가며 매사에 지성이 날카롭고 예민한 사상가이다. 그러니 피차 우리가 어떻게 마음 놓고 친해질 수 있겠는가? 어쨌든.

그리고 금강경은 내가 여러 경전들 중에서도 가장 익숙해 있는 불경인데, 이러한 내 관심을 일으키는 부분은 홍인 선사에 이르러 노동과 참선 수행을 함께 하는 점과 《금강반야경》 중시가 더욱 두드러지고 있다는 점이다.

사람마다 다 자신의 삶의 자리가 따로 있다

《장자(잡편, 경상초)》에 보면, 다음과 같은 글이 있다.

"수레를 삼킬 만한 큰 짐승도 홀로 산에서 벗어나면 그물에 걸리는 환난을 면치 못하고, 배를 삼킬 만한 큰 물고기도 물을 떠나 육지로 나오면 개미에게도 시달림을 당한다. 그러므로 새나 짐승은 높은 데서 살기를 좋아하고, 물고기나 자라는 깊은 물에서 살기를 좋아한다. 이와 마찬가지로 자기의 몸을 보전하려는 사람은 그 몸을 숨김에 있어 깊숙한 곳을 택한다."

이와 같은 점에서는 홍인 선사의 본문의 말씀이 적절하다.

우리나라 속담에도 "나무는 큰 나무의 덕을 보지 못해도, 사람은 큰 사람의 덕을 본다."는 말이 있는데, 오조 홍인의 위대한 점은 그의 인덕에 있다고 나는 생각한다.

홍인 선사는 근기를 가리지 않고 천하의 학인들을 폭넓게 받아들인 결과 수많은 인물들을 배출하였다.

홍인 선사의 제자들로 특별히 유명한 스님들은 신수, 지선, 유주부, 혜장, 현약, 노안, 법여, 혜능, 지덕, 의방, 현색 등의 인물이다.

노혜능의 출신배경은
가난과 슬픔이었다

혜능이 금강경 읽는 소리에 큰 깨달음을 얻다:

혜능이 어렸을 때 아버지는 일찍 돌아가셨다. 혜능은 가난과 궁핍에 고초를 겪으며 시장에서 땔나무를 팔았다.

마침 땔나무를 사는 한 손님이 있었다. 혜능과 함께 점포에 이르렀다. 손님은 땔나무를 가지고 가고, 혜능은 돈을 받았다.

그런데 혜능이 문 앞에서 되돌아가다가, 문득 한 손님이 《금강경》을 읽는 것을 보았다. 혜능은 한 번 듣고 마음이 맑아지면서 바로 깨달았다.

〈육조단경〉

새로운 생각의 길:

금강경 한 구절에 크게 발심하여 고승이 된 사람들(1)

혜능은 어떤 사람이 낭송하는 금강경의 말씀을 듣고 삶을 전환하는 큰 깨달음을 얻었다고 한다. 혜능(慧能)의 이름자 뜻은 지혜의 능력(The power of wisdom)이라는 뜻이다.

소문에 의하면 《금강경》에 나오는 이 구절은 "마땅히 집착하는 바가 없이 그 마음을 내어라."였다고 한다.

"한 편의 비디오가 사람의 미래를 바꾸어 놓을 수 있다." 라는 우리나라 문화공보부의 광고문처럼 《금강경》 한 구절의 말은 노혜능(盧慧能)의 미래를 바꾸어 놓았다. 시절인연(時節因緣)이 도래한 것이다. 이렇게 시절인연이 도래하면 미혹하다가도 홀연히 깨닫거나 또는 잊어버리고 있다가 홀연히 기억을 하는 것처럼 된다. 이 때 노혜능의 나이 24세였다.

24세의 청년 수준으로 이 응무소주이생기심(應無所住而生其心: 應당 無所住하면서 其心을 生한다는 것)을 해석한다면[104] "안주하고 싶은 마음으로부터 빠져 나가야 한다. 내가 가진 문제라면 해결책도 역시 나에게 있다. 나는 나 자신의 생각과 결정, 행동 그리고 태도를 통해 스스로의 미래를 적극적으로 만들어 나가야겠다."는 의미 정도일 것이다.

어쨌거나 하여튼 이것은 정신적인 충격을 의미한다. 취훼동시지(吹喙同時之)이다. 젊은 시절에는 누구나 반드시 이런 체험이 있어야 한다. 나도 20대에는 깊은 산 속에서 평생 잊지 못할 체험들을 많이 한 바 있다.

흥미로운 점은, 구마라집(343-413)이 중국에서 402년에 번역한 《금강경(장엄정토분)》의 이 응무소주이생기심(應無所住而生其心)이라는 구절은 산스크리트어 원본에는 없다는 것이다. 즉 서역의 쿠차국 출신의 번역승 구마라집이 일부러 문장을 만들어서 추가한 것이다.

그런데 일부러 만든 가짜 구절이 진짜 살아있는 노혜능의 영혼을 일깨우며 결정적인 영향을 주었다니! 그 얼마나 멋진 인연법인가?

말이 나온 김에, 응무소주이생기심(應無所住而生其心)의 명제에 대해 희론[105]을 한 번 해보기로 한다.

즉 《금강경》에 "마땅히 머무르는 바가 없이 그 마음을 내어라." 라고 했지만, 머물거나 머물지 않는 마음과 머물거나 머물지 않을 주소(住所)가 별개의 마음과 주소가 아니다.

다시 말하면, 마음과 주소가 별개의 것이 아니니 마음이 곧 주소요, 주소가 곧 마음이다. 그러므로 마음이 없으면 주소 또한 없고, 주소가 없으면 마음 또한 없는 것이다.

그런데 어느 곳을 향하여 머무르거나 머무르지 않는 마음을 내라고 하는가? 이 또한 분별심(分別心 또는 차별심)일 뿐인 것이다.

104) 그러나 대승불교 지혜의 부정논리로는 다르게 말할 수 있다. 즉, 응무소주이생기심(마땅히 無所住하여 그 마음을 生한다) 이라고 했지만, 무(無)인데 어떻게 주(住)하는가? 무심(無心)인데 어떻게 생(生)할 수 있는가? 라고 받아칠 수 있다는 것이다.

105) 공자는 일찍이 "아는 것은 좋아하는 것만 못하고, 좋아하는 것은 즐기는 것만 못하다." 라고 말했고, 괴테는 "진지함과 유희가 밀접하게 결합되어야만 진정한 예술이 창조된다." 라고 말한 바 있다. 그리고 장자크 루소는 《인간 불평등 기원론》에서 "우리가 지식을 추구하는 것은 지적인 즐거움을 희구하기 때문이다. 욕망과 두려움이 없는 사람이 일부러 논증(論證)할 수고(受苦)를 자청할 이유는 없지 않은가!" 라고 쓴 바 있다.

점입가경인 것은, 이 《육조단경》의 이야기가 칠조가 되고 싶은 신회 선사가 일부러 꾸며서 만든 혜능전기를 자료로 해서 그 누군가가 다시 만든 대중적이고 통속적인 허구의 종교문학적 작품이라는 것이다.

그런데도 이 허구의 육조단경이 수많은 사람들로 하여금 용기와 가능성의 힘을 일깨워주었다는 것은 그 얼마나 경이로운 인연법인가?

금강경 한 구절에 크게 발심하여 고승이 된 사람들(2)

베트남의 고승 지선사도 출가전 27세때에 우연히 형을 따라 계공 선사의 설법회에 갔다가 계공 선사가 인용하는 《금강경(응화비진분)》에 나오는 구절을 듣고 홀연히 크게 느꼈다고 한다. 그리하여 이 젊은이는 스님이 되었고, 나중에 지선사는 스승 계공 선사의 수제자가 되었다.

비유하자면, 눈이 먼 거북이가 바다를 떠다니다가 나무판대기의 구멍으로 머리를 내미는 것과 같은 이런 기연에 관한 이야기들은 세계 모든 국가의 불가에서 무수하게 전해지고 있다.

위대한 대감 혜능의 출신배경은 가난과 슬픔이었다

나는 여기서 혜능 개인의 인생사에 대해 생각해본다.

생각해서 하는 말인데, 재산이 많은 부모가 있고(우리나라에는 "부모가 반팔자"라는 속언이 있다), 부유하고, 허영과 사치와 권태에 찌든 쾌락이 지배하는 생활환경 속에서는 혜능같은 분의 출현은 거의 불가능하다. 왜냐하면 대개 재부(財富)가 지나치면 교만하여 음란해지기 쉬운 법이기 때문이다.

결손가정, 가난함, 최저의 학력, 고달픈 육체노동의 생활, 그 불편함 속에서 대단한 혜능은 태어난 것이다. 프랑스 속담에 "행복한 사람은 역사를 만들지 못한다." 라는 말이 있다. 중국속담에도 "인재는 빈한(貧寒)한 집에서 나오고, 연꽃은 진흙위에서 피어난다."는 말이 있다.

정말 궁하면 정말 통한다: 가난도 일종의 기회다

용아산 거둔(835-923) 선사의 게송에 "도를 배우기를 바란다면, 먼저 가난으로부터 배워야 한다. 가난해진다면 도와 바로 친해질 것이다." 라는 구절이 있는데, 이 말씀은 정말이다. 그러므로 평생동안 가난이 무엇인지 모르고 지내 온 부자들은 가난을 경험해보기 위해 일부러 절에 들어가 마음의 단식을 한 번 해보는 것도 좋을 것이다.

나는 오늘 대형마트에 음식물 재료를 구입하려고 갔다가 우연히 간이 서점에서 본 책의 구절에 "가난한 사람일수록 정신적 삶이나 인문학을 배워야 한다."는 얼 쇼리스의 제안을 읽고, 정말 옳은 말이라고 생각해 보았다. 왜냐하면 가난한 사람이 정신적 삶이나 인문학을 배우면 자기 감정대로 막행하거나 방심하지 않고, 자신을 잘 설명하거나 창조적으로 표현할 수 있기 때문이다. 특히 불교 인문학을 한다는 것은 곧 제대로 사는 방법을 배우는 것이 아닌가!

모름지기 가난의 불운이란 진리에 이르는 첫 단계인 것 같다. 그러나 내 경험에 의하면 가난함이 현실적으로 너무 지나치면 주눅이 들어서 매사에 얽매이기 쉽다는 사실도 잘 알아야 할 것이다.

혜능보다 더 극심한 고생을 겪으면서 나중에 미국의 위대한 교육자가 된 흑인 노예출신의 부커 탈리아페르 워싱턴(1856-1915)의 《노예신분으로부터의 상승(up from slavery)》과 노르웨이의 라면왕 미스터 리(이철호: 1954-)의 자전이야기도 생각난다.

그리고 또, 울산대학교와 울산과학대학교를 설립한 정주영(1915.11.25- 2001.3.21)회장의 감동적인 글도 생각난다. 이 학교 정문에는 다음과 같은 글이 바위에 새겨져 있다.

"젊은 시절, 어느 학교 공사장에서 돌을 지고 나르면서 바라본 대학생들은 고등교육을 제대로 받지 못한 나에게는 한없는 부러움과 동경의 대상이었다. 그 때 이루지 못했던 배움에 대한 갈망이 여기에 배움의 주춧돌을 놓게 하였으니, 젊은이들이여! 이 배움의 터전에서 열심히 학문을 익혀 드높은 이상으로 꾸준히 정진하기 바랍니다. 설립자 정주영." 이라고. 내 어머니의 고향 주소도 강원도 통천군 고저면 하고저리 75번지 고저국민학교 앞 집이다. 정회장의 고향인 강원도 통천군 송전면 아산리와 바로 이웃마을이다.[105] 정주영(을묘년, 정해월, 경신일, 정해시) 회장과 나의 외할아버지 장오원씨는 평소 잘 아는 사이였다고 한다.

지금 불우한 환경속에 있는 사람들을 위하여

지금 불우한 환경 속에 있는 젊은이들은 이 이야기에서 격려 삼아 각각 자신의 분야에서 최선을 다해보기 바란다.

현재 불우한 환경에 처해 있는 젊은이들은 스스로 자기 자신을 도울 줄 알아야 한다. 결코 자신의 운명에 화살을 겨누어서는 안된다. 그러면 운명은 더욱 더 견디기 어려운 것이 되고 말기 때문이다.

프랑스의 전기작가인 앙드레 모로아(1885-1967)의 말처럼, 사는 기술이란 하나의 목표를 골라 거기에 힘을 집중하는데 있다.

어떻게 힘을 집중하는가? 내 경험에 의하면 마치 닭이 알을 품듯이, 고양이가 쥐구멍을 지켜보듯이, 배고픈 사람이 밥을 생각하듯이, 목마른 자가 물을 구하듯이, 어린 아기가 어머니를 생각하듯이 이렇게 간절하면 될 것이다.

독학으로 크게 성공한 조지 버나드 쇼(1856-1950)는 《웨렌 부인의 고백》에서 다음과 같이 적고 있다.

"사람들은 언제나 자기들이 처한 환경을 탓한다. 나는 환경이란 것을 믿지 않는다. 이 세상에서 성공하는 사람들이란 적극적으로 그들이 원하는 환경을 찾고, 만약 찾을 수 없을 때에는 그것을 직접 만드는 사람들

---

106) 내 외할아버지 장오원(후에 개명한 장승원)은 일제시대때 쌀 배급소를 운영했다고 한다. 당시의 집주소는 강원도 통천군 고저면 하고저리 75번지 고저국민학교 앞집이라고 한다. 그런데 내 외할아버지는 해방후 공산당에서 재산을 모두 차압 몰수당한 후 단신으로 남하했고, 내 어머니 장상례(1936.12.28-)는 1945년 11월 27일 당시 12세의 소녀로 가족들과 헤어져 동생 장상학(당시 9세)과 함께 자신의 아버지를 찾아서 남한으로 넘어왔다고 한다. 나중에 이 남매들은 아버지와 부산시에서 극적으로 감격의 상봉을 한다. 현재 이북에 있는 내 외할머니의 이름은 김수현, 내 어머니의 언니는 장상열, 오빠는 장상훈, 여동생은 장순자라고 한다. 그리고 이 분들의 자녀는 나와 같은 세대일 것이니 혹시 이 책을 보게 되면 곧바로 연락주시기 바란다. 나는 장상례 씨의 큰 아들이다. (내 어머니의 설명에 의하면 오두마리 마을은 장씨들만 모여 사는 마을이었다고 한다. 그러므로 혹시 이 오두마리 마을에서 탈북하신 분이 있어도 연락주시기 바란다. 마더의 부탁으로 이 글을 써 둔다.) 그리고 내 아버지 김정목(1918.1.15-1963.11.8)님의 주소는 함경도 흥남시 신상리 82번지라고 하는데 나는 내 아버지 쪽의 친척에 대한 정보는 일절 모르고 있다. 아무도 말해주는 사람이 없기 때문이다. 그리고 이 책을 읽는 서양의 독자들은 알아야 한다. 이렇게 우리 한국인들은 아직도 한반도 분단으로 인한 슬픔의 역사를 지내고 있는 것을.

이다." 라고.

조셉 머피(1898-1981)도 《자기경영의 법칙》에 대해 다음과 같이 말한 바 있다. "당신의 환경이나 부모, 유아기의 체험 등에서 자기 자신의 실패와 좌절의 원인을 찾는 것을 그만 두어라. 당신의 마음가짐이야말로 모든 원인이기 때문이다. 당신이 변혁할 수 있는 것은 당신의 마음가짐뿐이다. 당신이 선한 일을 생각하면 선한 일이 생기고, 나쁜 일을 생각하면 나쁜 일이 생긴다. 바로 이것이야말로 인생의 법칙 즉 잠재의식(Subconscious)의 법칙인 것이다."

조셉 머피의 이 말은 -불교의 관점에 보아도- 정확히 옳다. 그러나 나는 W. 휴 미실다인이 쓴 《몸에 밴 어린 시절》이라는 책도 아주 유익한 책이라고 생각한다. 관심 있는 분은 일독해보시기 바란다.

운명적인 환경설정과 깨달음의 계기

《목궤용담》에 이르기를 "환난이 많으면 주눅이 들어서 두려움에 젖기 쉽고, 상인들처럼 사람들과의 접촉이 많으면 거짓으로 속이게 되기 쉽고, 교제함이 많으면 마음이 들떠 가볍게 되기 쉽고, 말이 많으면 실수하기 쉽고, 책을 너무 많이 읽으면 마음속으로 깊이 느끼는 생각에만 빠져있기 쉽다." 라고 했다.

그러므로 중요한 것은, 혜능처럼 또는 원효처럼 인생자체가 확 바뀌는 깨달음의 계기를 만나는 것이다. 그리고 이렇게 되려면 취훼동시지(吹喙同時之)처럼 우선 먼저 자기 맘으로 간절하게 구하는 것이 있어야 할 것이다.

혜능이 가엾은 홀어머니를 버리고
출가했다는 문제

혜능이 손님에게 물었다.

「어디에서 이 경전을 구해 가지고 왔습니까?」

손님이 대답하였다.

「나는 기주 황매현 동쪽 빙무산에서 오조 홍인대사를 예배하였다. 그 곳에는 천여 명의 문인이 있다.

나는 그 곳에서 홍인대사가 승속의 제자들에게 권유하는 것을 듣고 보았다. '오직 《금강경》 한 권을 지니고 독송한다면 곧바로 견성하고 부처가 될 수 있다.' 라는 것이다.」

혜능은 그 말을 듣고 숙업의 인연을 맺었다.

그 길로 모친을 하직하고 황매 빙묘산에 가서 오조 홍인대사를 예배하였다.

〈육조단경〉

새로운 생각의 길:

본문 중에서 "혜능은 곧바로 모친을 하직하고 빙묘산으로 갔다."라는 글이 있는데, 나는 이 부분에 대해 주목해 보기로 한다.

소주혜능이 평소 잘하는 말씀은 다음과 같은 것들이다.

"나의 마음에 부처가 있는데, 이 자기 부처야말로 참된 부처이다."

"중생이 곧 부처이다."

"부처님이 깨달은 법은 세속에 있으니, 세속을 떠나지 않는 깨달음이다. 세속을 떠나 깨달음을 구한다면 마치 토끼의 뿔을 구하는 것과 같은 것이다."

"절이 아니라 집에서도 수행을 할 수 있다."

광동 소주의 조계혜능은 이토록 재가수행의 거사선(居士禪)을 제창하며, 사상에서도 유교 비슷한 성종(性宗: 주역→ 공자→ 자사→ 맹자가 주장한 性善을 드러내는 존재의 성향)의 선불교를 주장한 것을 생각해보면 본문은 어떤 문제를 내포하는 것 같다.

혜능이 가엾은 홀어머니를 그냥 두고 출가했다는 문제

나는 전에도 싯달타가 자기 부모와 아내와 갓 탄생한 아기를 두고 비정하게 집을 나가 다시는 돌아오지 않은 행동을 한 것에 대해 "이러한 비정한 사람에게 무능한 여성들이 무엇을 기대하며 의지할 수 있다는 말인가?" 하며 비판적인 언론을 쓴 바가 있다.

노혜능도 《육조단경》에서 마찬가지 문제를 드러내고 있다. 즉, 그의 홀어머니를 어떻게 그냥 두고 집을 나갈 수 있는가 하는 문제이다.

설사 여러 원본들에서 귀인이 준 은 열 냥을 주장해 본다 하더라도 문제는 여전히 남는다. 왜냐하면 은 열 냥은 인생에 있어 충분한 돈은 아니기 때문이다.

이에 비한다면, 차라리 영가현각 스님은 책임감이 있었다. 왜냐하면 현각 스님은 출가 후에도 자신이 머무는 개원사 절에 홀어머니와 누이동생을 데리고 와서 보살펴 주었기 때문이다.

《삼국유사》의 저자인 일연(1206-1289) 스님도 20대와 30대의 수행시절에는 "꿈속에서라도 세속에는 가지 않겠다."는 맹서로 공부했지만, 78세 때에 국사에 봉해졌을 때에는 늙은 어머니의 봉양을 위해 대궐에서 물러난 적이 있었다.

또, 대한불교 조계종 법맥의 원류인 태고보우(1301-1382)선사도 스스로 불교공부를 크게 성취한 후에 다시 속가로 돌아가서 부모님을 오랫동안 모셨다고 한다.

동양적인 충효의 사고방식으로 생각해서 하는 말인데, 만약 혜능의 어머니가 자식 혜능을 버리고 다른 곳으로 가버렸다면, 노혜능의 출가는 적절한 사유가 된다.

그러나 자식된 혜능의 입장에서는 결코 늙고 무능한 홀어머니를 그대로 버려서는 안되는 것이다.

늙고 무능한 홀어머니를 그냥 방치해둔 채 출가하여 나중에 위대한 종교성직자가 되었다면 그의 생은 뭔가 이상한 것이다. 왜냐하면 종교의 두 번째 핵심이나 중심은 인간에 대한 자비이기 때문이다.

자기 부모에 대해 이토록 비정한 자가 어떻게 타인에 대해 따뜻한 마음의 배려가 있을 수 있겠는가? 유교에는 《효경》이 있고, 불교에는 《부모은중경》이 있다. 참조해보시기 바란다.

하여튼 《육조단경》은 허구적인 소설작품[107]이니까, 그냥 그런대로 넘어갈 수도 있지만, 실제로 노혜능이 늙고 무능한 홀어머니를 그대로 방치해둔 채 출가한 것이 사실이라면, 노혜능의 문제는 다시 한 번 더 진지하게 담론해보아야 할 문제라고 여겨진다.

이제 본문에 나오는 노혜능의 출가 계기에 대해 주목해 보기로 한다.

누구든지 마음에 정말 간절히 원하게 되면 언젠가는 자연스럽게 계기가 생기는 법이다.

홍인과 혜능의 만남 그리고 신회의 존재의 의미

여태까지 달마, 혜가, 승찬, 도신 등이 《능가경》을 의지해 오다가 이제 오조 홍인의 시대에 이르러서는 《금강경》이 전면에 내세워지고 있다. 물론 이것은 모두 하택신회(668-760) 선사의 덕분이다.

《육조단경》[108]은 즉비논리의 《금강경》과 모든 것에 불성이 있다는 《열반경》에 대한 이해가 없이는 이해할 수 없는 책이라고 여겨진다.

중국선종사에서의 능가경과 금강경

데이비드 J.칼루파하나는 《불교철학사》에서 이렇게 적고 있다.

"보리달마의 시대에서 홍인의 시대에 이르기까지는 보리달마의 소의경전이었던 능가경에 의해 지도를 받았다. 그러나 홍인과 더불어 그것은 다른 방향으로 나아가게 되었다. 특히 혜능은 자신이 신수의 생각과

는 반대되는 게송을 짓고 나자 홍인이 자기에게 금강경을 설명해주었다
고 진술하고 있다. 금강경과 능가경에 제시된 두 개의 서로 다른 철학적
입장에 비추어 볼 때, 이 당시에 이루어진 선불교 내의 혁명은 엄청난 의
미를 지니고 있다.

우리가 전에 이미 지적하였듯이 금강경은 절대적이고 초월주의적인
형이상학이 점차 만연되어가던 분위기에 저항하여 붓다의 가르침으로
되돌아가려는 시도를 표현해 주고 있다."[109]

---

107) 나는 왜 육조단경을 허구적인 소설이라고 하는가? 그것은 육조단경의 이야기 모두가 중국인
    들이 일부러 꾸며낸 것이기 때문이다. 그러면 왜 그들은 이런 이야기들을 꾸며 내었는가? 그
    것은 신회 선사의 야망에서 시작되었거나, 또는 종래 인도의 명상적인 불교에 대해 일상의
    활동선(活動禪)으로서의 주체적인 중국선불교 선언을 위한 방법으로써 《육조단경》의 제작이
    필요했기 때문이다. 그리고 이 위경(僞經) 효과는 완전히 창출되었다. 현재 중국과 한국과 일
    본의 선불교 천재들은 모두 《육조단경》을 중국 조사선의 근본경전으로 숭앙하고 있기 때문
    이다.

108) 육조단경은 780년의 돈황본, 967년의 혜흔본, 1290년의 덕이본, 1291년의 종보본 등등이
    있다.

109) 《불교철학사(A History of Buddhist Philosophy)》하와이 대학 출판부(1992). D.J.칼루파하
    나 지음. 김종욱 번역. 시공사(1996), 372쪽.

오조 홍인과 혜능의
첫 만남

너는 어디서 왔으며, 무엇을 구하는가:

홍인 선사가 말하였다.

「너는 어디서 왔으며, 무엇을 구하는가?」

혜능이 대답하여 말하였다.

「저는 남쪽지방의 신주에서 왔는데, 부처가 되기를 구합니다.」

「그렇다면, 너는 바로 변방족속인데 변방인이 어떻게 부처가 될 수 있겠는가?」

「변방인들의 불성과 스님의 불성이 어찌 차별이 있겠습니까?」

홍인 선사는 혜능의 이 말에 특별한 느낌이 있었다.

〈육조단경〉

이 영남의 오랑캐가 달마와 혜가와 승찬과 도신과 홍인을 한 입에 삼켜버렸다.

이제 노혜능(638-713)에 이르러 진정한 중국불교의 역사가 시작되고 있는 것이다. 그러나 노스코트 파킨슨(1909-1993)의 제3법칙에 의하면, 어떤 것이든 앞으로 성장하면 복잡해지고, 복잡해지면 쇠퇴해지는 법이다.

부처란 구한다고 구해지는 것은 아니다. 혜능과 홍인과 우리 모두는 어디서 온 곳도 없고, 갈 곳도 없다.

홍인 선사는 '경상도 문둥이, 전라도 깽깽이' 등의 언어로 지역감정을 건드리고 있지만, 혜능은 "누구나 부처가 될 수 있는 근본적인 불성이 있다"는 평등성을 가지고 지역감정을 벗어나고 있다.[110]

그러나 내가 이해하고 있는 홍인 선사는 이런 용어를 사용하는 분이 아니다. 그러니까 이런 유치한 말은 《육조단경》을 지어낸 자가 이야기를 극적으로 꾸미기 위해 일부러 조작한 것이다.

육조단경 경전작가가 혜능을 주인공으로 내세우고자 하는 충정은 이해하지만, 그래도 이 충정심이 너무 지나치게 되면 다른 인물들은 소홀하게 다루어지기 쉬운 법이다.

본문의 대화가 일반인들은 재미있어 하겠지만 결과적으로 홍인 선사에게는 누를 끼친 셈이다.

---

110) "네가 어디 출신인지를 살피지 말고, 누구인지를 살펴보라. 태생으로 천한 인간이 되는 것은 아니다. 태생으로 고귀한 사람이 되는 것은 아니다. 본인의 행위에 따라 천한 인간도 되고, 고귀한 사람이 된다."

이제 막 입산한 무식한 노혜능이 차원높은 불성론을 어디서 누구에게 주워들었을까?

이제 본문에 나오는 불성론에 대해 생각해 보기로 한다.

이제 막 입산하려고 온 24세의 무식한 노혜능이 "변방족 사람들의 불성과 큰스님의 불성이 어찌 차별이 있겠습니까?" 라고 말했는데, 그는 이러한 불성론을 어디서 누구에게 주워들었을까?

물론 《열반경(제36권 가섭보살품 제12의 4)》에 보면 "모든 중생에게 모두 불성이 있다. 그러나 무명(無明, 근본적인 무지, 암흑처럼 모르는 것, 또는 암흑 에너지 또는 망상)에 덮여서 해탈을 얻지 못한다." 라는 글이 있지만, 노혜능은 문자를 모른다고 했지 않은가.

《십지경》에도 보면 "중생의 몸 가운데 금강석처럼 견고한 불성이 있다. 이것은 해와 같이 밝고 원만하며 광대무변하지만, 오온(五蘊)[111]의 검은 구름에 덮여 마치 항아리 속에 있는 불빛이 밖을 비추지 못하는 것과 같다." 라는 글이 있다.

그러나 중생에게 몸이 없다면, 불성은 무엇을 의미할 것인가?

깨달음을 향한 교육은 자기가 자기에게 행하는 교육이다

나의 견해는 이렇다. 불성(석가모니의 아트만)이나 여래장(석가모니와 같이 되는 것)은 혈통이나 전생유전자의 문제가 아니다. 중요한 것은 환경조건과 자기교육이라고 생각한다.

그런데 불교인의 자기교육이란 깨달음을 향한 교육이다. 이러한 교육은 자기가 자기에게 행하는 교육(self-education)인 셈이다.

이제 노혜능이 주장하는 누구든지 부처가 될 수 있다는 인간본성의 평등성에 대하여 나는 다음과 같이 생각한다.

즉 누구나 부처가 될 수 있다는 인간본성의 평등성보다는, 모든 것이 지구 자연법칙의 영향하에 있다는 평등성이 더 겸허한 가르침이라고 여겨진다는 것이다.

왜냐하면 불성의 평등성은 그 누구나 부처가 될 수 있다는 점에서 모든 존재에게 권력지향성과 영적인 허영심을 낳을 수 있는 가능성이 있는 관념인데 비해, 모든 것이 자연의 법칙하에 있다는 평등성은 모든 존재에게 겸손과 평화와 조화로운 미(美)의 관념을 추구할 수 있게 하기 때문이다.

---

111) 오온(五蘊)이란 색수상행식(色受想行識)으로 정신적인 요소와 육체적인 요소들이 임시로 화합해 있는 것을 뜻한다. 즉, 〈색〉은 우리의 눈으로 볼 수 있는 모든 형상의 물질들을 뜻한다. 〈수〉는 받아들이는 감정을 뜻한다. 〈상〉은 어떤 이미지로 지각하는 것을 뜻한다. 〈행〉은 능동적인 활동이나 행위를 뜻한다. 〈식〉은 모든 것을 구별해 내면서 아는 것을 뜻이다. 그러므로 오온(五蘊: 다섯 무더기, 또는 다섯 다발, 다섯 개의 집합적인 요소, 또는 다섯 요소의 집합)은 인연소생(因緣所生)의 무아(無我)일 뿐이다.

불성의 평등함과
지혜의 능력

행자 생활 속에서 피어나는 지혜의 근기:

홍인 선사의 산중 문도는 매우 많고, 좌우를 둘러보면 한 사람 한 사람이 모두 용상(학덕을 겸비한 고승)이다.

마침내 혜능으로 하여금 부엌에 들어가 공양 일을 하게 하였다. 8개월을 지나도록 혜능이 힘든 것을 피하지 않고 의연하게 몸을 잊고 도를 위했다. 즉 방아를 밟을 때 자신의 몸이 가벼운 것이 싫어서 큰 돌을 허리에 매달아 방아에 떨어질 때 무겁게 하도록 하여 마침내 허리와 다리를 손상시켰다.

홍인 선사가 쌀 찧는 곳에 와서 물었다.

「자네는 공양 일을 한다고 허리와 다리를 손상시키는구나. 아픈 곳은 없는가?」

「몸이 있다고 생각하지 않는데, 누가 이것을 아프다고 하겠습니까?」

홍인 선사가 말하였다.

「자네는 어떤 공덕을 짓는가?」

「원하는 바는 힘껏 돌을 안고 찧어서 대중을 공양하려 할 뿐입니다.」

홍인 선사가 밤에 이르러 혜능에게 명하여 방에 들어오게 하였다.

홍인 선사가 물었다.

「자네가 처음 왔을 때 나에게 답하기를 '영남사람의 불성과 스님의 불성에 무슨 차별이 있습니까?' 라고 하였는데, 누가 자네를 가르쳤는가?」

「부처의 본성은 어느 한 곳에만 몰려 있는 것이 아닙니다. 그러므로 스님과 저는 차이가 없으며, 나아가 모든 중생은 모두 똑같은 것이며 차별이 없습니다. 다만 근기(성향과 능력)에 따라 숨고 드러날 뿐입니다.」

「부처의 본성이란 본래 형체가 없는 것인데, 어떻게 숨고 드러나는 것이라고 하는가?」

「부처의 본성은 형체가 없습니다만, 깨달으면 곧바로 나타나고, 미혹하면 곧 숨어버리는 것이기 때문입니다.」

〈조계대사별전〉

노혜능은 원래 튼튼한 나뭇꾼 노동자다. 거기다가 부처의 지혜까지 얻었으니 현재 젊은 혜능의 몸과 마음 상태는 최고에 달해 있는 것은 당연한 것이다.

혜능 행자는 다음과 같이 말했다.

"부처의 본성은 평등하지만 성향과 능력에는 차별이 있다."

"부처의 본성은 형체가 없지만 작용은 있다."

출가한지 얼마 안된 24세의 행자가 벌써 불성(佛性; 부처의 본성에 관한 것)과 근기(부처의 자질)에 대하여 논하니 혜능행자는 아는 것도 많으시네.

물론 아는 것이 많은 자는 《육조단경》을 실제로 지은 원저자일 것이다.

신수의 장점과
혜능의 단점에 대하여

오조 홍인이 죽음에 임박하였다. 그래서 그는 자기 후계자가 될 사람을 찾아 법을 전하고 의발(조사의 겉옷과 밥그릇)을 분부하려고 하였다.

대중 가운데 신수 상좌가 있었다. 그가 마침내 게송 하나를 지어 오조 홍인에게 바쳤다.

「몸은 보리수(菩提樹; 깨달음의 나무)와 같고, 마음은 깨끗한 거울(明鏡臺)과 같다. 그러므로 항상 부지런히 털고 닦아서, 먼지가 묻지 않도록 하라.」

나중에 방앗간에 있던 혜능행자도 마침내 게송 하나를 지어 오조 홍인에게 바쳤다.

「보리(깨달음)는 본래 나무가 아니며, 깨끗한 거울 또한 받침대가 아니다. 본래 한 물건도 없거늘 어디에 먼지가 있겠는가?」

〈법보본 육조단경(행유품)〉

본문은 너무나 유명한 대목이다. 그러나 혜능의 게송은 신수의 게송에 따라 지어진 것이니, 만약 신수의 게송이 없었다면 혜능의 게송도 따라 없었을 것이다.

한 소식한 사람들의 반야바라밀

노혜능이 지은 시에 향기를 더해 본다면 "대나무에 바람이 불면 그림자도 따라 움직인다. 이 그림자는 마당을 쓸어가지만 마당의 티끌은 그대로 있다. 또 달은 연못 밑바닥까지 비추어 뚫지만 물에 그 흔적이 없다." 라는 야부도천(1127–1130)의 선시가 생각난다.

고려시대 진각혜심도 어록에서 "대나무 그림자는 뜰을 쓸어도 티끌은 움직이지 않고, 달빛은 바다를 뚫어도 물결에는 흔적이 없다." 라고 했고, 태고보우도 "대나무는 울밀하되 하늘의 뜻에 통하고, 그림자는 뜰 안을 쓸되 티끌은 그대로이네." 라고 모방인용을 한 바 있다.

그러나 나는 여기서 다른 방식으로 이야기를 한 번 해보기로 한다.

《육조단경》의 주인공은 노혜능이다. 수좌 신수는 노혜능의 지혜를 더 돋보이게 하기위해 차용된 조연이지만, 실제의 역사적 사실과는 무관한 것이다.

대통신수의 생애와 사상

본문은 가짜로 꾸며 만든 이야기일 뿐이다. 역사적인 사실은 아니다. 고로 만약 독자들께서 시간의 여유가 있으시다면, 대통신수 국사의 생애와 사상에 관해서 면밀한 조사를 직접해보시기를 바란다.

신수(?-706)는 46세에 홍인 선사의 제자가 되었다. 신수는 항상 홍인 선사의 발을 씻겨드릴 정도로 겸허함과 성실성으로 계율을 잘 지키며, 인덕이 있었다. 자사선생이 쓴 《중용(제23)》에도 보면 "지극한 정성을 들이면, 자연히 성실하게 되니, 성실하면 나타나고, 나타나면 두드러지고, 두드러지면 뚜렷해지고, 뚜렷하면 움직이고, 움직이면 변하고, 변하면 감화가 된다."고 한 바 있다. 수좌 신수는 이런 분이었다.

그래서 신수는 오조 홍인 선사로부터 "동산의 법은 모두 신수에게 있다." 할 정도로 평가를 받았으며, 사부대중들 사이에서도 신의와 위엄이 있었다.

그리고 신수는 당시 국가에서 공인된 육조(六祖)의 국사(國師)로서 보통 사람이 아니다. 신수는 5조 홍인에 이어 6대 조사로서 당시 장안과 낙양 두 수도의 법주(法主)이며, 세 명의 황제를 지도한 스승이었다. 그가 죽은 후에 받은 시호는 대통선사(大通禪師)이며, 신수의 유명한 제자로는 보적(651-739), 경현, 의복(658-736), 혜복 등이 있다.

그리고 또 대통신수는 《대승무생방편문》《북종오방편문》《관심론》의 실제 저자이기도 하다.

신수는 이 《관심론(On Mind Watching)》에서 "마음이 모든 법의 근본이다. 일체의 모든 법은 오직 마음이 있기 때문에 생기는 것이다. 만약 이 마음을 능히 알아 완성한다면 모든 행이 구비되는 것이다."라는 돈수(頓修; 갑작스러운 깨달음의 변화로 부처가 되면서 동시에 전혀 새로운 생활습관을 가지는 것)를 말했다.

이 뿐만 아니라 "깨달음은 한 순간에 있으니, 어떤 번뇌가 머리를 희게 하는가?"라고 돈오(頓悟; 갑작스러운 깨달음으로 인해 마음의 질적인 구조가 완전히 변하게 되어 부처가 된다는 것)를 설하기도 했다.

신수는 또 《대승무생방편문》에서 "부처는 무엇인가? 부처의 마음은 청정하여 유무(有無)를 떠나 있다. 그래서 몸과 마음에 대해 망상을 일으키지 않고, 항상 참 마음을 지킨다. 참으로 그러한 진리란 무엇인가? 마음이 일어나지 않으면 마음이 참으로 그러한 진리요, 몸이 일어나지 않으면 몸이 참으로 그러한 진리다. 마음이 참으로 이러하면 마음이 해탈이요, 몸이 참으로 이러하면 몸이 그대로 해탈이며, 마음과 몸을 모두 떠나면 곧 한 물건도 없음(無一物)의 경계가 열리니 이것이 대 보리수(菩提樹; 깨달음의 나무)다."라고 설한 바 있다.

신수 선사는 또 《관심론》에서 다음과 같이 설법하였다.

"깨달음은 어디에 있는가? 깨달음은 마음에 있다. 그러면 마음은 어디에 있는가? 마음은 몸에 있다. 그러면 몸은 어디에 있는가? 몸은 망령된 생각에 있다. 그러므로 바로 이 망령된 생각을 깨달아 몸과 마음을 투철히 하는 것이 근본적인 깨달음이다."라고.

그러므로 독자는 대통신수에 대해 오해하거나 만만한 상대로 보는 일이 없어야 할 것이다.

칠조가 되고 싶은 신회 선사의 간특한 지혜

솔직히 말하면, 노혜능의 게송을 바라보면서 내가 느끼는 것은 칠조가 되고 싶은 신회(668-760) 선사의 간특한 지혜가 그 극을 달리는 것 같다는 것이다.

그런데 아무것도 모르는 순진한 후대의 선사들은 "거북이 털을 뽑고 나서, 하하하 크게 웃는다. 일격에 만 겹의 관문사슬을 열었으니, 오늘이야말로 일대사 인연의 날이로구나! 칠백 고승이 법 싸움하는 전쟁터에서 노행자의 한마디에 모두 항복하였네." 라는 웅변을 토하고 있다.

조인명 선사도 "육조는 그 때 사내답지 못했다. 남의 손으로 게송을 벽에 써서 스스로 호도했다. 게송에는 분명히 본래 아무것도 없다고 말하였는데도 오히려 의발(조사의 겉옷과 밥그릇)을 전수 받는구나." 라고 말했다.

이렇게 이 게송에 대해 수많은 천재선랑들이 희롱을 당하고 있다. 약간 교만하게 말한다면 이런 식의 게송이라면 나는 천 개도 지을 수 있다. 즉, 아무것도 아니라는 것이다.

예를 들면, 나와 담론한 바 있는 덕숭총림의 수장이셨던 최혜암(1884-1985) 선사는 말씀하시기를 "자성(自性)이 본디 맑으니 마음이 움직이면 그르친다."고 하였다. 그러나 나는 그렇게 보지 않는다. 즉 "맑거나 탁한 자성(自性)이 본래 없고, 마음도 없는데 무엇이 움직이는가?" 라는 식의 게송을 지을 수 있다는 것이다.

그런데 이 아무것도 아닌 노혜능의 게송이 그동안 《육조단경》의 독자들에게 큰 영향력을 발휘해 왔으니 정말 대단한 것이다. 그러나 영향력만 있으면 무조건 대단한 것인가?

행자 혜능은 "보리는 본래 나무가 아니고, 명경 또한 받침대가 아니다." 라고 했는데, 그렇다면 본래 나무가 아닌 보리(Bodhi:부처의 깨달음)는 무엇이며, 받침대가 아닌 거울은 무엇인가?

행자 혜능은 나중에 조사가 되어서 설법하기를 "나에게 한 물건이 있다. 이것은 머리도 꼬리도 이름도 글자도 등도 얼굴도 없다. 대중은 아는가, 모르는가?" 라고 한 바 있는데, 대체 어떤 본(本)과 래(來)의 일물(一物)을 말하는가? 불성(부처의 본성, 자성)일 것이다.

그러나 혜능은 혜능이고, 나는 나다. 우리는 서로 같을 수는 없다. 왜냐하면 소주 조계산의 혜능은 불성, 자성, 선정 등을 주장하지만[112] 나는 이 모든 것을 부정하는 자이기 때문이다.

나는 왜 부정하는가 하면, 불성이니 자성이니 선정이니 하는 것은 모두 수많은 원인과 조건에 의존하여 생겨난 것이기에 고정된 불변의 독자적인 존재성(고정불변 영원한 자성)은 없는 것이다.

중국 조사선 불교의 원조인 혜능의 사상은, 불생불멸의 자성(自性=佛性)과 견성(見性; see nature) 운운하는 성종(性宗)이다.

호적(1871-1962)도 "선종(禪宗)을 성종(性宗)의 극단적인 형태라고 말한 바 있다.

돈황본《육조단경》에 보면 "보리는 본래 나무가 없으며, 밝은 거울도 그 받침이 없는 것이다. 불성(佛性)은 항상 청정한데 어디에 먼지가 끼겠는가!" 라고 적혀 있다.

다시 말하면 "부처의 본성은 항상 청정한 것인데 어디에 번뇌가 있겠는가?” 라는 뜻인데 평범한 게송이다. 왜냐하면 불성(佛性)이야말로 먼지일 뿐이기 때문이다.

어째서 불성을 먼지라고 하는가? 불성에 사로잡히면 오히려 진리가 불성에 묶여버리는 까닭이기 때문이다.

그리고 만약 우리들의 뇌와 눈이 없다면, 아무리 청정무구한 거울(불성)일지라도 결코 볼 수 없다는 사실도 알아야 한다.[113]

평가절하된 신수의 게송에 대해 다시 생각함

나는 여기서 그동안 혜능의 게송 때문에 행자승의 게송에도 미치지 못한다고 하대를 받아온 신수의 게송에 대해 실제 생활인으로서 한 번 진지하게 생각해보기로 한다.

수좌 신수는 “육체는 보리수와 같고, 마음은 깨끗한 거울과 같다.”고 했으니 똥만 가득 담고 있는 육체의 지위가 보리(Bodhi)에 이르고, 탐욕

112) 혜능이 주장하는 불성이란 부처의 아트만을 가리킨다. 그리고 그의 자성이란 ‘자체적으로 존재하는 절대의 밑바탕, 자신의 참된 본성을 의미한다. 그리고 또, 그가 주장하는 선정이란 ‘마음을 평온하게 유지하는 자세로 의식을 한 점에 모아 집중하는 참선’을 가리킨다.

113) 증명된 쿠르트 괴델(1906–1978)의 이론 중에서 가장 유명한 이론은 ‘모순이 없는 완전한 이론은 불완전하다’는 것이다. 이러한 괴델의 명제는 ‘절대오류가 없는 완전한 수학이란 존재하지 않는다.’라는 의미일 뿐만 아니라 대승불교의 금강경과 화엄경과 대일경에서 주장하는 아뇩다라삼막삼보리(가장 높고 가장 올바르고 가장 보편적이고 가장 바른 깨달음)와 비로자나불(부처의 화신(化身))과 절대청정의 불성론에 대해서도 똑같이 적용해 말할 수 있는 것이라고 성찰한다.

114) 《우파니샤드》에도 “거울의 먼지를 닦아내면 거울이 빛나는 것처럼, 진아(眞我, 아트만, 또는 자성)를 보게 되면 그 사람의 마음과 몸도 빛나게 된다. 그리고 이 마음과 몸은 언제나 영원히 충만한 행복의 상태에 있게 된다.”는 문구가 있다.

만 가득 담고 있는 마음이 깨끗한 거울(法鏡; 또는 번뇌와 고민과 걱정을 깨끗이 닦아낸 정신의 판)이 되었다.

그리고 "항상 부지런히 털고 닦아서 먼지가 끼지 않게 한다." 라고 했으니[114] 항상 성실하고 진지하게 노력하는 인생은 얼마나 아름다운 것인가? 거울은 수많은 종류가 있지만, 타인이라는 거울도 있으니, 만약 자신이 먼저 성실한 모습을 비추면, 타인이라는 거울도 따라 그대로 성실한 모습을 보여줄 것이다.

가만히 생각해서 하는 말인데, 수좌 신수의 게송은 실천수행의 면을 강조했고, 행자 혜능의 게송은 변증법적인 통찰력의 면이 강조된 것이라고 여겨진다.

물론, 내 근성도 신수보다는 혜능의 근기와 같은 편이지만 요즘 내가 나이가 들면서 철이 들어보니, 역시 순간 번득이는 예리한 지혜와 평론적인 인생보다는 성실한 생활자세가 더 좋은 것 같다.

출가사문의 진정한 생활의 의미

내가 한 마디 더 한다면, 무념(망상이 없는 마음상태, 또는 집착함이 없는 생각)으로 겸손해야 할 행자가 감히 육대조사(六祖)에의 욕망을 일으켜 조급하게 자신의 근기를 드러내는 것은 반드시 천하의 학생들이 모방할만한 모범이라고 생각하지는 않는다.

설사 평생토록 혜능 행자가 육대 조사는 커녕 일반의 승려증을 받지 못한 행자 생활로 인생을 끝마친다 하더라도 그저 묵묵히 자신에게 주어진 일만 하면서 지내보는 것도 출가사문의 진정한 생활의 의미가 아니겠는가?

혜능 본인조차 "논쟁은 승부의 마음이므로 불도에 위배된다." 고 말한 바 있다.

생각해서 하는 말인데, 출가하여 스님이 되는 일이 무슨 고시공부인가? 반드시 출가자는 조사가 되고, 대선사가 되고, 총림방장이 되어 무수한 제자들을 거느리며 세인의 존경을 받으면서 살아야만 성공한 것인가? 나는 그렇게 생각하지 않는다.

내가 만약 오조 홍인이었다면, 혜능 행자를 불러서 바로 그 자리에서 귀싸대기를 몇 대 안겨주었을 것이다.

혼자서는 안된다
후원자가 있어야 한다

오조 홍인의 금강경 설법과 인가를 받는 혜능:

홍인 선사가 어느 날 방앗간에 가서 혜능에게 물었다.

「행자는 쉽게 생각하지 말라. 행자여 쌀이 익었는가, 안 익었는가?」

「쌀은 익은 지 이미 오래입니다만, 아직 사람이 키질한 적이 없습니다.」

「삼경(밤11시부터 새벽1시 사이)에 그대를 부르겠다.」

홍인 선사는 깊은 밤에 행자 혜능을 방안으로 불러 금강경을 설하였다.

행자 혜능이 한 번 듣고 설법이 끝나자마자 크게 깨달았다. 그날 밤에 혜능은 오조 홍인의 법을 받았지만 다른 사람은 아무도 몰랐다.

〈육조단경〉

"쌀은 익은 지 이미 오래인데, 아직 키질해 줄 사람이 없습니다."

그렇다. 혼자서는 안된다. 매니저가 있어야 한다. 혜능은 스승 홍인 선사와 제자 하택신회를 만났으니 운이 아주 좋은 편이다. 내게는 이런 운이 없다.

아무리 재능이 뛰어나고 무진 노력을 할지라도 운이 따라주지 않으면 성공할 수가 없다. 그러나 다행히 운(運)도 개발할 수 있는 것이니 각자 인연 따라 최선(자신의 모든 잠재능력을 총동원하는 것)의 방법을 다해보시기 바란다.[115]

본문에 이르기를 "삼경(밤11시부터 새벽1시 사이)에 그대를 부르겠다."는 것은 오조 홍인 선사가 소중하게 지니고 있는 좋은 물건을 보여주며 혜능을 동산종의 육대조사로 임명하겠다는 뜻이다.

여기서 오조 홍인이 소중하게 지니고 있는 물건이란 《금강반야경(대반야경 600권 가운데 제 577권에 있는 것)》을 의미한다. 이런 이야기를 통해 알수 있는 사실은 혜능의 사상은 금강경의 영향을 결정적으로 받았다는 것이다.

그러나 오조 홍인의 격이 천하여 기품이 없다. 홍인은 오조이며 대사인데 왜 그리도 당당하지 못하고 서두르고 있는가? 이 또한 《육조단경》

---

115) 가만히 성찰해보건대, 운(運)이 존재하는 것은 존재와 운동의 균형 때문에 있는 법칙이라고 나는 생각한다. 그러므로 평소에 운이 나쁘다고 불행해 하는 사람은 이 법칙들(전자기력, 중력, 약한 핵의 힘, 강한 핵의 힘의 작용들)과 자기 마음에 대해 잘 관찰하면, 운(運)의 이동(移動)이 가능하다고 생각한다.

을 꾸며낸 자의 음흉하고 비천한 야망의 소산이라고 평가하고 싶다.

혜능은 깊은 밤에 홍인 선사로부터 《금강경》에 관한 설법과 함께 동산종의 육대조사로 확정하여 인가(스승이 공식적으로 제자의 깨달음을 사실 확인으로 인정한다는 것)를 주었다고 했는데, 본래 진리의 인가란 어떤 문서나 물건처럼 주고 받고 할 수 있는 것이 아니다. 왜냐하면 본래 법(Buddha dharma)이란 설할 수도, 들을 수도 없는 것이므로 줄 수도 없고, 받을 수도 없는 것이기 때문이다.

요즘 우리나라 불교계에서도 승속 할 것 없이 어떤 분들은, 자신이 대선사로부터 전법게를 받았다고 하면서, 증거로 전법게 인증문을 뻔뻔스럽게 자랑하곤 한다. 본인들은 이 전법게를 받았다고 만천하에 자랑하고 과시하고 있지만 그들은 수치감도 없는가? 이러한 증명서는 써주는 사람이나 받는 사람이나 모두 인간적인 너무나 인간적인 평범한 인간성을 사실로 증명해주는 한 장의 종이일 뿐이다.

황벽(?-850)선사가 《전심법요》에서 한 말씀처럼 "물건이나 종이에 붓글씨로 쓴다거나 도장을 찍는다고 해서 법(Chan dharma)이 전해지는 것은 아니다."

그리고 정말 깨달은 자는 그런 증명서가 없어도 사람들이 저절로 그의 지성이나 덕성을 보고 감화를 받게 되어 있는 것이다. 문서란 정치꾼이나 장사꾼들에게나 필요한 것이다. 석가모니는 결코 이런 장난을 하신 분이 아니다.

생각해서 하는 말인데, 종교인들의 전법행위와, 섹스를 통해 자기분신을 낳는 중생들의 생식행위는 서로 같은 것이라고 여겨진다.

 · 번뇌를 지닌채 부처가 된다

즉, 보통 속인들의 자기복제적인 생식행위와 고승의 자기복제적인 영적 계승 행위는 서로 같은 욕망에서 나오는 것들이다. 모두 평범한 짓거리(업)이다.

나중에 소주혜능은 "본래 한 물건도 없다. 이것은 머리도 꼬리도 이름도 글자도 등도 얼굴도 없는 것" 이라고 말한 적이 있는데, 혜능이 오조 홍인으로부터 무엇을 받았다고 《육조단경》에서 이렇게 공언하는가?

이것은 혜능을 이용하여 칠조가 되고 싶은 신회(668-760)선사의 야망이 담긴 문장일 뿐이다.

혜능의 설법의 교훈점 :
선도 악도 생각하지마라

혜능이 황매산에서 도망쳐 나왔을 때, 진혜명이란 스님이 뒤쫓아왔다. 추격을 해온 참된 동기가 무엇이었든 간에, 혜명 스님은 자신이 가사와 발우를 탐내서가 아니라 법을 구하기 위해 쫓아왔다고 변명하면서, 자신이 깨달을 수 있도록 진리를 말해 달라고 혜능에게 진지하게 말했다.

그러자 혜능이 말했다.

「스님이 설법을 듣기 위해 그렇게 쫓아왔다고 하니, 이제 모든 외부 인연들을 모두 버리고 한 생각도 내지 마시오. 내가 스님을 위해 말하겠소.」

그리고 나서 한참 있다가 말을 이었다.

「선한 것도 악한 것도 생각하지 않을 때에는 어떤 것이 스님의 진면목인가?」

이 말씀에 혜명 스님은 홀연히 깨쳤다.

그리고 그는 혜능에게 더 이어 말하기를, 조사들 사이에 전해오는 비

밀한 전법 말고도 또 어떤 극비의 말씀과 뜻이 있으면 가르쳐 달라고 하
였다.

혜능이 대답했다.

「내가 스님에게 말한 것은 결코 비밀이 아니오. 스님이 스스로 들여다
본다면 비밀은 스님의 마음속에 있을 것이오.」

혜명 스님이 이 말을 듣고 감격하며 말했다.

「제가 오랫동안 황매산에서 홍인조사의 가르침을 받았으나 자신의 본
래 면목을 살피지 못했습니다. 그런데 이제 가르침을 받고 보니, 마치
스스로 물을 마셔 보고 차고 더운지 아는 것과 같아졌습니다.」

〈육조단경〉

행자 혜능이 황매산에서 도망쳐 나왔다는 의미

"혜능이 황매산에서 도망쳐 나왔다."는 의미는 간단한 것이다. 혜능은
왜 도망칠 수밖에 없었는가?

그것은 혜능이 당시 국가의 허가를 받고 정식으로 수속을 밟아서 출가

---

116) 참고로 선종의 역사로 말한다면, 1조 달마→ 2조 혜가→ 3조 승찬→ 4조 도신→ 5조 홍인의
유명한 제자들 중에서, 특히 신수와 혜능이 유명한데, 신수와 혜능은 당시 나라에서 인가하는
정식 출가과정을 밟지 않은 개인적으로 불교에 입문한 사문들이었다. 노안혜안도 마찬가지이
다. 그러나 나중에는 신수와 노안혜안은 측천무후의 초청으로 나라의 국사가 되고, 혜능은 제
자 하택신회의 목숨을 건 열정적인 사회활동으로 인해 육조혜능이 된다. 이하 중국선불교의
역사상에는 무수한 사람들이 국가로부터 입산출가 승려증을 허가받지 않고, 국가 몰래 입산
출가하여 현대에도 그 명성을 떨칠 정도로 큰 인물이 된 분들은 매우 많다.

한 스님이 아니었기 때문이다.[116]

　즉, 노혜능은 개인적으로 국가 몰래 입산 출가한 스님이었다. 이렇게 혜능은 당시 국가의 호적제와 승제를 위반해 있는 상태에 있었으므로 그의 생활은 항상 쫓기는 추적의 표적이 되어있었던 것이다.

　왠지 《아키 그레이 올》이라는 영화 이야기와 서점에서 본 우명의 책제목 《진짜가 되는 곳이 진짜다》가 생각난다. 나는 이 영화 이야기와 우명의 책제목을 서점에서 보면서 가짜와 진짜의 의미에 대해 진지하게 생각해본 적이 있었다. 그러나 아키 그레이 올과 우명은 진짜가 아니라 가짜인 것 같다. 왜냐하면 이들은 모두 유신론을 벗어나지 못한 사람들이라고 여겨지기 때문이다.

　생각건대, 어쩌면 지금 중국과 한국과 일본에서 종교 재단법인체로 등록되어 있는 종단적인 불교는 진짜 불교가 아니라 가짜 불교일지도 모른다. 이에 관한 증명은 석가모니 부처의 깨달음과 가르침으로 언제든지 충분히 할 수 있다.

　《잡아함경(제24권)》에서 석가모니 부처의 유언이 자등명(自燈明; 자기자신을 등불로 삼으라는 것)과 법등명(法燈明; 진리를 등불로 삼으라는 것)인데 왠 종단이 필요한가? 나의 불교는 이제 종단(宗團)이 필요 없는 불교를 제창한다.

　불교라는 종교(즉, 갈망과 편견과 편향을 지닌 뇌가 강화되는 영역)안에는 (전연 다른) 두 종류의 불교가 있다.

　하나는 기복적인 신앙심이 깊은 자(탐욕과 망상에 젖어있는 자)들이 사업적으로 주도하는 불교요, 또 하나는 나 같은 사상가들이 반야바라밀(근본적인 질문을 던지며 지혜를 완성하는 것, 또는 완벽한 인식)을 치열하게 추구하는 불교이다.

전자는 물질적인 사업(事業)을 위주로 하는 불교요, 후자는 정신적인 이업(理業)을 위주로 하는 불교이다.

그리고 사업적인 불교가 성공하여 큰 부를 이루면 사회복지(탐욕적인 돈벌이와 무관하게 순수한 후원으로 운영되는 각종 시설들)를 실현하는 정치경제적인 불교가 될 것이요, 정신적인 이업(理業)을 위주로 하는 불교가 성공하면 국가 브랜드 가치도 높이는 문화의 꽃이 활짝 피는 철학적인 불교가 될 것이다. 2009년 4월 현재 한국의 국가 브랜드 가치는 세계 33위라고 한다.

혜능의 설법 교훈

본문에서 혜능이 혜명에게 설법한, 선한 것도 아니고 악한 것도 아닌 이 비밀은 혜능과 혜명의 그 사이에 있다.

대주혜해(800-?)의 《돈오요문》에도 "선을 생각하고 악을 생각하는 것이 삿된 생각이며, 선과 악을 생각하지 않는 것이 바른 생각이다." 라는 글이 있다.

본문에서 얻을 수 있는 교훈은, 세상에서 가장 좋은 벗은 자기 자신이며, 세상에서 가장 나쁜 벗도 자기 자신이다. 나를 구할 수 있는 가장 큰 힘도 자기 자신 속에 있으며, 나를 해꼬지 하는 무서운 칼날도 자기 자신 속에 있다. 이 두 가지의 자기 자신 중에서 어느 것을 쫓느냐에 따라 자신의 운명이 결정된다는 것이다.

중국 선종의 가장 위대한 인물인 혜능은
글자를 읽을 줄 몰랐다

나는 문자를 모른다:

유지략의 고모인 무진장 비구니는 산속의 사찰에 배속되어 항상 《열반경》을 독송하였다.

혜능은 어느 날 낮에 친구 유지략때문에 이 사찰에 갔다가 밤이 되어 무진장 비구니가 독송하는 《열반경》을 들었다.

다음날 혜능은 무진장 비구니를 위하여 경전의 의의에 관하여 해석을 해주니, 무진장 비구니는 혜능에게 경전을 주며 읽어 보도록 하였다. 그런데 혜능은 이렇게 말하였다.

「나는 문자를 모른다.」

「아니, 문자를 모르면서 어떻게 그 뜻을 해석하는가?」

「부처의 본성에 관한 이치는, 문자를 잘 해독하는 것과 관계가 없다. 지금 문자를 알지 못하여도 아무 이상할 것이 없다.」

〈조계대사별전〉

문제는 언어문자의 해독이나 개념습득이 아니라 깨달음의 통찰력이 있는가, 없는가 이다

《혈맥론》은 다음과 같이 말했다.

"근본 성품(사람됨의 성질과 바탕)을 보는 것이 부처이다. 근본 성품을 보지 못하면 부처가 아니다. 설사 많은 경전과 주석서와 논서들을 강설하더라도, 성품을 보지 못하면 다만 보통사람일 뿐, 부처의 법은 아니다. 지극한 도는 깊고도 멀어서 말로는 이해할 수 없나니, 문자경전으로 어찌 가 닿을 수 있겠는가?

근본 성품을 보기만 하면 한 글자를 모를지라도 좋다. 성품을 보면 곧 부처이니, 성스러운 본체는 본래 청정하여 더러움이 없다. 모든 말씀이 성인의 마음으로부터 일어난 작용이니, 작용의 바탕이 본래 공하여, 명칭이나 언어로도 가 닿을 수 없다. 그런데 12부의 경전이 어떻게 가 닿을 수 있겠는가?"

범어와 팔리어를 몰라도 최고의 부처가 될 수 있고, 영어와 불어와 독어와 중국어와 일어와 러시아어를 모르고 자신의 모국어만 알아도 세계 최고의 인물이 될 수 있다는 것

이제 우리나라에도 파니니 문법에 관한 책이 출간되었다. 《파니니 문법서》는 B.C.E.5세기경 인도의 학자 파니니가 세계 최초로 정리한 문법서이다. 현재 재가와 출가의 불교학자들 중에는 산스크리트어, 팔리어, 중국어, 영어, 일어 등의 언어에 능통한 분들이 매우 많아지고 있다.

　그러나 문제는 언어 문자의 해독이 아니라 깨달음과 통찰력이 있는가, 없는가 하는 것이다. 혜능은 지금 그것을 자기 언어로 표현하고 있는 것이다.

　남전(748-834)선사의 《남전어요》에 보면 "혜능은 문자를 읽지 못했다." 라고 적혀 있고, 황벽(?-850)선사의 《전심법요》에도 "육조혜능은 경서(經書)를 읽지도 못했다." 라는 구절이 나온다.

　그런데 혜능은 불성(Buddhata)이라는 말을 아주 좋아하는 것 같다. 대체 그는 불성(Buddha-dhatu)을 어떻게 이해하고 있는 것일까?

　혜능은 자성(自性) 또는 견성(見性)이라는 단어를 많이 사용하는데, 이때의 자성과 견성이란 곧 불성(Buddhahood)을 보는 것을 의미한다.

　그러나 혜능에게 큰 깨달음의 계기를 준 《금강반야경》의 논리로 말한다면 "불성은 불성이 아니다. 다만 명칭이 불성일 뿐이다." 라고 할 수 있다.

마음이 움직인다고
깃발도 자동적으로 움직이는가

혜능 스님이 남중국에 있는 법성사라는 절에 속인의 복장으로 방문하였다. 그 때, 인종법사(627-713)가 그 곳에서 《열반경》을 강설하고 있었다.

어느 날 한가한 오후 절의 입구에 있는 깃발이 바람에 나부끼고 있었다. 두 스님이 말씨름을 하고 있었다.

한 스님이 말했다.

「깃발이 움직인다.」

다른 스님이 말했다.

「아니야, 바람이 움직인다.」

이렇게 주거니 받거니 하면서 결말이 나지를 않자, 옆에 있던 혜능이 말했다.

『한갓 속인이 스님들의 높은 뜻을 토론하는데 뛰어드는 것을 용서하십시오. 저것은 깃발이 움직이고 있는 것도, 바람이 움직이는 것도 아니고, 오직 스님들의 마음이 움직이는 것입니다.』

〈조당집〉

새로운 생각의 길:

그러나 마음이 움직인다고 깃발도 자동적으로 움직이는가?

나는 유물론자가 아니지만, 유심론자도 아니다.[117] 그러므로 나의 견해
는 혜능의 견해와 같지 않다.

나는 유심주의자(唯心主義者)들을 염두에 두고《아함경(남전대장경 상응부
경전 42, 6 서지인)》에서 읽었던 글을 한 번 인용해보기로 한다.

언젠가 석가모니가 말했다.

"어떤 사람이 깊은 호수에 바윗돌을 던졌다고 하자. 그때 여러 사람들
이 몰려와서 '바위야, 떠올라라. 바위야, 떠올라라' 하며 마음으로 열심
히 기도했다고 한다면, 그대는 어떻게 생각하는가? 그 바윗돌은 기도의
힘으로 움직여 수면위로 떠올라오겠는가?" 이에 대한 나의 답변은 "하
하하!" 이다.

---

117) 유물론(Vastumatra: Materialism)에 관련하여, 엥겔스(1820-1895)는 자연변증법에서 "물질
    이 제 아무리 변용해도 영원히 같은 것으로 물질의 속성은 상실되는 일이 없다. 따라서 물질
    만이 어디서나 똑같은 필연성을 가지고 언제 어디서나 정신을 만들어낸다."는 이론을 적고
    있다. 미학적으로 생각해 본다면, 유물론과 유물과학의 단점은 감정이나 의식이나 정신의 아
    름다움과 신비한 점을 너무 과소평가 하는 데에 있다고 여겨진다. 그리고 유심론(Cittamatra:
    Spiritualism)에 관련하여, 신수(606-706)대사는 관심론에서 "마음은 만법의 근본이다. 일체
    의 모든 법은 오직 마음이 만든 것이니, 만약 이 마음을 요달하면 만 가지 행이 갖추어진다."
    라고 말했다.

금강경과 열반경 사상이 만들어낸
혜능의 지혜의 힘

인종법사에게 노출하는 혜능의 진면목:

인종 법사가 혜능에게 물었다.

「거사님은 어디서 왔습니까?」[118]

「본래 오지도 않았고 지금 또한 가지도 않는다.」

〈역대법보기〉

새로운 생각의 길:

신회 스님의 주장에 의하면, 혜능은 승려가 아닌 행자 신분으로 오조 홍인 선사의 의발(衣鉢)을 전수받아 육조가 되었다고 한다.

그렇다면 그가 정식으로 승려증을 얻은 것은 광동의 법성사에서였으며 그의 머리카락을 잘라준 스님은 당대 최고의 《열반경》 대강사였던 인종(627-713)법사라고 할 수 있겠다.

지금 인종 법사에게 본체의 도를 화려하게 드러내며, 자기 지혜를 과시하는 혜능은 바로 그자신의 진면목을 유감없이 노출하고 있다. 혜능은 39세의 젊은이였기 때문이다.

생각해서 하는 말인데, 노혜능은 홍인 선사로부터 법을 전해 받은 후 영남으로 도망가서 거기서 사냥꾼들 사이에서 15년간이나 숨어살았다고 하지만, 노혜능의 마음은 멀리 세속으로 나아가 이름 없는 부처가 되지 않았다. 그의 마음은 그동안 불교계 주변을 계속 맴돌고 있었다. 얼마나 불안하고 외로웠을까? 그 외로움의 깊이만큼 자기 지혜의 과시도 치열한 법이다.

어쨌든 간에, 혜능 거사님께서 유심법문을 하셨으니 나도 혜능 거사님에게 묻는다.

혜능 거사님! 깃발처럼 나부끼며 오고 가는 이 생사의 프로그램은 누가 어떤 목적에서, 왜 유전자로 만들어서 우리들의 몸에 입력해 놓았습니까? 대체 이 지구상에 있는 온갖 생명체의 정교한 설계도는 누가 만든 것입니까? 누가 이 극미한 유전자들을 만들어서 그 속에 정보를 기록해 넣은 것입니까? 그리고 이 정보대로 행동을 지시하는 것은 누구이며, 그것은 대체 무엇입니까?

---

118) 《화엄경》에서 선재동자가 미륵보살에게 물었다. "성자께서는 어디서 오셨습니까?" 미륵보살이 말했다. "나는 오는 일도 없고 가는 일도 없이 그렇게 온다. 나는 다니는 일도 없고 머무는 일도 없이 그렇게 온다. 나는 처소도 없고 집착도 없이 그렇게 온다. 나는 사라지지도 않고 생겨나지도 않고 머물지도 않고 이동하지도 않고 일어나지도 않게 그렇게 온다. 나는 연연함도 없고 애착함도 없이 그렇게 온다. 나는 업도 없고 과보도 없이 그렇게 온다. 나는 생하지도 않고 멸하지도 않게 그렇게 온다. 나는 없지도 않고 있지도 않으면서 그렇게 온다."

부정논법에 능한
혜능의 지혜

어떤 스님이 혜능 선사에게 와룬 선사의 게송이 매우 훌륭하다면서 그 시를 읽었다.

「와룬은 특별한 재주가 있어 능히 온갖 생각을 모두 끊네. 사물에 대해서도 마음이 일어나지 않으니, 보리수(깨달음의 나무)가 나날이 마음에서 자라네.」

혜능 선사가 이 게송을 듣고 나서 곧바로 논평했다.

「이 시를 쓴 사람은 아직 마음자리(心地)를 보지 못했다. 만약 그런 마음으로 행동한다면 스스로 자신을 꽁꽁 묶는 결과만 낳을 것이다.」

그러면서 혜능 선사는 선시 하나를 제시하였다.

「혜능은 특별한 재주가 없어 온갖 생각이 끊이지 않네. 사물을 대하면 마음이 자주 일어나니, 보리수(깨달음의 나무)가 어떻게 자라겠는가?」

〈단경(기연품 제7)〉

363

새로운 생각의 길:

중국 철학의 방법으로 표현한다면, 와룬선사는 작용을 드러냈고, 혜능 선사는 본체를 드러냈다.

그런데 왜 혜능 선사는 와룬선사에 대립하는가? 체용(體用; 본체와 작용)[102]은 같은 것이다.

생각해서 하는 말인데, 소주혜능은 어떤 명제가 보이면 순간 받아치는 부정논법의 전문가인 것 같다.

아마도 그의 부정논법의 논리는 금강경의 즉비논리(卽非論理)에서 영향을 깊게 받은 것이 아닌가 여겨진다.

하지만 상대방의 철학에 대한 부정은 동시에 자기철학의 가치에 대한 적극적인 긍정이다. 소주혜능은 지금 자신의 지혜를 충분히 과시하고 있는 셈이다.

그러나 그 어떤 체용(體用)일지라도 그것은 상호인연의 법칙에 의해 생멸하는 것이므로 공(즉, 팽창하고 수축하는 능동적인 無)이다.

와룬 선사와 혜능 조사의 게송에 대하여

와룬 선사와 혜능 조사의 게송에 대하여 설법을 한 번 해보기로 한다.

심기(心起)든, 심멸(心滅)이든 심(mind)의 근거는 수많은 원인과 조건에

---

119) 체용(體用; 본체와 작용)이란 변하지 않는 진리의 본질과, 현성으로서의 구체적인 작용 또는 현상을 의미한다. 주관과 객관으로 표현되기도 한다. 관심이 있는 분은 삼현학(易經, 老子, 莊子)과 승조와 신수와 혜능의 체용론(體用論)을 참고해 보시기 바란다.

의해 수시로 변천하는 것이기에 고정불변의 아트마(실체)가 없는 것이다.

그런데 혜능 조사는 이런 마음을 가지고 무슨 보리(菩提; 깨달음)를 담론하는가?

능단백사상(能斷百思想)이든, 부단백사상(不斷百思想)이든 모든 사상은 허공에 핀 푸른 장미일 뿐이다.

그리고 또 이러한 사상(思想)을 능단(能斷)하든 부단(不斷)하든 이 모든 능단과 부단의 근거 또한 변화무쌍한 것으로 공허함을 가득 채우는 것일 뿐이다.

그런데 왜 혜능은 와륜의 게송에 대해 사념(思念)을 이렇게 보이는가?

오직 모를 뿐

「오조 홍인 선사의 가르침은 누가 파악했습니까?」

「불교를 안 사람이 파악했다.」

「스님은 파악했습니까?」

「나는 못했다.」

「스님은 육대조사인데, 어째서 파악 못했다고 하십니까?」

「나는 불교를 모르기 때문이다.」 〈조당집 제2권〉

달마 대사도 양무제 앞에서 "모른다.(不識; unknown.)"고 말한 바 있다. 역설적으로 말하면, 대감혜능께서는 불교에 대해 너무 잘 아는 체 하고 있다. 왜냐하면 "모른다(不知)"라는 말은, 잘 알고 있다라는 뜻이기 때문이다.

120) 《나의 통찰명상 어록 (석진오의 미발표 원고)》에서. ■ 모르고 있는 것 때문에 마음이 상한 사람에게= 알고 모름이 평등한 것인데, 무슨 모름에 그리도 마음을 상하고 있는가? 공자와 장자가 아는 것을 안다고 말하고, 모르는 것을 모른다고 말하는 것은 당연한 것이다. 그런데 아는 것을 모른다고 말하고, 모르는 것을 안다고 말할 때에는 특별한 의미가 있는 것이다. 불교적 관점으로 성찰해본다면, 아는 것과 모르는 것의 차이는 없다. 왜냐하면 아는 것과 모르는 것의 근거 또한 변천하는것이기에 고정된 실체가 없는 것이기 때문이다. 노자는 아는 자는 말하지 않고, 말하는 자는 알지 못한다고 말했고, 장자는 알면서도 말하지 않는 것은 말하지 않고, 말하는 자는 알지 못한다고 말했고, 장자는 알면서도 말하지 않는 것은 우주적인 경지에 도달했기때문이라고 말했지만, 불교적 관점에서는 아는 자와 모르는 자, 또는 말하는 자와 말하지 않는 자를 평등하게 본다. 왜냐하면 이 모든 것의 근거는 수시로 변하는 것이며 일정한 실체가 없는 것이기 때문이다. 노자는 알면서 모른다고 하는것이 최상이고, 모르면서 안다고 하는 것이 병이다. 라고 말했지만, 병은 이러한 앎과 모름에 있는 것이 아니라 제행무상(諸行無常)과 제법무아(諸法無我)의 사실을 모르는 것에 있다. ■ 선불교의 무지론(無知論)과 유식불교의 유지론(有知論)= 아뢰야 의식(Alaya Vijnana)이란 모든 의식이 무의식적으로 저장되어있는 곳이다. 이것을 밝혀서 아가다 의식(Agada Vijnana)을 내라고 가르치는 것이 유식불교이다. 고로 유식(唯識)에서는 "오직 알 뿐!" 이라고 말한다. 그런데 북미에서 유명한 숭산 선사는 "오직 모를 뿐!" 이라고 설법한 바 있다. 이렇게 불교에서는 '모르는 것으로서의 의식(측정할 수 없는 의식, 또는 알지 않고 아는 것, Knowing of not knowing)'을 주장한다. 불교에서 '모르는 것의 앎'이란 지식이든 지성이든 무식이든 무지이든 모두 연기무아(緣起無我) 또는 오온무아(五蘊無我)의 공성(空性)이라는 의미이다. 그런데 이 '모르는 것의 앎'이라는 불교 용어를 통속적으로 표현한다면, 자기 자신이 '모르면서 알고 있는 것'을 의미한다. 우리는 대부분 고지식하다. 그래서 "자기 스스로도 이해하지 못하는 생각이야말로 참된 생각"이라고 쓴 테오도르 W.아도르노의 성찰은 의미가 있는 것이다. D.T.스즈키도 "이해하지 않는 마음이 부처. 그밖에 다른 것은 없다."라는 설파한 바 있다. ■ 숭산 스님의 책 제목 《오직 모를 뿐》을 보고= "오직 모를 뿐!" 이라고 하는 것은 개념적 사고(Thinking)를 벗어나라는 의미이다. 하지만 개념적 사고를 벗어난 사람이 어떻게 말 하고, 글 쓰고, 행위 하는 일을 할 수 있겠는가? 그가 정말 "오직 모를 뿐!"이라고 한다면 그러면 "오직 모를 뿐!"이라는 말도 하지 말아야 할 것이다. "오직 모를 뿐!"이라고 설파하는 숭산 선사는 사고(Thingking)가 없거나 개념이 없는 사람인가? 그는 사람이 아닌 무념무상 묵언의 우주인가? 그는 우주의 돌인가? 그는 무념무상의 큰 산, 강물, 바람같은 무정물(無情物)인가? 나는 개념적 사고조차 있는 그대로 보고 가능한 한 활용한다. 나는 개념적 사고를 두려워해서 피하거나 도망가지 않는다. 개념적 사고란 무엇인가? 이것은 (실제가 아닌, 또는 구체적이고 현실적이 아닌) 순 이론적인 인식과 판단과 반응이나 작용을 의미한다. 그러나 경우에 따라 개념적 사고나 관념이나 이념이 '사실'보다 더 강력한 경우도 있다. 그래서 헤겔(1770-1831)은 《역사속의 이성》에서 "관념은 참된 것이고 영원하고 절대적인 능력이다. 그것은 이 세계안에서 드러난다. 하지만 관념이 아닌 것은 그 어느 것도 이 세계에 드러나지 않는다."라고 설파했을 것이다. ■ 나의 무지(모르는 것 또는 이해하지 못하는 것)= 자기도 모르면서 남의 모름을 비평하는 것은 성찰하는 인간(사상가)의 운명이다.

금강경의 부정논리(即非論理)로 말하면, 아는 자는 모르고 모르는 자는 잘 알고 있다. 그래서 장자도 다음과 같이 말했을 것이다.

"내가 안다고 하는 것은 사실은 모르는 것인지도 모른다. 그리고 또, 내가 모른다고 하는 것이 사실은 잘 알고 있는 것인지도 모른다."[120]

소주혜능은 자성(own nature: 자기본성)을 주장하는 성종(性宗)의 창립자이다. 그러나 석가모니의 불교는 자성(自性) 즉 프라크리티(Prakriti; 진성(眞性))나 푸루샤(Purusha; 초월적 자아)를 종(宗)으로 삼지 않았다.

석가모니 부처의 가르침의 핵심과 기본은 제행무상(諸行無常)과 제법무아(諸法無我)이다.[121]

---

121) 《나의 통찰명상 어록 (석진오의 미발표 원고)에서. ■ 한계선 넘어가기= 전문가란 자신이 전공하는 학문(또는 종교)의 한계선을 잘 알고 있는 사람이다. 그러므로 전문가가 이 한계선을 무너뜨리거나 더욱 확장하는 일은 위대한 일이라고 생각한다. ■ 석가모니 불교의 한계= 일체개고(一切皆苦)와 제행무상(諸行無常)은 인생을 무력하게 한다. 제법무아(諸法無我; 모든 존재와 현상의 실체는 없다는 것)와 열반적정(涅槃寂靜; 모든 번뇌와 갈등이 소멸되어 완전히 고요한 것)은 인생을 소극적으로 만든다. 그러나 삶에서 모든 고통을 제거하려는 것은 옳지 않다. 그리고 또 금욕적으로 감내하려는 태도도 옳지 않다. 왜냐하면 고통은 다 쓰임이 있으며 의미가 있는 것이기 때문이다. ■ 일체개고(一切皆苦)의 국가 체제적 원인= 개인적 고통의 원인만 심리적으로 찾을 게 아니라 사회적 고통의 원인도 사회적으로 찾아보아야 한다. 일체개고(一切皆苦)의 원인이 탐욕이라면, 왜 국가의 탐욕을 문제 삼지 않는가? 왜 국가의 권력 행사로 자극과 상처를 받는 개인의 탐욕만 문제로 삼는가? 일체개고를 낳는 개인의 탐욕은 국가가 모두 전략적으로 조장한 결과가 아닌가! 대체 개인은 국가 앞에서 얼마나 정신을 비우고 아무 생각없이 무조건 복종(추종)해야만 하는가? ■ 석가모니 부처의 꿈= 불교란 "일체개고(모든 것은 괴롭다), 제행무상(모든 것은 허무하다), 제법무아(모든 것은 공허하다)"라는 가르침이 신앙과 함께 나타나고 퍼져 나간 것이다. 그러나 이제는 꿈에서 깨어나야 할 시간(아침)이다. ■ 부정을 부정하면 새로운 긍정이 나오는 세계= "모든 것이 무상(無常)하고, 괴롭고, 아트만은 없다"는 것이 석가모니 부처의 통찰이다. 그런데 나의 통찰은 무상(無常)도 무상(無常)한 것 (즉, 변화하는 것)이며, 괴로운 것도 괴로운 것이며, (즉, 괴로움도 괴로움을 당하는 것이며) 무아(無我)도 무아(無我; 고정불변의 실체가 없는 것)라는 것이다. 공(空)도 공(空)한 것이라는 것이다. 그러면 남는 것은 무엇인가? 시설(施設)이다. 예를 들면 모든 불교와 종단의 존재는 시설(施設)이다. 그런데 오늘날에는 불교와 종단을 넘어서는 새로운 시설(施設)이 필요하다.

선도 선이 아닌데 무슨 좌선과
선정에 집착하는가

혜능 선사는 좌선에 대하여 이렇게 말했다.

「선지식이여, 무엇을 좌선이라고 하는가? 그것은 밖으로 모든 선악의 경계에서 마음을 일으키지 않으며, 안으로 자성(자기본성)을 보아 움직이지 않는 것을 좌선이라고 한다.

선지식이여, 무엇을 선정(禪定)이라고 하는가? 그것은 외부적인 틀(相: nimitta)에서 벗어남을 선(禪)이라 하고, 내면적으로 산란하지 않음을 정(定: samadhi: 마음을 평온하게 유지하는 것)이라고 한다.

그런데 만약 외부적인 틀(Framework)에 집착한다면, 내부의 마음은 곧 산란해진다. 만약 외부의 틀에서 벗어나면 내부의 마음은 곧 산란하지 않는다.

본래 본성은 스스로 맑게 하고 스스로 정(定)하는 것이다. 단지 경계를 보고 경계를 생각하기 때문에 곧 산란해진다. 만약 이 모든 경계를 보고

도 마음이 동요하지 않는다면 이것이 진정한 정(定: Concentration of mind)이다.

선지식이여, 생각 중에 자기 본성이 청정함을 보고, 스스로 수행하고 스스로 불도(佛道)를 이룰 따름이다.」

새로운 생각의 길:

본문의 주제는 좌선과 선정에 관한 것이다.

좌선에 관한 참된 설명은 《유마경》에 있으니 참고하시고, 현각 선사는 "선정은 행주좌와 어묵동정이 바로 그것이다." 라고 말했다.

그러나 선(禪)은 결코 좌(坐)에 있지 않고, 정(定)은 결코 선(禪)에 있지 않다, 라고 나는 말하고 싶다. 선(禪)도 선(禪)이 아닌데 무슨 좌선과 선정을 논하는가?

끊을 연도 없고, 얻을 지혜도 없다

장열(667-730)거사의 《비명》에는 "선정에 들기 전에 모든 연(緣; 반연)을 끊어야 하며, 지혜를 얻은 후에야 일체가 모두 여여(如如)해질 수 있다." 고 했지만 끊을 연도, 얻을 지혜도 없다는 것이 나의 안목이다.

본문의 근거가 되는 혜능의 견성론에서 언급되는 자성(svabhava= sva+bhava)이란 그것 자체로 정해져 있는 본성, 사물로 하여금 그 자신이게끔 하는 근거가 되는 것, 사물 그 자신의 본성, 고유의 성질, 존재의 고유한 실체, 진실, 불변하는 밑바탕, 그 자체, 본성, 리(理: 원리), 참된 성품, 자기 존재성 곧 불성(부처의 본성), 또는 여래성(석가모니처럼 된 사람의 본성)을 의미한다.

그러나 이런 사상은 석가모니의 진정한 가르침이 아니다.

본체로 삼을 성품도 없고, 주인공으로 삼을 마음도 없다

서산 대사도 《선가귀감》에서 "마음은 거울의 바탕이고, 성품은 거울의 빛이다. 성품은 스스로 맑고 깨끗한 것이다." 라고 설명한 바 있다.

그러나 본체로 삼을 성품도 없고, 주인공으로 삼을 마음도 없는 것이다. 아스바바(asvabhava: 無自性 또는 무아(無我))가 불교이기 때문이다.

본문에는 "본성이 원래 청정하다." 라고 했는데 《승만경》에서 이미 "자성(자기바탕)이 청정한 마음"이라고 했고, 《능가경》에서는 "진실한 마음"이라고 했고, 《기신론》에서는 "한 마음"이라고 가르친 바 있다. 이 마음은 선불교의 핵심어이다.

경허(1846–1912) 선사가 엮은 《선문촬요》에 수록되어 있는 달마(달마가 아니라 대통신수의 저작인)《관심론》에서도 같은 사상을 주장하고 있다.

즉, 혜가가 달마에게 물었다. "불교의 진리를 얻고자 할 때, 어떤 법을 수행하는 것이 가장 중요합니까?"

달마가 말했다. "오로지 마음을 관(觀: 관조, 자각, 고찰, 관찰, 성찰, 통찰)하는 법이 모든 행을 다 거두어들이는 것이니, 이 법이 가장 중요하다."

혜가가 다시 물었다. "어째서 마음을 관찰하는 법이 모든 행을 거두어들인다 하십니까?"

달마가 말했다. "마음이란 모든 것의 근본이므로 모든 현상은 오직 마음에서 일어난 것이다. 그러므로 마음을 깨달으면 만 가지 행을 다 갖추는 것이다." 라고.

혜능과 달마의 경지에 대한 나의 촌평

그러나 나는 소주혜능과 보리달마와 다르게 생각한다.

먼저 소주혜능(638-713)의 마음 법에 대해 논평한다면, 마음은 청정한 것도 아니고 더러운 것도 아니다. 마음은 두 면을 모두 갖고 있다. 두 면만 아니라 내 견해로는 수천 가지의 면이 서로 섞여 있는 것이 마음이라고 생각한다.

또 마음은 있는 것도 아니고, 없는 것도 아니다. 마음은 인연에 의해 있기도 하고, 없어지기도 하는 변화무상한 현상(작용)일 뿐이다. 그래서 나는 자성(自性)과 심성(心性)이 원래 청정하다는 관념에 대해서도 사로잡히지 않는다.

그리고 보리달마(460-536)는 "마음을 관찰하라"고 했는데, 관찰 대상인 마음은 관찰자의 인연법으로 생기는 찌꺼기일 뿐이다. 따라서 본래 마음은 없다. 그런데 누가 무엇을 본다고 주장하는가?

아미타불이 아미타불을 부르면
누가 부르고 누가 대답하는가

어떤 제자가 혜능 대사에게 물었다.

「저는 재가신자들과 스님들이 항상 아미타불을 염불하며, 서방정토에 왕생하기를 소원하고 있는 것을 봅니다.

스님께서 설명해 주시기 바랍니다. 정말 서방정토에 왕생할 수 있습니까? 저를 위해 부디 이 의혹을 깨뜨려 주십시오.」

혜능 대사가 말했다.

「내가 설명해 주지. 세존께서 사위성에 계시면서 서방정토의 교화를 설명하였다. 경전에는 분명히 "이 곳이 멀지 않다." 라고 하였다. 만약 모습을 논하고 이치를 말하자면 곧 10만 8천 가지가 있다. 그리고 또, 이 몸속에서 말한다면 10가지 나쁜 것과 8가지 삿된 것이 있다.

멀다고 말하는 것은 하근기를 위해서이며, 가깝다고 말하는 것은 상근기를 위해서이다. 사람에게는 두 부류가 있지만, 법에는 양쪽이 없다.

다만 미혹과 깨달음에 차이가 있고, 보는 데에는 더디고 빠름이 있을 뿐이다.

미혹된 사람은 염불을 하여 서방정토에 왕생할 것을 바란다. 깨달은 사람은 스스로 그 마음을 정화한다. 그렇기 때문에 부처는 말했다. "그 마음이 깨끗하면 부처의 나라도 깨끗하다." 라고.」

새로운 생각의 길:

왜 불교신자들은 서방정토에 왕생하기를 원하는가? 현생의 삶이 고달프기 때문이다.

여기서 서방정토란 현시대에서는 서방 유럽의 선진제국들을 의미하는 것이라고 말할 수도 있다.

그런데 혜능 선사는 현생의 이 마음을 정화하라고 가르치고 있다. 왜냐하면 정토와 예토는 외부의 어떤 장소에 따로 있는 것이 아니라 바로 이 마음에 있는 것이기 때문이다. 그러나 마음이란 환경조건에 결정적으로 영향을 받는 것이다.

그렇다면, 마음이란 무엇인가? 마음은 어디에 있는 것일까? 생각건대, 마음은 두뇌에 있다. 바로 이것이 왜 우리들이 두뇌의 구조와 작용에 관심을 가져야 하는가 하는 이유일 것이다.

보리달마의 염불관과 나의 사족 달기

본문을 읽으면서 생각나는 글이 하나 있다.

누가 보리달마(460-536)에게 물었다.

"경전에 말하기를, 지극한 마음으로 염불하면 서방정토에 왕생한다, 라고 하였으니 이 방법으로 성불하면 되는데 어째서 마음을 관찰하여 해탈을 구하라고 하십니까?"

(마치 무지개 빛처럼 실체가 없고, 실재하지도 않는 서방정토인데, 무슨 서방정토 왕생 방법을 묻는가?)

보리달마가 말했다.

"염불하는 자는 반드시 정념(正念, Mindfulness)[122]을 닦아야 한다. 참된 뜻을 분명히 알면 올바른 것이 되고, 참된 뜻에 분명하지 못하면 삿된 것이 되는 것이니, 올바른 생각은 반드시 서방정토를 얻지만, 삿된 생각으로는 피안에 이를 수 없다.

(생각은 두뇌가 한다. 두뇌가 없으면 생각도 할 수 없다. 두뇌는 언제 어디서나 항상 자신의 생존과 보존을 위해 생각한다. 왜냐하면 이것이 생각의 목적이기 때문이다. 우스개 말을 한다면, 파라다이스 같은 서방정토국에도 입국비자가 없으면 아무리 올바른 생각과 인격을 가지고 있다하더라도 입국이 불가능하다. 물론 비합법적인 밀항의 방법을 사용할 수 있다. 그러나 이 방법은 서방정토(파라다이스 국가)에서 아주 끔찍한 지옥같은 고난과 장애를 경험하게 될 것이다.)

---

122) 정념(正念, 몸과 느낌과 생각과 사고의 대상에 대한 올바른 생각)이란 위빠사나 사티(Satti, Mindfulness)를 의미한다. 즉 깨어있는 마음으로 잘 알아차리고 지켜보는 것, 깨어있는 마음으로 주의를 잘 기울여 관찰하라는 것으로 근본불교의 가르침이다. 참고로 J.크리슈나무르티가 가르치는 '완전한 주의, 알아차림, 있는 그대로 본다' 는 것은 위빠사나(비교와 차별과 선택이 없이 주시하는 것, 또는 완전하게 보는 마음의 상태에 관한) 불교의 일상적인 경지이다.

불(Buddha)이란 깨달았다는 뜻이니, 몸과 마음을 살펴 악한 것이 일어나지 않게 하는 것이고, 염(Thingking)이란 생각하는 것이니, 계행을 생각하여 부지런히 힘쓰는 것을 잊지 않음이다.

(염불이나 계행은 평소 자신의 안전과 건강을 보장한다. 하지만 인생만사에 만병통치약은 없다.)

이와 같이 아는 것이 정념(正念; 올바른 생각)이다. 그러므로 깊이 생각함이란 마음에 있는 것이지 말에 있는 것이 아니다.

(생각은 언어로 한다. 만약 언어를 제거해버리면 그 어떤 생각도 할 수 없다. 바로 이것이 무념이다.)

그리고 고기는 그물로 잡지만, 잡고 나서는 그물 생각은 잊어버리는 것과 같이, 말에 의지하여 뜻을 알지만 뜻을 알았으면 말을 잊어야 한다.

(한 번 입력된 모국어는 결코 잊어지지 않는다. 그런데 성장하면서 말의 어휘 수가 늘어나지 않는다면 이것도 자신의 삶을 그만큼 좁게 한정시키는 원인이 된다. 인간은 밥만 먹고 사는 존재가 아니기 때문이다.)

이미 부처님의 이름과 호칭을 부르고자 한다면 반드시 염불의 실체를 알아야 한다. 염불한다고 하면서 진실한 뜻을 모르고, 입으로만 공연히 부처님 명호를 외운다면 헛된 공만 들이는 것이니 무슨 이익이 있겠는가?

(실체를 알고 뜻을 알게 되었다고 저절로 이익이 생기고 얻을 수 있는 것은 아니다. 부처님이나 각종 보살신들의 이름만 들먹거리는 것만으로도 돈벌이와 명예의 이득을 경험하는 자는 바로 스님들과 재가불자들이다. 그런데 왜 이익이 없다고 하는가? 염불(念佛)이란 부처를 '큰 소리로 생각하는 것(thinking out loud)이다. 어느 인디언의 글말이 생각난다. "인생은 소리로 만들어진 집이다. 그 소리의 울림이

 · 번뇌를 지닌채 부처가 된다

바로 그 사람을 만든다.")

외운다는 것과 생각한다는 것은 말과 뜻이 다르다. 외운다는 것은 입으로 하는 것이요, 생각한다는 것은 마음으로 하는 것이다. 그러므로 생각은 마음에서 일어나는 것이니 깨달음을 행하는 문임을 알아야 한다.

(외움과 생각의 목적과 과정은 모두 똑같은 것이다. 즉 외움과 생각 모두가 자신의 생존과 안전과 발전을 위한 것이다. 외움과 생각은 결코 진정한 깨달음을 위한 것이 아니다. 그런데도 깨달음은 초대하지도 않았는데 번개처럼 갑자기 올 수도 있다. 왜냐하면 인간이란 지구상에서 특유의 정신 감각을 가지고 있는 동물이기 때문이다.)

외우는 것은 입으로 하는 것이니 곧 음성의 모양이다. 입으로만 명호를 외운다면 그것은 모양에 집착하여 복을 구하는 것이니 잘못된 짓이다."

(하지만 경험자는 알 것이다. 외우는 것이 생각하는 것 보다 더 영향력이 강하다는 사실을.)

만해 한용운의 염불당 폐지론과 나의 사족 달기

만해 한용운(1879-1944)스님도 《조선불교 유신론(1913)》에서 염불당의 폐지론을 주장하며 다음과 같이 적고 있다.

"아미타불이 아미타불을 부른다면, 누가 부르고 누가 대답한다는 것인가?"

(스승과 책이 없는 곳에서는 자문자답의 방법을 사용할 수밖에 없다. 고로 부처가 부처를 부르면 부처가 대답할 것이다.)

"내가 듣건대 염불하는 최후의 목적이 정토에 왕생함에 있다고 한다.

그러나 과연 그럴까? 아니 어찌 그럴 수 있겠는가?”

(서방정토 왕생과 서방 정토국 즉 캐나다처럼 자연환경이 정말 좋은 정토국가의 이주는 가능하다. 하지만 왕생이든 이주든 법대로 해야만 할 것이다. 하지만 서방 정토 국가에 간다는 문제와 삶의 깨달음과 숙성과 변화의 문제는 전연 다른 차원의 문제이다.)

“어떤 이는 말하기를, 만약 중생이 지극한 마음으로 염불하면 부처님께서 정성에 감동하시고 그 뜻을 불쌍히 여겨 극락으로 인도하신다고 한다. 그러나 나는 말한다. 어떻게 그럴 수 있겠는가? 이것은 인과(因果; 자기가 지은대로 결과를 받는 것)의 설을 모르는 말이다.”

(부처는 신이나 유령이 아니다. 중생은 자기 위주의 탐욕만 원해서는 안된다.)

“부처님에게 아첨하는 것만으로 정토에 갈 수 있다고 한다면, 이것은 죄인이 사법관에게 잘 보여 요행히 벌을 면하는 것과 무엇이 다르겠는가?” 라고.

(대인관계 경험자는 안다. 대인관계는 아첨으로 이루어져 있는 것이기에 아첨의 기술 또는 능력이 없이는 결코 성공할 수 없다는 사실을.)

---

123) 유식(唯識) 또는 유심(唯心, by mind alone)이란 “현상계는 생각의 결과이다.” 라는 뜻이다. 데니스 겐포 메르첼은 〈눈은 결코 잠들지 않는다〉에서 “이 세상은 마음으로부터 창조된 것이다. 이것을 어떻게 지각하느냐가 우리 전 인생의 이야기이다.” 라고 적고 있다. 틱낫한(釋一行)스님도 “진리는 삶속에서 발견되는 것이지 결코 개념적 지식 속에 있는 것이 아니다.” 라고 말했다. 한국고승으로 예를 들면, 원효(617-686)스님은 44세에 의상(625-702)스님과 함께 험난한 중국 당나라 유학길을 비합법적인 방법으로 가다가 도중에 해골바가지의 물로 인해 크게 유심(唯心)을 깨닫고 귀국해버린 적이 있다. 원효 대사에게 큰 깨달음을 준 화엄경의 문구는 “마음이 일어나면 온갖 종류의 법이 생겨나고, 마음이 사라지면 온갖 종류의 법도 없어진다.”는 가르침이었다.

석가모니는 《법구경》에서 "극락(서구 유럽의 선진국처럼 완벽한 환경조건이 구비되어 있는 파라다이스)의 기쁨조차도, 욕심을 버림으로써 얻는 기쁨만은 못하다." 라고 말했다.

보통 불가에서는 상투적으로 마음, 마음 하지만, 마음은 어떤 원인과 조건의 영향을 받아 생성된 것이다.

그런데 하물며 이 마음이 낳은 부산물에 대해서는 무슨 말을 더할 필요가 있겠는가!

원효(617-686)대사는 《유심안락도(遊心安樂道)》에서 다음과 같이 단호하게 말하고 있다.

"깨달음의 입장에서 보면, 차안도 피안도 없다. 예토와 정토가 따로 없고, 본래 한 마음이며, 생사와 열반도 별개의 것이 아니다." 라고.[123]

진리의 실현을 위해서는 지옥도 마다하지 않는다

보들레르(1821-1867)는 《악의 불꽃》에서 이렇게 적고 있다.

"지옥이건 천국이건 무슨 상관인가! 심연 속으로, 미지 속으로 잠겨 들리라. 새로운 것을 찾아내기 위해!"

불가에도 유명한 문구가 있다. "내가 지옥에 들어가지 않는다면, 누가 지옥에 들어가겠는가!"

《바가바드기타》는 '지옥에 문이 세 개 있다' 고 했다. 그것은 성적인 욕망과 증오심과 탐욕하는 마음이다.

불교에서도 지옥은 '탐진치(貪嗔痴)' 이라고 가르친다. 탐진치란 탐욕과

분노와 어리석음이다.[124)]

성찰하건대, 아인슈타인의 상대성 이론 공식(질량×가속도=힘)으로 불교윤리를 설명한다면 〈욕망(서원)×열정= 에너지〉다.

그런데 이 에너지는 다른 것과 충돌하여 모든 것을 파멸하는 에너지가 될 수도 있다. 그래서 불교에서는 이것을 염려하여 중도무아(中道無我)를 주장한다.

---

124) 불교에서 말하는 지옥의 종류는 매우 많다. 이 중에서 등활지옥과 흑승지옥과 중합지옥과 규환지옥과 대규환지옥과 초열지옥과 대초열지옥과 아비지옥은 무시무시하고 잔인한 지옥이다. 하지만 필자가 생각하는 지옥이란 암보다 더 무서운 〈만성통증환자〉만이 아는 고통의 세계라고 여겨진다. 필자가 중국 여행 때 남방의 어느 사찰에서 이 지옥의 모형도를 보고 너무 끔찍해서, 꿈에 다시 볼까봐 사진도 찍지 않았을 정도다. 무슨 자비의 종교(대승불교)를 믿는 사람들이 이렇게 잔인한 고통을 주는 고문행위를 상상할 수 있다는 것은 얼마나 변태적이며 가학적 쾌락의 극치를 보여주는 것인가! 사찰 안에 저런 것이 있다는 것 자체가 큰 수치다. 모두 태워 없애버려야 한다고 생각했다. 그리고 분노에 관한 영화로는 변형된 괴물 유전자, 분노 그리고 사랑에 관한 영화인 《헐크(The Hulk(2008))》를 소개해둔다.

외부에 자랑하며 주장할 한 물건도 없는데
왜 신회는 육조혜능론과 칠조 신회론을
주장하는가

마음이 곧 부처다:

혜능 대사가 말했다.

「그대들 스스로의 마음이 곧 부처이니, 조금도 의심하지 말라. 밖으로
일으켜 세울 한 물건도 없다.」

새로운 생각의 길:

《혈맥론》은 성종(性宗)의 문헌답게 "부처를 찾으려 한다면 모름지기
성품을 보아야 한다. 왜냐하면 성품이 곧 부처이기 때문이다." 라고 말
했다.

또 말하기를 "마음은 미묘하여 보기 어렵다. 마음은 물질의 모습과 다
른 것이다. 마음은 곧 부처이다." 라고 하였다.

왕건(재위기간: 918-943)이 삼한을 통일한 후 생불처럼 받들었다고 하는 동진경보(869-947) 선사도 "도가 어찌 우리들의 마음밖에 있겠는가! 부처란 본래 중생의 마음속에 있다네." 라고 말한 바 있다.

그러나 모든 것을 무조건 '마음'으로 해결하려고 하는 것만큼 짜증나는 일은 없다. 선종(禪宗)의 주장은 무조건 "마음이 곧 부처다." 라는 것이다. 그러나 나는 이것을 부정한다. 왜냐하면 나는 외부에 자랑하며 주장할 한 물건(유심, 또는 유식)도 가지고 있지 않기 때문이다. 그저 마음이란 토끼의 강력한 뿔이요, 거북이의 부드러운 털이요, 허공에 활짝 피어 있는 푸른 장미일 뿐이다.[125]

그래서 진각(1178-1234)국사는 "마음과 동반하지 말라. 마음이 없으면, 저절로 마음이 편안해진다. 만약 마음과 동반하여 움직이면, 마음에게 속임을 당할 것이다." 라고 했을 것이다.

조선시대 부휴선사는 죽을 때에 "본래 한 물건도 없거늘 어찌 보리(bodhi)와 생사의 뿌리가 있겠는가?" 라고 말을 남긴 바 있다.

이것이 바로 적멸(누진, 소진, 멸진, 열반)이다.

---

125) 혜능 대사가 말하기를 "그대들 스스로의 마음이 곧 부처이니 조금도 의심하지 말라. 밖으로 일으켜 세울 한 물건도 없다"고 했는데, 왜 혜능의 제자인 신회는 자기 스승 혜능을 이용하여 육조 혜능론과 칠조 신회론이라고 하는 한 물건을 그토록 평생 주장하였는가?

 · 번뇌를 지닌채 부처가 된다

중도에도 집착하지 마라

혜능 대사가 말했다.

만약 누가 너에게 있음을 물으면 없음으로 대답하고, 없음을 물으면 있음으로 대답하고, 평범한 것을 물으면 신성한 것으로 대답하고, 신성한 것을 물으면 평범한 것으로 대답하라.

이 두 가지 도(道)는 서로 의지하여 중도(균형의 진리)의 뜻을 낳는다.

〈육조단경(부촉품10)〉

생각해서 하는 말인데, 공기만큼 일상적으로 경험하는 것도 없을 것이다. 그러나 막상 공기란 무엇인가? 하며 따지고 들어가면, 공기만큼 신성하고 비범한 것도 없다는 것을 알게 될 것이다. 모든 것이 이와 같다.

금강경의 지혜 논리로 말한다면, 물음이 곧 대답이요, 대답이 곧 물음이다. 있음이 곧 없음이요, 없음이 곧 있음이다. 평범이 곧 비범이며, 비범이 곧 평범이다.

이 모든 양극은 모두 균형의 법칙에 의해 서로 연결되고 조정되고 균형을 잡는다.

중도(균형조화의 진리)에도 집착하지 말라

그러나 이러한 균형의 법칙일지라도 금강경의 논리로 말하면 "균형의 진리는 균형의 진리가 아니다. 다만 그 이름이 균형의 진리다." 라고 할 수 있다.

다시 말하면, 모든 것은 인연에 의해 발생하고 소멸하므로 실체(참 그 자체로서의 입자적(粒子的)인 덩어리)가 따로 없는 것이다. 그러므로 균형과 조화로움조차도 결코 집착의 대상은 아니다, 라는 것이다.

석가모니와 용수와 혜능은 쾌락과 고행, 유와 무, 평범과 비범, 비천함과 고귀함 등의 양극단에 집착하지 말고 균형의 진리(中道)를 지키라고 말했다.[108]

그러나 나는 양극단만 아니라 균형의 진리(中道)에도 집착하지 말라고 말하고 싶다.

나는 젊었을 때에 《금강경(장엄정토분, 이상적멸분)》을 읽다가 더욱 더 철저하게 깨달은 것이 있었는데, 그것은 "그 무엇에도 집착하는 바가 없이

126) 석가모니의 중도사상은 중아함경(제43)과 증일아함경(제13 지주품3) 잡아함경 제9, 254경, 중아함경 제29 등에 나옴.

그 마음을 내어라.”고 하는 것이다.

중도(中道)에 관련해서는 《잡아함경(제43, 1164경)》에 “만약 양극단을 아는 사람이라면 그 중간에도 집착하지 않는다.”라는 설법이 있다.

재창조적 중도론: 욕망과 열정으로 자기 에너지를 강화해야 하는 현대적인 불교를 위하여

불교적 관점에서 중도(中道)는 무아(無我)이기에 영원히 고정불변의 중도는 있을 수 없다. 중도는 퍼지과학으로 설명하면 “사실의 정도(degree of truth)”를 다루는 어느 정도(to some degree)에 관한 중도이다.

나는 두 종류의 중도를 상정(想定)해본다. 하나는 자기 욕망을 적극적으로 충족하는 중도요, 또 하나는 소극적으로 절제하는 중도다.

고로 심신이 약한 사람은 적극적으로 욕망을 충족하는 중도를 행해야 할 것이고, 심신이 강한 사람은 소극적으로 욕망을 절제하는 중도를 행해야 할 것이다.

내가 아는 어느 청년은 이성관계가 아주 복잡하다. 내가 아는 어느 노인은 대인관계가 아주 이기적이다. 내가 아는 어느 목사는 광신적이고 지나치게 적극적이고 공격적이다. 내가 아는 어느 스님은 지나치게 소극적이고 절제적이고, 내성적이다. 하지만 나는 이 모든 사람들을 있는 그대로 바라 본다.

성찰하건대, 아무것도 하지 않는 것이 참된 무위(無爲)가 아닌 것처럼, 이것도 아니고, 저것도 아닌 상태가 참된 중도(中道)는 아니다.

나는 편도(偏道)와 중도라는 관념에도 걸리고 싶지 않다. 왜냐하면 편

도와 중도가 내 삶의 목적이 아니라 자아실현이 내 삶의 목적이기 때문
이다.

물론, 불교적 관점에서 보면 자아실현이라는 단어는 틀린 말이다. 왜
냐하면 실현할 자아란 토끼의 강력한 뿔이기 때문이다.

그러나 이렇게 생각하면 아무것도 솟아나지 않는다.

불교 사찰은 고요한 열반당이나, 노인들만 있는 경로당이 아니다. 이
제 2천 5백년이 넘은 늙은 불교는 다시 젊어져야 한다.

그런데 늙은 불교가 젊어지려면 아인슈타인의 상대성 이론의 공식(질
량×가속도= 힘)처럼, 불교는 욕망(서원)과 열정으로 자기 에너지를 강화해
야 한다.

노파심이 많은 노승들은 충파(衝破)와 소멸을 두려워하지 말라. 경우에
따라서는 충파와 소멸은 수많은 것을 새롭게 창조하는 전환점도 되는
것이기 때문이다.

색이 즉 공이요, 공이 즉 색이다

태양과 달과 산하대지, 샘물과 개울물과 초목의 수풀, 선한 인간과 악한 인간, 선한 것과 악한 것, 천당과 지옥, 드넓은 바다와 크나큰 수미산이 모두가 공(空) 속에 있다.

〈육조단경(반야품 제2)〉

이 우주에서 인간은 먼지 같은 것에 지나지 않는다. 그러나 인간은 생각하는 먼지이다. 이 점이 바로 인간존재의 신비한 점이다.

태양과 달은 지구의 낮과 밤을 만들었지만 인간은 달력을 만들었지 않은가.

우주적인 차원에서 보면, 석가모니도 유마도 용수도 보리달마도 소주 혜능도 하택신회도 모두 생각의 먼지일 뿐이다.

본문은 간단히 말하면, 색(色)과 공(空)의 관계에 대한 문제를 담고 있다. 즉, 색은 물질이요, 공은 진공(True Emptiness)을 의미하기 때문이다.

태양계의 여러 행성들과 지구의 산하대지, 샘물과 개울물과 초목의 수풀, 선한 인간과 악한 인간, 선한 것과 악한 것, 천당과 지옥, 드넓은 바다와 크나큰 수미산일지라도 이 모든 것은 공이라는 것이다.

어째서 이 모든 것이 공인가? 그것은 그 어떤 것일지라도 결국에는 소립자(素粒子)로 돌아가기 때문이다.

그리고 이 소립자들이 또 다른 입자들로 이루어지고 있다 할지라도, 소립자는 여전히 궁극적으로는 소립자이다. (물리학 평론가 김상호(1949-) 선생의 《원자를 보는 방법(1998)》이라는 책을 참조해보시기 바란다.)

그런데 여기서 중요한 것은, 이 소립자도 영원히 불멸하며 결코 파괴될 수 없는 물질단위로서의 입자성(粒子性)이 아니라는 사실이다.

불교는 이 입자도 공으로 이해한다. 그래서 불교는 입자적(粒子的)인 관점이 아니라 입자성(粒子性)과 파동성(波動性)을 모두 가지고 있는 양자적(量子的)인 관점이라고 나는 평소 말한다.[127]

아인슈타인(1879-1955)의 유명한 공식인 '$E=mc^2$'[128]에 의하면, 입자의 질량은 파동의 에너지와 동일한 것이다. 즉 "질량과 에너지는 근본적으로 다른 것이 아니다. 에너지는 질량을 갖고, 질량은 에너지가 겉으로 드러난 것이다." 라고 A.아인슈타인은 말했다.

베르너 하이젠베르크(1901-1976)도 "에너지는 기본입자의 형태를 취하고, 그 형태로 나타남으로써 물질이 된다."고 말했다.

즉, 현대물리학에 의해 물질은 에너지의 집합체 이외의 아무것도 아니라는 것을 증명한 것이다.

불교는 이러한 진리를 이미 오래전부터 직관적으로 간파하고 있었다. 즉, 반야심경의 말대로 색(色)은 공(空)과 다르지 않고, 공은 색과 다르지 않다. 색이 곧 공이요, 공이 곧 색인 것이다.

그러니까, 공은 아무것도 없는 텅 빈 상태가 아니라 물질이 충만한 상태라는 것이다. 그러므로 진공조차 진화된 것이며, 앞으로 진화되어 가는 것이라고 할 수 있다.

독일태생인 라마 아나가리카 고빈다(1898-1985)는 다음과 같이 말했다.

"불교에 있어서, 외부적인 세계와 내면적인 세계는 같은 구조의 양면

---

127) R.파인만(1918-1988)은 "과학과 종교가 서로를 두려워하지 않으며 충분한 생명력을 가지고 함께 서 있을 수 있도록 두 가지 기둥을 받쳐 줄 영감을 어떻게 이끌어낼 수 있을 것인가?" 라고 물었다. 깊이 생각해서 하는 말인데, 상호대결이나 충돌이 없는 종교와 과학은 불교와 양자역학이다. 초기불교의 제행무상과 연기무아와 대승불교의 화엄사상은 불확정성 원리(관찰자가 곧 관찰대상이다 라는 것)의 양자역학과 서로 같은 진리를 가르치고 있다. 참고로 불교와 과학에 관련해서는 《생명의 그물(The Web of Life)》을 쓴 프리초프 카프라(1939-)의 책들을 모두 읽어보시라고 권하고 싶다. 나는 본문에서 "불교는 결코 입자(粒子)적인 관점이 아니라고 했는데, 부파불교의 의견은 다르다. 왜냐하면 부파불교에서 주장하는 (물질의 최소 단위로 언급하는) 매우 극미한 것과 현대물리학에서 말하는 입자성은 서로 같은 것이기 때문이다.

128) 'E=mc²'에서 E는 에너지, m은 질량, C는 광속이다: 어떤 입자에 포함되어 있는 에너지의 양은 그 입자의 질량 m에 광속의 제곱을 곱한 것과 같다는 공식이다. 즉 질량×가속도=힘.

일 뿐이다. 그 구조안에는 모든 에너지와 모든 사건 그리고 의식의 모든 형식과 그 대상의 맥락 내지 줄기가 분리될 수 없는 하나의 무한한 그물로, 그리고 상호조건 지어진 관계들로 짜여 있다." 라고.[129]

데이비드 보옴(1917-)은 "정신과 물질은 서로 의존하며 상관관계에 있지만 인과관계로 결합되어 있는 것은 아니다. 정신과 물질은 서로 엉켜 있는 물질도 아니고 정신도 아닌 고차원의 진공이 돌출한 부분이다." 라고 말했다.

---

129) 라마 아나가리카 고빈다(1898-1985)의 이러한 진리의 말은 "인드라의 우주에는 진주 그물이 있고, 그 그물은 잘 정돈되어 있어, 만일 사람이 어떤 하나의 진주를 주시하면 그 속에 다른 일체의 만상이 반영되어 있는 것을 볼 수 있다." 라는 화엄경 철학의 진수와 동일한 것이다. 우리는 이 문구에서 창조가들이 실용적인 지침으로 삼을 수 있는 불교의 지혜를 발견할 줄 알아야 한다. 즉 "점들을 연결하라. 다리를 놓아라. 연쇄반응을 일으켜라. 결합하라. 연금술을 부려라."

 · 번뇌를 지닌채 부처가 된다

칠조가 되고 싶은
신회 선사의 지혜의 전략

어떤 스님이 혜능 대사에게 물었다.

「큰스님의 법은 누구에게 전하시겠습니까?」

혜능 대사가 말했다.

「도가 있는 사람이 얻고, 마음이 없는 사람이 얻을 것이다.」

선종의 역사적 지식으로 말한다면, 신회(670-762)선사와 그의 문하들은 육조 대통신수(606-706) 국사와 그의 제자 칠조 보적(651-739)국사와 팔조(?)인 담진(704-763)국사 그리고 일행(683-727)[130] 선사와의 한평생 치열한 종권투쟁에서 마침내 이긴다.

그리하여 당(618-907)나라 덕종 왕의 명령에 의하여 796년에 공식적으로 혜능(638-713)은 육조대사에, 하택신회(670-762)는 칠조대사가 된다. 신회는 죽은 후에 진종대사(眞宗大師)라는 시호를 받았다.

신회의 제4대 법손인 규봉종밀(780-841)은 《원각경대소초(3권하)》에서 신회가 중국선종의 제 7조로 추앙된 사실 등을 전하고 있다.

특기할 것은, 바로 이러한 이유 때문에 요나라(907-1124)의 제 8대 도종(1055-1101 재위)에 의해 《육조단경》은 거짓된 책으로 혜거의 《보림전(10권)》과 함께 불태워버려졌다는 사실이다. 이 이야기는 송대 종감이 편집한 《석문정통(제8권 의천장)》에 기록되어 있다.[131]

혜능 대사의 분별적인 법어에 대한 나의 촌평

본문에서 어떤 스님이 소주혜능에게 "큰스님의 법은 누구에게 전하시겠습니까?"하니, 소주혜능이 말하기를 "도가 있는 사람이 얻고, 마음이 없는 사람이 얻을 것이다." 라고 했다. 그러나 나는 다르게 생각한다. 도가 '없는' 사람이 얻고, 마음이 '있는' 사람만이 얻을 것이다.

130) 일행(683-727)선사는 천문학과 역학의 대가이며, 우리나라 고려의 도선국사에게도 풍수지리설의 영향을 결정적으로 끼친 바 있는, 태장계 계통의 밀교 대학승이다. 현대중국에서도 중국 역사상 업적이 지대한 '10대 인물'에 손꼽히는 분이다.

131) 잡담 한마디. 고려(918-1392)시대 대각국사 의천(1055-1101)은 요(907-1124)나라 제8대 황제 도종(道宗: 1055-1101 在位)에게 원효 대사의 저서들을 모두 수집해 보낸 적이 있고, 도종은 《석마하연론통현초인문》에서 원효의 주석서에 대해 언급하기도 했다. 생각해서 하는 말인데, 원효의 불교학은 《대승기신론소》에 나오는 말처럼 전개와 통합이 자유롭고, 긍정과 부정에 걸림이 없어서 전개해도 번거롭지 않고, 통합을 해도 비좁지 않으며, 긍정을 해도 얻음이 없고 부정을 해도 잃음이 없는 것 같다. 그리고 이러한 원효의 정신적 유전자는 현대 한국의 불교사상가인 내게도 계속 이어지고 전해지고 있다.

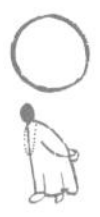

칠조가 되고 싶은
신회 선사의 교활한 지혜

어느 날 혜능 대사는 갑작스럽게 병환으로 몸져 눕게 되었다. 혜능 대사는 문도에게 말하였다.

「나는 이제 죽을 것이다.」

제자인 법해가 혜능 대사에게 물었다.

「스님께서 돌아가신 후에 뒤를 잇는 자가 있습니까? 여기에 옷이 있는데 무슨 이유로 전하지 않습니까?」

혜능 대사가 말했다.

「그렇게 묻지 말라. 앞으로 어려움이 정말 많을 것이다. 나는 이 가사 때문에 몇 번인가 목숨을 잃을 뻔했다. 그대가 때를 알고자 하는가? 내가 죽은 지 40년 후에 종지(宗旨)를 수립하는 자가 바로 그 사람이다.」

우선 혜능 대사의 전법심인(傳法心印; 법을 전하는 과정에서 자기 마음의 도장을 찍는 것, 또는 불교의 진리를 전하는 마음의 도장)에 관한 담론을 해보기로 한다.

석가모니의 지혜의 확실성은 어떤 종교 재단법인체의 방장이나 수장에게 서류로 얻을 수 있는 게 아니다

나중에 당나라(618-907)의 희종(873-888)황제가 된 용호보문 스님도 석상(807-888) 선사를 만나 "조사의 별전(別傳; 특별히 전하는 것)을 저에게 일러주십시오." 라고 하니, 석상선사는 말하기를 "안산이 고개를 끄덕이면 당신에게 말해주마." 라고 한 바 있다.

모름지기 구도자는 마땅히 회광반조(回光返照)하고, 조고각하(照顧脚下)해야 할 것이다.[132]

동안(?-961) 선사는 《십현담》에서 "그대에게 묻는다. 심인(心印)[133]은 어떻게 생겼기에 누가 감히 심인을 전수한다고 하는가? 심인이라고 말하는 것 자체가 벌써 거짓말이다. 무심(無心)이 곧 도라고 말하지 말라. 무심도 한 겹의 관문을 막고 있는 것이다."[134] 라고 쓴 바 있다.

베트남의 도혜(?-1173) 선사도 "부처의 심인(心印)은 네가 본래부터 지니고 있는 것이지, 남에게서 얻을 수 있는 것이 아니다." 라고 말한 바 있다. (하지만 한국 고대 종교사상서에는 "허(虛)가 지극하면 정(精)이 생기고, 정(精)이 지극하면 지혜가 생기고, 지혜가 지극하면 융성한 덕(德)이 생긴다."라는 문구가 있다.)

부처의 심인도 이러한데 소주혜능의 전법심인(傳法心印)도 별다른 것이 없는 것이다. 그런데 본문에 나오는 법해 선사는 통상적인 관념으로 무슨 가사와 발우를 구하는가?

석가모니와 조사의 전법 심인은 무심(無心)이다. 무심(mindless, without thought)이란 적극적인 의미로 풀이한다면, 모든 망상으로부터 벗어난 자유로운 마음을 뜻한다. 인연법 또는 오온무아(五蘊無我; 모든 존재를 구성하는 다섯 개의 집합적 요소는 영원불변의 실체가 아니라는 것) 법으로 말한다면, 무심은 유심이 있기 때문에 있는 것이다. 만약 유심이 없다면 무심도 있을 리(理; 이유)가 없다. 그래서 무심은 무심이 아니다. 그러므로 무심조차도 다만 그 명칭(개념)일 뿐이다.

그래서 동안(?-961) 선사도 《십현담》에서 "깨달아도 깨달은 것이 없고, 현묘해도 현묘한 곳 역시 없다."고 말했을 것이다.

U.G.크리슈나무르티(1918.7.9-2007.3.22)도 "나는 깨달아야 할 자아란

---

132) 화엄경에 나오는 회광반조(回光返照)란, 바깥을 향하는 빛을 돌이켜 스스로 자신에게 비추어 본다는 뜻이고, 법연(?-1104)선사가 말한 조고각하(照顧脚下)란, 자신의 발 밑을 잘 비추어 본다는 뜻이다.

133) 심인(心印)이란 '마음으로 도장을 찍는 것'인데 '부처님의 마음 도장'을 뜻한다. 또는 '부처님 마음의 직관적인 확실성'을 뜻한다.

134) 나도 똑같이 묻는다. "여러 개의 마음이든 단 한 개의 마음이든 주체와 대상에 아트만이 없는데 왜 분별하고 차별하는가?" 성찰하건대, 무심(無心)이란 '마음이 없다'거나 '없는 마음'이 아니라 '원인과 조건과 상관없이 고정불변으로 실재하는 마음은 없다'는 것이다. 고로 무심(無心)의 무(無)는 유무(有無)의 무(無)가 아니라 인연(因緣)으로 생기고 없어지는 무상(無常)과 무아(無我)의 무(無)이다.

없다는 것을 알게 되었다. 이것이 내가 말하는 깨달음이다." 라고 말한 바 있다.[135]

그러므로 혜능의 후계자를 묻는 법해선사는 무념(無念), 무상(無想)에서 벗어나 비사량(非思量)하는 것이 좋다.[136]

법통에 관한 이야기로 망상의 꽃을 피우고 있는 사람들

그런데 죽어가면서도 법통에 관한 이야기로 망상의 꽃을 피우고 있는 조계혜능과 그 제자들이 내 맘에 들지 않는다.

《장자(외편, 추수)》에 나오는 말처럼, 먹는 나이는 거절할 수 없고, 흐르는 시간은 멈추게 할 수 없는 법이다.

덕산(780-865) 선사는 "우리 선가의 가풍은 말이나 문자가 없고, 한 법도 사람에게 줄 것이 없다."라고 말했고, 임제(?-867) 선사는 "한 법도 사람에게 줄 것 없다. 다만 바로 병을 고치고, 속박을 풀어 줄 뿐이다." 라고 말한 바 있다.

출가대장부의 세계는 모름지기 일반사회의 속인들과는 다른 맛이 있어야 한다.

소주혜능이 제자들에게 법을 전하든지 말든지 상관없다. 소주혜능이 제자들에게 가사를 전하든지 말든지 상관없다.

불교인이 아닌 일반 독자들을 위해 한마디 더 한다면, 우리나라에서 수십 년 동안 가장 많이 애독된 독일의 소설가인 헤르만 헤세(1877-1962)[137]조차 "지식은 전달 될 수 있지만, 지혜는 전달될 수 없다. 사람은 지혜를 찾을 수 있고, 실천할 수 있고, 그것에 의해 강화될 수 있고, 지혜를 통해 경이를 행할 수 있다. 그러나 그것을 전달하고 가르쳐 줄 수는 없다."라고 말한 바 있다.

(이 책의 저자라는 이유로) 나도 잡스럽게 말해 본다면, 우리는 현재 유골로 다이아몬드를 만드는 시대에 살고 있다. 《육조단경》은 혜능스님의 영적인 유골이다. 이와 같이 내 정신적인 유골과 정신적인 가사와 정신적인 발우는 바로 이 《선도비점(禪道批點)》에 있으니 어떤 인연 있는 조선의 후학이 나의 뒤를 따를 것인가? 특별히 다문화 가정의 후손들에게서 많은 인물이 나와서 내 사상을 날개로 삼아 국제무대에서 사상가로서 활약해보시기 바란다.

J.애디슨(1672-1719)은 자신이 창간한 《스펙테이터》잡지에서 "책이란 위대한 천재가 인류에게 남겨주는 유산이며, 그것은 아직 태어나지 않은 후손들에게 주는 선물로써, 한 세대에서 한 세대로 전달된다."라고 쓴 바 있다.

나는 천재는 결코 아니지만 가엾은 내가 후손들에게 진정으로 남겨줄 책은 현재로서는 이 《선도비점(禪道批點)》이다.

---

135) 석가모니 부처의 말이다. "연기법(緣起法)은 내가 만든 것이 아니요, 또 다른 사람이 만든 것도 아니다. 이것은 깨달은 자가 출현하거나 말거나 상관없이 이 세상에 존재하는 진리다. 부처는 이 진리를 스스로 깨달아 완전함을 이룬 후에 모든 사람들을 위해 분별하는 연설로 드러내 보인다."

136) 여기서 무념(無念)이란 '선입적인 관념이 없는 생각'을 뜻한다. 그리고 무상(無想)이란 '망상에서 벗어난 상태'를 뜻한다. 그리고 비사량(非思量)이란 '망상이 아닌 생각'을 뜻한다.

137) 헤르만 헤세(1877-1962)는 독일어로 번역된 벽암록(푸른 바위에 적혀 있는 기록들)에 서문을 쓸 정도로 선사상의 조예가 깊은 분이다. 헤세의 싯달타(1922년작)는 내가 어릴 때 매우 감명을 받은 중편소설이었다. 그는 이 책으로 1946년에 노벨문학상과 괴테상을 받았다.

생각해서 하는 말인데, 우리나라 400년 전에 어느 아녀자가 31세에 죽은 자신의 신랑에게 쓴 편지 한 장이 발견된 후 이 편지 한 장을 가지고 T.V에서 장시간 《역사 특집》으로 호들갑을 떠는데, 지금 내가 쓰고 있는 이 책들이 천 년 후에 발굴된다면, 그들은 나를 보고 뭐라고 말할까? 그저 박학다식하고 명석한 정신의 소유자 정도로 비칠 것일까?

그러나 내가 좋아하는 E.시오랑(1911–1995)은 다음과 같이 말한 바 있다. "하나의 작품에 정력을 쏟아 붓고 있는 사람은 무의식중에 자기 작품이 수 십 년 또는 수 백 년이 지나도록 살아남을 것이라고 믿고 있다. 만약 자기 작품이 완전히 소멸할 것이라는 사실을 자기 작품에 모든 정력을 바치고 있는 순간이나 과정에서도 정말 그가 느낀다면 그는 자기 작품을 완성시키지 못할 것이다. 그래서 활동과 속임수, 이 단어는 서로 밀접한 상관관계가 있는 것이다." 라고.

이제는 육조 혜능과 칠조 신회 법통설에 관련하여 내가 공부한 선종의 역사적 지식으로 이야기를 한 번 해보기로 한다

《육조단경(790년경 성립)》은 칠조가 되고 싶은 신회 및 그 일파의 소산이다. 그래서 혜능 입적(713년)후에 종지를 수립한 자는 누구인가 하면 바로 신회 선사를 의미한다.

《육조단경》이 신회 선사 및 그 일파의 소산물이므로 본문과 같은 이야기는 당연히 할 수 있는 것이다. 아니, 반드시 꼭 해야만 하는 이야기였을 것이다. 왜냐하면 소주혜능의 권위는 혜능문하의 제자로서 칠조가

되고 싶은 신회 선사로서는 매우 필요한 방법일 수도 있기 때문이다.

그러나 남양혜충(677-775) 국사는 "남방의 종지를 주장하는 사람들이 단경을 가지고 이리저리 바꾸고, 누추한 말을 섞어서 성인의 말을 왜곡하고 후학들을 어지럽히니 어찌 가르침이라고 할 수 있겠는가? 애석한 일이다! 우리 종지는 망하는구나!(전등록 제28권)"라고 말한 바 있고, 또 혜충 선사의 이 말은 보조지눌의 《법보기단경 중간발》에도 인용되고 있다.

그런데 "소주혜능은 정말 육대 조사인가?" 하는 의문도 제기해 볼 수 있다. 왜냐하면 중국 역사적으로 육조(六祖)는 당시 낙양과 장안의 법주이며, 황제 세 명의 국사인 대통신수 국사였기 때문이다.

오조 홍인의 십대제자중 한 사람인 법여(638-689)의 전기를 기록한 《법여선사행장》에는 달마 → 혜가 → 승찬 → 도신 → 홍인 → 법여로 이어지는 6대 조사들의 법통이 기록되어 있다.

두비는 《역대법보기(775년작)》에서 달마 → 혜가 → 승찬 → 도신 → 홍인 → 법여 → 신수로 이어지는 7대 조사들의 법계와 그 약전들을 기록하고 있다.

돈황본 《육조단경(790년경 제작)》에는 분명히 소주혜능의 법이 신회(684-758)선사에게 전해진 것으로 적혀 있지만 《보림전(801년)》이후에는 소주혜능의 전법게송이 남악회양(677-744) → 마조도일(708-788)선사에게 전해졌다고 주장하면서 신회 선사는 지해종사(知解宗師; 자기가 배워 아는 불교지식을 잘 해설하는 고승대덕으로서 한 종파를 세운 대사)로 배척되었다.

다시 말하면 하택신회의 법통설도 혜거 스님이 엮은 《보림전(801년)》의

등장과 더불어 마조 선사 계열의 홍주종이 번창함으로 인해 조계혜능
→ 남악회양으로 이어지는 새로운 조사선의 법계로 바뀌어지고 만다.

육조혜능 → 남악회양 → 마조도일에 연결되는 법통설은 신회 선사를
아주 배척하는 마조 문하의 선승들과 당시 국사의 지위에 있던 남양혜
충 선사의 합작이다.[138]

이런 문제제기는 성본(1950-)스님[139]의《육조단경의 성립과 여러 문제》
에서 읽은 적이 있다. 관심 있는 분은 참조해보시기 바란다.

그러나 나는 역사적 사실로서의 진위 여부보다도, 중국선사들의 이야
기가 허구이면 허구인대로 마치 작가의 소설작품처럼 보면서 대할 뿐
이다.

생각해서 하는 말인데, 허구를 이용하여 어떤 진실을 밝히고 전달하는
경우에 있어서 간지(奸智; 교활한 지성) 비슷한 지혜란 필수적인 것 같다.

---

138) 중국인들은 국가의 땅이 커서 그런지 자민족 중심주의가 매우 강하다. 그들은 예부터 경전과
족보 위조와 조작의 명수들이다. 예를 들면, 이종익 박사의 논문《중국선학사에 있어서 김무
상 대사의 지위》를 참조해보시기 바란다. 이 논문은 마조도일 대사의 법통 변조에 관한 논문
이다. 즉, 김무상 스님의 제자인 마조도일을 육조혜능 계열인 남악회양의 제자로, 흥선유관
(775-817)과 장경회휘(754-818)가 의도적으로 조작 변조한 사실을 역사적으로 설명한 논문
이다.

139)《나의 통찰명상 어록 (석진오의 미발표 원고)》에서. ■ TV에서 임제록을 해설하는 성본 스님
에 대해 사상 게임의 판돈을 더 올리며= 정성본(1950-) 스님은 깨달은 부처인가? 만약 그렇
다면 다행이다. 왜냐하면 누구나 노력하면 성본 스님처럼 대학교에 들어가 석사와 박사 학위
를 받고, 또 대학교에서 강의하며, 저서와 논문을 쓰는 생활을 하면 되기 때문이다. 그런데
만약 성본 스님도 깨달은 부처가 아니다 라고 한다면, 문제는 대단히 난해해진다. 왜냐하면
성본 스님처럼 선학에 관한 많은 지식과 지성을 갖고 있는 분도 깨달은 선사가 아니라면 "도
대체 어떤 것이 깨달은 선사인가?" 하는 이상이 더 높아지기 때문이다. TV에서 임제록을 해
설하는 성본 스님의 설법과 그의 모습을 보니, 성본 스님은 자기가 배워 아는 것만이 옳은
것이고, 참된 불교라는 확신이 매우 강해서, 가령 생불이 온다 해도 설복하기가 어려운 분으

로 느껴진다. 이것을 아집이라고 지적하는 것은 나의 아집인가, 아니면 사실 그대로 비추는 관객의 판단일까? 임제록에 대해 비판적이고 재창조적인 안목을 보여주지 못하고 일본의 선학자들처럼 임제록을 불교의 왕처럼 추종하며 충실한 홍보대사 역할이나 하고 있으면서도 자기가 마치 불교의 모든 것을 다 알고 있는 것처럼 설법하는 성본 스님을 바라보고 있자니, 과연 현대 한국불교계에는 인물이 없는 곳인가? 돌이켜보게 된다. 일본의 세계적인 선학자인 D.T.스즈키(1870-1966)는 "임제록은 선어록가운데 가장 힘이 넘치는 어록의 왕이다."라고 말했다. 하지만 나는 임제 선사를 포함하여 중국의 모든 조사선보다 더 앞으로 나아가려면, 내가 외국에서 창안(創案)하고 개발한 우리 한국인들만의 특유한 비빔선(Bibim-seon) 또는 퍼지선(Fuzzy seon) 또는 하이브리드 선(Hybrid-seon)을 숙고하고 실천하고 선양하는 것이 더 바람직한 것이라고 생각한다. 그래서 나는 여기서 성본 스님과 나를 위해, 좀 더 자유스러운 불교 발전을 위해 자극적인 성찰을 해보기로 한다. 결론만 말하겠다. (불교든 타종교든, 부처든 자기 자신이든, 일심이든 무심이든) 자기부정과 자기 초월하는 지혜의 열정과 진지성과 통찰력이 없는 사람은 진정한 자유인의 증거가 아니다. 여기서 자기부정이란 자신이 소속해 있는 어느 불교종단의 단원(團員)이라는 의식, 또는 자신이 어느 종교 성직자라는 자의식과 성스러운 직업의식조차도 부정하고 초월해야한다는 의미이다. 즉, 자기부정과 자기초월을 구체적으로 예를 들면, 승복이나 사복에 걸리지 않고, 삭발과 장발에 걸리지 않고, 채식과 육식에 걸리지 않고, 금욕과 애욕에 걸리지 않고, 내전과 외전에 걸리지 않고, 모든 부분에서 무애자재(無碍自在)하는 통찰지혜의 본성인 자유, 또는 생사에도 집착하지 않는 해탈을 의미한다. 마치 원효 대사처럼 장발과 사복을 입고 사자후를 토하는 성본 스님의 모습을 상상하는 것은 나의 결례(缺禮)인가, 아니면 한국 현대 불교계에 원효같이 걸림없는 무애(無碍) 대학승을 고대하는 나의 유치한 원망(願望)인가? 가만히 생각해보면, 우리 인간의 두뇌란 참 안정적인 것 같다. 왜냐하면 진정한 자유를 실천하라고 가르치는 불경과 조사어록을 전공하면 할수록 전공자는 인생에서 진정한 자유는 하지 않고, 그 자유의 사상에만 중독되어 평생 의존적으로 향유(享有, enjoyment)하며 지내고 있기 때문이다.

참선은 불안한 마음을 안정시키고
지혜는 공성에 대한 통찰력을 길러준다

선정과 지혜는 별체가 아니다 :

신회 스님이 혜능 대사에게 물었다.

「선정(禪定: 마음을 평온하게 유지하는 참선)을 먼저 하고, 지혜를 나중에 닦습니까? 지혜를 먼저 닦고, 선정을 나중에 합니까」

선정과 지혜의 선후는 어떻게 하는 것이 바른 것입니까?

혜능 대사가 대답하였다.

항상 청정한 마음을 일으킨다면, 선정 가운데 지혜가 있고, 경계 속에서도 집착하는 마음이 없다면, 지혜 가운데 선정이 있다.」

선정과 지혜는 같은 것이어서 선후가 없다. 그러므로 나란히 함께 닦는다면 마음은 스스로 바르게 된다.

〈경덕전등록(제28권)〉

돈황본 《육조단경》에 보면 "선정은 지혜의 본체요, 지혜는 선정의 작용이니, 지혜에 나아갈 때에는 선정이 지혜에 있고, 선정에 나아갈 때에는 지혜가 선정에 있다. 이 뜻은 곧 선정과 지혜가 평등하다는 것이다. 그러므로 도를 배우는 사람은 선정이 먼저 있어서 지혜를 발생시킨다거나, 지혜가 먼저 있어서 선정을 발생시킨다거나, 또는 선정과 지혜는 제각각 별체(別體)라고 말하지 말라. 만약 선정과 지혜 중에서 어느 것이 먼저라는 문제로 다투게 되면 승부가 끊이지 않아서 자아라는 관념에 집착을 하게 되고, 네 가지 상(相)을 떠나지 못하게 될 것이다." 라는 가르침이 있다.

마음의 안정과 통찰력은 서로 같은 것이다

호적(1871-1962)은 《신회 화상 유집》에서 "북선종은 선정으로 지혜를 발하는 것에 중점을 두고, 남선종은 지혜로 선정을 통일시키는 것에 중점을 둔다."고 설명한 바 있다.

선종의 역사적 지식으로 말한다면, 선정과 지혜가 오직 하나됨이요, 두 개로 분리되어 있는 것이 아니라는 문제는 신회(670-762)스님의 문제이다.[140]

---

140) 홍수평(1954-)은 《여래선》에서 "중국 선사상에서 정혜등(定慧等)은 혜능남종 특히 혜능의 제자인 신회가 주장했다는 견해가 있다. 이것은 사실 정확한 것은 아니다. 왜냐하면 여래선의 주요한 대표인물이며, 북종선의 창시자인 대통신수도 실제로 정혜등(定慧等)을 주장하였기 때문이다." 이하 구체적인 내용은 노선환 선생과 이승모 선생이 공역한 홍수평의《여래선(운주사판)》156-157쪽을 참조하시기 바람.

즉, 소주혜능(638-713)에게 가탁된 《육조단경》의 사상들 중에서 대표적인 것이 바로 이 정혜일등(定慧一等) 사상이다.

대주혜해(800-?)의 《돈오요문》에 보면, 정혜등학(定慧等學)이란 무엇인가에 대하여 "선정은 본체요, 지혜는 작용이다. 선정을 따라 지혜가 일어나고, 지혜를 따라 선정으로 돌아간다. 마치 물과 물결이 하나인 것과 같아서 전후가 없다. 이것을 가리켜 정혜등학(定慧等學)이라고 한다." 라는 글이 보인다.

동군(1961-)은 《조사선》에서 "정혜(定慧)문제는 전통적인 중국철학에서 토론을 많이 하고 있는 지행(知行)에 관한 문제와 같은 것"이라고 말하면서, 예를 들어 왕양명의 지행합일설은 정혜일등(定慧一等: 선정과 지혜가 평등함) 사상의 복사판이라고 하였다.

임계유(1916-)도 일찍이 선종과 왕양명의 철학은 서로 기본적으로 비슷하다고 지적한 바 있다.

이 마음의 안정과 지혜가 서로 같다는 것은, 중국 천태종을 완성시킨 천태지의(538-598)가 주장한 고요한 마음의 상태와 통찰력을 함께 운용하는 것, 즉 사마타(止)와 위빠사나(觀)를 상호보완적인 사상으로 더욱 변형시킨 것이다.[141]

---

141) 지관(止觀)은 사마타-위빠사나(Samatha-vipasyana)로서 적정(寂靜)과 지혜(智慧)을 뜻한다. 지관(Calm and Insight)의 지(止)란, 동요하는 마음을 조용히 안정되게 가라앉히고, 번뇌를 소멸하여 마음을 한곳에 정지하게 하는 것이다. 그리고 관(觀)이란, 현상과 사건들을 사실 그대로 명백하게 통찰하는 것이다. 승조는 유마힐경(5권)의 주석에서 "연(緣: 여건, 환경조건)에 마음을 묶는 것을 지(止)라고 하며, 분별하여 통달하는 것을 관(觀)이라고 한다." 라고 설명했다. 이 지관수행(止觀修行)은 불교수행자의 전형적인 모습이라고 여겨진다.

승우(445-518)의 《출삼장가집(9권)》에서, 혜원(334-416)스님은 말하기를 "선(禪)은 아는 것이 없으면, 그 고요함을 다할 수 없다. 그리고 아는 것은 선이 아니면 그 비춤을 깊게 할 수가 없다. 그렇기 때문에 바로 선과 앎의 핵심인 그 비춤과 고요함을 가리켜 함께 이루는 것이라고 한다." 라고 하였다.

이것은 마치 "비어 있어도 항상 통찰하고, 하루 종일 통찰해도 항상 비어 있다"는 승조(374-414)스님의 《반야무지론》에 나오는 구절과 같은 경지다.

지관(止觀)은 새의 두 날개요, 수레의 두 바퀴와 같은 것

우리나라 신라(B.C.E.57-C.E.935)시대의 원효대사는 《대승기신론소》에서 "고요한 마음의 상태(止)와 통찰력(觀)의 두가지 수행은 반드시 함께 이루어져야한다. 그것은 마치 새의 두 날개와 같고, 수레의 두 바퀴와 같다." 라고 썼다.

또 원효(617-686) 대사는 《금강삼매경론》에서 "만약 큰 연민의 마음을 떠나 선정과 지혜만을 수행한다면, 선정과 지혜의 경지에 떨어져 보살

---

142) 원효 대사가 지적하는 "일반인들의 관념"이란 "사람은 누구나 타인의 불행을 동정할 수 있는 만큼의 충분한 힘이 있다."는 라 로쉬푸코(1613-1680)의 말과, "남이 고생하고 있는 것을 보면 어떤 때는 무한한 동정심이 샘솟지만 또 그것을 보고 가장 참혹한 기쁨을 느끼는 경우도 있다."는 쇼펜하우어(1788-1860)의 말과, "나는 타인의 고통에 대해서는 동정할 수 있지만, 그들의 즐거움에는 공감할 수 없다. 타인의 행복에 대해서는 무언가 기묘하게 지루한 감이 든다."는 올더스 헉슬리(1894-1963)의 말이 의미하는 것과 같은 것이다. 세속의 인간성이란 이런 면도 있는 것이다.

도에 장애가 된다. 그리고 또, 만약 큰 연민의 마음만 일으키고 선정과 지혜를 수행하지 않는다면 일반인들의 관념과 똑같아지기에 진정한 보살도가 아니다.”라고 쓴 바 있다.[142]

그리고 고려(918-1392)시대 보조국사 지눌도 《수심결》에서 정혜(定+慧)를 함께 유지하는 정혜쌍수론(선정과 지혜를 함께 닦는다는 이론)을 주장한 바 있다.

지눌(1158-1210)은 “선정은 본체요, 지혜는 작용이다. 본체 즉 작용이므로 지혜는 선정을 떠나지 않고, 작용은 곧 본체이므로 선정은 지혜를 떠나지 않는다. 이렇게 선정이 곧 지혜이므로 공적하면서도 항상 앎을 갖추고 있고, 지혜가 곧 선정이므로 앎의 작용이 있으면서도 항상 공적한 것이다.”라고 썼다.

생각해서 하는 말인데, 좌선을 한다고 저절로 지혜가 생기는 것이 아니다. 또, 지혜가 있다고 해서 저절로 안정이 되는 것이 아니다. 물론 빛나는 지성이 있는 안정된 마음과 안정되어 있는 지혜의 빛은 이상적이다.

그러나 내 경험에 의하면, 참선은 인간의 마음병을 치료하는 방편이고, 지혜는 언어의 배후에 살아 있는 공성에 대한 통찰력에 관련되어 있는 것이다.

마음의 안정과 깨달음의 변화에서 생기는 지혜의 선후를 묻는가? 선후는 없다. 다만, 각자 타고난 근성과 인연에 따라 스스로 성취하거나 잃을 뿐이다.

다시 말하면, 진실은 오행합일(悟行合一)이지만 사람마다 제각기 처해 있는 과거와 현재의 환경조건(여건)이 다양하기 때문에 그 기질과 습관을 일률적으로 정할 수는 없다는 것이다.

예를 들면, U.G.크리슈나무르티(1918.7.9-2007.3.22)는 "나는 참선을 전혀 하지 않는다. 어떤 참선도 하지 않는다. 무슨 참선을 하겠는가? 나는 참선하는 행위가 자기중심적인 행위라는 것을 잘 알고 있다. 참선은 도피적인 자아를 강화시켜줄 뿐이다." 라고 잘라 말한 적이 있다. 이렇게 설하는 논사도 있다는 것이다. 내 사상도 마찬가지다.

제3부

육조 혜능의 초기제자들

&

"너의 깨달음을 너 자신의 말로 표현하여 말해보라."

방온(?-808)

&

"이것이 나의 진실이다. 이제는 너의 얘기를 해다오."

니체(1844-1900)

&

나는 중국과 한국과 일본의 선불교에 대해 더 이상의 호기심이 없다.

그래서 2천 년 전부터 똑같은 언어문자를 태연하게 반복적으로 설교하는 불교에 대해

나는 이미 지루함을 충분히 느끼고 있다.

바로 이것이 왜 내가 선어록이나 불경을 새롭게 읽으면서

재창조적으로 담론하는가 하는 이유이다.

나는 한국의 불교계 사부대중에게 묻는다. 왜 현대 불교 사상가는 불가능하고,

고대와 중세의 불교 사상가만 가능한가?

왜 멋진 골동품 같은 자성종(自性宗)의 불교만이 가치 있고,

현대사회에서 정치와 경제로 사용하는 실용주의 불교는 가치가 없는가?

(불교는 오늘 시장에서 막 나온 싱싱한 먹거리의 종류가 아니다.

불교는 수 천 년 묵은 저장된 식품에서 발효된 아주 오래된 심리적인 먹거리일

뿐이다.) 왜 고대와 중세 불교만 중시하고, 현대 불교는 얕잡아 보는가?

왜 오늘 지금 바로 여기 이 순간에 현존하는 우리 자신을 그토록 경시하는가?

왜 덕산, 임제, 운문이 부처와 아라한을 부정하고 비판하면 대선지식이요, 주인공이요,

무위진인이고, 왜 내가 부처와 조사를 부정하고 비판하면 악마요, 박쥐중이요,

벙어리 염소중이요, 머리깍은 거사요, 지옥의 지꺼기요, 가사 입은 도둑인가?

석진오

&

위대한 꿈을 꾸는 자들의 꿈은 결코 이루어지지 않고, 언제나 초월된다.

A.N.화이트헤드(1861-1947)

육조혜능과
영가현각의 선문답에 대한 나의 촌평

육조혜능과 영가현각의 첫만남

어느 날, 현각(647-713)스님은 좌계현랑(673-754)선사의 권유로 동양책 선사와 함께 혜능 대사를 찾아가 자신의 깨달음을 평가받기로 했다.

혜능 대사가 있는 곳에 도착하는 길로 31세의 젊은 현각 스님은 절도 하지 않고, 혜능 대사 주위를 세 바퀴 돈 다음 지팡이를 잡고 혜능 대사 앞에 우뚝 섰다.

혜능 대사가 말했다.

「무릇 출가사문이 되었으면 3천 가지 예의와 8만 가지 행동을 갖추어 서 행동에 어긋남이 없어야 하거늘 대덕은 어디서 왔기에 그토록 오만 불손한가?」

촌평 착어:

"게임을 구경하는 자가 한 수 더 본다." "주인이 1년동안 보지 못한 것을 손님은 1시간 만에 본다."는 말이 있다.

혜능(638-713)선사 자신의 젊은 날의 당돌하고 기운찼던 시절은 벌써 잊어버리셨구나.

예의란 곧 질서를 의미하는 것이지만, 어떤 천재가 자신을 드러내려고 할 때에는 종종 사회생활(인간관계)의 질서를 흔들어 보일 수도 있다. 왜냐하면 지성이 뛰어난 자는 마치 자루 속의 송곳과 같아서 감출 수가 없기 때문이다. 하지만 진정한 천재는 비범함을 즐기지만 교만함은 없다.

생각해서 하는 말인데, 진리를 말하는 것은 결코 거만한 것이 아니다. 혜능 선사는 물에 줄을 그어 보았지만 흔적이 없다.

생사 일대사 문제:

현각 스님은 들은 척도 않고 딴전을 피웠다.

「삶과 죽음만이 큰 문제이며, 만물의 변화는 화살같이 빠릅니다.」

혜능 대사가 말했다.

「그렇다면 어찌하여 삶도 죽음도 없다는 큰 도리를 요달(了達)하여 무상한 번뇌를 신속하게 끊어버리지 않는가?」

촌평 착어:

야키족 인디안 돈후앙은 "삶과 죽음을 제외하면, 인간이 가진 것이 또 뭐가 있겠나?" 라고 말한 적이 있다.

콜린 윌슨(1931-)도 《아웃사이더》에서 "아웃사이더는 사변도 철학도 거부한다. 그에게 있어 중요한 단 하나의 구별은 존재와 무(無)다. 그리고 죽음만이 모든 관념 중에서 가장 중요한 것이다." 라고 쓴 바 있다.

그런데 혜능 선사가 현각(647-713) 스님의 세치 혀에서 나오는 소리에 그만 말려들었다.

혜능 선사께서 젊은 날의 선기(禪機)는 어디로 가고, 왜 이런 한심한 소리나 하고 계실까?

전체 우주적 관점에서 볼 때, 삶과 죽음이란 매우 사소한 문제이다.

그리고 이 지구상의 만물의 변화속도는 눈 깜박하는 순간처럼 빠른 것도 있지만, 수 천 년, 수 만 년, 수 백 만 년, 수 십 억 년, 수 백 억 년이 지나야 비로소 변화하는 것도 있다.

지금은 단 한 개의 뼈 조각 흔적도 없는 현각 선사가 무엇을 안다고 허풍을 떠는가? 현각 선사는 생사문제라는 망상에 젖어 화살같이 빠른 현실에 대해 너무 지나치게 강박적이다.

《화엄일승법계도기(668)》를 쓴 의상(625-702)은 "생사와 열반은 항상 서로 함께 있다." 고 말했다.

《중론송》을 쓴 용수(150-250년경)도 "열반과 생사는 본질적으로 다른 것이 아니다." 라고 말했다.

영가현각의 경지:

현각 스님이 대답했다.

「깨쳐서 안 즉 삶과 죽음이 없고, 끊어 버린 즉 만물 또한 영원과 무상이 없습니다.」

당연히 삶과 죽음이 없다면, 영원함과 무상함도 없을 것이다.

현각 스님의 대답은 북처럼 소리는 큰데 속은 텅 비었다. 왜냐하면 그는 그가 독서한 반야경의 사상을 가지고 자위(해소하는 쾌락, 즐거움, 희론) 행위를 하고 있기 때문이다.

만약 내가 소주혜능이었다면, 몽둥이로 그가 얼마나 기운차게 펄펄 살아있는지 시험 삼아 후려갈겨 버렸을 것이다.

이 말에 혜능 대사가 긍정했다.

그러나 나는 부정한다. 선은 교리 문답이 아니기 때문이다.

그러자 영가현각은 그 때에야 비로소 예를 갖추어 혜능 대사에게 절을 하고 나서 곧 떠나려 했다.

혜능 대사가 물었다.

「왜 그렇게 서둘러 돌아가려고 하는가?」

현각 스님이 대답했다.

「본래 스스로 움직임이 없는데, 어떻게 서두름이 있겠습니까?」

촌평 착어:

현각 스님은 지금 자기의 지혜를 유감없이 과시하고 있다. 하지만, 해산을 하려면 조산원의 말을 들어야 한다.

나는 웃으며 말한다.

"현각 스님은 발도 안적시고, 강을 건너가려고 하네."

부동자와 부동에 대하여:

혜능 대사가 다시 물었다.

「움직임이 없음을 누가 아는가?」

촌평 착어:

견본이 좋아야 사본도 좋은 법이다. "움직임이 없는데, 누가 아는가?" 혜능 선사는 계속 자신을 궁지로 몰아가고 있다.

영가현각의 통찰:

현각 스님이 말했다.

「스승께서 스스로 분별하려는 생각을 내시는 군요.」

촌평 착어:

현각 스님이 어찌 교활한 늙은이의 속을 알겠는가? 미소.

혜능 대사의 간지:

「그대는 참으로 태어남이 없는 것(無生: not born)의 뜻을 꿰뚫었다.」

촌평 착어:

늙은 고양이는 어린 쥐를 좋아한다. 혜능 선사는 다시 현각 스님의 코
를 잡았다.

무생과 무생을 아는 자에 대하여:

현각 스님이 말했다.

「태어남이 없는 것(無生: unborn)인데, 어찌 뜻이 있겠습니까?」

혜능 대사가 말했다.

「뜻이 없다는 사실은 누가 분별하는가?」

촌평 착어:

혜능 선사는 현각 바로 그 사람을 계속 시험하고 있다.

영가현각의 경지:

현각 스님이 말했다.

「분별 그 자체에는 아무런 뜻이 없습니다.」

촌평 착어:

고기가 미끼만 먹고, 아직 낚시에는 걸리지 않았다.

혜능 선사는 이미 늙었고, 현각 스님은 너무 젊다.

혜능의 덕성:

이 말에 혜능 대사는 다시 긍정해 주었다.

촌평 착어:

혜능 선사는 아직 딸도 낳지 않았는데, 사위부터 먼저 정한 셈이다.

혜능의 배려:

옳은 말이다. 하룻밤 쉬었다 가거라.

촌평 착어:

역시 혜능(戊戌年, 甲寅月, 戊午日, 壬子時)대사는 늙은이답게 처세에 노련한 분이다. 물론 손님은 항상 저녁에 왔다가 아침에 떠나는 게 좋다.

영가현각의 별명:

이 일이 있고 나서부터 당시 사람들은 현각 스님을 일컬어 일숙각(一宿覺)이라고 했다.

촌평 착어:

일숙각은 다만 그 이름이 일숙각일 뿐이다. 그러나 그가 일숙각(一宿覺)인지 평생몽(平生夢)인지 누가 알겠는가?

생각해서 하는 말인데, 나무가 새를 고르는 것이 아니라 새가 나무를 고르는 법이다. 하여튼 영가현각은 이렇게 소주혜능에게 건당함으로서 조계선종의 승려들에게도 인정을 받게 되었다.

소주혜능과 영가현각이 만나 법거량을 하는 본문은 보조지눌의 《간화결의론》에도 인용되고 있다.

영가현각의 생애와 사상

이제 일반 독자들을 위해 현각(647-713)의 생애와 사상에 대해 간략하게 정리해보기로 한다.

현각은 일찌기 천태종 계통에서 공부하여 지관(止觀)의 법문에 정통했다고 한다.

지관의 지(止)는 심리적 동요가 정지된 상태(멈춤)를 뜻하며, 지관의 관(觀)은 위빠사나(vipassana)로 아무런 이해타산이 없이 그냥 바라봄을 뜻한다.

현각은 소주혜능에게 방문하기 전에 이미 《대반야경》《열반경》《유마경》등에 의하여 견성했다고 한다.

그는 자신이 머무는 개원사에 홀어머니와 누이동생을 데리고 와서 보살펴 주었는데 이로 인해 절의 대중과 마을에서 비난을 받았으나 현각은 개의치 않았다.

현각은 우연히 소주혜능 문하의 60대 고령의 현책스님과 함께 남방의 혜능(638-713)선사를 만나러 가게 된다. 그때 현각의 나이가 31세였다.

그리고 그는 소주혜능과 단 한 번의 만남으로 인가를 받아냄으로써 육조의 법통을 이어받았다. 현각은 인가를 받은 지 8년 후 39세의 나이로 죽었다.

현각은 증도가의 첫 구절처럼 망상도 없애지 않고, 참된 것도 구하지 않는 절학무위한도인(絕學無爲閑道人)으로 살다가 죽었다.

내가 이해하는 절학무위한도인이란 지식에 관한 욕심을 단절하고, 물질적인 성공을 위한 온갖 인위적인 방법을 포기하고, 다만 단순하게 아무것도 아닌 자로 사는 도인을 의미한다.

영가현각의 영향력

현각은 무엇보다도 《증도가》《영가집》으로 유명하다.

우리나라에서도 고려말기의 백운화상 경한(1299-1374)선사는 《증도가》에 나오는 "망상도 버리지 말고 참된 것을 구하지도 말라. 암흑같은 무지가 곧 불성이요, 덧없이 헛된 이 몸이 곧 법신이다." 라는 구절에서 평생동안 사용할 수 있는 살림을 챙긴 바 있다.

또, 조선(1392-1910)시대 《금강경 오가해 설의(1415)》로 유명한 함허득통 기화(1376-1433) 스님도 현각으로부터 많은 영향을 받았으며, 퇴옹성철(1912-1993) 선사도 현각의 《증도가》에 대해 "이 글들을 얻어 보고, 캄캄한 밤중에 횃불을 만난 것 같고, 과부가 잃어버린 외아들을 만난 것 같았다. 그리고 내 갈 길이 환히 비쳐 보이는 듯 하였는데, 지금도 신심명과 증도가에 의지해 생활해 가고 있다."고 말했을 정도로 한국선사들은 현각의 영향을 매우 깊고 크게 받았다.

영가현각의 경지는 '태어남이 없는 것'을 깨달았다는 것

이제 영가현각의 경지에 대하여 한 번 논설해 보기로 한다.

현각의 깨달음의 내용은 《대반야경》을 읽은 분답게 '태어남이 없는 것(無生: without being born, unborn 또는 non-production)'에 관한 것이다.

영가현각의 사상과 석가모니의 사상

그러나 그는 《열반경》《유마경》《천태지관》등을 심독한 분답게 부처의 본성(불성)과 부처의 몸(법신)을 설하고, 천진무구한 본원자성을 설하고 있다.

그런데 부처의 본성과 부처의 몸(the law body: 법신)과 천진무구한 본원자성(자신의 근본적인 본성) 등은 내가 이해하는 석가모니의 가르침과는 매우 다른 것이다.

즉, 그 어떤 것일지라도 원인과 조건이 없이 독자적으로 존재하는 것은 없다. 모든 것은 연기(상호인연의 법칙, 씨와 올로 생겨남, 또는 조건에 의한 생성)의 법칙에 의해 조합된 것일 뿐이기 때문이다.

연기(paticcasamupada)란 문자의 어원을 살펴보면, paticca(-에 의해서, -으로 인하여, -어떤 영향을 받아서) sam(함께, 더불어) samuppada(일어난다, 발생한다, 생긴다, 성립한다) 라는 뜻이다.

따라서 나는 불성(佛性: Buddha-dhatu), 자성신(自性身: 부처와 자신의 몸의 바탕이 본래 하나라는 것)과 천진무구한 본원자성심(본래청정한 자기본성의 마음) 등조차도 모두 원인과 조건의 산물이기에 무아(無我)로 파악한다.

그러므로 만약 누가 '어떤 원인과 조건 없이 비연기적(非緣起的; 짝이 없

는 절대 그 자체적)으로 스스로 독립적인 참 그 자체로서의 덩어리, 또는 독립적인 밑 덩치로서 성립해 있는 것이 있다.' 라고 주장한다면 나는 즉시 그 가르침을 삿된 우상으로 보고 때려 부수어 버리겠다. 유대교 출애굽기 3장 14절에 나오는 "나는 스스로 있는 자(I am that I am)"라는 유일신의 말과 대승불교의 진여자성(사물 그 자체, 존재 그 자체, the thing itself) 이론조차도!

불성과 법신과 자성이란 토끼의 강력한 뿔일 뿐이다

부처의 본성(불성)과 부처의 몸(법신)과 청정무구한 마음이란 연화계(kamalasila: 740–797)가 표현한 것처럼 토끼의 뿔일 뿐이다.

토끼의 뿔이란 원인과 조건이 없는 결과란 없다, 또는 형이상학적으로 영원히 고정 불변하는 존재 그 자체로서의 불성(부처의 아트만)은 없다는 비유의 뜻이다.

영가현각이 깨달은 '태어남이 없는 것'의 사상의 의미

현각이 태어남이 없는 것(unborn)의 이치를 깨달았다고 하면서, 부처의 본성(불성)과 부처의 몸(법신)과 천진무구한 자기의 본성(자성)을 주장했다면, 아직 그의 깨달음은 정확한 것이 아니라고 여겨진다.

태어남이 없다는 것은 무슨 뜻인가? 왜 태어남이 없는 것이라고 하는가?

생각해서 하는 말인데, 모든 존재는 독립적인 본체(Svabhava: 밑덩치로서의 입자성(粒子性))를 가지고 있지 않다. 왜냐하면 모든 존재는 인연법에 의해 조합되어진 것일 뿐이기 때문이다.

그러므로 이 인연(원인과 조건)을 분해해 버리면 텅 빔이 되고, 이 텅 빔은 생겨남도 아니고, 없어짐도 아니다.

그래서 《입능가경(제3장 제14시)》에서 말하기를 "어떤 사물도 생겨나지 않으며, 어떠한 사물도 소멸하지 않는다. 그러므로 있음과 없음은 존재하지 않는다." 라고 한 것이다.

중관파의 중기 사상가인 찬드라 키르티(월칭: 600~650)도 "인연으로 생겨난 것은 태어남이 아니다. 왜냐하면 만물에 항상 불변하는 그 자체(Svabhava, 또는 Atma)가 없기 때문이다. 인연에 의존해 있는 것은 모두 텅 비어 있는 것이다." 라고 말했다.

거듭 말하지만 사물은 인연에 의해 생긴 찌꺼기일 뿐이기 때문이다.

이 인연에 의해 생기는 찌꺼기에 대해 용수(150~250)는 "생겨남과 존속됨과 없어지는 것은 모두 환상과 같고, 꿈과 같고, 신기루와 같은 것이다." 라고 말했다.

이상이 현각 스님의 '태어남이 없는 것(without being born, 또는 become, 또는 birthless)'에 관한 사상이라고 나는 이해한다.

태어나지도 죽지도 않는다는 사상은 우파니샤드의 핵심주제다

---

143) 여기서 자상(自相)이란 존재를 존재이게 하는 근원적인 자신의 본질을 뜻한다. 그리고 유식론 또는 유심론은 의식(意識) 또는 일심(一心)만이 제일 근원이다, 라는 이론을 가리킨다. 그리고 여래장이란 여래의 씨알 사상으로 힌두교 황금알 사상의 불교적 변형을 뜻한다. 화엄경의 비로자나 사상도 힌두교 범신론의 불교적 변형이라고 나는 이해한다. 그리고 자성(自性)이란 조선말로는 '제 바탈'이라고 하고, 법신이란 '줄 몸'이라고 한다. 법신(法身)이란 진리의 몸, 또는 커다란 깨달음을 얻은 이후의 몸과 마음의 상태, 즉 부처의 몸을 뜻한다.

참고로, 태어나지도 죽지도 않는다는 '불생불멸'의 사상은 아트만 내지 브라만이라는 이름으로 알려져 있는 '오직 하나인 것'에 관한 지식을 가르치는 우파니샤드 사상의 핵심주제에 속하는 것이다.

관심 있는 분은 《브리하드 아라느야카 우파니샤드》를 한 번 읽어 보시기 바란다.

선불교 사상의 모순과 한계

그런데 중국의 선불교 선사들은 겉으로는 무(無)를 설하고 공(空)을 설하면서도, 속으로는 설일체 유부에서 주장하는 자상(自相) 즉 자신의 본질과 대승불교의 각파에서 주장하는 유식 유심과 여래장과 화엄경의 비로자나 사상과 유교의 심성론과 노장의 도의 영향하에서 만들어진 허깨비에 사로잡혀 있는 자들 같다.

일갈한다면 자성이 없는데 어떻게 법신이 있겠는가?[143]

타인의 아픔과 고통에 관한
문제에 대하여

신회(670-760)가 13세의 동승으로 60세의 혜능 대사를 만나러 갔다.

신회동승을 보고 혜능 대사가 말했다.

「어서 오게. 먼 길을 오느라고 고생께나 했겠구나. 그런데 너는 여기까지 오면서 본래의 성품을 가지고 왔는가? 만약 그것을 가지고 왔다면, 당연히 그 주인이나 주체가 무엇인지 알 것이다. 그러니 어디 그에 대해 한 번 말해 보아라.」

신회가 말했다.

「머무름이 없는 것으로 본래 성품을 삼으니, 보는 것이 바로 주인입니다.」

혜능 대사가 말했다.

「어린 중이 어떻게 그리 당돌한 말을 하는가?」

신회가 혜능 대사에게 물었다.

「스님께서는 좌선하실 때에 보시는 게 있습니까, 없습니까?」

혜능 대사가 갑자기 주장자를 들어 신회 스님을 세 번을 때리고 나서 물었다.

「맞아보니 아프냐, 아프지 않느냐?」

신회가 대답했다.

「아프기도 하고 아프지 않기도 합니다.」

혜능 대사가 말했다.

「나도 역시 보기도 하고, 보지 않기도 한다.」

신회가 다시 물었다.

「어째서 보기도 하고, 보지 않기도 한다는 것입니까?」

혜능 대사가 말했다.

「내가 본다는 것은 내 자신의 허물을 보는 것이요, 보지 않는다는 것은 남의 옳고 그름과 좋고 나쁨은 보지 않는다는 뜻이다. 따라서 보기도 하고 보지 않기도 한다는 것이다.

그런데 너는 아프기도 하고 아프지 않기도 하다고 했는데 그게 무슨 뜻인 줄 아느냐? 아프지 않다고 하면 목석과 다름없는 인간이요, 아프다고 하면 속인이나 다를 바 없으니 화를 내며 원통해 할 것이다.

네가 '보는 것이 있는가, 없는가?' 하는 것은 양쪽의 어느 한쪽에 집착한 것이고, 아프기도 하고 아프지 않기도 하다는 것은 나고 죽는 현상의 문제이다. 너는 참 본성도 바로 보지 못하고 어떻게 감히 그런 말장난을 늘어놓고 있는가?」

이 말을 들은 신회는 깊이 뉘우치며 혜능 대사에게 절을 했다. 이후 그는 정성을 다해 혜능 대사를 모시는 시자가 되었다.

〈조당집(3권)〉

혜능 선사는 자상함이 지나쳤고, 어린 신회는 당돌함이 지나쳤다. 그러나 인연이 있으면 조잡해도 성립되는 것이다. 모름지기 인(因)과 연(緣)이 합하면 결과(果)가 생기는 법이다.

그런데 여징의 《중국불교학 강의》에서는 14때 혜능을 만났다고 하는 기록은 후대의 착오나 조작이라고 했다. 신회 스님이 혜능 선사를 만난 것은 신회 나이 40세 때였다. 어쨌거나.

본문에서 "스님께서는 좌선하실 때에 보시는 게 있습니까, 없습니까?" 라는 신회의 질문에, 혜능 선사가 갑자기 주장자를 들어 신회 스님을 세 번을 때리고 나서 물었다. "맞아보니, 아프냐, 아프지 않느냐?"

신회가 대답했다. "아프기도 하고, 아프지 않기도 합니다."

그러자 혜능 선사는 말했다. "나도 역시 보기도 하고, 보지 않기도 한다."

이 부분은 비트겐슈타인(1889-1951)의 다음과 같은 글을 생각나게 한다. 즉,

"나는 다른 사람이 아프다는 것에 대해서는 믿을 수는 있을 뿐이지만, 내가 아프다면 그것을 알 수 있다. 그렇다. 우리는 그가 아프다 대신 그가 아프다고 내가 믿는다, 라고 결의할 수 있다. 그러나 그뿐이다. 여기서 심리현상에 관한 진술이나 설명처럼 보이는 것은 사실은 우리가 철학을 하면서 보다 적합하다고 여긴 것을 위해 표현을 바꾼 것이다. 다른 사람의 두려움이나 아픔을 실제로 한 번 의심해 봐라."

그러나 만약 몸이 없어도 몸이 아플까? 나는 '아픔'이라는 주제에 대해서는 다음과 같이 성찰한다.

즉, 아픔이란 무엇인가? 아픔은 무엇을 의미하는가? 아프다는 것은 실제로 어떤 것인가?

내가 아프다고 말할 때, 나는 아픔을 경험하는 자인가? 아니면, 아픔을 경험하는 '나'와 '아픔'도 없는 것인가? 이렇게 우리들의 아픔조차도 총체적으로 체험하지 않으면 깨달음을 이해할 수 없을 것이다.

다시 말하면 아픔을 느끼는 -아픔과 분리된- 경험의 관찰자는 없고 오로지 아픔만 있다는 것이다. 그리고 이것이 사실일 경우 이 '아픔'도 주인이 없는 것이므로 무아(無我)라는 것이다.

바로 이것이 내가 이해하는 '아픔에 관한 신회와 혜능의 문답'의 가르침의 의미이다.

나는 자성을 부정하는 불교사상가다

다음으로 내가 여기서 문제로 삼고 싶은 것은, 본문에서 언급되고 있는 본래의 성품, 주인, 주체, 참된 본성에 대한 것이다.

나는 이 모든 것을 부정한다. 왜냐하면 이것들을 인정하게 되면 곧바로 우상이 성립될 수 있기 때문이다.

본래의 성품이란 천진무구한 자기본성(自性)을 의미한다.

여기서 자기본성이란 변화되지 않는 것이며, 다른 것에 의존하지 않는 것으로써 인연 즉 원인과 조건을 초월하여 불생불멸하는 본체(being in itself)를 가리킨다.

금강경도 자성을 부정한다

그런데 내가 이해하는 불교에 의하면, 모든 존재와 현상에는 자성이란 없다. 왜냐하면 모든 현상과 존재는 인연에 의하여 생겨난 것이기 때문이다.

그러므로 서로 의존적인 원인과 조건이 없어지면 모든 현상과 존재는 스스로 독자적인 존재성(존재의 근본적인 바탕)을 상실하는 것이다. 상실이란 덧없는 존재로서 결국 이별을 하거나, 가지고 있는 것들을 잃게 된다는 것을 뜻한다. 그리고 계속 성찰해보면, 이별하는 것도 없다. 상실하는 것도 없다. 왜냐하면 시간이 지나고 나면 아무런 실체가 없는 것이기 때문이다.

그래서 《금강경(제32장)》부처는 "성향에 따라 조건지어진 것들은 모두 별이나 눈앞의 아지랑이나 등불이나 환상이나 이슬이나 물거품이나 꿈이나 번개나 구름처럼 덧없는 것(변하는 것)으로 보아야 한다." 라고 말한 것이다.

개별적으로 영원한 자아(pudgala) 또는 주체(atman)도 실체(tattva: 참 그 자체로서의 입자적(粒子的)인 덩어리)가 아니다. 왜냐하면 이것 또한 인연(수많은 씨와 올에 의해 짜여지는 상대성, 또는 무수한 원과 조건의 상호작용)에 의하여 만들어진 것이기 때문이다.

그러므로 주인공(주체성)이나 독자적인 자성(영원히 고정된 참된 인간본성)은 없는 것으로, 변하는 것이며, 절대불변적인 것이 아니다. 그래서《금강경(제3장)》은 "아상과 인상과 중생상과 무수자상이 있으면 곧 보살이 아니다."[144] 라고 말한 것이다.

또《금강경(26장)》에 "만약 나를 외모의 특징으로 보거나 음성으로 나를 구한다면, 이러한 사람은 잘못된 길을 가는 자이니, 결코 여래(이렇게 온 깨달은 자)를 알지도 보지도 되지도 못할 것이다."[145]라는 글도 있다.

여래(깨달은 자)에 대한 관찰법도 이와 같은데 푸드갈라(영원불변의 개인, 사람, 살아있는 존재)나 아트만(원인과 조건을 초월하여 실재하는 영원한 실체성, 또는 眞我)에 대해서는 더 무슨 말이 필요하겠는가?

---

144) 아상(我相)이란 영원불멸의 자아라는 관념을 뜻한다. 인상(人相)이란 업(습관으로 굳어진 성질과 행동, 또는 유전자)에 속박되어 생사유전을 하는 개체적인 행위의 주체자라는 관념을 뜻한다. 중생상(衆生相)이란, 중생이 존재한다는 관념을 뜻한다. 수자상(壽者相)이란 생명이 영원한 진리 그 자체로서의 입자적(粒子的) 덩치라는 관념을 뜻한다. 물론 보살상(菩薩相; 내가 보살이라는 관념)도 있으면 참된 보살이 아닐 것이다. 보살이란 자신을 초월한 정신적 레벨에 있는 사람을 의미한다.

145) 금강경의 이 말씀은 "진리를 보는 자는 나를 본다."는《우다나 이티부타카》의 말씀과《중아함경 (제7 상적유경)》에 나오는 "만약 연기(緣起; 조건에 의해 생겨난 것)를 보면 곧 진리를 볼 것이요, 진리를 보면 곧 연기(緣起)를 볼 것이다." 라는 설법과 동일한 가르침이라고 생각한다. 여기서 연기(緣起)란 조건적인 생성 또는 무수한 씨와 올로 만들어지는 것 또는 수많은 원인의 원인과 조건의 조건에 의해 발생하는 것을 의미한다. 그리고 또, 석가모니의 통속적인 에피소드로 관련지어 생각해본다면《잡아함경(제35, 970경)》을 참조할 수 있다. 여기서 석가모니는 다른 종교의 성자 쉬라바를 호되게 나무라고 있다.

그런데 혜능 대사께서 신회를 향해 본래성품 또는 참된 본성과 주체 또는 주인공 운운하며 그것을 가지고 왔는가, 하고 묻고 있다.

신회 스님의 존재자체가 인연조합의 부산물이므로 덧없는 것이며 무아이며 공성인데 대체 누가 무엇을 가지고 있느니 없느니, 왔느니 갔느니 하는가?

동자승 신회는 그래도 《금강경》 독송자답게 무주(無住: not means of staying. 집착하지 않고 머문다는 것)의 도리를 답변으로 삼은 것이다. 그러나 신회는 본래의 성품을 보는 자가 있다고 했으니, 그는 아직 어린 동자승일 뿐이다.

만약 신회 스님이, 말 잘하는 조주 스님이나, 거친 행동으로 유명한 임제 스님이나, 입안에 도끼가 있는 덕산 스님이었다면, 혜능 대사도 혀를 내밀 멋지고 짜릿한 장면이 나왔을 것이다.

금강경의 무집착 또는 자유 사상

본문에 「머무름이 없는 것」이라는 글자가 보인다. 무주(無住: apratisthita)가 그 원어일 것이다. 나는 어렸을 때 이 무주라는 글자를 《금강경(제4장)》에서 처음으로 접했었다.

금강경은 매사에 무주(non-attachment, 무집착, 또는 자유)를 가르치는 경전이다. 무주(無住)는 볼 수도 없고, 얻을 수도 없고, 설할 수도 없는 것이다. 무주(無住: impermanence= 일시성)는 마치 새가 허공을 날아가는 것과 같다. 흔적이 없는 것이다.

대주혜해 선사는 《대주선사어록(상권)》에서 무주에 대해 설법하기를

"머무르지 않는다는 것은 공에도 머물지 않고 공이 아닌 것에도 머물지 않으며, 선정(마음의 안정)에도 머물지 않고 선정이 아닌 것(마음의 불안정)에도 머물지 않는 것이다. 이것이 바로 모든 곳에 머물지 않는 것이다. 이러한 머무름이 없는 마음이 바로 부처의 마음이다." 라고 했다.

생각해서 하는 말인데, 중국 선불교의 핵심어는 심즉시불(心卽是佛: 마음이 곧 부처)인데, 과연 어떤 것이 부처의 마음인가? 모든 것에 집착하는 것이 없는 마음일 것이다.

그러나 이런 법문만으로 모든 지구환경문제, 국제정치문제, 각 나라들의 온갖 국내문제를 풀기에는 아직 충분한 것은 아니다.

신회 선사의
분명한 주소(住所)

멀리서 찾아온 신회와 혜능 대사의 대화다.

「어디서 왔는가?」

「온 곳이 없습니다.」

「자네는 돌아갈 것인가?」

「돌아갈 곳이 없습니다.」

「그러면 자네는 아주 막막하겠구나.」

「그러나 이 몸이 곧 길입니다.」

「그러나 자네는 아직 도달하지 않았다.」

「지금 이렇게 여기에 도달하였으니 장차 머무를 곳이 없습니다.」

〈송고승전〉

신회 선사가 무주를 주장하면서 크게 집착한것은

신회는 707-709년 사이에 또 다시 조계혜능를 다시 찾아갔는데 그때 나이는 23-25세였다. 본문에서 신회 스님은 온 곳도 갈 곳도 없다고 하였으니 주소(住所; 자기가 주하는 장소)가 없는 스님이다.

그러나 그는 신수 선사보다 혜능 선사를 선택하여 스승 혜능을 달마의 남선종 제6대 조사 지위에 확정시키기 위해 그의 일생을 걸고 투쟁을 한 분이니 주소(住所; 자기가 머물고 있는 자리)가 아주 분명히 있는 분이다.

신회 선사의 제 4대 법손인 종밀(780-841) 스님이 전하는 바에 의하면 "신회는 신수문하에서 3년간 수학했지만 신수대사가 왕의 칙명으로 입경함으로 드디어 조계혜능의 문하로 갔다."고 한다.

즉, 신수 국사의 제자인 보적 스님, 의복 스님, 혜복 스님, 경현 스님 등이 잇따라 숭산과 낙양의 선을 발흥시키고 있을 즈음에 신회 스님은 홀로 영남으로 가서 신수와 동문인 혜능 대사에게 배우면서 숭산과 낙양의 선불교가 귀족불교의 오류에 빠져 있음을 알게 된다.

《육조단경》 성립 재료의 최초 제공자인 신회 스님은 무주(無住: not means of staying. 일정하게 머무는 곳이 없다)라는 말을 아주 좋아하는 것 같다.

《금강반야경(장엄정토분)》에는 응무소주이생기심(應無所住而生其心: 집착하는 바가 없이 그 마음을 낸다는 것)이라는 유명한 구절이 있다.

신회 스님은 《금강반야경》의 영향을 매우 깊이 받은 분답게 무주(無住: 걸림 없는 행동) 무념(無念: 본성론적인 대승불교인의 관점에서, 무념은 진여(眞如)

의 불성(佛性)이나 자성(自性)을 생각하는 것을 의미한다)를 자신의 신념으로 삼았다.

그런데 대개 보면, 번뇌로 갈등이 심한 자일수록 평온함을 원하듯이 집착이 강렬한 자일수록 무집착 즉 무주(집착하지 않고 집착하는 것, 또는 걸림이 없는 자유)를 원하는 것 같다.

생각해서 하는 말인데, 신회 대사가 주장하는 무주(無住; 걸림 없는 행동), 무념(無念: 진여의 본성을 생각하는 마음)은, 신회 대사가 평생 동안 치열한 다툼과 투쟁을 한 과정을 담고 있는 개념이라고 할 수 있다.

혜능 스님이 선종의 육대조사가 된 사연에는
신회 스님의 공이 컸다

혜능 대사가 대중을 향해 물었다.

「나에게 한 물건이 있는데 머리도 없고, 꼬리도 없고, 이름도 없고, 문자도 없으며, 앞도 없고, 뒤도 없다. 밝기는 태양보다 밝고, 어둡기는 칠흑보다 어둡다. 이것은 무엇인가?」

신회 스님이 앞으로 나서서 대답했다.

「그것은 모든 부처의 근원이며, 이 신회의 불성(존재의 진면목)입니다.」

혜능 대사가 말했다.

「내가 이미 너에게 분명히 이름도 없고 문자도 없다고 말했는데, 너는 벌써 근본이니 불성이니 떠들고 있다!

앞으로 네가 제자들을 잔뜩 거느린 스승이 된다 할지라도 너는 기껏해야 아는 체나 하고 머리나 굴리는 포교사 밖에 되지 못할 것이다!」

〈오등회원(제2권)〉

435

스승이 꾸짖을 때에는 가르치고자 하는 것이다

본문에서 소주혜능은 신회 스님을 향해 "앞으로 네가 제자들을 잔뜩 거느린 스승이 된다 할지라도 너는 기껏해야 아는 체나 하고 머리나 굴리는 포교사밖에 되지 못할 것이다!" 라고 하며 매우 심하게 꾸짖고 있다.

일본인 반계(1622-1693) 선사 말이다. "꾸짖을 때, 스승은 가르치고자 하는 것이다. 그게 전부다."

본문은 보조지눌의 《법집별행록절요병입사기》에서도 인용되고 있다.

하택신회의 소주혜능 육대조사 현창사업

그러나 소주혜능이 육조가 된 이면에는 신회 스님의 공이 결정적으로 컸다는 것을 혜능 대사는 아셔야만 할 것이다.

물론 신회 선사가 소주혜능을 육조로 확정하려고 한 것은 결국 신회 자신이 스스로 칠조가 되기 위한 의도에서 한 행동이었다.

불교 역사학자들의 정보에 의하면, 신회 선사는 우여곡절 끝에 62세의 나이에 병부시랑 송정의 초청으로 드디어 북선종의 본거지인 낙양 하택사로 옮겨 본격적인 북선종 공격과 소주혜능의 육대조사 현창운동에 더욱더 가열차게 들어갔다. 신회 선사는 그 곳에서 매월 수계행사를 열면서 북선종의 청정선을 깨뜨리고 여래선을 주장했다. 그러나 낙양은 북선종이 오랫동안 정착된 곳이어서 모든 일이 신회 선사의 뜻대로 진행되지 않았다.

신회 선사 70세 때에는 낙양에서 대중을 끌어 모은 죄로 당시 북종세력과 친했던 노혁(?-755)의 탄핵을 받아 현종의 칙명에 의해 귀향살이를 약 2년간 하였다. 그러다가 신회 선사는 형주 개원사에서 75세의 나이로 죽었다.

이렇게 신회 선사의 일생은 남선종의 독립과 소주혜능을 육조의 지위에 확정시키기 위한 격심한 투쟁의 생애였다. 그는 유배생활을 하는 중에, 양귀비(719-756)를 뇌살적으로 사랑했던 안록산(?-757)의 반란군 진압에 필요한 군수물자 마련계획에 적극적인 협조(즉, 당시 국가에서 승려가 되려는 사람들에게 도첩을 주고 팔아, 그 돈으로 군자금을 모아 반란군을 진압하는 곽자의 장군 부대의 군비물자를 충당하는 계획을 세웠는데, 이 일을 신회가 책임지고 맡은 역할)로 공을 세워 숙종황제로부터 명예가 내려지고 나중에 드디어 칠조의 명예를 획득하게 된다. 그리고 신회의 스승인 소주혜능도 당연히 육조로 확정된 것이다.

이와 같이 본다면, 신회 대사의 무주(걸림 없는 행동), 무념(걸림 없는 생각), 무상(걸림 없는 목적의식)의 사상은 격렬한 다툼과 투쟁의 과정을 담고 있는 개념이라고 할 수 있다.

그러나 금강경에서 가르치는 무주(사로잡힘이 없는 집착, 또는 자유), 무념(망상이 없는 생각), 무상(고정관념이 없는 생각)[146]은 다투는 것보다는 다툼이 없는 평화의 도를 선호하고 있다.

생각해서 하는 말인데, 신회 선사는 육조혜능론을 온몸으로 주장했음에도 불구하고 후대 선사들로부터 하대를 받게 된 이유는, 종권투쟁을 정치적 차원에서만 지나치게 몰두한 것이 원인이었을 것이다. 그래서 비정치적이고 서민적이고 소탈한 청원행사(673-741)와 석두희천(700-

790) 선사 그리고 남악회양(677-744)과 마조도일(707-786) 선사가 중국 선불교의 주인공이 되었는지 모른다.

그러나 우리가 분명히 알아야 할 점은, 육조혜능론과 《육조단경》 저작 사업은 전적으로 신회 선사의 공로라는 점이다. 다른 선사들은 신회 선사가 애써 차려놓은 잔치에서 음식만 맛있게 먹은 셈이다. 그러면서도 신회 선사에게 고마움을 표시하지 않고 도리어 힐난을 하고 있으니, 종교인들의 세계는 옛날부터 과연 비정(非情)한 것 같다.

146) 나는 언젠가 무념무상(無念無想: stopped thinking)을 막연하게 신비적으로 상상할게 아니라, 좀 더 과학적으로 무슨 실마리를 찾을 수 있는 새로운 표현은 없을까 하며 찾아 본 적이 있었는데 마침 U.G.크리슈나무르티(1918.7.9-2007.3.22)는 "인간이라는 유기체 안에는 생각이 끼어들지 못하는 영역이 있다. 그것이 바로 내분비선이다. 즉 '내분비선은 생각의 간섭을 받지 않는다.' 인도에서는 이것을 차크라(에너지를 만들어내는 생명력의 저장소)라고 한다." 라고 말했다. 그러면 "내분비선의 기능을 촉진시키려면 어떻게 해야 하는가?" 에 대한 U.G. 크리슈나무르티의 답변은 "나는 의학의 발전에 약간의 불안을 느낀다. 인간존재를 이해하고 싶다는 욕구는 통제하고 싶다는 욕구와 서로 통하기 때문이다. 그래서 나는 의학의 발전을 기뻐할 수 없다. 내분비선을 통제하게 되면 사람들의 개성을 바꿀 수도 있다. 굳이 세뇌를 시킬 필요도 없게 된다." 라고 말했다. 그러나 나는 그렇게 생각하지 않는다. 의학의 발견은 대단히 중요한 것이다. 왜냐하면 의학의 발견이 이루어지는 순간 의학적인 철학도 동시에 발생하기 때문이다. 관심 있는 독자는 관련 의학 자료들을 참고해 보시기를 바란다. 나는 무념무상(無念無想:stopped thinking)의 적극적인 의미로 이미지(image)에 걸림없는 생각이라고 설명하고 싶다. 즉, 과거의 어떤 회상(remeber)도 없이 생각하는 것이며, 미래의 어떤 포부나 이해타산이 없이 곧바로 생각한다는 것이다. 지의(538-597)가 쓴 《십의론주》에서는 무념을 진여삼매(眞如三昧: 진여의 본성을 명상하는 것)라고 설명하고 있다. 그러므로 한 생각이 일어나면 곧바로 깨달아야 한다. 깨달으면 망상적인 생각이 곧 없어지는 것이기 때문이다. 한국 독자들에게도 인기가 매우 높은 현대 프랑스인 소설가 B.베르베르(1961-)는 '무(無)'에 대하여 "생각하기를 멈추는 것보다 더 기분 좋은 일이 있을까? 쓸모가 있건 없건, 중요하건 덜 중요하건, 마음에 넘쳐나는 이 생각의 흐름을 중단시키는 것. 다시 살아 있는 상태로 돌아올 수 있기는 하되, 마치 죽어 있는 것처럼 생각하기를 멈추는 것. 텅 빈 상태가 되는 것. 근본으로 돌아가는 것. 아무것도 생각하지 않는다는 것조차 생각하지 않는 것. 무가 되는 것. 그것은 하나의 소중한 갈망이다." 라고 쓴 바 있다.

스승은 제자를 잘 만나야 빛이 난다

자기 스승을 선양한 신회와 소주혜능의 관계를 공부하면서 생각나는 것은 우리나라 만공(1871–1946) 선사와 경허(1846–1912) 선사의 관계다.

즉, 경허 선사가 개인적으로 아무리 큰 인물이었다 할지라도 만공 선사 같은 제자가 없었다면 어림도 없는 일이었을 것이다.

바로 이것이 왜 에너지가 넘치는 대사, 도사, 선사, 거사들이 일류대학교의 학생들을 모집하여 불교공부를 가르치면서 자기제자로 삼으려고

147) 《나의 통찰명상 어록 (석진오의 미발표 원고)》에서. ■ 전 세계에 흩어져 있는 서로 닮은 꼴= 중국에는 노자와 이탁오와 노신이 있고, 한국에는 김시습과 한용운이 있고, 일본에는 에오가 있고, 영국에는 셸리와 버나드 쇼와 리처드 도킨스가 있고, 독일에는 니체가 있고, 미국에는 비어스와 노암 촘스키가 있고, 프랑스에는 에밀 시오랑이 있고, 스페인에는 피카소가 있고, 인도에는 석가모니와 용수, J.D.크리슈나무르티와 U.G.크리슈나무르티가 있다. 그리고 이 모든 사람들의 공통점은 포지티브 에너지(Positive Energy)보다는 네거티브 에너지(Negative Energy)가 강력한 지성인들이다. 나도 마찬가지다. 그런데 보통사람들은 포지티브 에너지 (Positive Energy)를 아주 좋은 에너지라고 말하고, 네거티브 에너지(Negative Energy)를 아주 나쁜 에너지라고 말하는데, 이것은 진리를 모르는 사람의 말이다. 왜냐하면 진리는 예민하고, 진지하고, 깨어있고, 급진적이며, 역동적인 지성인에게만 감지되는 것이기 때문이다. 보라. 노자도 《도덕경(제40장)》에서 "정반대로 움직이는 것이 도의 모습"이라고 설파했고, 중국 내단(內丹)의 신선도인(神仙道人)들도 "순행(順行)하면 보통사람이 되지만, 역행(逆行)하면 신선과 부처가 된다."는 말을 했고, 심지어 J.루소(1712–1778)조차도 "관습과 반대가 되는 길을 따라가라. 그러면 거의 언제나 성공할 것이다."라고 말하고 있지 않은가! 석가모니 부처도 자신의 깨달음은 "보통사람들의 상식을 뒤엎는 심오하고 미묘한 것"이라고 말한 바 있다. 이러한 부처의 역관(逆觀)은 "근본 원인을 제거하면 결과도 없어진다."는 성찰을 보여주고 있다. ■ 이 모든 지성인들의 시냅스(신경세포 말단에서 나오는 화학적 신경전달물질들이 오고가는 빈 터)와 나의 시냅스는 매우 흡사한 구조를 가지고 있다. 이들이 남긴 사상을 보면 안다. 모든 정신활동은 시냅스(뉴런과 뉴런 사이에서 신경전달물질이 오고가는 빈 터)의 작용이다. 즉, 어떤 정보가 입력되어 있는 신경세포는 시냅스를 통해서 다른 신경세포와 연결된다. 우리는 이렇게 같은 패턴을 반복하고 있는 밈(MEME)이라고 여겨진다. ■ 백남준의 후계자론= 언젠가 테크놀로지 사상가인 비디오 아티스트 백남준(1932–2006)님에게 인터뷰하는 기자가 물었다. "후계자 양성에 대해서는 관심이 없으신가요?" 그는 이렇게 말했다. "내 작품하기에도 바쁜데 후계자 기를 시간과 여가가 어디 있어. 후계 자리는 뺏어 가는 거지, 물려주는 게 아니야. 언젠가 센 놈이 나와 나를 능가하면 되는 거야. 국적도 가릴 것 없이." 라고

■ 같은 소리는 서로 감응하고, 같은 기질은 서로 짝한다= 공자는 《주역(건괘의 문언전 95)》에서 "같은 소리에 서로 똑같이 반응하고, 같은 성정(性情)은 서로 똑같은 것을 찾는다(同聲相應, 同氣相求)"고 말했다. 진화생물학자 스티븐 핑커(1954-)도 "동일한 유전자를 갖고 있는 사람들은 서로 감응한다."고 쓴 바 있다. 그런데 나는 공자나 맹자의 언론과 성정과는 맞지 않은 사람이다. ■ 자기도 모르게 속은 자가 자기도 모르게 속이는 것= 내가 헤라클레이토스나, 석가모니나, 유마나, 용수나, 니체나, U.G.크리슈나무르티 같은 현자에게 속지 않고, 어떻게 오늘날 남을 속일 수 있겠는가? ■ 내 존재의 이유= 무거운 적막 속에서 자기 소리를 내어본다는 것은 무슨 의미일까? 내가 여기 이렇게 있다는 것을 알리는 이유는 무엇인가? 모든 생물과 무생물은 그가 아무리 강하고 단단한 것일지라도 천적이 있기 마련이다. 나는 유혹자이며 살해하는 자인가? 아니면 이미 유혹당한 자이며, 살해될 것인가? 난폭한 지혜의 밀림 속에서 과연 무슨 일이 일어났는가를 아는 자는 누구인가? ■ 나라고 하는 그 사람= 한적한 이 길을 홀로 걷는다. 성격인가? 운명인가? ■ 고독함과 풍요로움= 일 년 내 내 아무도 방문하지 않는 무인도(無人島)에 열매가 가득 달린 나무가 하나 있었다. ■ 정성껏 공을 들여 만든 후 의식이 끝나면 덧없이 흩어버리는 모래 만다라처럼= 과연 이 책이 어떤 경로를 따라 누구의 두뇌에 접속하여 무슨 일을 이루게 할런지는 나는 조금도 예상할 수 없다. 과연 누구를 위해 왜 내 정기신(精氣神)의 단상들을 책으로 만들어 출판하는지 그 인연법에 대해서는 나도 궁금하다. 나는 그저 나의 충동 의지대로 행동할 뿐이다. 하지만 내가 여기서 분명히 말할 수 있는 것은, 이 책은 마치 티베트 승려들이 정성껏 공을 들여 만든 후 의식이 끝나면 덧없이 흩어버리는 모래 만다라와 같은 것이라는 사실이다. 오늘 TV에서 장 폴로 선생님의 멋진 모래그림을 보면서도 똑같은 생각을 해보았다. ■ 쓸데없는 이야기= 한국사 천년을 만든 백 명의 순위표를 보니, 당신과 같은 성질을 가진 사상가는 한 명도 보이지 않는구나. 하긴 그의 사상이란 게 어디에 쓸모가 있겠는가? 그러나 그가 모르는 그 누구에게는 그의 사상이 크게 쓸모가 있는 것인지도 모른다. 그래서 그는 그 한 사람을 위해 이 책을 남기고 죽는다. 나는 현재 한국불교계에 떠돌고 있는 하나의 유령이다.(나의 이러한 자조적이고 고독한 글쓰기는 자칭 영웅숭배적인 글쓰기와 같은 것임을 나는 안다. 하지만 내게 이런 정신병마저 없다면 어디서 내 사상의 힘과 표현을 이끌어낼 수 있겠는가? 이렇게 자조하면서 자존심을 추구하는 것은, 이렇게 자기비하를 하면서 자기 존대를 한다는 것은, 이렇게 자기학대를 하면서 자기존중을 하는 것은 얼마나 모순에 가득 찬 인간의 오묘한 마음인가? 모든 면에서 나와 상극하는 독자에게는 미안하다. 그냥 통과하시기를 바란다.) ■ 나에 대하여= 나는 불교사상의 우파도 좌파도 아니다. 왜냐하면 내 마음속에 우파와 좌파가 모두 있기 때문이다. 그러나 내 불교사상의 성격을 명확하게 분별하기 위해 나는 한국불교계의 급진 좌파이다. 여태까지 한국불교 사상사에서 불교 좌파는 없었다. 예를 들면, 나와 인생살이가 비슷한 설잠 스님 김시습과 만해 스님 한용운도 좌파는 아니다. 왜냐하면 김시습은 도가의 단성(丹性)에 집착했고, 한용운은 불성(佛性)에 집착했기 때문이다. 이에 비해 나는 단성과 불성마저도 부정하는 사상가이다. 그리고 만약 내가 방편적인 이유로 단성과 불성을 인정한다 하더라도 나는 불성(佛性)이라는 용어를 '가능성(可能性: Probable)'이라는 용어로 바꾸어서 사고하는 사람이다. 바로 이 점이 왜 불교사상사에서 나 같은 불교 좌파 사상가는 단 한 명도 없었다고 말하는가에 대한 이유이다. 내 사상은 백척간두진일보(百尺竿頭進一步)의 세계다. 종단불교가 아닌 개인의 순수한 불교로서의 한국불교 미래 발전은 어떤 좌파를 만나 계몽되는가에 달려 있다. 고대 인도의 모든 유신론 종교사상계에서 신을 부정하고 연기무아(緣起無我) 또는 오온무아(五蘊無我; 다섯 개의 집합적인 요소를 초월하여 실재하는 자성(自性)이란 없다는 것)의 공성을 주장한 석가모니 부처도 일종의 시대의 좌파(즉, 근본적 사실에 힘을 집중하는 성자)였다고 생각한다.

애를 쓰는가 하는 이유다. 그러나 이들의 제자는 모두 사회인이 된 후 기껏해야 스승의 문집제작 후원 보시행에 그치고, 더 이상 드넓은 행동의 세계로 나아가지 못하고 있다. 구심점을 이을 정열적인 제자가 없는 까닭일 것이다.

역사적으로 관찰해보면, 문제는 항상 똑똑하고 능력있고 열정이 있는 제자가 누군가 하는 것이었다. 석가모니의 제자가 그랬고, 공자의 제자가 그랬고, 소크라테스의 제자가 그랬고, 예수의 제자가 그랬고, 심지어 간디의 제자인 네루와 비노바 바베도 그랬다.

오늘날에도 특히 종교계와 철학계에서 사제간의 정신적 만남은 여전히 중요한 것 같다.

그런데 나는 아직도 내게 자신의 많은 돈을 걸고 투자하는 열정적이고 지혜로운 매니저와 제자와 후원자를 만나지 못하고 있다.

그래서 모든 일을 스스로 혼자 해결하야만 하니 정말 매사가 어렵고 늦기만 하다.[147]

무집착에도 집착하지 마라

집착이 없는 마음은 어떻게 얻을 수 있는가:

신회 스님이 혜능 대사에게 물었다.

「어떻게 하면, 머무름이 없는(무집착의) 경지를 얻을 수 있겠습니까?」

혜능 대사가 말했다.

「금강경에 답이 있다. "마땅히 머무르는 바가 없이 그 마음을 내어야
한다." 일정한 마음이 없으면 그것이 곧 해탈이다.」

〈신회어록〉

새로운 생각의 길:

'어떻게 하면 무집착의 경지를 얻을 수 있을까' 집착하는 한, 결코 무
집착의 경지를 터득할 수 없다. 왜냐하면 무집착은 집착을 할 수 없는 것
(non-attachment)이기 때문이다. 그래서 나는 무집착(즉, 해탈과 열반, 또는
절대자유와 절대 평화)에도 집착하지 않는다.

선불교의 당나귀는
토끼의 강력한 뿔이다

당나귀를 타고 당나귀를 찾는 뜻은:

신회 스님이 게송을 지었다.

「본래는 없었지만 지금 있는 것은 무엇인가? 본래는 있었지만지금 없는 것은 무엇인가?

경전을 외우며, 있고 없음의 뜻을 보지 않으니, 참으로 당나귀를 타고 앉아 당나귀를 찾는구나.」

새로운 생각의 길:

선불교의 당나귀

홍자성이 엮은 《채근담》에 다음과 같은 글이 있다.

"강을 건너면 배는 필요가 없듯이 불교경전은 깨달음을 얻는 도구이므로 깨달은 뒤에는 집착하지 말아야 한다. 만약 나귀를 타고 나귀를 찾

는다면 끝내 도를 깨닫지 못한 선사가 될 뿐이다.” 라고.[148]

본문에서 말하는 당나귀를 타고 당나귀를 찾는 것은 서울 남산에서 남산을 찾고, 부산 해운대에서 해운대를 찾는 것과 같다.

그런데 내가 여기서 문제로 삼고 싶은 것은, 당나귀를 타고 있는 사람이 왜 당나귀를 찾는가 하는 것이다.

선불교의 당나귀는 토끼의 강력한 뿔이다

당나귀를 타고 있는 자도 없다. 당나귀도 없다. 찾는 것도 없다. 유(有)도 없다. 무(無)도 없다. 없다는 것도 없다. 없다. 없다!

이렇게 없다는 것(the nothingness of buddha-nature)이 불교이다.

왜 없는 것인가 하면, 모든 존재와 현상은 무수한 원인과 조건에 의해 생겨난 것이기에, 모든 것은 변하는 것이며, 절대 독립독존적인 자아는 없는 것이기 때문이다.

실제로 물리적 공간과 물리적 시간조차 서로 별개의 독립적인 존재가 아니라는 것은 이제 과학적 상식이 아닌가!

모든 존재와 현상은 덧없는 것

오스트레일리아에 근본불교를 전파한 레오나드 에이블렌은 다음과 같이 말했다.

“모든 존재의 중심핵은 불변하는 영혼이 아니라 단 2초동안도 같은 상태에 머물지 않고 계속 변하고 있는 에너지의 흐름 즉 생명의 전류인 것이다. 그러므로 영원한 영혼이라는 식으로 생각하는 자아는 한갓 미망이며, 궁극적인 관점에서 볼 때 아무런 실체도 갖지 못한 것이다."

일본의 동경대학교에서 영문학 교수 생활도 한 적이 있는 그리스 태생인 라프카디오 헌(1850-1904)은 《니르바나, 총체적인 불교에 대한 연구》에서 다음과 같이 설명하고 있다.

"자아라는 것은 끝없는 환상의 일시적인 총합체, 하나의 환각의 껍질, 곧 부서질 물거품이다."

불교는 '절대무'의 종교가 아니다

그런데 독자들이 오해하지 말아야 할 것은, 이 없음(無)과 텅빔(空)을 절대적인 텅 빔, 또는 절대적인 없음으로 알아서는 안된다는 것이다. 왜냐하면 있음과 텅빔 역시 어떤 원인과 조건에 의해 생긴 것이기 때문이다.

즉 허공(虛空) 또는 허무(虛無)조차도 모두 인연기멸(우주적 차원에서 무수한 씨와 올로 짜여지고 풀어지는 것)의 법칙에서 나왔다는 것이다.

그런데 예수교인으로서 불교의 연구를 하는 분들 사이에 유행하고 있는 일본철학자 니시다 키타로(1870-1945)는 "불교는 절대무(絕對無)의 종교"라는 관념을 보이고 있다.

하지만 내 이해로는 불교는 '절대무(absolute nothingness)'는 절대 아니다. 왜냐하면 '절대무' 역시 무수한 원인과 조건이 서로 관련되어 운

---

148) 누가 어떤 목적지에 가기 위해 버스를 탔는데, 목적지에 도착하여 내리게 되면, 버스는 자연히 잊게 되는 것이 보통 자연스러운 것이다. 그런데 지나간 버스에 대해 계속 생각하며 강박적으로 집착한다면, 그는 필시 버스에 무언가를 두고 내렸거나 아니면, 일종의 정신병자일 수도 있다.

동하는 것이기 때문이다. 그러므로 나는 '절대적인 허공' 또는 '절대적인 허무' 란 존재하지 않는 것이라고 생각한다.

이와 같이 '깨달음'도 있는 것도 아니고 없는 것도 아니다. 즉 불교는 예수교처럼 하나님 같은 신을 주장하지 않는 무신론이지만 그렇다고 '절대적인 허무'를 주장하는 종교도 아니라는 것이다. 왜냐하면 불교는 서로 인연이 되는 것들이 상호의존하면서 생성하고 소멸하는 원리와 작용을 가르치는 종교이기 때문이다.

그리고 또 덧붙이는 말을 한다면, 불교는 결코 입자적(粒子的)이지 않고, 입자성(粒子性)과 파동성(波動性)을 모두 가지고 있는 양자적(量子的)인 것으로 퍼지(Fuzzy)한 것이다.[149]

불교는 허무주의도 초월적인 신비주의도 아니다

생각해서 하는 말인데, 쇼펜하우어(1788-1860)나 니체(1844- 1900)는 바로 이 점을 이해하지 못했기 때문에 불교를 허무로의 동경 즉 극단적인 허무주의로 오해하게 되었다고 여겨진다. 물론 니체의 허무주의는 능동적이며 위대한 허무주의지만, 불교의 입장에서 말할 수 있는 것은 불교는 결코 초월적 신비주의도 아니고, 부정적 허무주의도 아니라는 것이다.

불교는 《금강경(제14장)》에 적혀 있는 말처럼 실(實: real)도 허(虛: empty)도 아니다. 즉, 불교는 실체론도 허무론도 아니며, 유신론(Isvara-vada)도 무신론(Nirisvara-vada)도 아니다.

이러한 관점에서 나라다 마하테라는 《붓다와 그의 가르침들(1973)》에서 정확하게 다음과 같이 썼다.

"불교는 형이상학적인 길도 아니며, 종교적인 의식주의의 길도 아니다. 불교는 회의적인 것 또는 독단적인 것도 아니다. 불교는 영원주의 또는 허무주의도 아니다. 불교는 자기 금욕 또는 자기 탐욕도 아니다. 불교는 염세주의 또는 낙천주의도 아니며, 다만 사실주의일 뿐이다. 불교는 절대적으로 이 세상만을 위한 것도 아니며, 그렇다고 다른 세상을 위한 것도 아니다. 불교는 외향적인 것이 아니라 내향적이다. 불교는 하느님 중심이 아니라 인간중심이다. 불교는 깨달음을 가르치는 법(dharma)이다." 라고 하였다.

---

149) 《나의 통찰명상 어록 (석진오의 미발표 원고)》에서. ■ 내가 생각하는 것= 향락을 끌어내리거나, 금욕을 우상시 하지 마라. 향락 생활도 문제가 많은 것이지만, 자기를 학대하는 특별한 고행이나 금욕생활도 문제가 많은 것이다. 왜냐하면 향락 생활은 자기에너지를 비생산적으로 탕진시켜 향락자를 무너지게 하기 때문이요, 자기를 학대하는 특별한 고행이나 금욕생활은 비상식적인 (비상한, 비범한, 특이한) 아집과 교만(자부심)으로 사회성(적응력과 친화력)을 떨어뜨려 금욕자를 고립시켜버리기 때문이다. 그러므로 진정한 현자는 향락과 금욕의 중도를 생활화함으로써 심신의 건강을 삼는다. 바로 이것이 왜 내가 승속통일(僧俗統一), 화광혼속(和光混俗)을 주장하는가 하는 이유이다. 그리고 내가 주장하는 승속통합론(僧俗統合論)과 화광혼속론(和光混俗論)이 어째서 진리인가를 이해하려면 퍼지(fuzzy)적인 지성에 정통해야만 할 것이다. 퍼지학은 "사실의 정도(degree of truth)"를 다루는 어느 정도(to some degree)에 관한 학문으로 양극단을 배제하는 통합 중도의 논리를 가지고 있다. ■ 서양인 불교학자들과 한국인 불교학자들에게= 나는 원효의 화쟁사상(和諍思想)을 전형적인 절충주의라고 비판하는 서양의 불교학자들에게 원효사상을 유연한 퍼지(fuzzy)이론으로 설명해주곤 한다. 그러면 담론의 방향과 성격이 정해지면서 활기를 띠게 된다.

금강경과 열반경의 사상을
설명하는 지해종사

시비가 없고 집착함이 없는 마음:

어떤 제자가 신회 선사에게 물었다.

「스님이 말씀하시는 마음은 옳고 그른 시비(是非)가 있는 것입니까?」

신회 스님이 말했다.

「없다.」

제자가 물었다.

「마음은 머무는 곳이 있습니까?」

신회 스님이 말했다.

「마음은 머무는 곳이 없다.」

제자가 다시 물었다.

「그러나 마음은 마음이 머무는 곳이 없다는 것을 어떻게 알고 있습니까?」

신회 스님이 말했다.

「알고 있다. 그대는 그것을 이해하는가?」

제자가 다시 물었다.

「이해합니다. 그러나 마음은 어디에도 머무는 곳이 없는 것이라면, 그것을 아는 것은 어떠한 것일까요?」

신회 스님이 말했다.

「어디에도 머물지 않는다는 것은 마음이 고요히 가라앉는 것을 의미하며, 이 가라앉아 있는 마음의 본체를 평안함이라고 한다. 가라앉아 있는 마음의 본체에는 스스로 앎(self-knowledge)이 있어서, 자기 마음의 본체가 가라앉아 있음을 잘 알고 있다. 이것을 지혜라고 한다. 이렇게 평안함과 지혜는 완전히 하나인 것이다.

경전에 '가라앉은 마음이 관조의 작용을 일으킨다.' 는 것은 바로 이것이다. 그 어디에도 머물지 않는 마음은 지혜를 떠나지 않으며, 지혜는 그 어디에도 머물지 않는 마음과 다른 것이 아니다. 《열반경》에 다음과 같은 말이 있다. '마음이 지나치게 가라앉기만 하고 지혜가 없다면, 어리석음이 증가된다. 그리고 지혜가 지나치게 많고, 고요히 가라앉는 것이 없다면 천박한 생각이 많아진다. 그러므로 고요히 가라앉는 것과 지혜가 함께 할 때 부처의 바탕(불성)은 분명히 볼 수 있는 것이다.' 이 말씀에 의해서 생각하면, 어디에도 머물지 않는 마음이 지혜를 일으키는 것이며, 마음이 텅 비었다는 것을 아는 것은 요컨대 그 작용이다.」

본문에서 신회 선사는 말하기를 "마음에 시비가 없고, 집착함이 없다." 라고 했는데 그는 거짓말을 하고 있다.

왜냐하면 신회(668-760)선사는 달마 남선종 제 7대 지위에 대한 야망을 품고, 당시의 육조국사인 대통신수(606-706)와 그의 제자 칠조국사 보적(651-739)에 대항하여 육조 혜능설과 칠조 신회 설립을 위해 한 평생 죽을 때까지 극렬하게 투쟁 시비(是非)를 한 분이었기 때문이다.

지나가는 말로, 시비에 관한 심오한 철학은 장자 책에도 나오니 관심 있는 독자는 찾아보시기 바란다.

마음의 체(體: primary)와 마음의 상(相: Nimitta)과 마음의 용(用: uses)에 대해서 가르치고 있는 신회 스님은 자기 스승 혜능의 말씀처럼 일개 불교 포교사에 지나지 않는 분인가?

신회 선사는 설명하기를 "마음이 머무는 곳이 없다는 것은 고요히 가라앉아 있는 마음의 본체를 의미한다."고 말했다.

나는 그렇게 표현하지 않는다.

마음이 머무는 곳이 없다는 것은, 무집착, 걸림 없는 자유, 사로잡힘이 없는 마음을 의미한다.

그리고 신회 선사는 이 마음이 머무는 곳이 없다는 것을 아는 것은, 마음의 본체가 스스로 아는 지혜(self-knowledge)라고 설명했다.

나는 그렇게 표현하지 않는다.

마음이 머무는 곳이 없다는 것(不住心)을 아는 것은, 지성, 관조, 성찰, 통찰을 의미한다.

불교의 거울 철학과 나의 반거울 철학

장열(667-730)거사가 신회(670-762)스님에게 물었다.

「스님께서는 언제나 무념(thoughts without image)을 말씀하시며 사람들에게 학습시키고 있습니다. 대체 무념이라는 것은 있는 것입니까?」

신회 스님이 말했다.

「무념(not thingking)은 있다고 말할 수 없으며, 없다고도 말할 수 없다. 왜냐하면 있다고 한다면 그것은 세간에서 사물이 있다고 하는 것과 같은 것이 되며, 만약 없다고 한다면 세간에서 사물이 없다고 하는 것과 같은 것이 되기 때문이다. 그러므로 무념(無念: without a thought)은 있다거나 없다거나 하는 것이 아니다.」

장열 거사가 다시 물었다.

「그러면 그것은 무엇이라고 불러야 합니까?」

신회 스님이 말했다.

「무엇이라고 이름을 붙이지 않는다.」

장열 거사가 물었다.

「그렇다면 그것은 어떤 것입니까?」

신회 스님이 말했다.

「어떠한 것이라고 할 수 없다. 그렇기 때문에 무념(망상이 일절 없는 생각)은 설명할 수가 없다. 지금 내가 설하고 있는 것은 그대가 질문을 했기 때문이다. 만약 그대가 질문하지 않았다면 나도 설명할 필요가 없는 것이다. 마치 깨끗한 거울과 같다. 만약 대상이 거울을 향하지 않으면, 거울 속에는 전혀 어떠한 모습도 비치지 않는다. 지금 모습이 비친다고 하는 것은 어떤 대상인가로 향하고 있기 때문에 그 모습을 비추어 내는 것에 지나지 않는다.」

장열 거사가 물었다.

「그러면 대상을 거울로 향하게 하지 않을 때에는 거울은 비추지 않습니까?」

신회 스님이 말했다.

「지금 거울이 대상을 비춘다고 하는 것은, 대상에 향하고 있을 때와 향하고 있지 않을 때를 불문하고 언제나 비추고 있는 것이다.」

장열 거사가 물었다.

「지금 언제나 비추고 있다고 말씀하시는 것은 대체 어떻게 비추는 것입니까?」

신회 스님이 말했다.

「지금 거울이 비춘다는 것은 거울 자체가 맑고 깨끗하기 때문이다. 마찬가지로 사람들의 마음은 본래 청정하며 자연적으로 뛰어난 지혜의 빛이 있어서 완전한 열반의 세계를 비추는 것이다.」

장열 거사가 물었다.

「본래 그와 같은 것이라면 어떠한 때에 그것을 얻는 것입니까?」

신회 스님이 말했다.

「그저 무(無)를 볼 뿐이다.」

장열 거사가 물었다.

「이미 무(無)라면 도대체 무엇을 본다는 것입니까?」

신회 스님이 말했다.

「본다고 하더라도 그것을 무엇이라고 부르지는 않는다.」

장열 거사가 물었다.

「이미 무엇이라고도 부를 수 있는 것이 아니라면 도대체 어떻게 무엇을 본다고 하는 것입니까?」

신회 스님이 말했다.

「무(無)를 보는 것이 결국 정말 보는 것으로 항상 보는 것이다.」

〈남양화상문답잡징의(南陽和尙問答雜徵義)〉

새로운 생각의 길:

장열(667-730) 거사는 진순신이 쓴 《중국걸물전》에도 나오는 당대 제일의 문장가이며, 현종을 도와 개원의 황금시대를 펼쳤던 유명한 인물이다.

본문은 신회 선사의 무념(not-thingking)에 관한 이론이다. 그리고 그는 여기서 거울과 거울을 보는 자와, 무와 무를 보는 자에 관한 설법을 하였다.

그런데 U.G.크리슈나무르티(1918.7.9-2007.3.22)는 무념에 대해 아주 잘라버리는 말을 하고 있다. 즉 "경험할 수 있는 무념(無念)의 상태가 있다는 것을 우리는 믿어왔다. 그러나 우선, 그대는 왜 무념의 상태가 되기를 원하는가? 만약 그대가 무념의 상태이길 바란다면, 이 자리에서 죽으면 된다. 이런 사람들은 자신을 완전히 속이고 있는 것이다. 그러나 나까지 속일 수는 없다! 그대는 어떻게 무념의 상태를 경험할 수 있는가? 어떤 경험을 해도 생각은 바로 그 자리에 있다." 라고.

그러나 정념(망상이 일절 없는 생각)마저 부정하게 되면 단멸완공(斷滅頑空)에 떨어지게 될 것이다.[150] 나는 U.G.크리슈나무르티의 부정일변도의 에너지를 느낄 때마다 "여러 사람의 명예를 훼손하여 자신의 선(善)을 이루지 말고, 천하의 이치를 끌어다 자신의 허물을 방어하지 말라."는 채근담의 덕담을 생각한다. 물론 이러한 교훈은 나 자신에게도 적용되는 말이다.

대주혜해의 무념론

그래서 대주혜해(800-?) 선사는 "무념이란 사념(잘못된 생각)이 없는 것이지, 정념(올바른 생각)이 없는 것은 아니다. 정념이란 오직 깨달음을 생각하는 것이다. 그런데 이 깨달음은 참으로 얻을 수 없는 것이다. 그래서 무념이라고 하는 것이다. 이 무념(망상이 없는 생각)을 터득한 자는 저절로 해탈한다." 라고 말했다.

'보는 것이 없이 본다'는 문제

그렇다면 무(無)를 본다는 것은 무견지견(無見之見: 보는 것이 없이 본다)의 경지에서 나오는 말일 것이다.

그러므로 신회 선사의 본의는 "있음과 없음을 모두 버리고, 중도(中道)마저 잊는 것이 무념(생각이 없는 생각)이다." 라는 말씀 정도로 이해해야 할 것이다.

"무(無)를 본다"는 문제는 야키족 인디안인 돈 후앙의 가르침에서도 매우 중요한 것으로 다루어지고 있는데, 인용은 하지 않기로 한다. 관심 있는 분은 직접 찾아보시기 바란다.

생물체내에서의 시각과정

그런데 본다는 것의 과학적 사실은 다음과 같은 것이다.

즉, 내 몸밖에 있는 빛이 눈에 들어와서 망막의 감각세포를 자극하면 그것이 시신경을 거쳐 뇌에 전달되어 감각을 일으키고, 외부에 존재하

---

150) 한국 최대의 불교 사상가 원효(617-686)는 《대승기신론별기》에서 다음과 같이 쓴 바 있다. "중관론과 백론과 십이문론 같은 중관의 논서는 모든 집착에 대해 빠트림 없이 비판하고, 비판도 비판하며, 비판하는 자와 비판되는 것 모두를 더 이상 인정하지 않는다. 이것은 비판만 하고, 골고루 가닿지 않는 논이라고 할 수 있다. 이에 비해 유가사지론과 섭대승론 같은 유식의 논서는 깊고 얕음을 설정하고 상대방의 법문을 비판적으로 해석하여 자신들이 주장하는 법을 버리지 않는다. 이것은 바로 주장만 하고 비판하지 않는 논이라고 할 수 있다."

는 사물의 형태와 움직임과 색과 밝기 등을 알게 되는 것이다. 이 일련의 반응을 시각이라고 한다.

　이러한 시각과정은 진화과정에서 오랜 시간에 걸쳐 생물체내에 만들어진 것이다. 그리고 물론 식물도 동물의 시각에 해당하는 외부의 빛을 받아들이는 메카니즘이 발달되어 있다.

　그렇다면 본문에서 아무것도 없는 무(無)를 본다는 것은 무슨 뜻일까?

무념의 실용성 또는 망상이 없는 생각

　무념(망상에서 벗어난 상태, without recollection)을 좀 더 실용적인 것으로 표현한다면 이런 것이다.

　즉, 과거의 일에 마음을 두지 말고, 미래의 일에도 구애받지 않으면서 오직 현재에 관한 일만을 잘 처리해 나가다 보면 저절로 차츰차츰 고정 관념의 포로가 되지 않는 정신세계의 수준을 터득하게 된다는 것이다. 만약 이 말이 사실이라면, 무념(without a thought)이야말로 정말 약하고 미묘한 것 같으면서 가장 강하고 분명한 것이 아니겠는가?

불교의 무의 의미

　보리달마(460-536)는 《이입사행론》에서 "보는 것이 없이 보면 보지 못하는 것이 없고, 아는 것이 없이 알면 알지 못하는 것이 없다." 라고 말했다.

　그러나 본문에 나오고 있는 '무(無; no-thing)' 에 대해 좀 더 긍정적이고 생산적인 담론을 위해 나는 이야기를 침착하게 과학자들을 초대해서

한 번 정리해보기로 한다.

원효 대사의 말처럼, 보통 세상의 학자들은 유(有)에 집착하고 무(無)에 대해서는 막혀 있는데, K.C.콜은 "무(no-thing)는 매우 중요하다. 무가 없이는 현대물리학과 수학을 이해하기 어렵다."라고 말했다.

C.라인위버는 《우주는 무엇으로 만들어졌는가?》라는 논문에서 "최근에 우주론에서 가장 놀라운 발전은 우주의 75퍼센트가 무(無)로 구성되어 있다는 것이다."라고 전하고 있다.

그리고 무(無)는 무를 낳기조차 한다. 무는 불안정하기조차 한다. 이러한 무를 알고 보면 모든 것을 알 수 있다고 했다. (유불선(儒佛仙) 삼교(三敎) 이전에 있었던 한국 고대 종교 사상에 "무(無; no-thing)는 시일(始一)을 낳고, 시일(始一)은 천일(天一)을 낳고, 천일(天一)은 지일(地一)을 낳았다."는 놀라운 통찰의 문구가 보인다.)

그레고리는 《놀이를 통한 과학》이라는 글에서 "무를 보았다(Seeing nothing)는 것은 완전히 이해했다는 강력한 징후"라고 말했다.

불교의 가르침은 모든 존재와 현상과 문제와 해답은 '변한다, 바뀐다'는 것이다. 이것은 우주에 존재하는 사물과 사건은 모두 순간적인 변천성을 갖고 있다는 것이다. 헤라클레이토스(B.C.E.540~480)도 만물은 변하는것이며, 흘러가는 것이라고 말했다.

그리고 불교의 가르침은 '모든 주체는 비어 있다'는 것과 '모든 것은 공이다'라는 것이다. 그런데 공(空)은 그물망처럼 씨와 올로 짜여지는 상호인연의 원리에서 생겨난 것이다. 그러므로 우리는 영원한 것이 없다는 관념과, 자기자체로 실존하는 것은 아무것도 없다는 관념과, 공에 대해서도 집착으로 사로잡힘이 없어야 할 것이다. 왜냐하면 공도 공한 것이요, 허무도 허무한 것이기 때문이다.

사실 아무것도 없는 진공에서 무한한 양의 사물을 태어나게 하는 모태가 바로 공이다.[151] 그러므로 불교에서 말하는 무(즉, 팽창하고 수축하는 능동적인 無)는 일반사회에서 말하는 허무주의와는 관계가 없는 것이다.

아리스토텔레스(B.C.E.384-322)는 "무(無)에서는 아무 것도 생기지 않는다." 라고 말했다. 그러나 불교의 공(Emptiness)은 양자진공(量子眞空)과 마찬가지로 잠재력으로 넘친다. 이것은 모든 것을 담는 빈 그릇이다. 이것은 가능성과 잠재성으로 들끓는 공(Void, 또는 장(場), 마당, 필드)이다. 이것은 텅 비어 있는 것이 아니라 대기하고 있는 것이다.

불교의 거울철학

본문에 나오는 신회(685-760) 선사의 거울의 철학에 대해서 다시 살펴보기로 한다.

신회 선사의 거울철학은 그 자신만의 독창물이 아니다. 신회 선사가 그토록 미워하는 육조 대통(606-706)신수도 설한 바 있다.

그리고 이 신회 선사의 거울철학도 자신만의 독창물이 아니니, 강승회(?-280)가 쓴 《안반수의경》의 서문에 보면 이미 거울이란 닦는 마경(磨鏡) 철학이 언급되고 있다. 즉, 맑고 깨끗한 거울이란, 청정한 부처의 본성이나 여래(깨달은 자)의 청정한 마음과 마조(708-788)대사의 평상심을 상징하는 것이다. 또 승조(384-414)스님도 맑은 거울로 수양을 성취한 사람의 심리상태를 비유한 바 있고, 장자(B.C.E.369-286)도 성인의 마음가짐은 마치 거울과 같다고 쓴 바 있다.

그리고 심경(心鏡) 법경(法鏡) 명경(明鏡) 보경(寶鏡) 등의 거울철학은 초기불교에서부터 탄트라 불교에 이르기까지 일상적으로 사용하는 매우 흔한 불교용어이다.

원효(617-686)대사도 《대승기신론소》에서 "중생의 마음은 마치 거울과 같다. 만약 거울에 더러운 먼지가 묻어 있으면 법신(法身; 부처의 영적인 몸)이 보이지 않는다." 라고 쓸 정도다.

이제 불교의 외전(外典)으로 나가 연관시켜보면, 중국의 신유학인 성리학에도 불교의 명경지수(明鏡止水)같은 거울철학은, 연꽃철학과 함께 많이 언급되고 있다.

---

151) 한국민족 경전 《천부경》에도 일시무시일(一始無始一)과 일종무종일(一終無終一)이라는 문구가 있다. 일시무시일(一始無始一)이란 "일(一)의 시(始)는 무(無; No-thing)에서 시작한 일(一)이다."라고 번역할 수도 있고, 일종무종일(一終無終一)이란 "일(一)의 종(終)은 무(無; No-thing)에서 종(終)하는 일(一)이다."라고 번역할 수도 있다. 하여튼 천부경은 대단한 경전이다. 그런데 이런 경전을 한국 대학교에서 교수들이 연구하지도 않고, 강의하지도 않는다고 하니 그 얼마나 안타까운 일인가! 2009년 4월 현재 세계 33위인 한국의 국가브랜드 순위를 2013년까지 15위로 끌어올리려면, 한국의 먹거리 선전 보다 우선 민족의 정신과 사상이 하루 빨리 깨어나야 한다. 중국은 예부터 일부러 가짜 경전을 저작하고 제작하면서 중화제일주의를 선양하고 있는데, 한국인은 중국인과 일본인에 비해 너무 순진하고 어리석고 고지식한 것 같다. 현대 한국인은 여전히 애국심과 효심이 강하고, 생활의 적응력이 강하고, 순하고, 학습 능력이 매우 뛰어나다. 그러나 매사에 진지하고 심각하고 심오한 자기 철학이 없고, 또 이런 철학이 대중적으로도 가치와 인기가 없다. 왜냐하면 주로 잘 먹고 잘 놀고 잘 즐기는 일의 도에만 익숙한 낙천적인 민족이기 때문이다. 그러나 이제는 달라져야 한다. 만약 달라지지 않는다면 한국이 국제사회에서 아무리 많이 돈을 벌어도 미국과 일본과 중국과 북한의 영향력에서 한 발짝도 나아가지 못할 것이다. 현재 한국은 군사적으로 약소국이다. 그러나 우리들의 몸과 정신속에는 문화적으로 원효와 율곡과 함석헌의 피가 흐르고 있다. 이제 현대는 모든 분야가 하이브리드 시대다. 그러므로 다문화가정에서 새로운 차원의 경이로운 인물이 출현하여 국제사회에서 위대한 뉴에이지 지도자 또는 사상가로서 활동해주기를 기대한다.

그러나 나는 거울조차도 있는 그대로 사실의 모습만을 비쳐주는 객관적인 대상, 또는 의식체(意識體)라고 생각하지 않는다.

거울은 거울을 바라보는 자를 비춘다는 의식이나 마음이 없다. 거울은 그냥 거울일 뿐이다.

그런데 이러한 거울을 심경, 법경, 명경, 보경이라고 하는 것은 단지 인간의 상상일 뿐이다. 거울은 거울을 바라보는 자를 비춘다는 의식이나 마음이 없다. 거울은 그냥 거울일 뿐이다.

그런데 이러한 거울을 심경, 법경, 명경, 보경이라고 하는 것은 단지 인간의 상상일 뿐이다. 고대 서양의 신비주의 헤르메티카에서는 영혼을 비춘다는 아스트랄 거울에 대한 이야기가 나온다. 그리고 이밖에 현대 두뇌신경학자들은 대뇌변연계(뇌의 감정센터)와 연결되어 있는 거울뉴런(mirror neurons)에 대한 이야기를 한다. 이렇게 거울에 속는 것도 사람이요, 거울을 이용하는 것도 사람이다.

거울의 상징성은 그냥 거기에 있는 사실성에서 비롯된 것이다. 그런데 만약 거울이 사물을 있는 그대로 비추어내는 것이라면 그 거울은 이미 거울이 아니며, 비추어내는 것을 왜곡시키는 이미지일 뿐이다.

사람의 마음이나, 사람이 인식하는 진리나, 인간들이 이상적으로 원하는 순수하게 깨끗한 마음은 결코 거울과 같은 것이 아니다.

사람의 마음은 살아있으므로 움직이는 것이다. 그러므로 사람의 마음은 아무런 생사의식과 정해(情解)가 없는 거울 같은 물건이 아니다. 거울이 먼저 웃는 법은 없지 않은가!

실제로 사람의 마음이란 생사의 경계를 끊임없이 의식하면서 움직이는 동물들의 생존을 위한 감각과 같은 것이다. 그러므로 심경, 법경, 명경, 보경은 결코 무슨 마술적인 심경, 법경, 명경, 보경이 아니다.

생각해서 하는 말인데, 사람의 마음은 생존을 위한 것이기에 유치한 것이다. 그러나 사람의 마음은 우주의 기적이기도 하다. 다만 이뿐이다.

그래서 나는 거울철학의 의미를 단지 "맑고 깨끗한 생각은 밝고 깨끗한 습관을 낳는다." 하는 정도의 가르침으로 이해하고자 한다.

이와 관련하여 요즘 프랑스에서는 10년 후의 모습을 예측해서 보여주는 거울이 만들어지고 있다고 한다. 대단한 발명품이다. 만약 이 물건이 한국에 수입된다면 나도 즉시 사고 싶다.

서양현인들의 거울철학

이슬람의 수피즘 시인인 오마르 카이얌(1040-?)은 "나는 거울이며 나를 보는 사람은 그가 말하는 선이든 악이든 그는 자기 자신에 대해 말하고 있는 것이다." 라고 말한 바 있다.

그리고 미국의 시인 메이 사튼은 "거울은 사실을 보여 주지 시(詩)를 보여 주지는 않는다." 라고 말했다. 이렇게 흔한 것이 거울철학이다.

니체도 광기가 시작될 무렵 튜린에서 끊임없이 거울로 달려가 자신의 모습을 들여다보고는 돌아섰고 그리고는 다시 또 달려가 거울을 들여다보곤 했다고 한다. 발르행 열차 속에서도 그가 끈질기게 요구한 것도 역시 거울이었다. 그는 더 이상 자신이 누구인지 알지 못한 채 그는 자신을 찾고 있었던 것이다. 가엾은 니체.

이제 끝으로 독자들에게 이성률 선생이 쓴 《선사상에 있어서 거울의
비유와 상징》에 관한 논문을 소개해둔다.

그리고 거울철학에 관련하여, 상상력 훈련용으로 B.베르베르(1961-)의
단편소설 《투명피부》도 한 번 권독하고 싶다. 책도 일종의 거울이다. 즉,
지성을 비추어 주는 거울이다.

신회가 혜능을
신수와 차별한 뜻은

당시 북종의 대표자인 산동의 숭원 법사가 신회 스님에게 물었다.

「원래 혜능 선사와 신수 선사는 동문이 아닌가? 동문인 이상 그 선법(禪法: traditional dhyana)도 정녕 같을 것이다.」

이에 대해 신회 스님은 다음과 같이 말했다.

「그것은 같지 않다. 왜냐하면 신수 선사가 사람들에게 가르치기를, 마음을 집중시켜 명상하고, 마음을 안정시켜 고요한 상태를 지키고, 마음을 가다듬어 외계를 통일하고, 마음을 가라앉혀 안에서 깨달음을 구하라고 하기 때문이다. 이것은 완전히 어리석은 자의 가르침에 지나지 않는다.

《유마경》에도 "마음을 안에 머무르게 하지 않고, 밖으로도 향하게 하지 않는 것이 참다운 좌선이니, 부처는 바로 이러한 좌선을 하는 자를 인정한다." 고 적혀 있다.

달마 이래로 6대의 조사들 가운데 어느 한 사람도 마음을 집중하여 명
상하고, 마음을 안정시켜 고요한 상태를 지키고, 마음을 가다듬어 외계
를 통일하고, 마음을 가라앉혀 안에서 깨달음을 구한 적이 없다.

이것이 신수 선사와 혜능 대사가 서로 같지 않은 이유이다.」

〈보리달마남종정시비론〉

새로운 생각의 길:

신수와 혜능의 성품(사람됨의 성질과 바탕)

신수(606-706)와 혜능(638-713)은 오조 홍인(601-674)의 문하생들이다. 신
수는 혜능보다 30세나 더 많은 연장자이며 혜능의 대사형되는 분이다.

혜능은 대통신수 국사의 추천으로 측천무후(624-705)와 중종의 초청을
받은 적도 있다. 하지만 혜능은 병을 핑계로 삼아 모두 거절했다고 한다.

신회가 혜능을 신수와 차별화 하는 뜻은

그런데 신회(685-760)선사가 소주혜능을 육조 신수와 차별화 하는 것
은 신회 그 자신이 칠대 조사가 되고 싶은 야망에서 주장하는 발언일 뿐
이다. 물론 야망도 일종의 노력이다. 나중에 당나라(618-907) 덕종황제는
신회 선사를 드디어 선종의 제 7조로 정한 바가 있었다.

그리스 격언에 "진리는 언제나 가장 강한 주장이다." 라는 글이 있는
데, 맞는 말인 것 같다. 그래서 그런지 영국시인 에드워드 영(1683-1765)
은 "야망! 그것은 선과 악의 강력한 원천이다."라고 쓴 바 있다. 버나드

쇼(1856-1950)도 "인간이라는 것은, 자신의 이기적인 용무에는 철두철미 비겁한 주제이지만, 사상을 위해서는 영웅처럼 싸운다." 라고 쓴 바 있다.

긍정적이고 생산적인 야망론

그런데 F.귀치아르디니(1483-1540)는 《신군주론》에서 "명예롭고 정직한 방법을 통해서 영광을 추구하는 한, 야심은 비난받을 성질도 아니고, 야심에 찬 사람도 비난의 대상이 되지 않는다. 사실 위대한 업적이나 탁월한 성공을 거둔 것은 야심가들이다. 야심이 없으면 사람들은 활력을 잃을 뿐만 아니라 왕성한 활동보다는 게으른 생활에 빠져들기가 더 쉽기 때문이다." 라고 솔직하게 쓴 바 있다.

성찰하건대, 아인슈타인의 상대성 이론 공식(질량×가속도=힘)처럼 〈야망×열정= 에너지〉는 진리다. 그런데 문제는 이런 〈야망(서원)×열정=힘〉이 다른 대상과 충돌하여 모든 것을 파멸하는 결과를 초래하기도 한다는 것이다. 그래서 불교는 항상 중도무아(中道無我)를 중시한다.

신수의 좌선론의 역사성

본문에서 신회 선사에 의해 비판받고 있는 대통신수의 좌선론에 관해서는 그 근원을 찾아보기로 한다.

불교가 중국에 소개되기 전, 인도에는 파탄잘리의 《요가 수트라》에 근거한 독자적인 요가학파가 있었다. 파탄잘리의 저술로 요가 기법은 일반화되었다. 이에 해당하는 불교학파는 요가행파이다. 그러므로 대통신

수의 좌선론은 B.C.E.250년경에 제작된 《스베타스바타라 우파니샤드
(제2장)》와 B.C.E.200년경에 제작된 《바가바드 기타(제6장)》에 나오는 요
가를 행하는 방법에 일치한다.[152]

152) 《우파니샤드》 석진오 편저, 수현사(1993), 173-176쪽 참조. 그리고 또 《크리슈나의 노래》 석
     진오 편저, 합동기획(1983) 65쪽- 74쪽 까지 참조.

153) 중국의 선종사(禪宗史)를 간략히 요약하면, 중국 선불교의 시작은 보리달마다. 보리달마의 사
     상은 이입사행론 등에 적혀있다. 이 보리달마의 가르침을 계승한 분은 이조 혜가이며, 다음
     은 승찬, 도신으로 그 법맥이 이어졌다. 오조 홍인에 이르러 선종은 대통신수가 이끄는 북종
     선과 소주혜능이 이끄는 남선종으로 분열하게 되었다. 반야 공사상을 강조했던 오조 홍인과
     같은 시대에 있었던 우두법융의 우두종과 북선종은 점차 사라지고, 나중에 남선종이 중국의
     대표주자로 남게 되었다. 그러나 이 남선종은 다시 무념(여기서 무념(無念)은 염진여(念眞如)
     를 의미함)과 반야지혜를 강조하는 신회의 하택종과, "평상의 마음이 곧 부처의 도다."라고
     주장한 마조도일의 홍주종으로 나누어지게 되었다. 홍주종은 다시 위앙종, 임제종, 조동종,
     운문종, 법안종으로 나누어지게 되었는데, 이 분파를 오가(五家)라 하고, 송나라 시대에 이르
     러 임제종에서 황룡혜남과 양기방회로 나누어진 것을 합쳐 칠종(七宗)이라 부른다. 남송시대
     에는 임제종의 전통을 이어 받은 대혜종고가 주장한 간화선과, 조동종의 전통을 이어받은 굉
     지정각이 묵조선을 주장하게 되었다. 이상이 중국선종사의 요약이다.
     그리고 또, 말이 나온 김에 선불교 문헌의 역사도 간략히 나열 하면, 우리나라 고려
     (918~1392)시대에도 품격이 고귀한 진각혜심(1178~1234)국사의 선문염송(1266)과 백운
     (1290~1374)선사의 불조직지심체요절(1337)이 있었고, 조선시대(1392~1910)시대에는 청허
     휴정(1520~1604)대사의 선가귀감(1579)이 있었다. 그리고 중국에는 명(1368~1644)나라 구
     여직이 지은 지월록, 원(1280~1368)나라 염상의 불조역대통제, 보제(1179~1253)와 혜명의
     오등회원(1252), 무문혜개(1183~1260)의 무문관(1228), 만송행수(1166~1246)의 종용록, 원
     오극근(1063-1135)의 벽암록(1125), 승천도원의 전등록(1004), 북송(960-1127)나라 혜홍이
     지은 선림승보전, 송나라 이장주가 엮은 고손숙어록, 찬녕(919-1002)의 송고승전(988), 영명
     연수(904-975)의 종경록(976), 정스님과 균스님이 공동으로 편찬한 조당집(952), 혜거의 보
     림전(801), 두비의 역대법보기(775), 정각(683-750)의 능가사자기(720), 도선(596-667)의 속
     고승전(667) 등이 전해져 오고 있다.

이에 비해 신회 선사는 《유마경》의 선사상을 그대로 수용하고 있다. 본문의 주장은 신회 이후의 선종사상(禪宗史上)[153]의 방향을 결정한 것이라고 평가할 수 있다.

그러나 나는 신회 대사의 일생을 상상할 때마다 줄리안 그린(1900-)이 쓴 일기의 한 구절이 생각난다. "인간이란 진리를 알기 위해서가 아니라 하찮은 자아를 보완하기 위해서 독서를 하고 연구를 하는 사람들이 얼마나 많은가!"

그래서 석가모니는 다음과 같이 가르쳤다.

"칼라마스여, 풍문이나 소문에 동요하지 말라. 권위 있는 종교경전에 있는 말이라고 해서 무조건 믿지 말라. 추리에 불과한 말에 동요하지 말라. 검증되지 않은 논리에 동요하지 말라. 수많은 사람들에게 지지를 받는다고 무조건 따라가지 말라. 어떤 사람이 외모가 그럴듯하게 보인다고 해서 따라가지 말라. 대중의 존경을 받고 있는 사람이 주장한 말이라고 해서 현혹되지 말라. 그리고 또, 나의 말도 면밀히 검토해보고 나서 옳다고 생각되어지면 그때 비로소 받아들여야 할 것이다."

가사로 법을 전한다는
신회의 허구적인 설법

숭원법사가 신회 스님에게 물었다.

「법이 가사에 있는가? 왜 가사로써 법을 전하는가?」

신회 스님이 말했다.

「법이 가사에 있는 것은 아니지만, 대대로 가사를 전하는 것으로서 신표를 삼는다. 이것은 전법자를 의지처로 삼는 것이다. 그리고 수행자에게 정법의 종지를 알게 하여 착오가 없게 하기 위한 것이다.

본래 석가여래의 금란가사는 계족산에서 가섭이 간직하고 있으면서 오로지 미륵이 세상에 출현하기를 기다려 이 가사를 부탁하려고 하였다.

이렇게 함으로써 석가여래가 가사를 전하는 것으로써 신표를 삼았음을 나타내었다.

우리 육대에 걸친 조사도 이와 같다.

나는 이제 능히 여래(그렇게 온 사람)의 본성을 완전히 깨달았다. 여래(그렇게 온 자)는 이제 내 몸 속에 있다. 나는 여래(깨달은 자)와 차이가 없다.
여래(이렇게 온 깨달은 자)야말로 곧 나의 참된 본성(眞如: 참으로 그러한 것,
구극의 실체, 있는 그대로의 모습, 性體淸淨, 自性淸淨心)이 아닌가!」

〈신회어록〉

새로운 생각의 길:

야심찬 불여우! 이 악바리 신회가 소주혜능을 등에 업고, 칠조가 되
기 위해 고군분투하지만 "법이 가사에 있는가?" 그런 것은 묻지 않아
도 좋다!

나는 현재 조(祖)도 없고, 종(宗)도 없고, 스승도 없고, 제자도 없고, 절
도 없고, 후원자도 없는 사람이다. 그래도 나는 나다!

신회에 대한 호적의 역사적 평가

호적(1871-1962)선생은 《신회화상유집》에서 신회 선사에 대하여 다음
과 같이 결론을 내리고 있다.

"신회 선사는 중국불교사에 있어서 가장 성공한 혁명가요, 인도선을
훼멸한 자요, 새로운 중국선의 건립자이며, 가사전법(특정한 의복으로 법을
전한다는 것)이라는 허구적인 역사를 만든 자요, 서천 28조라는 허구적인
역사를 지어낸 최초 수립자이며 《육조단경》재료의 최초 제공자이며, 역
사를 조작하여 혁명의 무기로 사용한 최대의 성공자이다.

중국불교사에서 이렇게 위대한 공적과 영구적인 영향을 준 인물은 두

469

번 다시 나타나지 않았다.” 라고.

임계유와 인순의 견해

하지만 다른 견해도 있다. 북경대학의 임계유(1916-)선생은 공산주의의 불교인문학자답게 《선종사 연구에서의 호적의 오류》라는 논문에서 호적에게 조목조목 따지며 맹공격을 퍼붓고 있다.

그리고 인순(1906-)선생은 《중국선종사》에서 말하기를 “인도선이 중국선종으로 변하여 중화선(中華禪)을 이룬 것은 신회라고 호적은 말했다. 그러나 사실 그것은 신회가 아닐 뿐만 아니라 혜능 역시 아니다. 실제로 중화선의 근원이며, 중화선의 건립자는 우두법융이다.” 라고 주장하기도 하였다.

내가 하택신회를 존경하고 인정한다고 말하는 이유

이제 나는 신회 선사의 장(章)을 닫으면서 다음 같은 심정(心情)을 적어둔다.

나는 그동안 신회 선사를 준엄하게 비점(批點)했지만 나는 신회 선사를 존경하고 인정한다. 왜냐하면 그는 정치권력의 영향력을 잘 인식하고 있는 분이었고, 그 누구보다도 금강경과 유마경 사상을 무기로 잘 활용한 분이었고, 또 신회 선사 때문에 《육조단경》도 만들어질 수 있었고, 또한 그의 사상이 중국불교사에서 선종사상사적인 발전의 한 동력이 되었다는 점도 사실이기 때문이다.

나는 그동안 신회 선사에 대하여 마치 권투선수가 12회전까지 싸우듯이, 신회 선사에 대해 감정에 사로잡혀 요령도 없이 무턱대고 선(禪)의 주먹을 휘둘렀다. 그러나 상대가 너무 번쇄한 선사여서 아쉬움이 많은 시합이었지만 일단 경기는 끝났다.[154]

언제 기회가 다시 주어지면, 일회전에서 맞붙자마자 기절시켜버리는 좀 더 집중적이고 깔끔한 시합 장면을 팬들에게 보여주고 싶다. 미소.

선종의 전등계보

선종의 전등 계보는 중국에서 조작된 것이지만, 중국의 조계혜능에 이르기까지 33대가 된다고 한다. 여기에 서천 28조와 동토 6조의 계보를 적어보기로 한다.

전등록에 의하면 1. 마하가섭, 2. 아난다, 3. 상나화수, 4. 우바국다, 5. 제다가, 6. 미차가, 7. 바수밀다, 8. 불타난제, 9. 복타밀다, 10. 협존자, 11. 부나야사, 12. 마명존자, 13. 가비마라, 14. 용수존자, 15. 가나제바, 16. 나후라다, 17. 승가난제, 18. 가야사다. 19. 구마라다, 20. 사야다, 21. 세친, 22. 마노라, 23. 학륵나, 24. 사자, 25. 바사바다, 26. 불여밀다, 27. 반야다라, 28. 보리달마, 29. 혜가 스님, 30. 승천대사, 31. 도신대사, 32. 홍인대사, 33. 혜능 대사가 그것이다.

---

154) 반성하건대, 내 약점은 유모어 감각이 없다는 것이다. 다시 말하면 매사와 문제를 너무 진지하게 성찰한다거나, 또는 승속에서 악한 인간들만 상대하며 부정적인 스트레스를 너무 많이 받으며 살아온 죄로, 내 마음에는 넓은 아량과 여유와 낙천성이 없고, 멀리 보고, 크게 보는 식견이 없는 것 같다.

그러나 《금강반야경(제17장)》에서 부처는 다음과 같이 말했다.

"여래(깨달은 자)가 옛적에 연등불 처소에서 법을 얻었다고 하지만, 실제로 아무것도 얻은 것이 없다. 왜냐하면 그 법은 유물(唯物)도 아니고, 유심(唯心)도 아니기 때문이다."라고.

《반야심경》에도 "안 것도 없고, 얻은 것도 없다. 왜냐하면 본래 얻을 것이 없기 때문이다." 라는 문구가 있다.

임제의 스승인 황벽(?-850)선사도 《전심법요》에서 "물건이나 종이에 붓글씨로 쓴다거나 도장을 찍는다고 해서 법이 전해지는 것은 아니다." 라고 말했다. 그러므로 입만 벙긋해도 이미 어긋나고, 생각만 내어도 이미 어그러지는 것이다.

J.D.크리슈나무르티(1895-1986) 사망이후의 최대의 논사였던 U.G.크리슈나무르티(1918.7.9-2007.3.22)에게 그의 제자가 물었다. "선생님은 자신의 경지를 설명하실 수 있습니까?"

U.G.크리슈나무르티가 말했다. "내가 무엇인가 설명하려들면 이미 어긋나 버린다." 라고.

---

155) Mahesh Bhatt가 엮은 《U.G. Krishnamurti》《no way out》《 thought is your enemy》《mind is myth》《the mystique of enlightenment》《the little book of questions》책들도 한국의 번역가들과 출판인들에 의해 한국 독자들에게도 널리 소개되기를 바란다. 이 책은 지두 크리슈나무르티보다 더 부정적인 사고 또는 네거티브 에너지(Negative Energy)가 넘치는 책들이기 때문이다. 보통 사람들은 열등감을 느끼게하는 사람을 싫어한다. 하지만 후진 약소국의 지성인들이 선진 강대국 지식인들을 사상과 정신력으로 제압하려면 이런 종류의 책들을 많이 번역 출판하여 대중화하는 것도 하나의 방법이 될 수 있다고 여겨진다.

그러자 제자가 다시 물었다. "그러면 말로 할 수 없는 경험입니까?"

U.G.크리슈나무르티가 다시 말했다. "경험이 아니다. 경험한 것이 아니어서 말로 할 수 없다."[155]

우두법융의 법맥에서
육대조사인 남양혜충

혜충 국사와 숙종황제의 선문답:

남양혜충(677-775)은 혜능 대사의 제자라고 한다. 그러나 그가 언제 혜능 대사를 찾아갔으며 어떻게 깨달음을 얻었는지는 찾아볼 길이 없다. 알 수 있는 것은, 고작해야 그가 혜능 대사의 인가를 받은 뒤에 곧장 남양땅 백애산에 들어가 40년 동안 단 한 차례도 산을 내려오지 않았다는 사실이다.

그런데 716년에 그는 당나라 숙종 황제의 초청을 받고 서울로 올라가 국사로 추대되었다.

어느 날 혜충 선사의 법회가 열렸을 대, 숙종 황제가 많은 질문을 던졌다. 그런데 혜충 선사는 숙종 황제를 전혀 거들떠보지도 않았다.

화가 난 숙종이 말했다.

「나는 대 당나라의 황제다! 국사가 나를 거들떠보지도 않는 것은 어떻게 된 일인가?」

혜충 선사가 물었다.

「황제께서는 텅 빈 허공을 보십니까?」

「그렇다.」

「그러면 그 허공이 황제에게 눈짓이라도 하던가요?」

이것으로 그들의 대화는 끝났다.

〈조당집(제3권)〉

새로운 생각의 길:

시인 이형기(1933-) 님은 《존재하지 않는 나무》에서 "돌은 말이 없다. 허공도 말이 없다. 그러나 귀를 잘 기울이면 그들은 모두 말을 한다. 그 것은 참으로 오묘한 말이다. 상상력이란 그런 말을 알아듣는 귀의 다른 이름이다." 라고 쓴 바 있다.

내 상상력으로 말한다면 "허공이 황제에게 눈짓이라도 하던가요?" 라는 혜충 선사의 절묘한 표현은, 허공이 혜충 선사를 통해 눈짓하고 있는데 황제가 다만 모르고 있었다는 의미라고 여겨진다.

본문에 의하면, 혜충 선사는 상대가 황제라고 해서 운문(864-949)선사처럼 노골적인 아부만 하고 있지 않아서 다행이다.

천하의 대 당나라(618-907) 숙종황제가 기분이 좀 많이 상했을 것이다. 그래도 이들의 관계가 법연(法緣, 정신적 인연)으로 지속되고 있는 것을 보면, 두 분이 보통 인연은 아닌 것 같다. 숙종은 어떤 인연으로 혜충(677-775) 스님을 국사로 모시게 되었을까?

본문에서 혜충 선사는 텅 빈 허공이라고 했다. 그러나 허공은 텅 빈 것이 아니다. 허공은 충만하게 가득 차 있다. 그러나 인간 육체의 눈으로는 볼 수 없다. 그래서 이 '허공이 무엇인가?'에 대해 진정한 이해를 가지려면, 혜충 국사는 현대 우주물리학자들이 출현할 때까지 기다려야 한다.

남양혜충의 계보

본문에는 혜충 선사가 혜능 대사의 제자라고 했는데, 홍수평은 《여래선》에서 혜충 선사의 계보가 우두법융→ 지암→ 혜방→ 법지→ 지위→ 혜충 선사라고 썼다. 그렇다면 혜충 선사는 우두법융의 선 계통에서는 육조대사이다.

남양혜충과 하택신회는 서로 어떤 관계였는가

신회 선사는 《보리달마남종정시비론》에서 "달마에서 혜능화상까지 육대 조사들중에서 국사가 된 분은 한 사람도 없다." 라고 쓴 바 있다.

그리고 또, 신회 선사는 신수 국사와 그의 제자 7대 조사인 보적(651-739)국사에 대하여 맹렬하게 부정하였다.

이러한 하택의 신회(670-762) 선사가 남양혜충(677-775) 국사에 대해서는 어떻게 평가할지 궁금하다.

이상하게도 혜충 국사는 신회 선사를 아주 싫어했던 것 같다.

도신(508-651) 대사, 석장(718-800) 대사, 분주무업 선사, 조산(840-901) 선사, 천동여정 선사 등과는 달리 정치계의 한 복판에서 국사로서 활약한 남양혜충의 개인사는 각자의 관점에 따라 평가가 다를 것이다.

신통술의 핵심은
교묘하게 속이는 것이다

인도에서 타심통(남의 마음상태를 아는 신통한 능력)을 얻었다는 대이삼장이라는 사람이 중국에 왔다.

황제는 그의 신통력에 감탄한 나머지 하루는 혜충 국사와 그를 한 번 시험해 보기 위해 자리를 마련한 일이 있었다.

혜충 국사가 먼저 물었다.

「그대가 타심통을 얻었다는 사람인가?」

그가 대답하였다.

「그렇습니다.」

「그러면 그대는 지금 내가 어디 있다고 생각하는가?」

대이삼장이 한참 동안 국사의 마음을 보고나서 이렇게 말했다.

「국사님은 한 나라의 스승이신데, 어떻게 서방정토인 극락세계에 가셔서 경도놀이를 구경하고 계십니까?」

그러자 혜충 국사는 다시 그에게 물었다.

「그러면 지금은 내가 어디에 있다고 생각하는가?」

대이삼장은 다시 한참 동안 국사의 마음을 보고나서 이렇게 말했다.

「국사님은 한 나라의 스승이신데, 어떻게 천진교 위에서 사람들이 원숭이를 놀리고 있는 것을 구경하고 계십니까?」

그러자 혜충 국사가 다시 대이삼장에게 물었다.

「그러면 이번에는 내가 어디에 있다고 생각하는가?」

대이삼장이 다시 국사의 마음을 볼려고 했지만, 볼 수가 없었다.

그래서 대이삼장이 한참동안 어떻게 해야할지를 몰라 안절부절 하고 있었다. 그러자 혜충 국사는 그에게 이렇게 꾸짖었다.

「이 불여우 같은 놈아! 자기 마음도 못 깨달았으면서 타심통(他心通)이 다 무엇이냐!」

대이삼장은 아무 대꾸도 못하고, 그저 고개만 깊이 숙일 뿐이었다.

〈전등록(제5권 혜충장)〉

새로운 생각의 길:

타심통(남의 마음을 읽는 것)에 능한 대이삼장이라... 나는 웃으면서 말한다. 마술의 핵심은 거짓이다. 그러므로 거짓이 들키지 않는 동안에만 희한한 신통력의 소유자인 것이다.

오래전에 SBS TV 프로그램(첫방영은 한국시간 2003년 2월 16일 일요일저녁 7시)에 "도전 백만 달러 초능력자를 찾아라" 라는 게 있었는데, 나도 진실 그 자체를 목격하는 즐거움을 만끽하며 잘 시청한 적이 있다. 위대한 폭로자인 전직 마술사이며 캐나다 토론토 출신인 제임스 랜디(1927-)는 "초능력이 있다는 것을 내 눈앞에서 증명해 보인다면, 상금 백만 달러를 주겠다." 고 말했다.

날카로운 검증자인 제임스 랜디는 말하기를 "이른바 초능력자들은 초능력자가 아니라 트릭을 쓰는 마술사라는 것을 고백해야 한다. 자신이 초능력자라고 주장하는 자는 초능력을 맹신하는 사람들에게는 매우 위험한 존재이다. 그래서 나는 이것을 막고 싶다. 이들은 마술공연이 아니라 초능력이라고 주장하면서 사람들을 현혹해 돈을 벌고, 병을 고친다고 하면서 생명에 위협을 가한다. 이것은 윤리적으로도 부도덕한 짓이다." 라고 하였다.

한국의 종교계에 대해서도 마찬가지 이야기를 적용할 수 있다. 자칭 부처님, 자칭 미륵불, 자칭 예수님, 자칭 하나님, 자칭 천황상제 등 우리나라에는 종교 사기꾼들과 우매한 종교 신자들이 너무나 많은 나라이다.

이러한 현상의 원인에 관련하여 생각해본다면, 우선 우리나라의 민심을 일상적으로 불안하게 만들고 있는 미국과 일본과 중국과 러시아 강대국들의 정치 경제 군사적 영향력과, 강박적인 정치행동으로 국민들에게 영향력을 행사하고 하고 있는 남북한 정치 권력자들에게 근본적인 책임이 있다.

그리고 그 다음 신자들에게 상식적인 종교 교육을 못 시키고 있는 기존의 전통종교계 교육자들의 책임이 매우 크다고 할 수 있다.

전통적으로 관세음보살, 지장보살, 약사여래, 미륵불과 마리아와 예수

479

와 하나님, 불성, 신성, 영성, 선, 묵상, 기도, 신심, 신앙심, 절대 믿음 등 단어 하나만 조작하여 바꾸고, 마음 하나만 조작하여 바꾸어도 큰 미신이 생기는 현상은 이미 수도 없이 많다.

제임스 랜드는 현자이다. 이러한 현자의 정직한 통찰력은 종교의 신비화와 미신의 실체에 대해서도 사실 그대로 벗겨버릴 것이다. 그러나 보통사람들은 제임스 랜드 같은 인물보다는 계속 속임수를 쓰는 유리겔라 같은 인물을 더 선호하는 것 같다.

왜냐하면 진실은 정말 부담스러우며 재미가 없는 것이기 때문이다.

불가의 전설적인 신통력자들

불가에서도 옛부터 여섯 가지 신통력이 있는 자(siddhi)들에 대해 전해지고 있는 소문들이 있다. 즉, 신변통과 신족통과 천안통과 천이통과 타심통과 숙명통과 누진통이 바로 그것이다.[156]

이러한 전설은 파탄잘리가 편찬한 《요가경전》을 근본성전으로 삼고 있는 요가학파의 영향으로 인해 만들어진 것이다.

즉 《요가경전(제3장)》에 보면, 요가수행을 하여 가장 높은 경지에 들어가게 되면 다음과 같은 초자연적인 능력을 터득할 수 있다고 주장하고 있다.

1) 모든 생물의 소리를 알 수 있게 된다. 2) 자신의 전생은 물론 타인의 전생까지도 알 수 있게 된다. 3) 투명인간이 될 수 있다. 4) 타인의 마음을 알 수 있다. 5) 사망시간을 예언할 수 있다. 6) 초인간적인 힘을 가질 수 있다. 7) 먼 곳에 있는 것을 알 수 있다. 8) 우주에 대해 알 수 있다. 9)

과거나 미래를 알 수 있다. 10) 몸에서 화염을 내뿜을 수 있다. 11) 초인적인 청각을 가질 수 있다. 12) 초인적인 청각을 가질 수 있으며, 허공을 날아다닐 수 있다, 라고.

신기한 신통술에 쏠리는 것은 인간의 성향이다. 그래서 황제는 감탄하며 이 게임을 혜충 국사와 함께 더 즐겨 보려고 자리를 마련했던 것이다.

그러나 진기한 것에 경탄하고 이상한 것을 기뻐하는 자에게는 원대한 식견이 없는 법이다.

생의 지혜란 중요하지 않는 것은 무시해버리는 것이다

마침내 혜충 선사는 화를 내셨다. 아마도 그것은 황제의 무지와 대이 삼장의 속임수에 대한 짜증 때문이었을 것이다. 신통력이란 바보들이 시도하는 천박한 술수일 뿐이기 때문이다.

모름지기 신통력 과시란 평범한 일상생활의 능력이 없다는 것을 증명하는 것이다.

그래서 혜충 선사는 "이 불여우 같은 놈아! 자기 마음도 못 깨달았으면서 타심통(남의 마음을 읽는 것)이 다 무엇이냐!" 하며 꾸짖은 것이다. 모름

---

156) 출처는 《중부경전(119 신염경 MN Ⅲ, 97–9)》에서 확인하시기 바람. 신변통(iddhividha)이란 지혜의 형태는 아니지만, 선정상태에서 의지력이 여러 가지로 나타나는 형태들을 말하는 능력을 뜻한다. 신족통이란 모든 장소를 자유롭게 오고 갈 수 있는 능력을 뜻한다. 천안통(divyacaksu)이란 내생의 일을 알아내는 능력을 뜻한다. 천이통(divyasrotra)이란 모든 사물의 소리를 들을 수 있는 능력을 뜻한다. 타심통(paracittajnana)이란 남의 마음 작용을 잘 알아내는 능력을 뜻한다. 숙명통(purvanirvasanusmrti)이란 전생의 일을 알아내는 능력을 뜻한다. 누진통(abhijna)이란 미혹된 근원을 해소하고, 네 가지 진리(四諦)를 증득하여 다시 이 세상에 태어날 원인이 없음을 아는 능력을 뜻한다.

지기 생의 지혜란 중요하지 않은 것들을 무시해버리는 것이다.

그러나 혜충 선사는 보통스님이 아닌 국사였으므로 조금 아쉬운 점은 "남의 잘못을 너무 엄하게 공격하지 말라. 상대방이 그 공격을 받아 견딜만한가를 생각해보아야 한다. 또 사람을 지도할 때에는 지나치게 완벽한 것을 바라서는 안된다. 그가 능히 따를 수 있게 해야 한다."는 《채근담》의 너그러운 사상이 부족했다는 것이다.

물론 《채근담》에도 "소인을 대할 때에는 엄격하기가 어려운 것이 아니라, 미워하지 않기가 어렵다." 라는 말이 있다.

도가의 유명한 열자도 한때는 신기한 관상 점술가에 쏠려 미혹했던 적이 있었다. 참조해보시기 바란다.

속임수를 사용하다가 들킨 마술가 수행자

《구잡비유경》에 보면 다음과 같은 이야기가 나온다.

옛날 어느 곳에, 도를 많이 닦아 무엇이든 꿰뚫어 볼 수 있는 신통력을 가졌다고 스스로 자랑하고 다니는 수행자가 있었다. 이 수행자의 얼굴 생김새나 모습이 대단한 수행자 같아 보였으므로 사람들 중에는 그의 예언을 믿는 사람도 적지 않았다. 한 번은 그 마을의 부자 한 사람이 마을 유지들을 초대하여 만찬을 베풀었다. 이 수행자도 물론 초대되었다. 그런데 이 수행자는 자리에 앉자마자 무엇이 그리 우스운지 혼자 정신 없이 웃는 것이 아닌가? 곁에 앉은 사람들이 왜 웃느냐고 물으니까, 그는 거만한 표정으로 대답했다. "내가 방금 5만 리나 떨어진 산을 보니까, 원숭이 한 마리가 지금 막 나무에서 떨어져 흐르는 물에 빠지는 게 아니겠소? 그게 하도 우스워서요." 일동은 모두 감탄의 소리를 지르며 이 수행자를 추켜세우기에 여념이 없었다. 그러나 이 말이 사실인지 아닌지 확인하고 싶어하는 사람이 있었다. 그 사람은 이 집 주인 아들이었다. 그는 급히 부엌으로 가서 주발(뚜껑이 있는 놋쇠로 만든 밥그릇) 속에 여러 가지 요리를 담고 나서 그 위에 밥으로 덮어 수행자 앞에 내 놓았다. 그리고 다른 손님들의 그릇에는 밑에 밥을 담고 위에 푸짐하게 요리를 담아서 내 놓았다. 그랬더니, 다른 손님들은 모두 음식을 먹는데 수행자만 노한 얼굴로 음식을 먹지 않는 것이었다. "왜 드시지 않습니까?" "내 그릇에는 밥만 있고 다른 반찬이 없으니, 그래, 이런 법이 있소?" 아들은 의아한 표정으로 고개를 저으며 수행자에게 말했다. "당신의 눈은 5만 리나 먼 곳에 있는 원숭이가 물에 빠지는 것도 보면서, 어째서 바로 코 앞에 놓인 밥 밑에 반찬이 있는 것은 못 보십니까?" 수행자는 화가 잔뜩 나서 음식도 먹지 않고 가버렸다고 한다.

이슬람의 수피 탈립은 다음과 같이 말했다.

---

157) 《나의 통찰명상 어록(석진오의 미발표 원고)》에서. ■ 점술을 좋아하는 사람들에 대하여= 점술로 '때(시(時))'만 찾는 것은 기회주의자들과 위선자들이 좋아하는 방법이다. 사주팔자 해석학에서 이런 성향이 강한 사람을 편인(偏印)이라고 한다. 편인의 성향이 강한 사람들은 자신의 이득과 번영을 구하고, 손실과 패망을 두려워하는 마음으로 점술가들을 찾지만, 이들이 얻는 것은 점술예언 의존 중독일 뿐이다. ■ 점술가의 바넘 효과= 점술가와 사주팔자 해설가들은 모두 '바넘 효과'로 먹고 사는 사람이다. ■ 역학은 사후제갈량= 사주팔자와 대운 해설이란 사후관점(事後觀點, Hindsight, 뒤늦은 꾀, 뒷 궁리) 또는 사후제갈량(事後諸葛亮, 사후모략)에 지나지 않는 것이다.

“가르침보다는 배움에 더 열중해야 할 사람들이 그저 신비스러운 분위기 연출을 즐기면서, 그들 자신에 관해 근거없는 소문내기를 좋아하고, 어떤 일을 하면서도 거기에 어떤 신비적인 이유가 있는 것처럼 보이기를 좋아한다. 그들은 항상 어떻게 하면 좀 더 신비스럽게 보일까 그 일에만 고심한다. 그리고 그들은 신비스러운 분위기를 연출하며 사방에 거미줄을 치는데, 그들이 붙잡은 것이라곤 파리에 불과하지. 자 어떠한가, 자네들은 파리처럼 거미줄에 걸려 거미의 저녁 식사거리가 되고 싶은가?”[157]

엄격한 스승의 교육학적 효과

혜충 국사가 제자를 주장자로 때린 뜻은:

남양혜충은 엄한 스승이었다.

하루는 혜충 선사의 후배이자 친구인 단하(739-824) 선사가 놀러왔다. 마침 혜충 선사는 낮잠을 자고 있었다.

단하 선사가 혜충 선사의 시자인 탐원 스님에게 스승이 계시냐고 물었다. 그러자 약간의 선 공부를 한 탐원 스님이 선문답을 했다.

「계시기는 합니다만, 손님은 못 봅니다.」

단하 선사가 말했다.

「너의 대답이 너무나 깊고 멀구나!」

탐원 스님이 다시 말했다.

「부처의 눈을 가지고 있다 하더라도 그를 볼 수 없습니다.」

그러자 단하 선사가 칭찬하는 투로 말했다.

「정말 용이 용을 낳고, 봉황이 봉황을 낳는구나!」

그리고 나서 그는 돌아가 버렸다.

혜충 선사가 낮잠에서 깨어나자, 탐원 스님은 조금 전에 있었던 단하 선사와의 대화를 자랑삼아 떠들었다.

그러자 스승은 탐원 스님을 주장자로 스무 번이나 때리고 절 밖으로 내쫓았다.

이 사실을 전해들은 단하 선사가 말했다. (단하 선사는 혜능→ 청원→ 석두 선사의 제자이다. 그러나 인가와 법명(천연)은 마조 선사로부터 받았다.)

「혜충이 국사로 추대받고 있는 것이 결코 우연은 아니었군!」

〈지월(6권, 17면)〉

새로운 생각의 길:

단하(739-824) 선사의 능청스러움에 혜충(677-775) 국사의 자존심이 상했다. 스승에게 주장자를 맞는 탐원 스님의 간특한 지혜의 모습이 즐겁다.

《서학노근동학문》에 "스승이 된 자가 스스로 근엄해야 하는 것은, 스승이 엄격한 모범을 보인 연후에 도가 높아지기 때문이다. 처음부터 너 그렇게 방치하여 훗날에 원망을 받는 것보다는 처음부터 엄격히 하여 훗날에 감사함을 느끼게 하는 것만 못하다." 라는 글이 있다.

눈으로 직접 볼 수 없는 것들

본문에 의하면 '볼 수 없는 것' 은 낮잠을 자고 있는 스승의 참된 자아(眞我; 미토콘드리아) 또는 무아(無我)에 관한 것이다.

생각해서 하는 말인데, 어떤 것이 부처의 눈으로도 볼 수 없는 것일까?

우리는 폭발하는 우주, 팽창하는 우주를 현장에서 눈으로 볼 수 있는가? 생기는 별, 죽는 별들을 눈으로 볼 수 있는가? 에너지를 눈으로 볼 수 있는가? 중력과 전자기력과 강한 핵력과 약한 핵력을 육안으로 볼 수 있는가? 블랙홀의 얼굴을 눈으로 볼 수 있는가? 시간을 눈으로 볼 수 있는가? 미토콘드리아를 볼 수 있는가?

산하초목의 설법의 의미

어떤 것이 옛부처의 마음인가:

남쪽에서 온 어떤 선객이 혜충 선사에게 물었다.

「어떤 것이 옛 부처의 마음입니까?」

혜충 선사가 대답했다.

「산천초목 모두가 옛 부처의 마음이다.」

「그러면 산천초목에도 마음이 있으니 설법도 할 줄 알겠습니다.」

「쉴 사이 없이 항상 설법을 계속하고 있다.」[158]

「그런데 저는 어째서 듣지 못합니까?」

「그대가 못 듣는다고 다른 사람까지 못 듣는다고 말하지 마라.」

「그러면 어떤 사람이 듣습니까?」

「성인들이 듣는다.」

---

158) "비온 뒤의 숲 속의 나무들은 반야(般若; 맑고 깨끗한 지혜)를 이야기하고, 지저귀는 새들은 진여(眞如; 참으로 그러한 것, 있는 그대로 만물의 실체, 또는 본질 그 자체)를 이야기하니, 눈앞에 자연(自然)이 제 모습 그대로 드러내고 있지 않은가!" 바로 이것이 우두선의 경지다.

「그렇다면 중생들은 들을 자격이 없는 것입니까?」

「나는 중생을 위해 말한 것이다. 결코 성인들을 위해서 말한 것이 아니다.」

「저는 어리석고 둔해서 산천초목의 설법을 듣지 못하지만 스님께서는
인간과 하늘의 스승이시니 산천초목의 설법을 들으셨습니까?」

「나도 듣지 못한다.」

「스님께서는 어째서 듣지 못하셨습니까?」

「내가 산천초목의 설법을 듣지 못해야지. 내가 만일 산천초목의 설법
을 듣는다면 나는 성인들과 같아질 것이니, 자네가 어떻게 나를 보거나
나의 설법을 들을 수 있겠는가?」

〈조당집(제3권)〉

새로운 생각의 길:

어떤 것이 옛 부처의 마음인가? 그것은 보리달마의 마음과 소주혜능
의 마음과 남양혜충의 마음이다.

그렇다면 마음이란 무엇인가? 그것은 어떤 식으로든 서로 연결되어
있는 우리들의 마음이다. 즉 나 홀로 천상천하에 독립적이고 개별적인
마음이란 그 어디에도 그 어느 것에도 없다. 온갖 생명체의 부모인 지구
와 달과 태양조차도 전 우주의 연결망에서 하나의 망(網)일 뿐이다!

그래서 위앙종의 선사들도 색심일체(色心一體: 물질과 마음이 본래 하나의 본
체)요, 심색일여(心色一如: 마음과 물질이 같은 것이다)라고 주장했을 것이다.[159]

.489

본문에서, 산천초목은 항상 설법을 하고 있다고 했는데, 이 의미를 유가에서 찾아보기로 한다.

주자학(주희가 이해하고 해석한 당시 새로운 유교, 성리학)에 아주 충실했던 정도전(1337-1398)은 그의 저서 《삼봉집(도은문집서)》에서 "해와 달과 별들은 하늘의 글이요, 산천과 초목은 땅의 글이요, 시서(詩書)와 예악(禮樂)은 사람의 글이다." 라고 쓴 바 있다.

아마도 정도전 선생님의 이 말은 공자(B.C.E.551-479)의 말에서 배운 것이라고 여겨진다. 즉 공자는 《논어(양화편)》에서 "하늘은 말하지 않는다. 사계절이 운행되고 만물이 잘 자라고 있는데 하늘이 무슨 말을 하겠는가?" 라고 말한 바 있다.

그러나 이러한 유학자들의 경지에는 모자라는 것이 있다. 즉 이러한 사로(思路)나 어로(語路)는 기껏해야 장자의 범도론(汎道論), 범성론(汎性論)이나 서양의 범신론(汎神論) 사상을 넘어가지 못하는 것이기 때문이다.

석가모니의 사상의 길을 가는 나는 "현도(玄道)나 신이 어디 어디에 있다"든가, 더 나아가 "모든 것이 도나 신이다"라든가 하는 문제에 대해서는 관심이 없다. 그것은 다른 종교인들의 문제요, 망상일 뿐이다.

불교의 핵심은 도(道)와 신(神)에 대해서조차도 연기무아(緣起無我; 원인과 조건에 의해 생긴 것은 불변의 실체가 아니라는 것) 또는 오온무아(五蘊無我; 다섯 개의 집합(set)적인 요소는 불변의 실체가 아니라는 것)의 법으로 철저하게 깨달아 본다는 것이다.

그러므로 "어떤 것이 옛 부처의 마음인가?" 라고 나에게 묻는다면, 나는 사제(四諦; 고집멸도의 진리)와 삼법(三法; 일체개고, 제행무상, 제법무아의 법칙)과 팔도(八道; 올바르게 보는 것, 올바르게 생각하는 것, 올바르게 말하는 것, 올바로 행동하는 것, 올바른 생계수단으로 목숨을 유지하는 것, 올바른 방법으로 부지런히 노력하는 것, 올바르게 기억하고 생각하는 것, 올바른 마음으로 안정을 하는 것)라고 말한다.[160]

산천초목에도 정신세계가 있다

산천초목이란 문자 그대로 산과 시냇물과 식물과 나무들을 가리키는 말이다. 그런데 이 산과 시냇물과 식물과 나무에 마음(hrd)이, 그것도 부처님의 마음(hrdaya)이 있다고 했다.

마음은 불교적 정의에 의하면, 감각과 지각과 의지적 행위와 의식의 결합으로써 정신적인 기능을 뜻한다. 그런데 이러한 정신적인 기능이

159) 위앙종 창립자인 앙산혜적(807-883)은 젊은 시절에 탐원 선사의 문하에서 공부한 적이 있는데, 탐원의 스승이 바로 남양혜충이다. 그리고 조동종의 창립자인 동산양개(807-869)는 젊은 시절에 "살아 움직일 수 없는 물건들이 정말 설법을 할 수 있는가?" 하는 문제로 위산영우(771-853)에게 답을 구했는데 깨달음을 얻지 못했다. 그래서 위산영우는 동산양개를 운암담성(781-841)에게 소개하게 되는데, 동산양개는 담성선사와의 만남에서 비로소 깨달음을 얻고 어떤 마음의 진동을 체험하게 된다.

160) 여기서 사제(四諦)와 삼법(三法)의 명제중 하나인 '일체개고(一切皆苦)'에 대해 성찰해보기로 한다. 일체개고(一切皆苦)란 일체가 괴로운 것이 아니라 색수상행식(色受想行識)의 바람직하지 않은 상호작용의 초래로 인한 괴로움이라는 뜻이다. 그러므로 '일체개고(一切皆苦)' 또한 절대 고정불변의 아트만은 아니다. 그래서 석가모니는 아셀라 카싸파로부터 "괴로움은 자기가 만든 것인가? 다른 사람이 만든 것인가? 괴로움은 자기와 다른 사람이 동시에 만드는 것인가? 괴로움은 자기가 만든 것도 아니고 남이 만든 것도 아닌 원인없이 생겨난 것인가?" 라는 질문을 받았을 때 모두 "아니다. 그렇게 말하지 말라."고 했을 것이다. 그러면 일체개고 (一切皆苦)에 대한 석가모니의 진정한 가르침은 무엇인가? 그것은 제자 우파바나에게 말한 바대로 "괴로움은 접촉(接觸)을 연유로 해서 생겨난 것이다."라는 가르침이다.

산과 시냇물과 식물과 나무에도 있다는 것이다.

본문에 말하기를, 산천초목에도 의식이 있다. 의식이 있을 뿐만 아니라 마음도 있어서 설법도 한다고 했다.

그리고 혜충 선사는 이러한 산천초목의 설법을 직접 들을 수 있다는 말까지 덧붙이고 있다. 정말 대단한 산천초목들이군!

중국 선불교의 기본적인 이론

중국 선불교의 기초적인 이론은 모든 중생이 부처가 될 수 있는 본성을 가지고 있다는 불성론 사상이다.

그래서 산천초목에 마음이 있다는 것은, 모든 것에 부처의 본성(불성)과 여래장(누구나 석가모니처럼 될 수 있다는 가능성)이 있다는 대승불교의 사상과 같다.

이 점에서 중국선종의 선사들은 아무리 초불(超佛)적인 언동을 할지라도 대승불교 불성론의 영향권을 벗어날 수 없다는 것을 확인해본다.

그러니까, 중국 선불교 선사들이 아무리 부처의 권위를 부정하고 있다고 할지라도 중국 선불교 선사들은 본성론적인 대승불교 사상의 충실한 교도라고 할 수 있겠다.

산천초목의 설법은 소리에 집중하는 수행을 완성한 관세음보살이 듣는다

《능엄경(제6권)》에 보면 소리에 집중하는 관세음보살의 이근원통(耳根圓通; 소리를 듣는 주체를 전체적으로 깨닫는 수행)법이 있다.

고려시대 보조지눌도 《수심결》에 "이것이 바로 관음보살이 진리에 들

어간 문이다.” 라고 쓴 바 있다.

관세음보살(Avalokitesvara)은 우리나라에서 세상의 ‘소리’를 자비로운 눈길로 ‘바라보는’ 분, 또는 하얀 연꽃을 들고 계신 분으로 알려진 매우 유명한 분이다.

본문에 나오는 산천초목의 설법은 이러한 관세음보살의 경지가 되어야 제대로 들을 수 있다.

여기서 관세음보살의 경지에 대해 잠깐 제멋대로 설명을 해보기로 한다. 관세음이라는 이름은 ‘세상의 소리를 본다’는 뜻이다.

그리고 이러한 이름이 상징하는 관세음보살의 경지는 인도의 요가철학을 이해해야만 알 수 있는 경지다.

즉, 나의 개인적인 의견인데, 관세음보살의 수행법을 이해하거나 터득하려는 사람은 반드시 파탄잘리 마하리쉬가 쓴 《요가 수트라(B.C.E.200년경)》와 스와트마라마 요긴드라가 쓴 《하타요가 프라디피카(C.E.1450년경)》와, 이밖에 《게란다 상히타(1780년경의 요가경전)》와 《쉬바 상히타(1800년경의 요가경전)》와 《고락사 사타카(1894년경의 요가경전)》를 정독하고 체험적으로 달통해야 한다.

그리고 관세음보살의 수행법에 관련하여, 이 모든 요가경전들의 요점만 말한다면, 자신의 내면에서 들리는 신비한 소리(Nada, 즉, Nadanusandana)를 체험하는 깊은 집중상태에서는, 신비한 소리를 듣는 것만 아니라 색(色; 형태, 색깔)을 보기도 한다.

다시 말하면, 깊은 집중상태 또는 명상에서 체득되는 신비한 소리는 귀로 듣는 것만 아니라 빛 또는 형태를 보는 것처럼 보기도 한다. 그래서 관세음보살(세상의 소리를 보는 사람)이라는 명칭을 얻게 된 것이다. 참고로 여기서 신비한 소리(Nada, 즉, Nadanusandana)란 아나하타 차크라(심장, 가슴)에서 생성된 것이다.

물론 이 신비한 소리는 (힌두교의 관점에서 설명한다면) 아트만과 브라만의 소리요, 그 빛의 현현이다.

그러나 대승불교의 관점은 부처의 화신과 법신과 응보신의 소리와 빛을 의미한다.

산천초목에도 희노애락의 일상생활이 있다

다시 본문 해설로 돌아와 직설한다면, 식물도 생각한다. 식물도 기절한다. 식물도 고독에 시달리다 죽어간다. 식물도 시끄러운 음악에는 지친다. 식물도 강한 빛 때문에 잠을 못잔다. 노이로제나 절망하는 식물도 있다. 그러니까 식물에도 희로애락의 일상생활이 있는 것이다.

그래서 에밀 시오랑(1911-1995)은 "하나의 진딧물일지라도 그것이 만약 의식을 가지고 있다면, 그것은 인간과 똑같은 어려움과 미해결의 문제점과 맞닥뜨려 있을 것이다." 라고 쓴 바 있다. 관심있는 분은 수잔네 파울젠(1962-)이 쓴 《식물은 우리에게 무엇인가》를 참조해보시기 바란다.

요즘 산천초목의 설법의 주제는 지구생태학이다

본문 담론에서 내가 왜 관세음보살의 《이근원통법(耳根圓通法; 온갖 소리를 듣는 주체를 전체적으로 깨닫는 방법)》을 끌어들여 운운하는가 하면, 이 지구의 생태학적인 이유에서다.

오늘날의 산과 강과 식물과 나무들은 지구의 암세포인 68억 명 이상의 인간동물들이 만들어내는 온갖 공해로 피해를 당하고 있다. 그래서 요즘 자연계에서 들려오는 침묵의 외침소리가 하늘을 진동하고 있는 것 같다.

산천초목은 죽은 사물이 아니다. 인간이 지구에서 고뇌없이 평화스럽게 살기를 원한다면, 산천초목과 관계가 원만해야 한다. 우리는 서로 적이 아니다. 우리는 함께 지구에 살고 있는 가족이다.

나는 본문에서 이런 식의 깨달음을 얻기 위해서라도 "산천초목의 설법을 들을 줄 알아야 한다." 고 생각한다.

산천초목의 설법을 듣는 방법

그러면 산천초목의 설법은 어떻게 들을 수 있는가?

서한의 유안(B.C.E.179-122)은 《회남자(원도훈)》에서 "무음(無音)은 모든 음성의 대종(大宗)" 이라고 쓴 바 있다.

그리고 아이작 아시모프(1900-1992)는 《두뇌로의 여행》에서 "듣고 싶으면 우선 들을 자세를 갖추어라. 우리 마음속에 논쟁과 고함소리가 가득 차 있다면 아무것도 감지하지 못할 것이다." 라고 썼다.

그래서 장주는 《장자(제4장 인간세)》에서 "들을 때, 귀로 듣지 말고 마음으로 들어라. 그러나 참으로 듣는 것은 마음으로 듣는 것이 아니라 기(氣; Vitality 또는 Vital Energy)로 듣는 것이다. 왜냐하면 귀는 듣는 것으로 그치고 마음은 형체를 인식하는데 그치지만, 기(Gi; 생명에너지, 또는 Vital Force)는 텅 빈 상태로 만물을 받아들이기 때문이다." 라고 썼을 것이다.

관심 있는 분은 서정록의 《잃어버린 지혜: 듣기》와 돈 아이디의 《소리의 현상학(원제는 Listening and Voice)》와 올리비아 듀허스트 마독의 《소리치료(Healing with Sound)》를 참조해보시기 바란다.

언어로서
언어를 초월한다

누가 혜충 선사에게 물었다.

「가섭이 부처에게 법문을 들었다고 하는데, 그것은 들은 것입니까? 듣지 않은 것입니까?」

「듣지 않고 들었다.」

「어떤 것이 듣지 않고 듣는 것입니까?」

「들어도 듣지 않은 것이다.」

「그렇다면, 여래(깨달은 자)의 말씀이란 무엇입니까?」

「여래(이렇게 온 깨달은 자)는 말씀이 없다.」

「어떤 것이 말씀 없는 말씀입니까?」

「말이 천하에 가득해도 잘못됨은 없는 것이다.」

신라(B.C.E.57-C.E.935)시대의 설원효(617-686)는 《십문 화쟁론》에서 "마치 손가락으로 달을 보여주는 것과 같이, 나는 언설을 가지고 언어를 초월해 있는 진리를 보여주고자 한다." 라고 썼다.

진리는 언어문자로 가르칠 수 있다. 즉 제대로 이해했다면 말로도 명확하고 쉽게 표현할 수 있다는 것이다

또 원효 대사는 《대승기신론 별기》에서 "이치는 말할 수 없는 것도 아니지만, 말할 수 없는 것이 아닌 것도 아니다. 이치는 말할 수 없는 것이지만 또 말할 수 없는 것도 아니다." 라고 쓴 바 있다.

《열반경》에도 "듣지 않고 듣는 것은, 들으면서 듣지 않는 것이요, 들으면서 듣지 않는 것은 듣지 않고 듣는 것이다." 라는 문구가 있다.

이것은 하루 종일 말해도 말한 바가 없고, 하루 종일 들어도 들은 바가 없으니, 석가모니가 45년 동안 설법을 해도 설한 법은 일체공(一切空)이라는 가르침과 같은 이치인 것이다.

석가모니와 가섭의 경지는 설명하지 않고 설명하는 것이요, 듣지 않고 듣는 것이다.

석가모니와 가섭 존자의 이심전심

그러므로 석가모니가 꽃을 드니 가섭 존자가 웃은 것이다. 즉, 석가모니는 가섭에게 말없는 미소로 그의 진리를 전했다는 것이다. 《금강경(제22장)》의 가르침을 참조하시기 바란다.

소문에 의하면, 부처님은 가섭 존자에게 세 곳에서 자신의 마음을 전했다고 한다. 즉, 삼처전심(三處傳心: 多子塔前分座, 拈花微笑, 廓示雙趺)이다. 그래서 석가모니와 가섭 존자가 꽃 피우고 열매를 맺은 경지는 열반묘심, 실상무상, 미묘법문, 불립문자, 교외별전, 이심전심이라는 것이다.[161]

현대과학의 입장에서 이해해본다면, 생명의 언어는 전기 화학적이라고 말할 수 있다.

C.B.바이츠제커의 설에 의하면, 사람은 단 하나의 세포핵이 갖는 정보의 분량이 수천 권의 책의 문고에 비견할만한 것이라는 사실을 알아내었다.

그러나 여기에는 말하는 사람도, 무엇인가를 전달하는 사람도, 혹은 전달된 것을 이해하는 사람도 아무도 실재하지 않는 것이다. 왜냐하면 모든 존재와 현상은 수많은 원인과 조건에 의해 생긴 것이기에 무아(無我; 고정불변의 실체성이 없는 것)이기 때문이다.

---

161) 열반묘심이란 열반의 묘한 마음이라는 뜻이다. 실상무상이란 실상은 상이 없다라는 뜻이다. 미묘법문이란 미묘한 법문이라는 뜻이다. 불립문자란 인도불경이나 논서에 의존하지 않는다는 뜻이다. 교외별전이란 인도불교 경전 밖에서 중국 조사어록으로 특별히 전하는 가르침이라는 뜻이다. 이심전심이란 서류문서와 도장이 아닌 순수한 마음으로써 순수한 마음을 전한다는 뜻이다.

실상(참꼴)이란 무엇인가

실상이란 무엇인가:

인공봉이 혜충 선사에게 물었다.

「어떤 것이 실상(實相)입니까?」

혜충 선사가 말했다.

「텅 빈 것을 잡아 오너라.」

인공봉이 말했다.

「텅 빈 것은 얻을 수 없습니다.」

혜충 선사가 말했다.

「텅 빈 것은 얻을 수 없다고 하면서, 실상(참꼴)은 알아서 무엇을 하려
고 하는가?」

〈조당집(제3권)〉

새로운 생각의 길:

실(實)은 실(Real)이 아니요, 상(相)은 상(Nimitta)이 아니다.

왜냐하면 실(實)은 허(Sunya)에 있고, 상(相)은 무(無)에 있기 때문이다.

《금강경(제14장)》에 "실상은 실상(Reality)이 아니다. 다만 이 이름이 실상(참꼴)이다." 라는 문구가 있다.

여기서 이름(호칭)이란 가명(假名)이다. 가명은 가상(假相)이기 때문에 그렇게 부르는 것이다. 어째서 가상(假相)인가 하면 제법무아(諸法無我; 모든 존재에 아트만이 없다는 것)이기 때문이다.

그리고 또, 가상(假相)은 시설(施設)된 것이므로 가설(假設)일 뿐이다. 예를 들면, 내 이름이 호적상의 이름이든 승적상의 이름이든, 이 모든 이름은 덧없는 것이며, 참 그 자체로서의 영원한 덩어리(입자적(粒子的)인 실체)는 없는 것이다.

"수학(數學)조차도 편리한 가설에 불과한 것"이라고 H.푸앙카레(1854-1912)는 말한 바 있다.

우리들의 눈앞에 있는 모든 것은 변한다. 우리들의 눈도 변한다. 보고 있는 과정 자체도 변한다. 그런데 무슨 실상(Reality)을 알아서 그 어떤 텅 빈 것을 얻으려고 하는가?

소크라테스 이전의 철학자들은 무엇을 실상으로 알았을까

소크라테스(469-399.B.C.E) 이전의 철학자들인 탈레스(624-545.B.C.E)는 실상을 물이라고 했으며,

피타고라스(570-496.B.C.E)는 실상을 음악이라고 했으며,

데모크리토스(460-370.B.C.E)는 실상을 입자라고 했으며,

파르메니데스(540-470.B.C.E)는 실상을 하나라고 했고, 이 하나는 절대 변하지 않는 것이라고 주장했으며,

헤라클레이토스(544-484.B.C.E)는 실상을 변화라고 했고, 그 어떤 실상도 변하는 것이라고 주장했다.

이 중에서 석가모니(623-544.B.C.E) 부처의 깨달음(즉, 제행무상과 제법무아의 진리에 관한 깨달음)과 가장 비슷한 사상은 헤라클레이토스의 사상이다.

루 크레티우스(96-55.B.C.E)도 "머무는 것은 하나도 없고, 모든 것은 흘러간다."고 쓴 바 있다. 관심있는 독자는 그 유사성에 주의해 성찰해 보시기 바란다.

위로 구할 보리가 없고,
아래로 제도할 중생이 없다

불교의 대체적인 뜻은 무엇인가:

한 스님이 혜충 국사에게 물었다.

「어떤 것이 불교의 큰 뜻입니까?」

혜충 국사가 말했다.

「문수당에 있는 일 만 명의 보살이다.」

「무슨 말씀인지 잘 모르겠습니다.」

「관세음보살은 눈이 천개요, 손이 천개다.」

새로운 생각의 길:

상구보리 하화중생(上求菩提 下化衆生; 위로 깨달음을 구하고, 아래로 중생을 구제한다는 것)이 불교의 큰 뜻이다.

그러나 상구(上求)할 보리가 없고, 하화(下化)할 중생이 없다는 것을 알아야 한다.

누가 문수당의 일만 보살과 관음보살의 천수천안을 운운하는가?

불교대의(佛敎大意)가 이렇게 지혜와 자비라면 그것은 대개 허영심에서 비롯한 과대망상일 뿐이다. (인간의 이기주의란 너무 오묘해서 이런 점도 있을 수 있으니, 진정한 구도자는 항상 철저히 자기반성을 해야만 할 것이다. 이런 뜻에서 쓴 글말이다.)

불교의 지혜와 자비는 좋은 스승을 소개해주는데 있다

《조당집(16권)》에 보면, 떠돌이 스님 황벽(?-850)의 인물됨을 알아보고 백장(720-814) 선사에게 소개해주는 어떤 할머니 이야기가 나온다.

그런데 보통이 넘는 이 할머니는 젊은 날 남양혜충(676-775.12.9)의 문하에서 불교의 대의(大意)를 공부한 분이었다고 한다. 역시 관세음보살은 눈이 천개요, 손이 천개다.

혜충 국사가 얻은 법은
얻음이 없는 법이다

숙종 황제가 혜충 국사에게 물었다.

「스님은 어떤 법을 얻으셨습니까?」

혜충 국사가 대답했다.

「폐하께서는 허공에 한 조각 구름이 떠 있는 것을 보신 적이 있습니

까?」

「본 적이 있습니다.」

혜충 국사가 말했다.

「소복소복하게 매달려 있는 듯 합니다.」

웃으며 말한다. 숙종 황제는 어떤 인연으로 혜충 스님을 국사로 모시게 되었을까?

대승불교 금강경의 소득법(부처의 진리를 얻는 것)은 무득지득(無得之得: 얻는 것이 없이 얻는 것)이다.

관심있는 분은 금강경 제 7장(부처는 어떻게 깨달음을 얻고, 어떻게 설법을 했는가)에 관련하여, 석진오 지음 《금강경과 함께 깨어나기(2008)》 118-142쪽 까지를 참고해보시기 바란다.

오늘 지금 바로 여기 이 순간에
현존하는 부처에 대하여

어떤 것이 부처의 화신인가:

숙종 황제가 혜충 국사에게 물었다.

「어떤 것이 부처의 화신입니까?」

혜충 국사가 일어나면서 말했다.

「아시겠습니까?」

황제가 말했다.

「모르겠습니다.」

그러자 혜충 국사가 말했다.

「저에게 시원한 물 한 잔을 주시지 않겠습니까?」

새로운 생각의 길:

선사의 조크는 황제를 깨우치고도 남음이 있을 정도다. 선사들의 조크는 항상 즐겁다.

부처의 화신을 찾는 자의 망상

"어떤 것이 부처의 화신인가?" 베트남의 감성(?-860) 선사는 이에 대해 "부처는 모든 곳에 두루 있다." 라고 말했다.

그러나 《금강경(26장)》에 보면 다음과 같은 부처의 게송이 있다.

"만약 나를 어떤 외모의 특징으로 보거나 음성으로 나를 구한다면 이러한 사람은 잘못된 길을 가는 자이니 결코 여래(깨달은 자)를 보지도 알지도 되지도 못할 것이다."

《남전대장경(14권 176-178쪽)》에도 같은 내용이 있으니 참조해보시기 바란다.

본문에서 숙종 황제는 "어떤 것이 부처의 화신인가?" 라고 물었다.

하지만 숙종 황제는 부처의 화신이든, 자기 부모의 화신이든 '이 순간이 곧 최후' 라는 깨달음으로 최선을 다해야 할 것이다.

혜충과 탐원의
선어록의 영향력

탐원 스님이 혜충 국사에게 물었다.

「스님께서 입적하신 뒤에 누가 궁극의 법칙을 묻는다면, 그에게 무엇이라고 말해 주어야 합니까?」

혜충 국사가 말했다.

「딱한 일이다. 호신부적은 얻어서 무엇을 하려고 하는가?」

새로운 생각의 길:

혜충 스님도 죽었다. 탐원 스님도 죽었다. 그러나 그들의 '호신부적(자신에게 닥쳐올지도 모르는 불운을 미리막고, 자신에게 항상 부처님의 가호와 길운이 있기를 바라는 부적. 그러나 여기서 호신부는 조사선의 문답어록을 가리킴)' 은 아직도 남아서 이렇게 중생들에게 영향력을 행사하고 있다.

죽어도 죽지 않고 계속 살아서 인류의 두뇌에 영향력을 행사하는 것은 부처와 대사들의 어록이다

《금강경(12장)》에 보면 다음과 같은 글이 있는데, 본문의 뜻과 부합시킬 수 있다.

"수보리여, 이 경전과 네 구절의 게송 등을 설하는 장소는 마땅히 알아야 한다. 이곳은 모든 세상의 신들과 인간들과 아수라들이 모두 당연하게 공양하기를 부처님의 탑묘와 같이 대할 것이다. 그런데 하물며 사람이 있어서 이 경전을 수지하고 독송함에 있어서는 더 말할 것이 있겠는가? 수보리여, 마땅히 알아야 한다. 이러한 사람은 가장 높고 가장 귀한 진리를 얻을 것이다. 이렇게 이 경전이 있는 곳에는 부처님(큰 깨달음을 지닌 스승)과 존중받는 제자가 있느니라."

즉, 혜충 국사의 법어가 있는 곳에는 뜻있는 독자도 항상 있기 마련이라는 것이다.

이 책을 눈 앞에 두고 있는 당신 또한 나를 정신적으로 만나고 있다고 해야 할 것이다.

"오, 책이여! 너는 나에게 무엇을 하려고 하는가?"

대립적인 관점을 놓아버리면
균형을 얻게 된다

숙종 황제가 자기 시종과 함께 혜충 국사를 법상에 오르게 하였다. 그때 혜충 국사는 하늘을 우러러 보면서 말했다.

「아시겠습니까?」

황제가 말했다. 「모르겠습니다.」

혜충 국사가 말했다. 「노승이 오늘 피곤합니다.」

황제가 다시 물었다.

「어떤 것이 다툼이 없는 명상(無諍三昧)입니까?」

혜충 국사가 말했다.

「황제께서는 비로자나불의 머리를 밟고 다니십니다.」

황제가 물었다.

「어떤 것이 비로자나불의 머리 위로 다니는 것입니까?」

혜충 국사가 말했다.

「자기의 청정한 법신을 바로 보시기를 바랍니다.」

새로운 생각의 길:

혜충 국사는 "자기의 청정한 법신(영적인 몸)을 바로 보라"고 말했다. 그러나 청정한 법신(영적인 몸)이란 똥통을 극락세계로 알고 있는 구더기일 뿐이다.

어쩌다가 일개 인간 석가모니의 몸이 법신(영원불멸의 몸)으로 변해서 이렇게 본체의 신이 되었는지, 인도와 중국 불교도들의 책임이 크다.

다툼이 없다는 의미

숙종 황제가 혜충 국사에게 물었다. "어떤 것이 다툼이 없는 명상 또는 그 상태(無諍三昧)입니까?"

야부도천(1127-1130)의 말로 답변을 한다면 두 개의 관점을 모두 놓아버리면, 중도(中道)는 일시에 편안해지는 법이다.

《금강경(제9장)》에도 다툼이 없는 진리에 관한 글이 있으니 참조해보시기 바란다.

하지만 나의 통속적인 생각을 말해본다면, 다투는 중에도 결코 다투지 않는 것이 있고, 다투지 않는 중에도 크게 다투는 것이 있다. 이것이 인생인 것 같다. 다만 여기서 중요한 것은, 언제 어디서 무엇을 하든 이 순간에 현존하는 제 모습을 똑바로 쳐다보는 일 일 것이다.

선악이 난무하는 현실에서
부처가 되는 방법

어떻게 하면 부처가 될 수 있는가:

왕영의 문도인 지심이 혜충 국사에게 물었다.

「어떻게 하면 부처가 될 수 있습니까?」

혜충 국사가 대답하였다.

「부처와 중생을 모두 버려야 바로 그 자리에서 해탈한다.」

「어떻게 하면 서로 걸맞을 수 있겠습니까?」

「선과 악을 일절 생각하지 말아야 자연히 부처의 본성을 볼 수 있다.」

새로운 생각의 길:

선악을 초월한 부처의 지혜의 무애자재

어떻게 하면 부처가 될 수 있는가 하는 한, 결코 부처가 될 수 없다. 왜
냐하면 부처가 되려고 애쓰는 것도 탐욕이기 때문이다.

그리고 지심당은 대체 부처가 된 후에 그것을 가지고 어디에 쓸려고 하는가?

명(1368-1644)나라 원굉도(1568-1610)의 《원중랑전집》에 "세상에는 한 사람도 괴로운 처지에 있지 않은 사람은 없다. 그리고 그 처지란 것은 해마다 변하고 달마다 달라져 괴로움 또한 이에 따라 달라진다. 그렇기 때문에 벼슬을 하면 벼슬아치의 괴로움이 있고, 신선이 되면 신선의 괴로움이 있으며, 부처가 되면 부처의 괴로움이 있다." 라는 글말이 있다. 이렇게 일체행고(一切行苦)는 사실이다.

그런데 혜충(677-775) 스님은 오로지 종교적인 업무에만 충실했던 남악 회양(677-744) 스님이나 청원행사(673-741) 스님과는 달리, 선과 악이 난무하는 현실정치의 장에서 국사(국왕의 자문위원장)로서 계시면서 아무런 고민도 불만(dukkha)도 없는 모양이지요?

"선도 악도 일절 생각하지 않아야 자신의 진면목을 볼 수 있다"는 혜충 국사의 말은, 육조단경의 주인공인 혜능 행자의 법어다.

생각건대, 어떻게 하면 부처가 될 수 있는가? 부처는 될 수 없어도 절에 가서 불교신자로 등록할 수는 있다.

그러나 절에 가서 불교신자 등록을 하지 않아도 자신의 평소 일상생활에서 어느 날 큰 깨달음을 얻을 수 있다.

대각(大覺)의 도는 이렇게 고정적인 길이 아닌 것이다.

관심있는 독자는 금강경 제 26장을 참조해보시기 바란다.

혜충과 탐원의 '거시기' [162]

엄한 스승 앞에서 재롱을 떠는 제자의 지혜:

혜충 국사가 어느날 탐원 스님이 법당으로 들어오는 것을 보고, 한 쪽 발을 올렸다. 그러자 탐원 스님이 나가버렸다.

조금 지나서 탐원 스님이 다시 돌아왔다.

혜충 국사가 물었다. 「조금 전에 행한 뜻이 무엇인지 알겠는가?」

탐원 스님이 대답했다. 「누구에게 말씀하시는 것입니까?」

혜충 국사가 말했다. 「내가 자네에게 물었다.」

그러자 탐원 스님이 말했다. 「어디서 저를 보셨습니까?」

새로운 생각의 길:

엄한 스승 앞에서 재롱을 떨며 자신의 지혜를 과시하고 있는 탐원 스님이 즐겁다.

---

162) '거시기'란 한국 전라도 지방의 사투리 말로 '내가 알고 네가 아는 것'을 의미한다.

혜충과 탐원이 위앙종의 창립자들에게 준 영향은 원상법이다

《오등회원》에 의하면, 나중에 탐원도진 스님은 20대 청년 앙산혜적 (807-883)의 방문을 받게 되는데, 그 때 탐원 스님은 자기가 혜충 선사에게 전해받은 97종류의 원상(圓相)의 현지(玄旨)가 적혀 있는 책을 젊은 앙산혜적에게 전해준다. 그런데 앙산혜적은 그 책을 받아서 한 번 읽고 나서는 그것을 불태워 버렸다. 탐원 스님이 놀라면서 "왜 그렇게 했는가?" 라고 물으니, 앙산혜적은 말하기를 "의미를 알게 되면 책은 필요 없게 됩니다." 라고 말했다. 앙산혜적(807-883)은 수년이 지난 후 대위산의 영우 (771-853)선사 문하에 들어가 철저한 깨달음을 얻고 나서 위산영우를 15년 동안 시봉하며 살았다. 위산영우와 앙산혜적은 이른바 위앙종의 창립자들이다.

그러나 앙산혜적은 자신도 모르는 사이에 탐원 선사의 영향을 많이 받았다. 왜냐하면 앙산혜적은 학인들을 접할 때에 원상[139]을 많이 애용하고 있기 때문이다.

칼 융(1875-1961)도 《인간과 상징》에서, 선종의 원(圓)은 깨달음과 인간 극치의 상태를 상징하고 있다고 설명한 바 있다.

163) 앙산혜적의 원상(圓相)은 World mind, 또는 Whole organism으로 영역(英譯)할 수 있는 것으로 전유기체(全有機體)의 상징, 또는 색즉시공(色卽是空) 공즉시색(空卽是色)의 상징, 무념무상(無念無想)의 상징, 언어도단(言語道斷)의 상징이라고 이해할 수도 있다.

정통 인도철학의 이것과
금강경의 이것

어떤 강사 스님이 혜충 국사를 방문했다.

혜충 국사가 물었다.

「그대는 무슨 일을 하고 있는가?」

강사 스님이 대답했다.

「금강경을 강의하고 있습니다.」

그러자, 혜충 국사가 말했다.

「금강경 첫머리에 나오는 두 글자는 무엇인가?」

강사 스님이 말했다.

「여시(如是)입니다.」

그 때, 혜충 국사가 말했다.

「이것이 무엇인가?」

금강경 첫머리에 나오는 두 글자에 대한 촌석

여(如)는 이미 여가 아니다. 시(是)는 이미 시가 아니다.

아(我)는 이미 아가 아니다. 문(聞)은 이미 문이 아니다.

그러므로 여도 없고, 시도 없고, 아도 없고, 문도 없는 것이다. 이와 같이 여시아문(如是我聞; 이렇게 나는 들었다는 것)은 일률적으로 고정되어 있지 않다.[164]

남양혜충의 '이것'의 의미

본문에서 혜충 국사는 "이것이 무엇인가?" 라고 말했다. 《금강경》의 즉비시명(即非是名; 부정과 긍정)의 논리로 말한다면 "이것(idam)은 이것이 아니다. 다만 그 명칭이 이것이다."

우파니샤드 사상의 대표자인 웃달라카는 "탓 트밤 아시" 또는 "아함 브라흐마스미" 라고 말했다. 이 사상은 바로 정통인도철학의 핵심적인 사상이다.

탓 트밤 아시(Tat tvam asi)란 '그것은 바로 너다.' 라는 뜻이다. 아함 브

---

164) 여시아문(如是我聞)의 원어는 범어로는 evam maya srutam이며, 팔리어로는 evam me sutam이다. 직역하면 "내게는 이렇게 들렸네." 라는 뜻이다. 그러니까 수동적인 형태의 문장 형식이다. 만약 "나는 부처가 이렇게 말했다고 생각한다." 라고 번역한다면, 능동적인 형태의 문장형식이 될 것이다. 여기서 금강경의 첫 구절인 '여시아문'은 고대중국의 한역 6본 모두 똑같다. 여기서 한역 6본이란 요진나라 부견과 요흥시대의 구마라집 금강경 번역본과 북위나라 선무제 시대의 보리유지 금강경 번역본과 남조의 진나라 왕방사 태수시대의 진제 금강경 번역본과 수나라 문제와 양제 시대의 급다 금강경 번역본과 당나라 태종 이세민 시대의 현장 금강경 번역본과 당나라 측천무후 여성황제 시대의 의정 금강경 번역본을 가리킨다.

라흐마스미(aham brahmasmi)란 ‘나는 브라만이다.’ 라는 뜻이다.

그런데 여기서 타트(Tat: 그것)와 혜충 국사의 이것(idam)과 금강경의 여시(如是: evam: 이것)는 같은 것인가, 다른 것인가?

‘이것’ 에 관하여 나집역의 《금강경(32장)》은 다음과 같이 설파하고 있다. “모든 것은 꿈과 환상과 물거품과 그림자와 같고, 이슬과 같고 또 번개와 같은 것이다.” 라고.

이 문제에 대해 관심있는 분은 석진오 지음 《금강경과 함께 깨어나기(2008)》 37-47쪽까지를 참고해보시기 바란다.

찾으면 멀어지고
구하면 어그러진다

부처를 구하는 일에도 집착하지 말라:

지심이 혜충 국사에게 물었다.

「어떻게 하면 법신(영적인 몸)을 얻을 수 있습니까?」

혜충 국사가 말했다.

「비로자나의 경계를 초월해야 된다.」

지심이 물었다.

「청정법신을 어떻게 초월할 수 있습니까?」

혜충 국사가 말했다.

「부처를 구하는 일에 집착하지 말아야 한다.」

새로운 생각의 길:

법신(the law body: 조선말로 '줄 몸' 또는 커다란 깨달음을 얻은 이후의 몸과 마음 상태, 또는 부처의 화신(化身))은 다르마 보디라고 한다. 다르마는 존재를 존재이게 하는 근원적인 것이라는 뜻이다.

법신(法身)은 부처님의 몸이다. 하지만 어쩌다가 일개 석가모니의 몸이 이렇게 법신(영원한 진리의 몸)으로 전화(轉化)되어 있는가? 누가 어떤 동기에서, 왜 석가모니의 몸을 법신화(法身化) 했을까?

인간의 몸에 영원불멸하는 신이 있다고 생각하는 자의 소행일까? 그것을 믿고 싶어하는 신자들의 소행일까?

나의 생각은 이렇다. 부처의 참된 몸(법신)이란 인간육체의 생로병사라는 질병으로부터 벗어나고 싶어하는 중생들이 만들어낸 영원불멸이라는 욕망의 관념이다. 다시 말하면, 법신이란 영원한 생명을 가진 몸에 대한 인간의 소망일뿐이라는 것이다.[165]

부처를 구하는 이에게: 금강경의 가르침

《금강경(26장)》에는 다음과 같은 글이 있다.

"만약 어떤 형상을 갖고 있는 것으로 나를 보거나, 음성으로 나를 구한다면, 이 사람은 삿된 도(道)를 행하는 것이니 여래(깨달은 자)를 볼 수 없

---

165) 육체가 살로 이루어진 것이든 기계로 이루어진 것이든 그 속에 들어있는 정신이 중요하다. 그런데 이 정신(Spirit)이라는 것도 조상들의 '전생유전자(前生遺傳子)' 에 의해 이미 프로그램되어 있는 것이라면 과연 무엇이 중요한 것일까? 오늘 나는 《A.I(Artifical Intelligence)》2001년 작 영화를 다시 한 번 더 보았다. 진짜 인간 엄마에게 사랑받고 싶어서 진짜 인간(Real Boy)이 되려고 무진 애를 쓰는 로봇 어린이(Robot-Child) 데이빗의 집요한 욕망과 꿈과 감성이라는 것도 로봇 설계자에 의해 이미 프로그램되어 있는 것이다. 따라서 로봇 어린이 데이빗의 욕망과 이상과 감성은 근본적으로 덧없는 허구(虛構)에 근거해 있는 것이다. 이렇게 진리는 제행무상(諸行無常)과 제법무아(諸法無我)인데, 출가와 재가의 불교 신자들은 오늘도 법신(法身, Perfect Simulacrum) 또는 진인(Real Man)을 생각하며 영생(永生)을 꿈꾸고 있다.

을 것이다."

또 《금강경(29장)》에 이런 글도 있다.

"수보리여, 만일 어떤 사람이 깨달은 자는 온다거나 간다거나 앉는다거나 눕는다고 말한다면, 이 사람은 나의 설법의 뜻을 이해하지 못한 것이다. 왜냐하면 깨달은 자는 오는 곳도 없고 또 가는 곳도 없기 때문에 깨달은 자라고 하는 것이기 때문이다."

구하는 자와 구함이 없는 자

《이입사행론》에서 불경의 말을 인용하기를 "구함이 있으면 모두가 고통이 따르고, 구함이 없으면 즐거움이 따른다." 라고 하였다.

백장(720-814) 선사는 말하기를 "부처는 구함이 없는 사람이다. 구하면 바로 어그러지고, 구하면 바로 잃는다. 만약 구함이 없는 것에 집착한다면 그것은 구함이 있는 것과 같이 된다. 만약 무위(無爲)에 집착하면 다시 유위(有爲)[166]이 되는 것과 같다." 고 하였다.

대주혜해(800-?) 선사는 좀 더 과격하게 말하기를 "수행을 하며 부처를 구하는 자는 미혹한 자요, 마음을 떠나 부처를 구하는 자는 외도이며, 마음에 집착하여 부처로 삼는 자는 악마다." 라고 하였다.

---

166) 무위(無爲)는 아무것도 하지 않는 것에 비해 유위(有爲)는 열심히 무엇인가를 하는 것이다. 유위는 creative로 영역할 수 있고, 일상적인 뜻풀이로는 생활의 벌이나 승진경쟁을 위해 일부러 계획하고 행하는 모든 일에 전념하는 것을 의미한다. 다시 제멋대로 말한다면, 무위(無爲)는 지관(止觀)의 지(止)를 의미한다고도 말할 수 있다. 그러나 깨달은 자에게 무위는 적극적이고 능동적이고 완전한 행위를 의미한다.

그리하여 황벽(?-850) 선사는 "부처의 참된 몸(법신)은 마치 허공과 같아서 달리 구할 필요가 없다. 그러므로 그저 마음이 없다는 것을 배우도록 하라. 만약 집착하는 마음이 없이 온종일 흐름에 맡겨 여유롭다면 바로 그 몸과 마음이 자유인(自由人)인 것이다." 라고 말했다.

그러므로 단하(739-824) 선사는 "자네가 선을 어떻게 알 수 있겠는가? 자네가 부처를 어떻게 증득할 수 있겠는가? 이 속에는 닦을 도가 없고, 증명할 법이 없다." 라고 한 것이다.

황벽 선사의 제자인 임제(?-867) 선사도 말하기를 "구할 수 있는 부처가 없고, 이룰 수 있는 도가 없으며, 얻을 수 있는 법이 없다." 라고 하면서 "부처도 없고, 중생도 없고, 닦음도 증득함도 없다." 라고 하였다. 그러므로 찾으면 멀어지고, 구하면 어그러지는 것이다.[167]

---

167) "어떻게 하면 법신(부처의 몸)을 증득할 수 있는가?" "청정법신을 어떻게 초월할 수 있는가?" 라는 질문에 대해 "비로자나의 경계를 초월해야 된다." "부처를 구하는 일에 집착하지 말아야 한다."라는 혜충 국사의 가르침을 읽으면서 나는 법신문제를 통속적으로 다음과 같이 생각해보기도 한다. 나는 승제(僧諦)의 면에서는, 법신(法身)을 버려야만 하는 우상적인 관념으로 보기 때문에 단호하게 부정하고 비판한다. 그런데 속제(俗諦)적으로는 법신사상이 창출 효과가 있는 것이라고 여겨질 때가 많다. 생각해서 하는 말인데, 요즘 우리나라에서는 건강하지 못한 '몸 철학' 이 여성들 사이에서 한참 유행이다. 이러한 몸 철학이란 'S라인 몸' 에 대한 집착을 가리키는데, 이 문제를 해결하려면 '포스트모더니즘의 몸 철학' 이 아니라 '대승불교의 법신(정신적인 몸)철학' 이 대안이 될 수 있다. 그런데 서양의 인문학자와 동양의 불교학자중 아무도 이 사실을 특히 청년들에게 가르치지 않고 있다. 내가 설명하고 싶은 법신(法身)이란 석가모니 부처의 몸이 아니라 우리 남녀 모두의 정신적인 몸, 진리에 맞는 몸, 정신적인 균형의 도를 갖춘 몸, 자연스러운 몸, 절제와 교양이 스며있는 몸을 의미한다. 그리고 속제(俗諦; 속인들의 진리)와 승제(僧諦; 승려들의 진리)의 문제에 관련하여 "속제와 승제는 이중기준이라는 함정이다. 그래서 나는 승속통합제(僧俗統合諦; 승속통합적인 진리)라는 통합기준을 사용한다"는 말도 써두고 싶다.

미토콘드리아가 매일 하는 일

매일 사용하면서도 모르고 있는 것:

숙종황제가 혜충 국사에게 물었다.

「날마다 사용하고 있으면서도 알지 못한다는 말은 무슨 뜻입니까?」

혜충 국사는 방석을 들어 보이면서 황제에게 말했다.

「이것이 무엇인가?」

황제가 대답했다.

「방석입니다.」

혜충 국사가 말했다.

「이렇게 분명한 것이다! 일체중생이 날마다 사용하고 있으면서도 모르고 있구나!」

새로운 생각의 길:

매일 사용하면서도 알지 못하는 것

"매일 사용하면서도 알지 못한다."는 말은 원래 주역(周易: 순환하는 자연변화의 서)에 나오는 말이다.

방석은 나도 매일 사용하고 있는 물건이다. 그러나 본문에서 이 물건이 참으로 무엇인가에 대해서는 아는 사람이 없다고 했다. 어렵다면 어렵고, 쉽다면 아주 쉬운 것이다.

생각해서 하는 말로, 운문(864-949) 선사의 주장자와 혜충(677-775) 국사의 방석은 서로 같은 것이다.

금강경의 즉비시명의 논리

그런데 금강경의 지혜의 논리로 말한다면, 방석은 방석이 아니다. 다만 그 명칭이 방석일 뿐이다. 그리고 또 마음도 마음이 아니다. 다만 그 명칭이 마음일 뿐이다.

나집역의 《금강경(29장)》에 보면, "수보리여, 만약 여래(깨달은 자)가 오고, 가고, 앉고, 눕는다 라고 말하는 사람이 있다면, 이 사람은 내가 말한 뜻을 알지 못하는 것이다. 왜냐하면 여래는 온 곳도 없고, 또한 가는 곳도 없기 때문이다. 그렇기 때문에 여래(깨달은 자)라고 한다." 라는 말씀이 있는데 불교의 진리는 이와 같은 것이라고 생각한다.

우리가 매일 사용하면서도 모르는 것은 미토콘드리아다

본문에서 혜충 국사는 방석을 들어 보이면서 황제에게 "이것이 무엇인가?" 라고 물었다. 내가 아는 바에 의하면, 그것은 바로 미토콘드리아다.

생각해서 하는 말인데, 모든 생명체들이 매일 사용하고 있으면서도 모르고 있는 것은 분명히 미토콘드리아다! 의심이 많은 분은 직접 조사해보시기 바란다.[168]

우리가 매일 매사에 대화하거나 설법하는 것은 모두 유전자의 작용이다

또 다른 말로 다시 표현해본다면, 인간을 포함하여 모든 생물체들이 생각하거나 행동하는 것의 대부분은 유전자와 관련이 있다. 즉, 우리가 대화를 하거나 설법을 하는 것은 모두 유전자의 작용이다.

물론 그 어떤 유전자도, 미토콘드리아도 생노병사하는 것이어서, 제행무상이요, 제법무아다.

168) 미토콘드리아에 대해서는 닉 레인이 쓴 《미토콘드리아》를 참조해보시기 바란다. 이 책은 정말 유익한 책이다. 소위 자신의 진면목, 또는 진여자성, 또는 진정한 주인공을 찾는다는 불교 승려가 이런 책을 읽지도 이해하지도 못한다면 그가 평생동안 무엇을 알 수 있겠는가!

소리를 듣는 주체에 대해
다시 반문하는 것

스승이 제자의 이름을 세 번 부르는 뜻은:

어느 날 남양혜충은 시자를 세 번씩이나 불렀다.

「제자여!」

「예, 스님.」

「오오, 제자여!」

「예, 스님.」

「오, 제자여!」

「예, 스님.」

마침내 혜충 국사는 이렇게 말했다.

「내가 너를 자꾸 불러서 사과해야겠다. 그러나 사실은 네가 나에게

사과해야 한다.」

〈무문관(제17칙)〉

새로운 생각의 길:

본문은 고려시대 진각국사의 어록에서도 인용되고 있다.

소리를 듣고 깨닫는다는 이치

장주 선생은 《장자(인간세)》에서 "귀로 듣지 말고 마음으로 듣고, 또 마음으로 듣지 말고 기(氣)로 듣도록 하라"고 하였지만, 소리를 듣고 깨닫는 이치나 법을 이해하려면 능엄경을 읽어야 한다. 즉 《능엄경(제6권)》에 보면 관세음보살의 이근원통(耳根圓通; 온갖 소리를 듣는 주체를 전체적으로 깨닫는) 수행법이 나오는데 이것을 잘 터득할 줄 알아야 한다.

말이 나온 김에 한마디 한다면, 관세음보살의 이근원통(耳根圓通) 수련법에 관련해서는, 대승불경만 보지 말고 인도의 요가경전들도 함께 읽어보시기 바란다. 즉 예를 들면, 스와트마라마가 쓴 《하타요가 프라디피카》 제 4장 65절에서 제 4장 102절까지 참고해보시기 바란다.

그런데 인도요가 경전들의 문제는, 모든 곳에 편재하지만 비밀스러운 존재인 아트만, 푸루샤, 브라만, 비시누의 실체와 본체를 주장한다는 점이다.

그러나 석가모니 부처는 이 모든 절대자(신)를 부정한 성자였기에, 관세음보살의 이근원통(耳根圓通) 수련법의 목적은 '내가 하나가 될 아트만과 브라만은 실재하지 않는다. 즉, 불교는 일체개공(一切皆空)이요, 제법무아(諸法無我)이다.' 라는 사실을 불자는 이해해야 한다.

그런데 혜충 국사의 보좌승이 무엇을 알겠는가? 바깥소리는 들어도 내면의 소리는 듣지 못하고, 소리를 듣는 주체에 대해 다시 반문할 줄도 모르는 혜충 국사의 보좌승이 무엇을 알겠는가?

불교공부를 많이 한 에밀 시오랑(1911-1995)도 다음과 같이 말하고 있다.

"밖에서 누가 내 이름을 부르는 음성이 들린다. 나는 정말 나인가? 그것이 정말 내 이름인가?"

하지만 이런 말은 지나치게 철학적이고 심각하다.

내 경험에 의하면, 나는 이름이 중요한 것이 아니라 누가 내 이름을 부르는가가 중요했다.

즉, 연쇄살인마 또는 지옥의 사자가 내 이름을 부른다면 나는 공포에 기가 질릴 것이다.

그러나 내가 신처럼 받드는 부처나 내가 사모하는 타라와 사라스와티 같은 여신이 내 이름을 부른다면 나는 커다란 행복과 기쁨에 젖어 기분이 충만해질 것이다.

내 개인사(個人史)에서 사례를 하나 든다면, 내가 18세 때에 함석헌 (1901-1989)옹이 부산모임에서 강연이 끝난 후 내 이름을 부르며 나에게 말을 걸어왔을 때 그 기쁨과 놀라움은 잊을 수가 없었다. 왜냐하면 저 위대한 분의 두뇌와 마음속에 내 이름이 정확히 입력되어 있다는 사실이 당시 어린 나로서는 정말 영광스러웠기 때문이다.

(나는 당시 매월에 한번씩 부산에 오셔서 강연하는 함선생님께, 상경하시는 기차에서 읽어보시고 괜찮으시다면 《씨알의 소리》잡지에 실으시라고 《공범자》라는 제목의 원고를 드린 적이 있는데, 이 원고가 독재정권의 검열과정에서 전문이 삭제되었다. 그래서 이런 문제때문에 함선생님은 나에게 말을 걸어오신 것이다.)

인생은 그렇게 만만하고
호락호락한 것이 아니다

부처란 무엇인가:

혜충 국사가 인공봉과 대화를 나누고 있었다.

먼저 혜충 국사가 물었다.

「부처란 무슨 뜻인가?」

인공봉이 대답했다.

「부처란 깨닫는다는 뜻입니다.」

「부처란 부처님이 언제 미혹했던가?」

「부처란 미혹했던 일이 없습니다.」

「부처란 그렇다면 새삼스럽게 무엇을 깨닫는다는 말인가?」

〈조당집(제3권)〉

달마와 혜가, 혜가와 승찬, 승찬과 도신의 문답방식에서 보이는 논리를 흉내내고 있는 본문의 사상은, 석가가 부모로부터 탄생하기 이전의 본래 진면목에 관한 것이다.

본문에서 "부처님이 언제 미혹했는가?"라는 물음이 나온다. 인공봉의 답변은 "부처님은 미혹한 적이 없다" 는 것이다.

그러나 부처와 소크라테스와 예수와 마호메트와 노자와 장자도 인생인데 왜 미혹한 일이 없었겠는가?

석가모니와 데바닷타의 갈등과 경쟁

석가모니 부처와 사촌 동생인 데바닷타와의 종권 문제로 인한 갈등은 유명한 이야기이다.

데바닷타는 석가모니 부처의 제자들로부터 "극악무도한 불교 반역자"라는 비난을 받은 분이다.

그런데 석가모니는 《법화경》에서 데바닷타에 대하여 "데바닷타는 나의 좋은 친구이다. 이 사람의 덕택으로 나는 육바라밀[169]을 완성했으며, 대자대비, 큰 기쁨과 큰 인내, 붓다로서의 여러 가지 특성, 위대한 신통력, 모든 곳에서 모든 생물을 건지는 힘, 이 모든 것을 나는 데바닷타의 도움으로 달성한 것이다." 라고 말했다.

---

169) 육바라밀은 부정의 논리가 아니라 완성의 논리다. 이 완성의 논리는 부정과 긍정을 모두 포함하고 있는 것으로 그때 그때의 방편으로 자유롭게 말하고 실천하는 것이다.

생각해서 하는 말인데, 물론 석가모니가 데바닷타의 도움으로 육바라밀과 대자대비와 인내심과 구제력을 달성했다는 것은 액면 그대로의 의미도 있지만, 또 다른 면으로도 교훈점이 있다고 생각한다. 그게 무엇인가 하면 J.E.딩거의 말처럼 "내게는 세 종류의 친구가 있다. 나를 사랑하는 사람과 나를 미워하는 사람과 나에게 무관심한 사람이다. 나를 사랑하는 사람은 나에게 유순함을 가르치고, 나를 미워하는 사람은 나에게 조심성을 가르쳐 준다. 그리고 나에게 무관심한 사람은 나에게 자립심을 가르쳐 준다." 는 사실이다.

전설에 의하면, 데바닷타는 석가모니를 죽이려고 암살계획을 여러 번 세우고 실행했으나 모두 실패했다고 한다. 그러나 이런 이야기는 전설일 뿐 역사적으로 사실 확인할 수 있는 이야기는 아니다.[170]

예수교의 유다도 자신의 지도자인 예수를 배반함으로서 예수를 십자

170) 《증일아함경(제48 예삼보품)》에서는 "지옥에 떨어질 사람이 네 명이 있는데, 말가리, 티샤, 데바닷타, 구파리 비구가 바로 그런 자들이다" 라는 기록이 보인다. 이 중에서 티샤도 석가모니의 고종사촌이다. 교만하고 무례했던 티샤에 대해서는 《잡아함경(제38, 1068경)》등을 참조하시기 바람. 그리고 석가모니가 데바닷타에 대해 언급한 내용들은 《잡아함경(제38, 1064경)》《증일아함경(제38, 4경)》 등에서 읽어볼 수 있는데, 특히 《증일아함경(제13권 지주품6)》의 기록은 인상적이다. 석가모니가 데바닷타에 대하여 어떻게 생각하고 있었는가를 단적으로 보여주는 장면이기 때문이다. 에밀 시오랑은 "모든 사람들 중에서 우리와 가장 가까운 사람들이 우리의 가치를 가장 의심한다. 그것은 아주 보편적인 법칙이다. 석가모니 부처 자신도 이 법칙에서 예외가 아니었다. 석가모니에게 끈질기게 대항한 것은 그의 사촌 중 한 사람이었다." 라고 쓴 적이 있다. 그러나 데바닷타가 석가모니에게 요구한 다섯 가지 사항은 다음과 같다. 1) 승려들은 일생동안 숲 속에서만 지내어야 한다. 2) 승려들은 반드시 걸식으로 살아야 한다. 3) 승려들은 반드시 가장 더러운 옷을 입고 살아야 한다. 4) 승려들은 반드시 나무 밑을 떠나지 말아야 한다. 5) 승려들은 평생동안 생선과 육식을 하지 않아야 한다. 아니 그렇다면, 석가모니 생존 시대의 승려들은 이러한 계율대로 살지 않았다는 말인가? 그리고 역(逆)으로 생각해보면, 석가모니 생전의 문하에서는 이렇게 개인적으로 자연스러운 자유의 분위기가 있었다는 말인가?

가에 못 박혀 죽게 하였다. (그런데 최근에 발견된 유다의 복음서의 내용은 다르게 기록되어 있다.) 하여튼 어쨌거나 이러한 것이 인생인데, 어찌 부처와 예수가 미혹했던 적이 없었다고 말할 수 있겠는가?

인생은 그렇게 만만하고 호락호락한 것이 아니다

아무리 부처와 크리슈나와 노자와 공자와 달마와 원효일지라도 인생은 그렇게 만만하고 호락호락했던 것은 아니다.

궁궐 한복판에서, 소풍 나들이 같은 세상살이가 아니라 선악이 난무하는 현실정치계 막후에서 국사로서 임금의 모든 중요한 일들에 대해 자문을 한다는 분이 어떻게 이런 것도 모르고 있는가?

만약 사판승들을 행정적으로 관리하고 있는 인공봉이 나에게 와서 "부처란 무슨 뜻입니까?" 라고 물었다면 나는 다르게 표현했을 것이다.

나의 깨달음이란 항상 '순간이 곧 최후' 라는 것을 통찰하는 것이다.

혜충 국사의 무봉탑

대종황제가 병환으로 누워있는 혜충 국사에게 문병을 와서 물었다.

「국사께서 돌아가신 후에는 어떻게 해야 합니까?」

혜충 국사가 대답하였다.

「무봉탑이나 하나 만들어 주시오.」

「그렇다면 국사께서 탑의 모양을 한 번 보여 주시지요.」

혜충 국사가 말없이 한참 있다가 이렇게 말했다.

「아시겠습니까?」

「모르겠습니다.」

「그렇다면 내 제자인 탐원 스님이 그 일을 알고 있으니 그에게 물어 보시오.」

훗날 탐원 스님은 다음과 같은 게송을 지었다.

「상의 남쪽, 담의 북쪽 중간에 있는 황금이 온 나라에 가득하다. 그림자 없는 나무 밑에서 같은 배를 탔는데, 유리 대궐 위에는 아는 자가 없구나.」

새로운 생각의 길:

본문은 고려(918-1392)시대 진각(1178-1234) 국사의 어록에서도 인용되고 있다.

혜충(676-775.12.9) 국사가 병환으로 누워 있다고 했다.

인간은 누구나 병들고 늙어 가는 것을 어찌 할 수 없다. 억지로 자연에 대해 반항할 필요는 없다. 삶을 가치 있게 만드는 것은 목숨을 질질 끈다고 되는 일이 아니다. 그러니까 품위 있게 늙거나 죽는 것이 좋을 것이다. 혜충 국사는 아주 품위 있게 늙은 분 같다.

탐원 스님이 전하는 게송을 보니, 속인들에 비해 스님들은 죽을 때 절묘한 말을 아주 잘하는 선수들이다. 아마도 스님들의 임종게(臨終偈)만 모아도 대단한 설법 어록이 될 것이다.

생각하건대, 죽음에 대해서는 생존시에 깊이 성찰하고, 실제로 죽을 때에는 아무런 강박관념이 없이 그냥 죽는 것이 좋다. 왜냐하면 죽음에 임박해서 죽음을 두려워하며 불안으로 동요하며 긴장상태에서 성찰하는 것은 이미 때가 늦은 것이다. 죽는 자가 자신의 죽음으로부터 어떤 배움과 각성을 한다는 것은 불가능하다. 왜냐하면 자신의 전부가 고스란히 죽는 것이기 때문이다.

그러나 타인은 죽는 자의 죽음으로부터 배움과 각성이 가능하다. 왜냐하면 타인은 아직 살아있기 때문이다. 임종에 관한 이야기는 장자의 유언과 서경덕 선생의 경지가 인상적이다.

그렇다면 나는 혜충 선사의 임종 이야기에서 무엇을 배우고 무엇을 각성하는가? 그것은 정신의 물질화와 물질의 정신화를 상징하는 무봉탑이다.

거듭 성찰하건대, 죽음은 사물이나 대상이 아니다. 그러므로 죽는 자는 죽음과 하나가 되거나 죽음이 '될' 수 없다. 그래서 불교에서는 죽음을 열반, 적멸, 누진, 소진, 멸진이라고 한다.

남양혜충의 무봉탑에 대하여

본문에 나오는 무봉탑이란 무엇인가? 그것은 흰 까마귀가 휙 하고 지나가는 텅 빈 허공이다.

본문에 나오는 "그 무봉탑 속에 있는 사람은 어떤 사람인가?" 그것은 텅 빈 허공에 활짝 피어 있는 푸른 장미꽃이다.

혜충 선사의 임종게는 제 23대 조사인 학륵나 존자가 남긴 임종게의 영향을 받은 것 같다.

즉 "내 몸은 있는 것도 아니고 없는 것도 아닌데, 어떻게 여러 탑으로 나누려고 하는가?"

일종무종일(一終無終一)[171]

---

171) 일종무종일(一終無終一)이란 하나를 마치지만 하나의 마침은 없다는 것이다. 왜냐하면 하나의 시작은 시작이 없는 것이기 때문이다. 이 하나는 태양과 지구와 인간으로 나누어져도 그 근본은 다함이 없는 것이다. 우리 인간의 사상적인 글쓰기도 마찬가지다. 왜냐하면 반박할 여지가 있는 모든 것을 논쟁하자면 끝이 없기 때문이다. 가만히 생각하면, 독서는 충전이요, 집필은 방전이다. 그리고 출판된 책은 생각의 진동(vibration)이다. 그리고 이 생각의 진동은 독자의 뇌에 퍼져 더 증폭되거나 아니면 소멸되어 버릴 것이다.

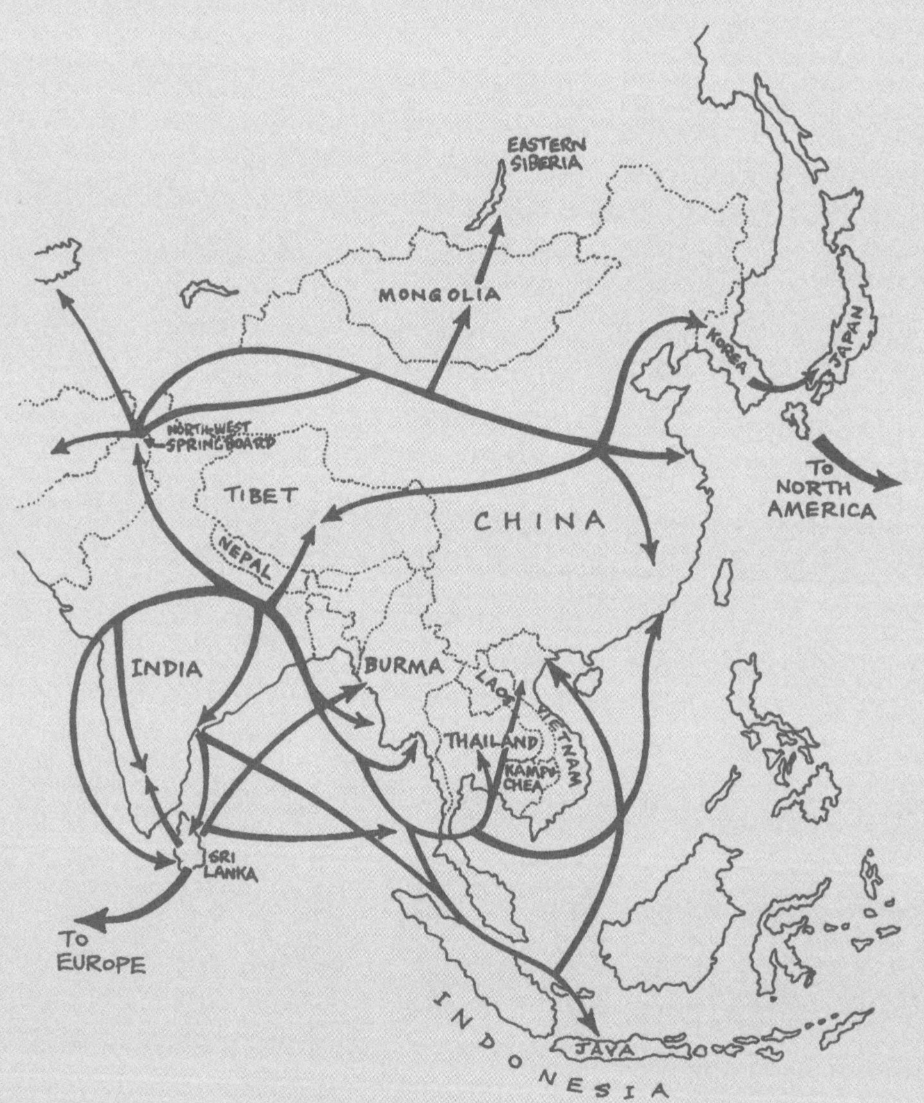

EASTERN
SIBERIA
MONGOLIA
KOREA
JAPAN
NORTH-WEST
SPRINGBOARD
TIBET
CHINA
TO
NORTH
AMERICA
NEPAL
INDIA
BURMA
LAOS
VIETNAM
THAILAND
KAMPU-
CHEA
SRI
LANKA
TO
EUROPE
INDONESIA
JAVA

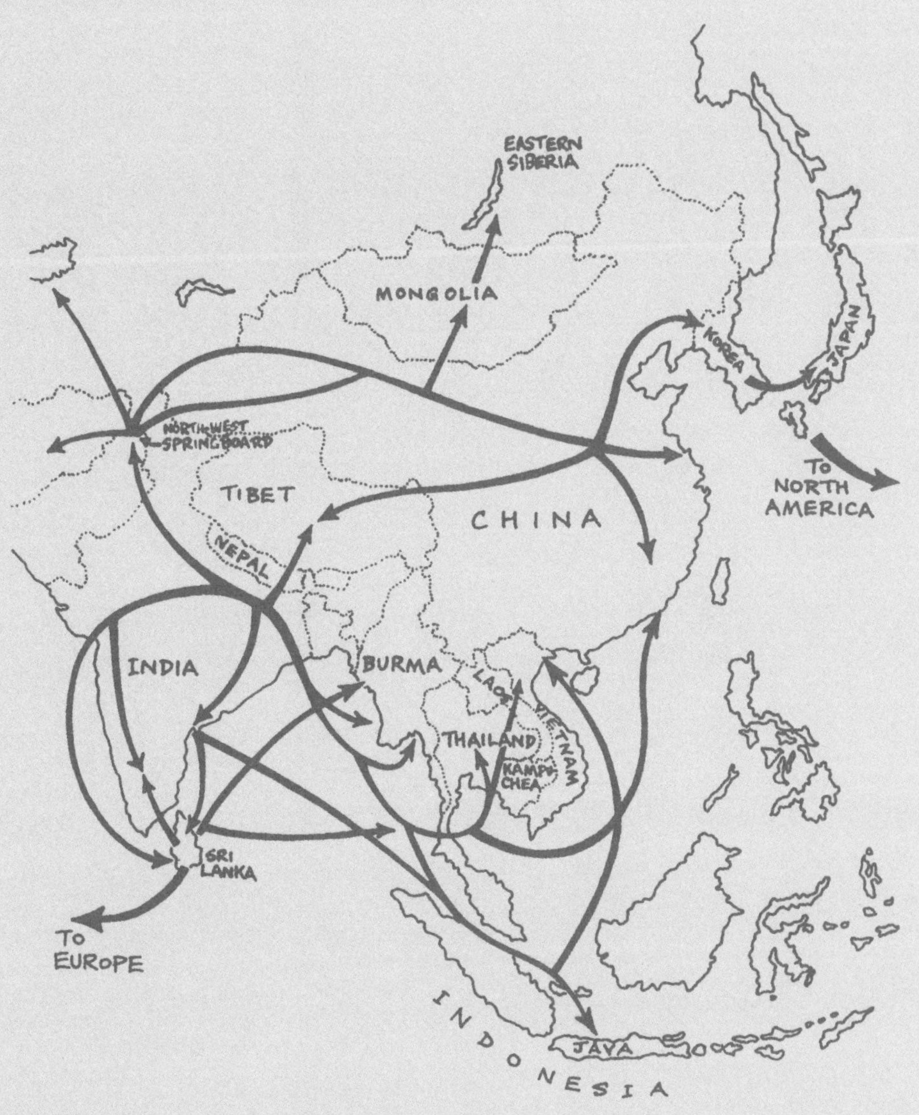

EASTERN
SIBERIA
MONGOLIA
NORTH-WEST
SPRINGBOARD
TIBET
NEPAL
CHINA
KOREA
JAPAN
TO
NORTH
AMERICA
INDIA
BURMA
LAOS
VIETNAM
THAILAND
KAMPU-
CHEA
SRI
LANKA
TO
EUROPE
INDONESIA
JAVA